탄소 민주주의

탄소 민주주의

초판 1쇄 인쇄 | 2017년 7월 24일
초판 1쇄 발행 | 2017년 8월 2일

지은이 티머시 미첼
옮긴이 에너지기후정책연구소
책임편집 손성실
편집 조성우
마케팅 이동준
디자인 권월화
용지 월드페이퍼
제작 성광인쇄㈜
펴낸곳 생각비행
등록일 2010년 3월 29일 | 등록번호 제2010-000092호
주소 서울시 마포구 월드컵북로 132, 402호
전화 02) 3141 0485
팩스 02) 3141-0486
이메일 ideas0419@hanmail.net
블로그 www.ideas0419.com

ⓒ 생각비행, 2017, Printed in Korea.
ISBN 979-11-87708-47-6 03300

CARBON DEMOCRACY

화석연료 시대의 정치권력

탄소 민주주의

티머시 미첼 지음 | 에너지기후정책연구소 옮김

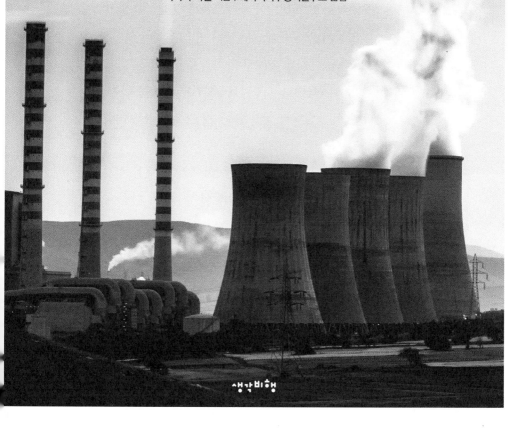

생각비행

민주주의에서 기름을 걷어내자

왜 20세기 들어서 중동이 세계의 화약고가 됐을까? 왜 신자유주의는 1970년대에 스태그플레이션과 함께 시작됐을까? 왜 미국과 영국이 '민주주의'를 내세우며 21세기의 첫 국제 전쟁을 시작한 곳이 하필 이라크일까? 왜 국제 유가가 요동치고 나서 2008년 월스트리트 투자은행들이 무너졌을까? 왜 미국은 금융 위기의 돌파구를 셰일가스 개발에서 찾았을까? 왜 이슬람 근본주의가 서구 민주주의의 가장 커다란 위협으로 떠오르는가?

아마도 정치, 경제, 역사 등등 여러 분야의 수많은 책을 섭렵해야 답을 찾을 수 있는 물음들일 것이다. 그런데 이 물음들을 단숨에 타파하는 한 권의 책이 있다. 어찌 감탄하지 않을 수 있겠는가. 티머시 미첼의《탄소 민주주의》가 바로 그 책이다.

《탄소 민주주의》는 위의 물음들을 꿰뚫는 한 가지 공통 요소에 주목한다. 바로 석유이다. 좀 더 넓히면, 석탄까지 포함하는 화석 에너지이다. 산업 자본주의는 태양 에너지가 농축된 석탄과 석유를 때며 지난 두 세기 동안 지구 위에 군림했다. 200년 동안 석탄과 석유를 연소하면서 대기 중에 탄소를 배출해 지금 우리 세대는 기후 변화라는 재앙을 맞이하고 있다. 여기까지는 에너지 위기나 기후 변화 관련 저작들에서 흔히 보는 내용이다.

그러나《탄소 민주주의》는 훨씬 깊고 넓게 파고든다. 제목 그대로 이러한 화석 자본주의의 현실과 민주주의의 관련성에 주목한다. 우리는 흔히 민주주의는 인간 세상의 이야기이고, 에너지 자원이나 기후 변화는 이를 에워싼 자연의 문제라 생각한다. 민주주의와 기후 변화의 관계를 따지면서도 기후 변화가 민주주의에 얼마나 심각한 도전이 될지 고민하는 수준이다. 즉 탄소는 민주주의의 '바깥'에서 민주주의를 위협하는 문제라 여긴다.

《탄소 민주주의》는 이 익숙한 상식을 뒤집는다. 탄소는 민주주의의 '안'에서 그것을 지탱하고 또한 제약하는 요소다. 보통 선거 제도 쟁취에 앞장선 노동운동의 주력은 광산과 철도에서 일하는 노동자들이었다. 즉 석탄을 캐고 운송하는 사람들이었다. 지배 엘리트들이 이런 대항 세력을 불편해할 즈음에 마침 세계 대공황이 터졌다. 사회경제사 교과서들은 대개 그다음 장에 뉴딜과 케인스를 등장시키면서 위기 극복과 민주주의의 승리를 말한다. 하지만《탄소 민주주의》가 조명하는 또 다른 요소 없이는 그러한 전환이 불가능했다. 그것은 석유이다.

석탄에서 석유로 동력원이 바뀌었기에 케인스주의 경제 정책이 가능했다. 아니,《탄소 민주주의》의 주장에 따르면, 이때 비로소 '경제'가 실체로 대두했다. 1970년대 이전만 해도 석유는 저렴하고 무한한 자원처럼 보였다. 그런 석유에 바탕을 두고 무한 성장하는 게 곧 '경제'였다. '경제'가 잘 돌아가야만 '정치'(민주주의)도 지탱될 수 있다는 게 새로운 상식이 됐다. 이에 따라 '경제' 전문가들이 민주주의의 안위를 좌우하는 권력자의 지위에 올라섰다. 케인스주의 시기에는 이 전문가의 자리에 고위 관료가 앉았지만, 신자유주의 시기에는 금융가들이 그 자리를 채웠다. 이것이 우리에게 익숙한 민주주의의 모습이다. 한데 이 모든 역사 과정의 이면에 다름 아닌 석유가 흐르고 있었다.

기름의 강은 민주주의의 내적 한계뿐만 아니라 외적 한계도 결정했다. 미국과 서유럽 국가들은 석유 공급을 통제하려고 끊임없이 산유국, 그중에서도 유전이 밀집한 중동 국가들의 내정에 간섭했다. 자국의 탄소 민주주의를 유지하려고 중동 인민의 민주주의는 유린했다. 석유 주권을 지키려 한 세속 민족주의 흐름은 짓밟은 반면 아랍 반동의 거점 사우디아라비아는 지금껏 비호하고 있다. 이제 이 역사가 이슬람 근본주의자들의 테러로 부메랑이 돼 돌아오고 있다. 민주주의의 종주국을 자저하는 나라들(미국, 영국, 프랑스 등)이 하나같이 '테러와의 전쟁'을 명분으로 반민주적 조치에 나서는 형편이다. 석유로 흥한 탄소 민주주의는 결국 석유에 발목 잡혀 흔들리는 중이다.

석유의 굴레에 갇힌 우리 시대 민주주의의 모습에서 우리는 에너지 전환의 가장 강력한 이유와 마주하게 된다. 화석 에너지에서 재생 가능 에너지로 전환해야 하는 것은 석유가 고갈되고 있기 때문만도 아니고 기후 변화 때문만도 아니다. 무엇보다도 우리의 민주주의가 병들어 있기 때문이다. 이제 민주주의에서 기름을 걷어내야 할 때다. 《탄소 민주주의》는 인간 사회가 얼마나 두꺼운 기름얼룩에 덮여 있는지 폭로하는 거울이다.

차마 보기 두렵더라도 이 거울을 응시해야 할 때다. 그래서 보다 많은 이들이 인간 세상에서 그나마 소중한 것들(민주주의, 복지국가, 해방의 꿈 등등)을 지켜내려면 반드시 에너지 체제를 전환해야 함을 확인하길 바란다.

장석준(글로벌정치경제연구소 기획위원)

감사의 말

이 책의 내용 일부를 발표한 수많은 세미나와 강의에 참석한 분들의 논평과 비판, 그리고 앤드루 배리, 마이클 캘런, 제프 일리, 마무드 맘다니, 로버트 비탈리스와의 토론이 유익한 도움을 주었다. 많은 학생이 관련 주제에 대한 자신들의 작업을 나와 나누었고, 몇몇은 내 연구에 직접적인 도움을 주었는데, 케이타윤 샤피에, 무니르 파커 엘딘, 케네이 외즈덴, 파이랏 보즈살리, 라이언 웨버와 샘 루빈이 그들이다.

이 책의 일부는 내가 발표했던 논문을 활용했다. 1장의 일부는 〈탄소 민주주의〉(*Economy and Society* 38: 3, 2009: 399~432)라는 제목의 논문으로 먼저 발표되었고, 7장 일부는 〈경제학의 자원들: 1973년 석유 위기의 형성〉(*Journal of Cultural Economy* 3: 2, 2010: 189~204)에 실렸으며, 8장의 초안은 〈맥지하드: 미국의 국제 질서에서의 이슬람〉(*Social Text* 20: 4, 2002: 1~18)이라는 논문으로 발표된 바 있다.

세 사람이 이 책의 저술에 특별히 공헌했다. 에이드리언 미첼과 저스틴 미첼은 내 이야기를 경청해주고 책을 끝마치도록 온갖 격려를 아끼지 않았다. 릴라 아부-럭핫은 무엇과도 바꿀 수 없는 지혜, 통찰, 인내와 관심을 보여줬다. 이들에게 더할 나위 없는 고마움을 느낀다.

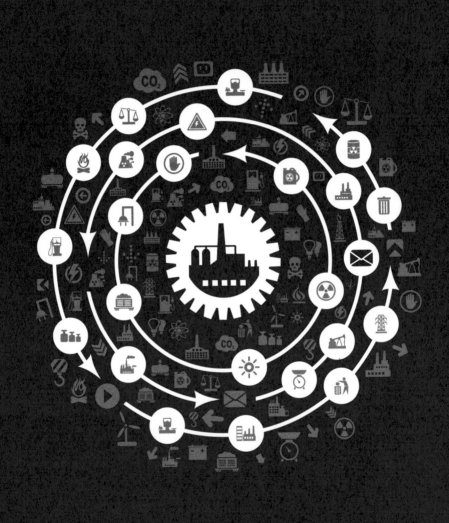

서론

        화석연료는 근대 민주주의의 가능성과 한계를 형성하는 데 일조했다. 그 한계를 이해하기 위해 이 책은 내가 '탄소 민주주의'라고 지칭한, 특정 형태의 민주 정치의 출현을 가능하게 한 것이 무엇인지 탐색하는 것으로 시작한다. 여기에서는 과거를 돌아보기에 앞서 내가 생각하는 현재의 한계들을 먼저 설명하려 한다.

  2003년 미국의 이라크 침공을 계기로 그 한계 중 하나가 폭넓게 논의됐다. 중동의 특징으로 곧잘 언급되는 점이 '중동에는 민주주의가 없다'는 것이다. 중동을 다룬 여러 글에 따르면 이러한 민주주의의 부재는 석유와 관련되어 있다. 석유 자원에 의존하고 석유 수출을 통해 상당한 수익을 올리는 나라들은 비민주적인 경향을 보인다. 막대한 석유 수익과 더욱 민주적이고 평등한 삶에 대한 점증하는 요구 사이의 관계는 지난 2011년 아랍 곳곳에서 일어난 봉기의 물결에서 확인할 수 있다. 대체로 석유 생산이 적은 나라일수록 그리고 석유 생산이 급감하는 나라일수록 민주주의를 위한 투쟁이 더 활발하게 전개된다. 봉기의 진원지였던 튀니지와 이집트, 그리고 금세 봉기가 확산된 예멘과 바레인, 시리아는 중동에서 석유 생산이 가장 적은 나라들이며, 그마저도 줄고 있는 형국이다. 중동의 주요 산유국 8개국 중에서는 생산량이 가장 적은(게다가 최근에는 생산량이 감소하고 있는) 리비아에서만 비슷한 성격의 정치적 투쟁이 가속화되었지만, 폭력과 외국의 개입으로 가장 빠르게 충돌이 종식되었다.[1]

'석유의 저주'라 불리는 이 문제에 대해 글을 쓰는 대다수가 석유의 본질에 대해서, 그리고 석유가 어떻게 생산되고 분배되고 사용되는지에 대해서는 거의 아무런 말도 하지 않는다. 그들은 석유oil가 아니라 오일 머니oil money(석유가 정부 재정과 사적 재산으로 변환된 뒤에 축적되는 소득)만 논한다. 석유가 반민주적 재화라고 주장하는 논거들은 오일 머니에 초점을 맞추고 있다. 즉 오일 머니라는 잉여 수익이 정부가 반대 의견을 억압하고, 공적 지원금과 가격 보조금을 통해 정치적 지지를 사거나 부의 평등한 분배를 주장하는 압력을 완화하는 데 쓰인다는 것이다. 이러한 설명은 석유를 채굴하고 정제하고 운송하고 소비하는 방식, 농축된 에너지원인 석유가 갖는 권력, 석유를 부와 권력으로 변환하는 기구apparatus 등과는 아무런 관련이 없다. 그들은 '석유의 저주'를 수입을 석유에 의존하는 정부들에 국한된 문제로만 다룰 뿐, 그보다 더 넓은 세계가 물질적·기술적 생활을 추동하는 에너지를 획득하는 과정의 문제로 취급하지 않는다.[2]

석유 생산 기구를 간과하는 이러한 태도는 기본적으로 민주주의를 어떻게 이해하고 있는지를 반영한다. 민주주의에 대한 이 같은 이해는 2003년 미국의 이라크 침공 9개월 뒤 현지 지역 의회 의원들과 '역량 강화capacity building'를 논의하기 위해 이라크 남부로 파견된 미국의 민주주의 전문가에게서 찾아볼 수 있다. 미국인들이 설계한 행정 체계에 관한 파워포인트 슬라이드를 보여주면서 그는 "새로운 민주주의에 오신 것을 환영합니다"라고 말했다. "저는 전에도 여러분을 만났습니다. 캄보디아에서 만났습니다. 러시아에서 만났습니다. 나이지리아에서도 만났습니다." 그때 두 명의 의원이 자리를 떴다고 한다.[3] 민주주의 전문가에게 민주주의는 근본적으로 어느 곳에서나 동일한 것이다. 민주주의란 민주화에 성공한 모든 사례에서 동일하게 복제되는 일련의 절차와 정치 형태로 이루어진다. 민주주의는 민주주의의 복사본으로서만 존재한다. 민주주의는 한 장소에서 다음 장소로 복사할 수 있는 단 하나의 모델, 원본격인 단 하나의 사상에 기초한다. 여러 산유국에서 그러하듯 만약 민주주의가 실패한다면, 그 이유는 틀림없이 그 모델의 일부가 누락되었거나 제대로 작동하지 않았기 때문이다.

하나의 사상은 장소와 상관없이 동일한 무엇이다. 그것은 지역의 역사, 환경, 물리적 조건을 초월해 여기저기서 반복될 수 있는 것으로, 하나의 추상적인 개념이 된다. 민주주의 전문가는 민주주의를 추상화하여 이곳저곳으로 쉽게 가지고 다닐 수 있는 것으로 만들어야 한다. 그래야 민주주의를 여행 가방이나 파워포인트 자료에 집어넣어 러시아에서 캄보디아로, 나이지리아에서 이라크로 다니며 민주주의가 어떻게 작동하는지 보여줄 수 있기 때문이다.

민주주의를 세계 곳곳을 돌아다니는 하나의 사상으로 만들어놓으면, 그 민주주의를 이식하기 위해 민주주의가 어떻게 작동하는지, 사람들이 어떻게 민주적이게 되는지를 설명하는 특정한 방식에 몰두하게 된다. 민주주의가 하나의 사상이라면, 국민들의 머릿속에 그 사상을 주입함으로써 국가는 민주화된다. 민주주의의 문제는 그 민주주의라는 사상에 헌신하는 새로운 형태의 시민을 어떻게 만들어낼 것인가 하는 문제가 된다.

미국에서 오늘날 중동에 대한 논의의 핵심 주제는 '새로운 종류의 시민을 어떻게 만들 것인가' 하는 문제가 되었다. 이라크 전쟁, 경제 개혁, 팔레스타인의 미래, 정치적 이슬람, 민주화의 걸림돌, 반미의 확산, 2011년의 봉기에 관한 논의에서 '새로운 종류의 정치 행위자를 어떻게 생산할 것인가' 하는 질문이 반복되어 나타나고 있다. 권력에 한계를 설정할 수 있을 만큼 충분히 각성된 힘 있는 주체를 어떻게 만들어낼 것인가? 권위주의를 거부하는 시민들을 어떻게 형성할 것인가? 부패나 연줄이 아닌 합리적 자기 이익에 따라 행동하는 행위자들에 기초한 경제 조직을 세우는 데 어떠한 교육과 계몽, 훈련, 경험이 필요한가? 무엇이 반대자에 대한 불신과 억압이 아닌 상호 신뢰와 존중에 기초한 정치 형태를 만드는가? 요컨대 이러한 논의들은 다음과 같은 질문을 던지고 있다. 어떻게 하면 사람들이 새로운 권력 형태의 주체로서 스스로를 인식하고 반응하는 법을 배울 수 있는가? 거꾸로, 어떤 권력 형태가 자유주의적 또는 민주적 정치 주체를 고안해낼 수 있는가?

이러한 질문들을 제기하고 답변하는 방식에 대해서는 비판이 많다. 특히 민주화에 대한 논쟁에서 현재 작용하고 있는 이른바 '더 큰 힘들'을 간과한다는 지적이 있다. 중동의 민주주의 문제를 다룬 미국의 문헌들은 자본주의적 지구화 그리고 사람들을 서구의 경제 위기를 해결하는 데 필요한 유순한 노동자와 자발적 소비자로 바꿔놓는 작업에 대해서는 아무 말도 하지 않는다. 민주화를 부차적으로 여기는 제국 군대, 약화된 헤게모니를 강화하려는 광범위한 외교적 시도, 점령군과 군정이 활용하는 폭력과 탄압의 수단들에 대해서도 마찬가지다. 그러나 이러한 비판은 흥미로운 논쟁의 지점을 간과한다. 민주주의는 새로운 정치적 주체의 생산, 그리고 새로운 통치 방식에 사람들을 종속시키는 것과 관련한 공학 프로젝트engineering project라는 관점 말이다.

중동의 민주화에 대한 최신 연구인 아랍 바로미터 프로젝트Arab Barometer Project를 살펴보자. 이 프로젝트는 민주주의 정착에 기여하는 개인의 태도와 정향을 측정하고자 아랍 국가 다섯 곳에서 여론 조사를 실시했다. 이 정향에는 "정치적 관용, 다양성 존중, 시민 참여, 대인 신뢰"가 포함된다.[4] 처음에는 미 국무부의 중동 파트너십 이니셔티브Middle East Partnership Initiative가 이 프로젝트에 자금을 댔고, 해당 국가들에서 정치 문화를 진단하고 기록하기 위해 참여한 학자들이 포함된 위원회가 프로젝트를 이끌었다. 아랍 바로미터 프로젝트는 아프리카와 라틴아메리카 등지에서 유사한 연구를 실시하는 '글로벌 바로미터Global Barometer'라는 광범위한 기획의 일환이다. 아랍 지역에 대한 다른 유사한 조사들과 마찬가지로 아랍 바로미터는 미국 관변에 퍼져 있는, 아랍 세계의 정치적 태도에 관한 여러 가정에 의문을 제기하는 여론 조사 결과를 발표했다.

공식 담론의 한계를 보여준다는 점에서는 쓸모가 있겠지만, 이 프로젝트는 한눈에 봐도 민주화와 시민사회에 관한 많은 연구들의 결함을 답습하고 있는 듯하다. 프로젝트는 "민주화 없는 민주주의"라고 부를 만한 무언가를 찾고 있는 것처럼 보인다.[5] "성공적인 민주화는 민주주의를 소중하게 생각하고 민주적 정치 문화의 요소를 갖춘 시민을 필요로 한다"라는 것이 프로젝트의 전제이다.[6] 그러나 내가 아는 한, 시민 문화(신뢰, 관용, 상호 존중과 여타 자유주의적 덕목들)의 존재가 민주주의의 출현을 촉진한다는 주장에는 믿을 만한 근거가 없다. 실제로 그 반대를 암시하는 역사적 증거가 훨씬 많다. 서구의 민주주의 투쟁사에서 그 사례를 반복해서 찾아볼 수 있는데, 관용적이고 교육받은 자유주의적 정치 계급은 무산자, 종교적·인종적 소수 집단, 여성, 피식민지인의 정치적 권리 확대를 가로막은 민주화의 적이었다. 많은 경우 지배적 정치 계급이 갖춘 시민적 덕목은 민주화에 반대하는 근거를 제공했다. 시민성과 합리성을 갖춘 자신들이 스스로 말할 준비가 되지 않은 사람들의 이해를 대변할 자격이 있다고 주장하곤 했다. 일단 민주적 권리가 성취되고 나면, 그들의 행위는 적어도 확장된 정치 계급의 일원들 사이에서는 시민적 덕목의 계발을 장려할 수도 있는데, 그 덕목의 주입과 실천은 사람들을 민주적 권위에 종속시킨다. 반면에 민주화는 그러한 태도에 맞선 전투이곤 했다. 여기에는 보다 비타협적인 참여와 실천이 요구되었다.[7]

이 책은 그러한 보다 비타협적인 태도에 관한 것으로, 탄소 에너지가 비타협적 태도를 취할 수 있는 주체를 형성하는 데 도움이 됐던 방식들을 다루려 한다.

나는 민주주의와 석유의 관계를 더 잘 이해하기 위해서 이 책을 쓰기 시작했다. 처음에는 모두가 그렇게 생각하듯이 석유와 민주주의를 별개의 것으로 여겼고, 하나가 다른 하나에 악영향을 끼치는 이유를 더 잘 이해하고 싶었다. 그런데 사람들이 어떻게 석유를 찾고, 송유관과 석유 터미널을 건설하고, 석유를 열에너지와 수송에너지로 변환하고, 그 과정에서 발생한 소득을 이윤으로 전환하고, 그러한 돈의 흐름을 순환시키고 지배하는 방법을 모색해왔는지를 탐색하면서 석유 산업이 중동에 세워진 방식을 추적해보니 탄소 에너지와 근대 민주주의가 서로 복잡하게 얽혀 있다는 점이 점차 명확해졌다. 그러다 보니 석유와 민주주의에 관한 연구가 아니라 '석유로서의 민주주의democracy as oil'에 대한 책이 되었는데, 그것은 탄소 에너지를 생산하고 사용하는 과정을 수반하는 다층위적 기제들을 가진 하나의 정치 형태다.

석유와 민주주의에 대한 연구들이 석유가 생산되고 분배되는 과정에서 출발하지 않고 오일 머니의 문제—석유로부터 얻는 소득과 부패한 권력—에만 초점을 맞추면, 에너지 네트워크가 처음으로 구축된 방식을 무의식중에 따라 하는 결과가 되고 만다. 1914년 로열 더치 셸Royal Dutch Shell이 베네수엘라에서 석유 생산을 시작했을 때 베네수엘라의 독재자 고메스Juan Vicente Gómez 장군은 정유 시설을 네덜란드령 퀴라소Curaçao섬 해안에 설치할 것을 요청했다. 고메스는 석유로부터 나오는 돈은 원했지만, 정유 공장이 불러올 대규모의 노동자 집중 현상과 그에 따른 노동자의 요구는 원하지 않았다.[8] 그로부터 10년 뒤 현재의 BP가 된 석유 기업은 이라크에서 석유 산업을 시작하면서 이라크 인근 국가들을 거쳐 지중해까지 도달하는 송유관 건설을 계획했다. 그곳에서부터 유럽의 정유소까지 석유를 배로 운반해 훨씬 더 먼 거리까지 석유 생산 라인을 넓히고자 한 것이다. 훗날 민족주의 정부가 이라크에 현대적 정유 시설을 건설하도록 요구했을 때 BP는 강하게 반대했다. 다시 말해서, 석유가 돈의 흐름으로 바뀐 뒤에 산유국들에 영향을 미치기 시작하면 그때부터 송유관 건설, 정유소 위치, 로열

티 협상 등에 관한 처리 방식은 조직화된 노동력의 요구를 피하려 한다는 점에서 탄소 민주주의의 질문과 관련된다. 석유가 정부의 막대한 소득원으로 바뀌는 것은 민주주의와 석유라는 문제의 원인이 아니라 에너지의 흐름으로부터 정치적 관계를 만들어내는 특정 방식의 결과이다.

석유 자체의 생산과 흐름을 추적하여 이해하지 못하면, 석유의 저주를 석유가 이동하고 에너지, 이윤, 정치권력으로 전환되는 네트워크 중 일단의 접속점node들―개별 산유국의 의사 결정 기구들―에만 위치하는 병폐라고 진단하게 된다. 이러한 진단은 비산유국에서는 발견되지 않고 산유국에서만 발견되는 징후들을 분리해내는 작업을 수반한다. 그런데 만일 민주주의가 복사되는 것이 아니라 탄소에 기초하는 것이라면? 민주주의가 탄소 연료의 역사와 특정한 방식으로 엮여 있다면? 산유국과 관련된 문제를 탄소 민주주의의 다른 한계들에 연결해보기 위해 탄소 자체, 즉 석유를 추적해보면 어떨까?

주요 산업화 국가들 역시 산유국이다. 석유에서 얻는 에너지가 없었다면, 현재 이들 국가의 정치·경제적 생활 방식은 존재할 수 없을 것이다. 이들 국가의 시민들이 발전시켜온 먹고, 여행하고, 거주하고, 제품과 서비스를 소비하는 생활 양식에는 석유와 여타 화석연료에서 추출한 엄청난 양의 에너지가 필요하다. 이러한 생활 양식은 지속 가능하지 않으며, 지금 이중의 위기에 직면해 있다.

하나는 새로운 유전의 발견이 기존의 석유 공급이 고갈되는 속도를 따라 잡지 못한다는 위기이다. 화석연료 매장량의 추정이 논쟁적인 계산 방식을 수반하는 정치-기술적 과정이긴 하지만, 이제 곧 생산량 하강 국면에 진입한다는 점은 분명해 보인다.[9] 지구의 화석연료 매장량은 고갈되지 않을 것이다. 하지만 석탄과 석유가 더욱 희소해지고 채굴이 어려워질수록 채굴에 필요한 비용과 에너지 소비가 증가해 우리가 알지 못하는 결과를 동반하면서 화석연료 시대가 끝나게 될 것이다.[10] 사르트르Jean-Paul Sartre가 "다른 생명체로부터 인류가 물려받은 자본"이라고 묘사한 화석연료의 비축량은 놀랄 만큼 짧은 기간에 소비될 것이다.[11] 석유는 가장 손쉽게 채굴할 수 있었지만 이제는 공급을 늘리기가 가장 곤란해진 화석연료인데, 석유 산업이 시작된 1860년대부터 2010년까지 150년 동안 소비된 석유 중 절반이 넘는 양이 1980년 이후 30년간 연소되었다.[12] 인류의 역사라는 관점에서 보면, 화석연료 시대는 짧은 막간처럼 보인다.

두 번째 위기는, 미국 대통령 과학자문위원회가 거의 반세기 전인 1965년에 경고했던 것처럼, 인류가 이러한 에너지원을 다 써버리면서 "자신도 모르게 거대한 지구물리학적 실험을 하고"있다는 점이다. 과거 5억 년 동안 지구에 축적된 화석연료를 겨우 몇 세대에 걸쳐 태워버림으로써 인류는 대기에 이산화탄소를 배출하고 있는데, 2000년까지 대기 중 이산화탄소 농도가 25퍼센트 증가했다고 추정된다. 1965년의 보고서는 "이것은 기후에 상당하고 뚜렷한 변화를 초래할 수 있다"라고 경고하면서 이러한 변화는 "인간의 관점에서 유해할 수 있다"라고 덧붙였다.[13] 그 실험은 예상보다 훨씬 빠르게 진행되었다. 대기 중 이산화탄소 수준은 산업화가 시작된 이래로 40퍼센트나 증가했는데, 증가량의 절반이 1970년대 후반 이후에 발생했다. 그로 인한 기후 변화는 단지 인간의 관점에서 유해할 뿐 아니라 지구적 규모에서 파국의 위협이 된다.[14] 석유가 보여주는 민주주의의 더욱 커다란 한계는 화석연료 시대를 지배하기 위해 출현한(어느 정도는 그러한 에너지 형태들의 산물이기도 한) 정치 제도가 화석연료 시대를 종식시킬 사태들에 대처하는 데 무능할지도 모른다는 것이다.[15]

탄소를 추적한다는 것은 민주주의 전문가들의 관념론적 체계를 유물론적 설명으로 대체하는 것을 의미하지 않는다. 또한 정치적 결과들을 그 결과들을 결정짓는 에너지의 형태로 소급하는 것―이는 마치 탄소의 권력이 유전이나 탄광으로부터 아무런 변화 없이 그대로 국가를 통제하는 자들의 손에 전달된다고 생각하는 것과 같다―을 의미하지도 않는다. 탄소는 그것을 채굴하는 사람들의 작업으로부터 전환되기 시작된다. 그러한 전환에는 연결을 만들고 동맹을 형성하는 것이 포함되는데, 이 연결과 동맹은 물질적인 것과 관념적인 것, 경제적인 것과 정치적인 것, 자연적인 것과 사회적인 것, 인간적인 것과 비인간적인 것, 혹은 폭력과 재현 사이에 어떤 구분도 허용하지 않는다. 이 연결은 어떤 권력의 형태를 다른 권력의 형태로 바꿀 수 있다. 화석연료의 사용과 민주적 요구 사이의 상호 연결을 이해하려면 이러한 연결들이 만들어지는 방식, 이 연결들이 낳는 취약성과 기회, 그리고 통제에 특히 효과적인 좁은 통과 지점을 추적해야 한다.[16] 정치적 가능성은 에너지의 흐름과 집중을 조직하는 여러 방식에 의해 열리기도 하고 닫히기도 했는데, 그 가능성은 에너지의 분배 및 통제와 관련해 조합되는 사람, 금융, 전문가, 폭력의 배열에 의해 촉발되기도 했고 제한되기도 했다.

화석연료에서 얻는 에너지와 마찬가지로 민주 정치도 최근에 나타난 현상이다. 이 두 권력의 발전은 처음부터 서로 얽혀 있었다. 이 책은 이 둘이 함께 조합되는 방식을 추적하는데, 1장에서는 19세기 후반과 20세기 초반 유럽과 미국에서의 석탄과 대중 정치의 등장을 다룬다. 증기력을 이용해 지하 깊은 곳의 탄층에 접근할 수 있었기에 가능했던 석탄의 등장이 대규모 제조업과 근대 도시의 발전으로 이어졌으며, 광산과 공장, 근대 도시 생활에서 민주주의를 쟁취하려는 세력이 출현하게 되었다고 오랫동안 이해되어왔다. 하지만 대개 이들 세력은 일면적으로 '사회 운동'으로 간주되었다. 작업장, 노동조합, 정치 클럽에서 사람들이 더욱 평등하고 민주적인 사회를 위해 싸운다는 정치의식을 발전시켜 나갔다는 것이다. 이러한 설명이 일면적인 이유는 이 정치적 주체와 조합된 장치를 생략하고, 과두 정치 방식이 노정하고 있는 기술적 취약성을 간과하기 때문이다. 1장에서 이야기하듯이 석탄에서 얻은 막대한 새로운 에너지로 건설된 사회-기술적socio-technical 세계는 특정 측면에서 취약했고, 탄소 에너지가 집적된 석탄의 이동은 민주적 요구들을 효과적으로 결집하는 수단을 제공했다.

이러한 에너지의 흐름과 민주주의의 출현 사이의 관계에 대한 새로운 이해를 염두에 두고 2장에서는 중동 석유 산업의 시초를 살펴본다. 역사는 험한 오지에서 석유를 발견한 위대한 선구자들과 제1차 세계대전 직전 전략 물자를 확보한 선견지명 있는 정치가들의 이야기를 들려준다. 그러나 에너지 정치는 에너지의 공급을 확보하는 것만큼이나 에너지의 흐름을 차단하는 권력을 확보하는 것과 관련이 있다는 점을 석탄과 민주주의의 역사로부터 배웠기에 나는 다른 설명을 제시하고자 한다. 석유 기업들이 어떻게 중동에서 석유 산업이 일어나는 것을 지연시키려고 협력했는지, 그리고 정치인들이 어떻게 해외의 석유 통제를 자국의 민주화 세력을 약화시키는 수단으로 삼았는지 살펴본다. 중동 석유의 역사는 그 시작부터 민주 정치를 창조하고 또 파괴하는 요인이었다.

민주주의에 저항하는 투쟁은 제1차 세계대전의 도화선이 되었는데, 전쟁의 결과로 국제연맹이 탄생했고 중동 석유 지역을 통제하는 새로운 기구—국제연맹 위임 통치League of Nations Mandates 체제—가 생겨났다. 이는 민족 자결이라는 민주적 원칙을 옹호하는 우드로 윌슨Woodrow Wilson 대통령의 '14개조 평화 원칙'이라는 이상주의와 중동, 특히 이라크의 주요 석유 지역 통제권을 획득하려는 유럽 열강의 이기주의 사이의 전투로 묘사되곤 한다. 3장은 유럽 좌파들이 얻어내려 했던, 제국주의에 대한 보다 민주적인 통제와 원자재 확보를 위한 전투가 '피통치자의 동의'를 생산하는 비민주적 기제로 바뀌어버린 다른 역사를 보여준다. 제국주의적 지배에 대한 이러한 '동의'를 만들어낸 가장 중요한 장소는 이라크였다. 4장에서는 이라크와 중동의 다른 지역에서 정치 세력들이 어떻게 반응했는지, 그리고 이라크의 석유 매장지에 대한 통제가 어떻게 전개되었는지 검토한다. 이라크와 인근 국가들에서 연이어 일어난 석유 산업은 민주 정치에 대한 요구를 조직하는 데 새로운 가능성을 열어주었다. 이와 동시에 새로운 에너지 흐름의 분포와 규모는 민주 정치에 대한 요구의 진척을 점차 어렵게 만들었다.

'민주주의'라는 용어에는 두 가지 의미가 있다. 민주주의는 보다 정의롭고 평등한 사회를 효과적으로 요구하는 방식들을 뜻한다. 또는 대중의 동의를 이용해 사람들을 통치하는 방식을 뜻하기도 하는데, 이때 대중의 동의는 사회를 갈라놓음으로써 더 많은 정의와 평등에 대한 요구를 제한하는 수단이 된다. 어떤 영역은 대중의 결정에 따르는 공적 관심사로 인정하는 반면 다른 영역은 다른 통제 방식으로 관리하도록 규정함으로써 그러한 제한이 발생한다. 예컨대 통치는 재산권 규칙에 지배되는 사적 영역, 자연법에 지배되는 자연 세계, 혹은 경제학 원리에 지배되는 시장의 경계를 구획할 수 있다. 누군가가 (임금 수준 같은) 사적인 것, (천연자원의 고갈이나 대기 중 가스의 성분 같은) 자연에 속한 것, 혹은 (금융 투기 같은) 시장 법칙에 지배되는 것이라고 주장하는 문제들을 공적 관심사로 설정하고자 시도하면서 민주화 투쟁은 이슈의 배분을 둘러싼 전투가 된다. 20세기 중반, 이러한 '배분의 논리'는 대안적인 정치적 요구를 제한하는 통치의 넓고 새로운 영역 ─ '경제'라고 알려진 영역 ─ 을 만들어내기 시작했다.[17]

5장은 20세기 중반 정치의 새로운 대상으로서 경제가 형성되는 과정을 추적한다(대부분 연구들은 경제가 이보다 한두 세기 앞서 등장했다고 설명하는 실수를 범하고 있다). 또한 석유로 대표되는 저비용 탄소 에너지 생산의 급증이 새로운 방식의 정치적 계산과 민주적 통치에 어떠한 영향을 주었는지 살펴본다. 새로운 계산 방식은 석유의 풍족한 공급으로 가능해졌으며 무한한 경제 성장이라는 특수한 원리에 기초하여 집합적 삶을 관리하는 것을 가능케 했다. 이는 석탄 시대 정부의 물질적 계산 방식과는 차이가 있다. 경제 성장을 관리하는 것은 탄소 민주주의를 지배하는 새로운 종류의 논리와 규제 방식을 탄생시켰다.

이러한 경제의 형성은 국민 국가 수준에서 물질적 생활을 영위하는 방법을 제공했지만, 유럽 금융·정치 시스템의 붕괴를 초래한 국제 투기 자본의 흐름을 통제할 수는 없었다. 많은 이들이 이 흐름이 전간기戰間期 민주주의에 위기를 초래했다고 생각한다. 또한 여기서 석유가 제2차 세계대전 이후 국제 자본을 통제하는 새로운 해결책으로 등장하게 된다. 5장에서는 국민 경제의 형성과 더불어 국제 금융 메커니즘의 형성을 추적한다. 이 메커니즘은 국제 민간 은행의 투기 위협을 줄이기 위한 목적이었는데, 그러한 위협은 이후 새로운 규모로 다시 등장하여 민주 정치를 위협하게 된다. 새로운 통제 기제들은 석유의 흐름을 지배함으로써 작동되었고 중동은 세계 석유 생산의 중심이 되었기 때문에, 다시 이 지역을 제국주의적 통제 아래로 재편하는 것은 서구의 통치 체제인 민주주의의 가능성에 있어서도 중요한 일이 되었다. 전후 중동의 석유를 미국이 주도하는 '국제 신탁 관리 international trusteeship'의 형태로 통제하고자 했으나 석유 기업들의 반대로 무산되었고, 이는 '냉전'이라는 더 단순한 틀로 대체되었다. 특정 지역은 민주화 요구를 진전시키기에 적합하지 않다고 규정하는 배분의 논리에 의해 중동 역시 그러한 지역에 포함되었다.

이 책은 석탄에 의존하여 생긴 취약성과 평등을 요구할 수 있는 능력 간의 다소 간단한 관계를 추적하는 것으로 탄소 민주주의에 대한 설명을 시작한다. 5장에서는 석탄보다 석유를 더 많이 사용하게 되고, 에너지를 생산·분배하는 데 훨씬 더 확장된 네트워크가 필요하게 되었으며, 풍족한 화석연료로 새로운 형태의 집합 생활이 가능해지고, 석유 생산에 의존하는 재화와 자금이 빠른 속도로 유통되고 있다는 점 등을 고려하여 보다 다각적인 측면에서 탄소 민주주의를 다룬다.

6장에서는 이라크와 중동 지역으로 돌아가서 1950~1960년대 중동 국가 내부의 정치 투쟁이 어떻게 석유 통제권을 둘러싼 석유 기업들과의 투쟁으로 변모했는지 살펴본다. 잘 알려져 있다시피 석유수출국기구OPEC의 형성에는 산유국이 석유 자산을 통제해야 한다는 민족주의가 작용했다. 석유수출국기구는 처음에는 외국 기업이 석유를 생산하는 데 부과하는 세율을 결정하고자 했고, 그다음에는 외국 기업의 소유와 운영을 통제하고자 했다. 그러나 이 이야기를 탄소 민주주의의 관점에서 보면 새로운 측면이 강조된다. 6장에서는 정유소와 송유관, 수송 경로, 그리고 사보타주 등의 층위에서 벌어진 석유를 둘러싼 전투를 다룬다. 이란을 시작으로 산유국들이 최첨단 무기를 구매하는 것이 어떻게 석유 수익을 활용하는 메커니즘이 될 수 있었는지, '안보'라는 새로운 원칙이 어떻게 무기 판매와 결합되었는지, 그리고 중동의 석유 문제가 어떻게 서구의 민주 정치에 대한 요구를 관리하는 방식과 연결되었는지 분석한다. 7장에서는 이러한 변화들로 1973~1974년의 위기가 발생했음을 지적한다. 단순하게 '석유 파동'이라고 부르는 바람에 오해를 불러일으키는 이 시기의 중대 사건들은 서구의 탄소 민주주의가 약화되자 중동 산유국들과의 관계를 새롭게 정립하기 위해 국제 금융, 국민 경제 그리고 에너지 흐름을 지배하는 방식을 재편한 것과 관련되어 있다. 미국과 산유국들의 관계 변화는 우파에게 정치적 힘을 부여했는데, 이들은 집합 생활을 통치하는 민주적 방식으로서의 '경제' 관리 대신에 '시장' 법칙을 대안적 통치 기술로 재도입하고 확장했다. 이들은 시장이 민주적 논쟁의 범위를 넘어 공동 세계를 구성하는 보다 효과적인 수단이라고 생각했다.

1979년 이란의 이슬람 혁명에서 2011년 아랍의 봄 봉기에 이르기까지 30여 년간 두 개의 주제가 중동의 석유와 민주주의 논의에서 가장 두드러졌다. 하나는 이슬람 정치 운동의 발흥인데, 많은 이들이 이것이 보다 민주적인 정치 질서를 세우는 데 장애가 된다고 본다. 다른 하나는 산유국과 관련한 군사 행동의 증가이다. 특히 페르시아만에서 일어난 일련의 전쟁은 2003년 미국의 이라크 침공으로 극에 달했다. 이 시기를 다룬 한 유명한 연구는 이러한 현상을 세계화된 자본

권력과 부족·종교적 정체성을 갖는 협소한 권력 사이의 갈등, 즉 지하드Jihad와 맥월드McWorld의 대결이라 설명한다. 8장에서는 "맥지하드McJihad"라는 개념을 사용하여 석유와 세계화 그리고 정치적 이슬람 권력 간의 관계를 고찰하는 다른 관점을 제시한다.

마지막으로 결론에서는 다시 우리 시대 탄소 민주주의의 한계로 돌아와 풍족하고 저렴한 탄소 에너지 시대의 종말에 대해 이야기한다. 고갈되어가는 유전을 대체할 새로운 유전을 찾는 일이 점점 더 어려워지고 있고, 새로 발견한 유전도 채굴하는 비용과 에너지가 점점 더 많이 들고 있다. 또한 기후 붕괴의 위협이 가속화되는 상황에서 지금의 민주 정부는 지구의 미래를 보호하기 위해 필요한 대책을 세우는 데 무능해 보인다. 이 책은 이러한 문제들에 대한 기술적 불확실성을 통해서 특정한 형태의 논법—경제적 계산—이 어떻게 민주적 논쟁을 장악할 수 있는지 보여준다. 그리고 이 책이 시도한 탄소 민주주의에 대한 사회-기술적 이해가 집합적 미래를 형성하는 데 방해가 되는 걸림돌을 극복할 더 나은 방법을 제시해준다고 주장한다.

차례

1장

민주주의의 기구

　　석유와 민주주의의 문제를 이해하기 위해서는 석탄과 민주주의의 문제에서부터 시작해야 한다. 현대의 대중 정치는 전례 없는 규모로 에너지를 사용하는 생활 양식이 발전한 덕에 가능할 수 있었다. 석탄 채굴은 19세기에 기하급수적으로 증가하기 시작한 열역학적 동력을 제공했다. 민주주의는 이러한 변화의 결과로 설명되곤 하는데, 산업화 시대의 급속한 성장으로 과거의 권위와 권력의 형태가 파괴되면서 등장했다는 것이다. 그러나 민주 정치를 요구할 수 있게 된 변화가 석탄의 등장에 따른 부수적인 현상만은 아니었다. 사람들은 새로운 에너지 시스템 속에서 행동할 수 있는 힘을 획득함으로써 정치적 요구를 성공적으로 관철하며 정치 기구political machine를 구성했다. 이후 이러한 정치권력의 구성은 석탄을 동력으로 삼은 집합 생활에서 점차 석유 위에 세운 사회-기술적 세계로 전환되면서 약화되었다.

땅에 묻힌 햇빛

200년 전까지 인간은 생존에 필요한 에너지를 거의 전적으로 태양에서 비롯된 재생 가능 자원에서 얻었다. 태양 에너지는 인간이 먹는 곡식과 작물로, 인간에게 노동력뿐 아니라 열량을 제공하는 가축을 기르는 풀로, 땔감이 되는 숲으로, 운송과 기계에 사용되는 풍력과 수력으로 변환되었다. 태양 복사열을 활용하는 방식은 19세기 중반까지 세계 곳곳에서 주요 에너지 공급원 역할을 했다(중국과 인도에서는 자족적인 농촌 형태가 유지되었기 때문에 2008년이 되어서야 세계 도시 인구가 농촌 인구보다 많아졌다). 그러나 1800년 무렵부터 이러한 자연적 공급은 땅속에 매장된 고농축 태양 에너지로 서서히 대체되었다. 1억 5000만~3억 5000만 년 전, 탄소를 이산화탄소의 형태로 대기에 돌려보내는 정상적인 과정을 가로막은 습윤하고 산소가 부족한 환경에서 나무와 해양 유기물이 부패하면서, 상대적으로 희소하지만 굉장히 강력한 석탄과 석유라는 탄소 퇴적물이 생성되었다.[1]

인간은 고대로부터 석탄을 캤지만 제한된 규모에 불과했다. 그 한계는 석탄을 생산하는 데 필요한 에너지에 의해서 결정되었다(오늘날 가장 접근하기 어려운 석유 매장지에서 채굴을 시도하는 석유 기업들도 다시 그와 같은 한계에 맞닥뜨리고 있다). 광산은 지하수로 차 있는 경우가 많은데, 깊은 갱의 지하수는 동물 여러 마리를 써서 빼냈다. 어느 정도 깊이에서는 채굴장에서 물을 빼는 작업에 석탄을 캐서 얻을 수 있는 에너지보다 더 많은 에너지가 소모되었다. 목재가 부족해져 석탄의 가치가 올라가고 수로가 촘촘하게 연결되면서 석탄 운송 비용이 낮아진 영국에서 뉴커먼Thomas Newcomen의 대기압 증기 기관이 그 한계를 극복했다. 1712년 도입된 대기압 증기 기관은 탄광의 석탄을 이용해 진공 펌프를 작동시켜 물을 퍼 올림으로써 광부들이 채굴장을 지하 깊숙이 넓힐 수 있도록 했는데, 이로써 광부들이 캐낸 에너지보다 더 적은 양의 에너지를 쓸 수 있었다.[2] 하지만 그 장비는 비효율적이어서 기관에서 연소된 에너지의 채 1퍼센트도 안 되는 에너지만이 유효한 운동 에너지로 전환되었다. 따라서 채굴한 석탄을 상당히 많이 소비해야만 했지만, 당시에는 폐석탄이 풍부했기 때문에 딱히 장비의 효율을 개선할 필요가 없었다. 그러다가 1775년 볼턴 앤드 와트Boulton & Watt가 별도의 복수기復水器를 부착한 효율적인 설계를 도입해 특허를 냈다. 처음에 이 개량된 증기 기관은 석탄이 드문 곳, 특히 콘월Cornwall의 철 제련소와 구리, 주석 광산에서 사용되었다. 특허로 증기 기관의 개량이 중단되었다가 1800년 특허권이 만료되자 콘월의 광산 기술자들은 압력이 높은 더 효율적인 기관을 만들었다. 이로써 제조와 운송에서 축력과 수력은 증기력으로 대체되었다.[3]

석탄과 증기력의 결합에 기초한 에너지 시스템으로의 전환에는 세 번째 요소가 필요했다. 펌프와 다른 채굴 장비를 제작하는 데 사용된 철이었다. 이전에는 목탄의 고온을 이용하는 공정에 의존해서 철을 생산했으므로 작은 제철소를 운영하는 데에도 상당한 면적의 삼림이 필요했기 때문에 철 생산에 제약이 컸다. 18세기 말 제철업자들은 증기로 움직이는 풀무를 이용해 코크스를 사용하는 까다로운 제련 공정을 완성했는데, 이를 통해 석탄의 공급 증가에 보조를 맞춰 철을 생산해낼 수 있었다. 이때 콘월의 고압 기관과 철, 석탄이 만나 증기 기관차가 탄생했는데, 본래 증기 기관차는 석탄 운송용이었다. 이제 탄광에서 가까운 수로나 공장으로 석탄을 대규모로 수송할 수 있게 되어 충분한 에너지 공급이 가능해지자 수력을 이용하던 공업은 증기력을 이용하는 공업으로 전환될 수 있었다.

축력과 삼림이 재생되는 속도의 한계에서 자유로워지자 에너지 공급은 기하급수적으로 증가하기 시작했다. 갑작스런 기술 발전이나 신속한 식민지 확보와 같은 사건을 통해 인류는 매년 전년도 성장률을 뛰어넘는 급격한 성장을 경험한 바 있다. 그러나 19세기의 성장률 증가는 남달랐다. 기술의 약진, 그리고 앞으로 살펴볼 지구 표면의 더 많은 지역에 대한 통제는 세 번째 차원, 즉 지하의 탄소 저장고의 발굴과 결합되었다. 예전에는 가속화하는 성장의 여파가 한두 세대 동안만 지속되었다. 그러나 인류가 전 세계 화석연료 저장고에 접근할 수 있게 되고 이를 급속히 고갈시키는 능력이 생긴 이후로는 21세기 초까지 200년이 넘도록 기하급수적인 성장을 이어갈 수 있었다.[4] 생산된 에너지의 양은 놀라울 정도이다. 현재 사실상 고갈된 영국의 석탄 매장량을 에너지로 환산해보면 사우디아라비아의 누적 석유 생산량에 맞먹는 양이었다. 이로써 영국의 산업에서 사용된 동력은 10년마다 약 50퍼센트씩 증가했는데, 거의 수력을 사용했던 1800년에는 17만 마력 정도였으나 1870년에는 220만 마력, 1907년에는 1050만 마력으로 늘어났다. 하지만 이 정도 성장도 화석연료를 전력 생산에 사용하면서 나타난 이후의 성장에 비하면 보잘것없기만 하다. 1907년에는 1050만 마력 중 156만 마력이 전력 생산에 이용되었는데, 전력 생산에 이용된 동력은 1950년 약 2200만 마력(1만 5000메가와트), 1977년

약 1억 1000만 마력(7만 메가와트)으로 급증했다.[5]

　에너지 공급의 지속적 급증은 새로운 대중 정치의 형태들을 가능케 하는 방식으로 시공간에서의 인간관계를 변화시켰다. 산업 사회 이전의 동력원이었던 태양 복사열은 훨씬 취약한 에너지 형태였기에 인간이 사용할 수 있게끔 변환하려면 상당한 공간이 필요했다. 에너지를 얻기 위해서 인간의 주거지는 강을 따라서, 목초지 근처에, 그리고 땔감을 구할 수 있는 큰 삼림 가까이에 상대적으로 분산된 형태로 형성되었다. 에너지 생산 기간은 작물의 광합성 속도, 동물의 수명, 그리고 목초지와 삼림이 회복되는 시간에 달려 있었다.[6] 반면 화석연료는 엄청난 규모의 공간과 시간이 압축되어 집적된 에너지 형태라 할 수 있다. 예컨대 석유 1리터를 만들려면 전구체(前驅體)인 고대 해양 생물이 25톤가량 필요하고, 오늘날 우리가 1년 동안 태우는 화석연료를 생산하기 위해서는 지상의 식물과 동물이 400년 동안 만들어내는 양의 유기물질이 필요하다.[7] 석탄과 석유는 수십 년간 증식한 유기체, 즉 엄청난 양의 바이오매스와 맞먹는 에너지를 간편하게 운반 가능한 고체와 액체 형태로 저장할 수 있게 했다.

　이러한 전환은 에너지 생산에 필요한 넓은 면적의 토지에 의존하던 방식에서 벗어나게 해주었다. 목재에서 요리와 난방, 산업 공정에 필요한 연료를 얻었던 지역들은 이제 삼림의 규모나 접근성의 한계로부터 자유로워졌다. 영국은 목재를 석탄으로 대체하면서 엄청난 양의 에너지를 만들어냈는데, 만약 에너지 생산을 태양 복사열에 계속 의존했더라면 전체 삼림 면적보다 몇 갑절이나 더 필요했을 양이었다. 예컨대 1820년대에 사용한 석탄은 영국 국토에 맞먹는 규모의 삼림을 태워야 만들 수 있는 양의 에너지를 생산했다. 영국에서 석탄은

1840년대에는 국토 면적의 두 배, 1860년대에는 네 배, 그리고 1890년대에는 여덟 배에 달하는 삼림이 필요할 만큼의 에너지를 공급했다. 이러한 새로운 사회-에너지 대사small-energetic metabolism 덕분에 이제 대다수 인구가 농지에서 떨어져, 더 이상 에너지 공급에 그 규모를 제한받지 않는 도시에 모여 살 수 있게 되었다.[8]

민주주의와 식민지

나무와 기타 재생 가능 에너지원에서 석탄 사용으로의 변화는 1800년 이후 북부와 중부 유럽의 발전, 그리고 그때까지만 해도 유럽과 비견할 만한 생활수준을 누렸던 중국, 인도, 오스만 제국 등 다른 지역들의 발전 사이에 '거대한 차이'를 낳았다. 다른 지역들도 토지 부족을 극복하거나 새로운 에너지원을 개발해야 한다는 압력에 직면했다. 중국은 엄청난 석탄 매장량을 보유했으나 탄전 개발을 가로막는 여러 기술적 장애가 있었다. 또한 탄전들은 배가 다닐 수 있는 수로를 통해 인구가 많은 주요 도시로 연결되어 있지 않았다. 이 지역들은 다른 해결책을 찾고자 했으나 기하급수적으로 팽창할 수 있는 에너지 시스템으로의 전환을 촉발하지는 못했다.[9]

세계의 다른 지역들은 계속해서 다른 길을 걸었지만 새로운 에너지 시스템으로의 전환이 유럽에만 국한된 것은 아니었다. 어느 한 지역이 에너지를 기하급수적으로 소비하는 생활 양식으로 전환하려면 다른 여러 지역의 생활 양식도 변화되어야 했다. 석탄은 전례 없는 수준의 열에너지와 역학적 에너지를 만들어냈지만, 석탄을 사용할 방법이 없다면 무용지물이나 마찬가지였다. 제조업에서 석탄을 사용하기 위해서는 원자재가 대량으로 공급되어야 했다. 목화를 비롯해 많은 원자재가 여전히 분산되고 (인간을 포함해) 유기적인 에너지에 의존해 생산되고 있었다. 따라서 석탄 채굴 덕에 에너지 공급에 필요한 토지는 줄어들었지만, 급증한 에너지를 활용할 원자재를 생산하기 위해 훨씬 더 많은 토지가 필요해졌다. 점점 더 많은 노동력이 산업 생산에 투입되었지만 노동력에 에너지를 공급하는 식량 생산은 더 증가하지 않자 산업화 지역 밖의 더 많은 영토와 인구가 이 노동력에 에너지(특히 설탕 같은 고농축 식량 에너지)를 공급하도록 조직되어야 했다.

우리는 산업화를 (그리고 뒤따라 출현한 민주주의를) 화석연료에 기초한 도시의 현상이라고 생각하지만, 산업화는 에너지의 유기적 형태에 기초한 농업의 (그리고 식민지의) 변화에 달려 있었다. 과거 연료 공급을 위해 남겨뒀던 삼림 지역을 방목과 경작에 사용함으로써 북유럽의 석탄 사용은 농지 확대에 기여했다. 하지만 화석 에너지의 발전은 태양 에너지에 기초한 생산을 위해 필요한 토지와 노동력을 유럽 외부에서 훨씬 더 많이 확보하기 위한 수단을 필요로 했다.

유럽이 필요로 했던 산업 원자재는 두 가지 이유에서 무역 관계만으로 확보할 수 없었다. 첫째, 농업 인구는 대개 자신의 땅과 노동력을 활용하여 주로 자신의 필요를 위해 농사를 지으려 했고, 소량의 잉여분만 수출할 수 있었다. 그러나 이제 유럽은 화석연료로 생겨난 필요를 충족하기 위해 사람들이 태양 에너지에 기초한 생산에 이례적으로 많은 노력을 기울이도록 강제할 방법이 필요했다. 둘째, 한 지역이 기술적으로 유리한 새 공정을 개발하면 보통 다른 지역들도 최대한 빨리 그 혁신을 받아들였다.[10] 그러나 석탄 기반의 에너지 시스템은 모방하기 훨씬 어려웠고, 또한 모방되지 않는 것이 매우 중요했다. 대규모 석탄, 철광 매장지는 몇몇 장소에 집중돼 있었고, 유럽은 석탄으로 인해 급증하게 된 에너지 덕분에 순식간에 여타 지역보다 상당히 유리한 출발을 할 수 있었기에 이 에너지 시스템을 모방하기는 어려웠다. 그리고 이제 유럽은 면화나 설탕 같은 태양 에너지 기반 생산물을 얻기 위해 해외의 넓은 땅이 필요해졌는데, 만일 이들 지역이 화석연료 기반의 제조업을 도입한다면 자신의 유기적 에너지 시스템을 스스로의 필요에 따라 활용하게 될 것이기에 유럽으로서는 석탄 기반의 에너지 시스템이 모방되지 않도록 하는 것이 중요했다.

무역 관계에 의존할 수 없었기에 유럽은 해외에서 원자재를 확보하기 위한 대안이 필요했다. 즉 무엇을 경작할지 결정하는 통제권을 빼앗고 현지의 산업화 노력을 방해하는 것이었다. 신대륙에서 설탕과 면화를 생산할 토지를 확보하는 과정에서 유럽인은 현지인의 땅을 수탈하고 노예나 계약 노동력을 들여왔다. 농업 인구를 일제히 내쫓을 수 없는 곳(대표적인 예로 인도와 이집트)에서 유럽인과 현지의 부역자는 토지 사유권으로 알려진 국지적 탈취localised dispossession라는 방법을 고안했다. 이 방법은 농업 수익에서 일정 몫을 요구하는 과거 방식을 '토지 소유자'로 지정된 청구자가 재배할 작물을 정하고 그 생산물에 대하여 배타적 통제권을 행사하는 체계로 대체한 것이다. 이러한 식민지 질서를 구축한 유럽은 태양 에너지 기반의 대규모 생산 기지를 확보하여 막대한 농산물을 유럽에 공급할 수 있었고, 이를 통해 유럽 도시들은 집약적인, 석탄 기반의 대량 생산을 발전시킬 수 있었다.

석탄과 산업화, 식민화 사이의 관계는 화석연료와 민주주의 사이의 첫 번째 연결고리를 제공한다. 대의제 중앙 정부 형태는 18~19세기 유럽 일부와 식민 정착지에서 발전했다. 대의 정부의 옹호자들은 이 정부 형태를 민주주의를 향한 첫 단계가 아니라 민주주의에 대한 과두제적 대안으로 보았다. 대의 정부 체제에서 재산(토지뿐 아니라 여성, 하인, 노예) 소유권자들은 정부 세입에 권한을 행사했고, 공적 사안에 관여할 수 있는 자격을 누렸다. 이러한 점에서 정부의 권력을 자산가들이 가지고 있었다고 할 수 있다. 이러한 국가들 대부분은 자산 조건과 등기 절차로 유권자 자격을 제한하여 오직 성인 남성의 30~40퍼센트, 성인 인구의 5분의 1 이하에게만 투표권이 있었다. 더구나 많은 경우, 대의제가 권력의 집행을 정당화하는 중앙집권적 재정-군사 국가fiscal-military state가 대두하면서 대학, 도시, 기업, 협회를 관리했던 영국의 선출된 법인체와 같이 자신의 구성원에 대해 더 큰 책임성을 갖는 분산적 형태의 참여와 자치 기구가 약화되었다.[11] 1870년대 들어서 이탈리아와 독일의 통일, 프랑스 제3공화국의 수립, 스페인과 그리스, 세르비아, 오스트리아-헝가리의 헌법 제정이나 자유주의 혁명, 러시아와 오스만 제국의 자유주의적 개혁과 같은 유럽과 근동에서의 격동의 물결은 다양한 형태의 대의 정부를 만들어냈다. 대다수가 공적 영역에서 계속 배제되기는 했지만, 그러한 입헌 체제는 노동조합과 대중 정당이 출현할 수 있는 법적 질서를 제공했다. 특히 북유럽과 서유럽의 산업화 지역에서는 공무에서 다수의 배제, 산업화가 초래한 심각한 불평등에 저항했다. 그 과정에서 대중 정치 운동과 조직화된 정당이 등장했고 새로운 정치 형태가 만들어지기 시작했다.[12]

1870년대부터 제1차 세계대전까지 이어지는 전환기는 민주화의 시대이자 제국의 시대로 불려왔다.[13] 민주화되고 있는 이 새로운 정치적 힘을 집결하는 것은 도시와 제조업에서의 인구 집중에 달려 있었는데, 이는 전례 없이 많은 양의 재생 불가능한 탄소 저장물의 흐름을 조직함으로써 가능해진 집합적 생활 방식과 관련되었다. 이와 동시에 10년마다 공급이 50퍼센트씩 증가하는 화석연료를 활용하기 위해서는 식민 통치를 빠르게 확장할 필요가 있었다. 식민지 영토들은 석탄과 증기력에 기반을 둔 동일한 에너지 흐름의 조합에 연결되었지만, 유효한 정치적 요구를 만들어내는 데는 쉽게 활용될 수 없는 방식으로 연결되었다. 석탄의 등장이 왜 어떤 곳에서는 민주주의를 낳고 다른 곳에서는 식민 지배를 낳았는지 이해하려면, 성공적인 집합적 요구를 조직하는 데 화석 에너지의 흐름이 어떻게 활용되었는지 더욱 면밀하게 살펴봐야 한다.

탄소 네트워크 통제

대부분의 에너지가 넓게 분산된 재생 가능 에너지원에서 나오던 시절에는 상당수 인구가 적은 양의 에너지를 생산하고 운반하는 일에 관여했다. 그러나 화석연료를 대규모로 사용하게 된 이후, 특히 1880년대 전기의 출현 이후 산업화된 국가의 대다수 인구는 다른 사람들이 생산한 에너지를 소비하는 에너지 소비자가 되었으며, 대부분의 일은 다른 곳에서 온 에너지로 돌아가는 공정을 관리하고 감독하는 업무가 되었다. 이제는 훨씬 적은 수의 사람들만이 에너지의 생산과 분배에 관한 일을 하게 되었으며, 엄청난 양의 에너지를 다루게 되었다.

에너지 공급지가 특정 장소에 대규모로 집중되면서 에너지 공급

기구가 만들어졌는데, 이는 19세기 후반과 20세기 초 민주 정치의 확립으로 이어졌다. 대규모의 고품질 석탄 매장지는 극소수 지역에서만 발견되고 개발되었는데, 잉글랜드 중·북부 지역과 웨일스 남부, 벨기에를 거쳐 프랑스 북부에서부터 루르 밸리Ruhr Valley, 상부 실레지아 Upper Silesia에 이르는 지대, 그리고 북아메리카의 애팔래치아 석탄 지대 등이다. 대부분의 산업화 지역은 이러한 석탄 공급지 혹은 그 인근에 자리 잡았다.[14] 앞서 살펴본 것처럼 새로운 에너지 시스템은 석탄의 생산량뿐만 아니라 석탄과 증기 기술, 철강의 상호 작용에 의한 결과였다. 철도, 증기로 움직이는 풀무를 사용하는 석탄 연소 용광로, 그리고 철제 다리의 도입으로 선로가 급속하게 늘어날 수 있었다. 19세기 말에 산업화된 지역들은 석탄을 지하 채탄 막장에서 지상으로, 철로로, 항구로, 도시로, 그리고 제조 공장과 발전소로 운반하는 운하와 철도 네트워크를 구축했다.

이제 엄청난 양의 에너지가 특별한 목적으로 구축된 네트워크를 따라 흐르게 되었다. 전문화된 노동자 집단이 이러한 네트워크의 종점과 주요 교차점에 배치되어 파쇄기, 승강기, 스위치, 기관차, 에너지 저장물을 네트워크를 따라 나르는 다른 기구들을 작동시켰다. 노동자들의 위치와 집중은 특정 시점에 그들이 새로운 종류의 정치적 힘을 구축할 기회를 제공했다.

그 정치적 힘은 노동자들이 만든 조직이나 정치 동맹, 또는 그들이 공유하기 시작한 사상에만 기인했던 것이 아니라 석탄 공급을 늦추거나 방해하고 중단할 수 있는 힘을 통해 정치적 주체의 결집을 가능하게 해준 탄소 에너지의 엄청난 양에도 기인했다.

석탄 광부들은 1880년대와 그 이후의 노동 운동과 정치적 동원을 통해 노동 제도와 고용주의 사적 권력에 문제를 제기하는 데 선도적 역할을 했다. 1881년에서 1905년 사이 미국 광부들의 파업률은 모든 주요 산업 노동자들의 평균보다 세 배가량 높았는데, 그다음으로 파업률이 높았던 담배 산업보다 두 배나 높은 수치였다. 게다가 탄광 파업은 다른 산업보다 훨씬 오래 지속되었다.[15] 유럽도 비슷했는데, 노동 쟁의의 물결이 19세기 후반과 20세기 초반, 그리고 다시 제1차 세계대전 이후 전 세계 탄광을 휩쓸었다.[16]

광부들의 투쟁 정신은 석탄을 탄층에서 지면으로 운반하는 과정에서 생기는 상당히 자율적인 작업 공간과 방식에 부분적으로 기인한다. 광부들이 다른 산업 노동자들에 비해 특히 고립된 환경에 있기에 광부들의 투쟁은 "멀리 떨어진 본국에 저항하는 일종의 식민지 반란"이라고 설명하는 오랜 논의는 광부들의 자율성을 왜곡하는 것이었다.[17] 1925년 카터 굿리치Carter Goodrich는 《광부의 자유》에서 광부들의 자율성은 정치권력으로부터 멀리 떨어져 있는 광산 지역의 지리적 고립이 아니라 "바로 광산 내부에 위치한 작업장의 지리적 특징"에 의해 발생한 것이라고 주장했다.[18] 전통적인 주방식柱房式 채굴법에서 일군의 노동자들은 지하 공간의 천장을 지탱하기 위해 자신과 주변 공간 사이에 석탄 기둥이나 벽을 남겨둔 채 탄층의 한 구획에서 작업을 했다. 탄광이 붕괴되는 것을 방지하기 위해 어디를 팔지 그리고 벽을 얼마나 남겨둘지는 주로 광산 노동자 스스로 결정했다. 광산의 기계화가 확산되기 전 "관리 감독으로부터의 자유로웠던 광부들의 노동은 엄격한 통제하에서 질서정연하게 기계를 작동하는 근대적 노동과는 정반대였다."[19] 이 같은 노동 환경에서 형성된 투쟁성은 기계화의 위협, 더 위험한 작업 방식이나 더 긴 노동 시간, 더 낮은 임금을 수용하라는 압력에 맞서 이러한 자율성을 지켜내려는 노력이었다.

대중 민주주의의 등장은 대개 새로운 정치의식의 출현에 기인한다. 석탄 광부들이 누렸던 자율성은 이러한 설명을 잘 뒷받침해준다. 그러나 광부들이 만들고자 했던 새로운 종류의 주체성을 이해하기 위해서 그들이 공유한 문화나 집합적 의식에 대한 질문으로 우회할 필요는 없다. 이렇게 우회하면 오해의 소지가 생기는데, 그러한 질문은 사람들이 덜 불안정한 생활을 요구했던 앞선 시대나 다른 장소에서는 무언가가 결핍되어 있었다고 암시하기 때문이다.[20]

결핍되었던 것은 의식이나 요구 사항의 목록이 아니고 권력자들이 그러한 요구 사항을 듣도록 만드는 효과적인 방법이었다. 에너지의 흐름과 집중은 광부들의 요구를 다른 사람들의 요구와 연결시키고, 그들의 주장에 쉽게 무시할 수 없는 기술적 힘을 부여했다. 파업이 효과적이었던 것은 탄광이 고립되어 있었기 때문이 아니었다. 반대로 땅속의 탄광을 공장과 사무실, 가정 또는 증기나 전력에 의존하는 운송 수단 등 모든 곳으로 연결시키는 탄소의 흐름 때문이었다.

탄광 노동자들의 파업은 유럽과 북아메리카 이외의 지역에서도 마찬가지였다. 터키 흑해 연안 종굴다크Zonguldak 탄광의 노동자들은 파업을 반복했고, 1882년 4월 세계 최대 석탄 공급지인 포트사이드Port Said의 석탄 하역 노동자들이 벌인 파업은 부상하던 이집트 노동 운동의 첫 집단행동으로 기록되었다. 그러나 석탄과 국가의 산업 중심지를 이어주는 연결 고리가 없었다면, 광부들은 투쟁을 통해 지역 에너지 시스템을 마비시킬 수 없었을 것이고 북유럽과 미국에서 누렸던 정치적 힘을 획득하지 못했을 것이다.[21]

사보타주

광부가 주도한 파업은 전례를 찾기 어려울 정도로 강력했다. 1889년 독일 광부들의 파업은 새로 즉위한 빌헬름 2세 Wilhelm II에게 큰 충격을 주어 비스마르크Bismarck의 강경한 사회 정책을 포기하고 노동 개혁 프로그램을 지지하도록 만들었다.[22] 1890년 3월 빌헬름 2세는 여성과 아동의 고용을 제한하고 탄광의 노동을 관리하는 국제 기준을 촉구하는 국제회의를 개최했다. 《뉴욕타임스》의 보도에 따르면, 베를린에서 회의가 열린 바로 그날 "신기하고 의미심장한 우연의 일치로" 잉글랜드와 웨일스의 광부들은 "노동조합 역사상 단연코 가장 큰 파업"을 일으켰다. 파업에 참가한 남성과 여성, 아동의 수는 "무려 26만 명"에 달했다. 잉글랜드 북부의 대형 제조업체들은 석탄이 동났고, 한 통신원은 "거대하고 파멸적인 노사 갈등이 우리 앞에 시작됐다"고 보도했다.[23]

파업이 에너지의 흐름, 그리고 에너지가 제공하는 핵심적 기능을 방해하는 유일한 방법은 아니었다. 1889년 글래스고에서 파업을 하던 부두 노동자들은 사측이 파업 파괴자들을 투입한 뒤 현장 복귀를 강요받았다. 파업 노동자들은 대체 인력으로 투입됐던 비숙련 인부들처럼 천천히 그리고 서투르게 일하기로 결정했다. 사흘이 지나자 이들의 임금 인상 요구가 받아들여졌다.[24] 새로 결성된 전국항만노동자협회National Union of Dock Labourers는 방해 전술의 성공을 담은 보고서를 제작했고, 프랑스에서는 이를 참고하여 철도 및 광산 노동자 그리고 기타 산업의 노동자들이 단결권과 노동 조건 개선을 위한 투쟁 수단으로 방해 전술을 공식 채택했다. 1909년 에밀 푸제Émile Pouget는 《사보타주》라는 책을 출간했는데, 이때부터 이 방해 전술의 이름이 대중화되었다.[25] '사보타주'라는 새로운 단어는 1년 만에 잉글랜드에서 차용되었는데, 처음에는 프랑스 철도 노동자들의 노동 쟁의를 설명하기 위해 쓰였으나 나중에는 태업이나 준법 투쟁, 주요 공정의 정상 작동을 방해하는 여타 투쟁 수단을 의미하게 되었다.[26]

느리게 일하는 것과 같은 저항 방식이 새로운 것은 아니었다. 하지만 사보타주라는 용어는 상대적으로 별것 아닌 오작동, 타이밍을 놓치거나 잠시 일을 중단하는 등의 전술이 정확한 장소와 국면에서 사용될 경우 이제는 상당히 큰 효과를 거둘 수 있다는 현실을 반영했다. 1895년 프랑스 철도 노동조합의 지도자는 "2페니짜리의 어떤 물질을 정확한 방법으로 사용하면, 우리는 기관차가 작동하지 않게 만들 수 있다"고 설명했다.[27] 석탄 연소 증기 기관차는 3메가와트의 전력(약 4000마력)을 산출할 수 있었는데, 이는 한 세기 전의 왕복 피스톤식 증기 기관 동력의 30배나 되었다.[28] 사보타주의 새로운 효과는 이렇게 거대한 운동 에너지가 집중되어 있는 메커니즘에서 비롯되었다. 단 한 명의 작업자라도 시스템을 마비시킬 수 있었다.

20세기가 되자 이러한 메커니즘의 취약성과 에너지의 집중된 흐름은 노동자들에게 더 큰 정치적 힘을 안겨주었다. 대규모 석탄 파업은 대규모 동원을 가능케 했는데, 1906년 프랑스 동북부의 쿠리에르Courrières 탄광 사고 뒤에 발생한 폭력적인 파업은 파리를 마비시킨 총파업을 촉발했다.[29] 그러나 가장 공통적인 패턴은 탄광, 철도, 항만, 해운으로, 파업이 서로 연관된 산업을 통해 확산되었다는 데 있었다.[30] 1911~1912년 영국에서 탄광, 철도, 운송 노동자는 세 차례의 전국적 파업을 조직했는데, 제1차 세계전쟁 직전에 맺은 삼각 동맹으로 그들의 관계를 공식화했다.[31] 파업과 태업 그리고 다른 사보타주 수단들의 결합은 새로운 정치 수단의 창출을 가능케 했다. 바로 총파업이었다. 당시 영국 내무장관이었던 윈스턴 처칠Winston Churchill은 이러한 새로운 위협에 직면하자 "노동조합 운동에서 새로운 힘이 발생했다"고 경고했다. "해운, 석탄, 철도, 항만 노동자 등 모두가 동시에 단결해 사건을 일으킬 수 있다. 총파업 '술책'은 반드시 대처해야 하는 현안이다."[32]

한 세대 전인 1873년에 프리드리히 엥겔스Friedrich Engels는 총파업을 정치적 수단으로 활용하는 것에 반대했다. 그는 1840년대 영국에서 차티스트 운동이 지지했던 전국적인 작업 중단에 대해 효과가 없는 계획이라며 총파업을 "성월聖月"(개인과 가정의 성화, 인류 구원과 세계 평화를 위하여 묵주 기도를 바치는 달—옮긴이)에 비유했다. 엥겔스는 그러한 생각에는 지방에 기반을 둔 자발적 봉기라는 무정부주의자들의 관념이 반영되어 있다고 보았으며, 현실적으로 노동자들이 총파업을 실효성 있게 전개할 자원과 조직이 부족하다고 주장했다. 엥겔스는 만약 노동자들이 그러한 자원과 조직력을 확보했다면, 그것은 곧 이미 국가를 전복하기에 충분한 힘을 가졌다는 뜻이기에 따라서 총파업은 불필요한 우회로에 지나지 않는다고 말했다.[33]

그로부터 30년이 지난 뒤에도 여전히 많은 유럽 좌파들은 총파업을 조직화된 정치적 행동을 대신해서는 안 될 무정부적 전술이라고 보았다. 1902년 보통 선거권 쟁취를 위해 벨기에 석탄 노동자들이 주도한 총파업을 계기로 유럽의 사회민주주의 전술에 대한 논쟁이 재개됐다. 비록 로자 룩셈부르크Rosa Luxemburg 같은 총파업 지지자조차 벨기에는 국가 산업이 지리적으로 집중되어 있기에 총파업이 성공할 수 있었지만 더 큰 나라에서는 실효성이 없다고 주장했지만 말이다.[34] 3년 뒤 그녀는 마음을 바꿨다. 1905년 러시아 혁명 당시 파업의 물결이 러시아를 마비시키는 것을 목격한 후 그녀는 《대중 파업》에서 이제는 노동자들이 단결된 정치 운동 없이도 사회 혁명을 조직할 수 있는데, 개개의 경제적 투쟁들이 어떻게든 단일한 정치적 힘으로 연결되기 때문이라고 주장했다. 그녀는 이러한 힘이 "이제 왕국 전체를 뒤덮는 하나의 광활한 물결처럼 흐르고, 이제 좁은 개울들의 거대한 네트워크 속으로 분기된다"라고 썼다.[35] 그것은 노동자들이 획득한 힘, 분산되어 있지만 서로 연결되어 있는 힘을 포착하려는 시도였다. 그러나 강에 대한 그녀의 은유에는 노동자들을 새로운 정치적 힘으로 엮어내는 것은 개울과 물결이 아니라 철도, 강과 운하 그리고 그 위로 운반되는 집약적으로 저장된 에너지라는 사실이 빠져 있었다.

제1차 세계대전 동안 미국과 영국의 탄전과 철도는 정부에서 관리했고, 석탄과 철도 노동자들은 징병에서 제외되어 전쟁 관련 산업에 투입되기도 했다. 파업은 줄어들었지만 이러한 에너지 네트워크의 핵심적 역할은 더욱 뚜렷해졌다. 독일에서는 직장평의회를 주요 산업에 의무적으로 설치했고, 프랑스 정부는 전쟁 관련 산업에서 파업을 금지하고 임금과 노동 조건을 결정하는 데 직접적인 역할을 했다.[36] 석탄이 만들어낸 에너지로 가능했던 전쟁의 지속과 그 파괴성은 모든 곳에서 정치 질서를 훼손했고, 많은 경우 새로운 포퓰리즘 세력에게 권력을 선사했다. 유럽 중부와 동부에서 이 세력들은 구질서를 전복했고, 유럽 서부와 북부, 미국에서는 구질서 안에서 자리를 잡았다. 1919년 웨스트버지니아 석탄 파업에서 1920년 독일 총파업과 1926년 영국 총파업까지 광산, 항만, 철도 노동자들의 공동 행동은 에너지의 흐름을 차단하는 자신들의 새로운 힘을 재확인했다. 태양 복사열에 기초한 분산된 에너지 시스템에서는 노동자들이 이러한 종류의 정치적 힘을 결집할 수 없었다.

총파업의 위력에 거대 산업의 사용자들은 방어 태세를 취했다. 1918년 뉴욕의 록펠러 재단Rockefeller Foundation은 그 취약성을 설명하는 보고서를 발행했다.

> 근래의 산업 발전이 노사 갈등이라는 끔찍한 결과를 드러냈다면, 현재의 발전이 전 세계에서 계속될 때 상황은 무한히 악화되지 않을까? 생디칼리슴Syndicalism은 조직의 힘으로 사회를 파괴하고 산업 자본을 현재 소유자들로부터 조합주의자들이나 혁명가들에게 넘기려고 한다. '총파업'으로 하고자 하는 게 이것이다. 미국과 영국에서 며칠 혹은 몇 주 전에 통지하고서 갑자기 탄광이 멈추고 철도 운행이 중단된다면 무슨 일이든 일어나지 않겠는가! … 한번 들고 일어나면 전시의 봉쇄보다 훨씬 더 효과적으로 나라를 마비시키는 힘이 여기에 있다.[37]

록펠러가는 1914년의 러들로 대학살Ludlow Massacre에 대한 보고서 작성을 의뢰했다. 1913~1914년의 콜로라도 석탄 전쟁Great Coalfield War 당시 록펠러 소유 광산에서 노동조합을 조직하려는 광산노동조합 United Mine Workers의 시도가 있었다. 이를 막기 위해 기관총으로 무장한 콜로라도 주방위군이 파업 광부들을 살해했던 사건은 거대 산업 자본의 '현재 소유자들'을 위협하는 정치적 위기 상황을 초래했다.[38] 록펠러가는 광산 노동자들을 몰아내는 덜 폭력적인 방법을 고안하고자 윌리엄 라이언 매켄지 킹William Lyon Mackenzie King을 고용했다. 캐나다 노동부 장관이었던 매켄지는 40여 곳의 석탄, 철도, 해운 및 기타 산업에서의 파업을 해결하는 데 도움을 준 인물이었다. 전간기에 널리 전파된 록펠러 계획Rockefeller Plan은 노동자들의 독립 노조 가입을 막으면서 임금과 노동 조건 협상에 참여를 허용하는 어용 노조를 만드는 전략이었다.[39]

미국의 대기업들은 새로운 어용 노조 등의 노동자 대의 조직을 '산업 민주주의'라고 묘사하며, 이 어용 노조를 당시 미국이 중동 등지에서 지지했던 '자치 정부'에 비견했다.[40] 기업들은 과거의 노사 관계와 새로운 노사 관계의 차이를 "봉건제 국가(계몽되긴 했지만 피통치자의 동의는 전혀 구하지 않았던 정부)와 민주주의 국가의 차이"에 견주었으며 "사람들이 자신들에게 영향을 끼치는 규제를 만드는 데 참여한다면 법을 더 잘 이해하고 받아들일 수 있을 것"이라고 설명했다.[41]

미국 및 다른 국가들에서 노동 운동은 복지 산업주의의 온정주의에 맞서 싸웠고, 나중에는 기업이 통제하는 노동조합을 불법화하려고 애썼다. 그러나 기업가들은 계속해서 노동조합의 힘을 약화시키려는 방법으로 기업의 자선과 복지를 활용했다. 그들은 노동조합을 약화하겠다고 약속한 곳에는 더 많은 복지 수단을 지원했다. 매켄지 킹은 록펠러를 비롯한 기업에서 노사 관계 컨설턴트로 일한 뒤 캐나다 정계에 복귀해 22년간 총리를 지내면서 뉴딜 정책 성격의 노동자 보호 프로그램을 도입하려는 시도에 반대했으며, 캐나다의 복지 체계를 설계했다.[42] 산업화된 국가의 노동자들이 보다 평등한 삶을 위해 싸울 때, 그들이 쟁취하기 시작한 민주주의는 평등을 위한 요구를 현실화하는 수단은 제공하지 않은 채 복지 제공을 통해 사람들을 규율하는 수단을 제공하는 쪽으로 번번이 빠져나갔다.

1880년대와 전간기 10년 사이에 유럽과 북미 산업화 국가의 노동자들은 투표권 그리고 더욱 중요한 노동조합 결성권을 확보하거나 확대하기 위해, 정치 조직을 형성하기 위해, 그리고 파업을 포함한 집단행동을 하기 위해 에너지 흐름에 대한 새로운 힘을 사용했다. 대개의 경우 이러한 변화는 대중 기반의 정당이 처음으로 권력을 잡을 수 있도록 해주었다. 또한 노동자들은 하루 8시간 노동, 산업재해와 질병, 실업에 대한 대비책을 비롯한 사회 보장 정책, 그리고 퇴직연금에 대한 권리를 획득했다.[43] 새롭게 부상한 여성 운동은 여성의 정치 활동 배제에 맞서 투쟁했는데, 때로는 사회주의 정당을 지지하기도 했으며, 점차 여성의 참정권을 보장하도록 싸웠다. 기업가들은 이러한 개혁들을 제한적으로 지지하곤 했는데, 노동자들의 복지 향상이 이들의 체력과 규율을 강화하고 노동 분규를 줄여줄 것이라고 기대했기 때문이었다. 또한 가정의 위계질서를 세우는 복지 정책을 통해서 전시 동원 기간에 사라져가던 여성의 모성적 역할을 다시 강화할 수 있다고 여겼기 때문이었다.[44] 노동 조직들은 부의 소유권에 의미 있는 변화를 추구하는 노력에 방해가 되는 불완전한 수단이라며 사회 보장 제안에 반대하기도 했다. 전간기 독일과 오스트리아처럼 더욱 급진적인 변화가 위축되었던 곳에서는 기업가들이 의회 제도의 파괴를 지지하기도 했다.

이러한 한계와 좌절에도 불구하고 산업화된 서구의 노동자들은 19세기 후반 이전에는 불가능할 것만 같았던 힘을 획득했다. 대규모 산업의 등장으로 사람들은 사회 불안, 물리적 위험, 초과 근무와 궁핍이라는 이례적 상황에 노출됐다. 그러나 산업 공정을 발전시키는 데 필요한 석탄의 집중과 이동은 취약성을 낳았다. 노동자들은 계급 문화, 집단 이데올로기나 정치 조직이라는 약한 유대에서가 아니라 자신들이 캐고 싣고 옮기고 쌓고 기계를 돌리는 대량의 고농도 탄소 에너지가 늘어남에 따라 점점 더 함께 연결되기 시작했다. 파업과 태업, 기타 다양한 운동 방식의 조직화된 행동은 탄광, 철도, 발전소, 그리고 그곳의 노동자들로 이루어진 새로운 형태의 집합적 역량이라는 결정적인 정치 기구를 창출했다. 단순한 사회 운동 이상으로 이러한 사회-기술적 주체socio-technical agency는 산업 사회에서 삶의 불안정성을 크게 개선하는 일련의 민주적 요구들을 점진적으로 실현했다.

석탄 전투

제2차 세계대전 이후 주요 산업국들은 노동력과 에너지 흐름의 관계를 재조직하기 시작했다. 미국에서는 석유 노동자들의 파업에 대한 대응에서 변화가 시작됐다. 1945년 9월 미시간의 스탠더드 오일Standard Oil 정유소 노동자들은 텍사스와 캘리포니아로 확산되어 미국 최초의 전국적 석유 파업이 된 파업을 조직했는데, 그로 인해 정유소 대부분이 가동 중단되었다. 《타임》지는 석유 노동자들의 노동조합을 "세상에서 가장 다루기 힘든 노동조합"이라고 묘사했다. 그러나 석유 기업들은 정부의 중재를 거부했다. 그러자 정부는 정유소를 군대의 통제 아래 두는 전쟁권한법War Powers Act을 활용했다. 파업은 탄광, 발전소, 철강, 도로와 자동차 산업으로 확산되었고, 미국 역사상 노동 쟁의가 가장 폭발적으로 발생했다. 석유 파업을 끝내기 위해 정부는 스탠더드 오일과 다른 거대 정유소들이 노동자 집단을 대표하는 전국노동조합을 인정하도록 하고, 노동조합의 역할을 임금과 노동 조건 협상으로만 제한했다.[45] 이 해결책은 새로운 노사 관계 모델을 제공하여 록펠러가 석탄과 석유 산업에서 시작한 어용 노조를 대체했고, 자동차 산업 등의 다른 대규모 산업에도 적용되었다. 그러한 양보는 노동자들이 기업을 관리하고 이윤의 일부를 차지할 수 있도록 하는, 산업 민주주의에 대한 전후의 보다 원대한 제안들을 물리쳤다. 그 대신 정부와 기업은 새로운 노사 관리 체계를 발전시켰는데, 이는 '생산성'을 증가시키는 방법에 주안점을 두었다. 앞으로 임금과 노동 조건의 개선은 국가 부의 일정 몫을 더 급진적으로 분배하는 것이 아니라 노동자들이 능률 촉진, 더욱 철저한 감독, 해고, 그리고 신체 피로를 수용하는 것에 좌우되게 되었다.[46]

미국의 노사 관계 모델은 에너지원의 결정적 변화와 함께 전후 유럽에 수출되었다. 프랑스, 독일, 영국에서 1940년대 후반의 '석탄 전투'는 전후 정치를 형성했는데, 광부들은 임금과 노동 조건 향상뿐 아니라 부와 복지의 분배 방식에 폭넓은 변화를 주장하는 운동을 이끌었다. 1944년 프랑스에서 석탄 산업이 국유화된 뒤 공산주의자들이 주도한 노동조합 운동은 임금을 인상했을 뿐 아니라 산업 관리를 직접 수행했는데, 그 결과 탄광을 생산성 향상의 본보기로 바꿔놓았다. 하지만 3년 뒤 인플레이션으로 실질 임금이 폭락하자 광부들은 정부에 임금 수준을 올리거나 식량 배급을 늘리라고 촉구하는 일련의 파업에 참여했다.[47] 프랑스와 다른 유럽 정부들은 이러한 요구를 받아들이지 않고 미국식으로 돌아섰다. 자신들의 새로운 기업 관리 모델을 해외로 전파하려는 (그리고 워싱턴이 자신들의 수출에 보조금을 지급하게 하려는) 열망에서, 미국 기업가들은 전후 유럽 원조에 대한 지지를 획득하고자 서유럽에서 공산당이 누리는 인기에 대한 공포심을 활용했다. 훗날 프랑스의 총리가 되는 피에르 망데 프랑스Pierre Mendès France는 이렇게 말했다. "공산주의자들은 우리에게 커다란 봉사를 하고 있다. 미국이 우리를 돕고자 하는 이유가 바로 '공산주의의 위협'이기 때문이다. 우리에게 꼭 필요한 이러한 공산주의의 공포를 계속 유지해야 한다."[48] 마셜 플랜Marshall Plan으로 잘 알려진 유럽부흥계획은 미국이 자국에서 개척한 질서와 유사한, 조직화된 노동과 대규모 산업체 사이의 새로운 관계에 기초해서 유럽의 정치 질서를 설계하려 했다.

미국이 자금을 지원한, 노동의 힘의 재조직화에는 세 요소가 있었다. 첫째, 마셜 플랜은 미국식 노사 관리를 장려했다. 유럽부흥계획의 노동 부서는 노동력과 기계의 관리에 대한 미국식 방법을 개발하고 실험하는 연구실이었다. 생산성이라는 신조는 노동 감독의 강화와 물가 인상에 못 미치는 수준의 임금을 정당화했다. 런던 주재 미국 대사는 조지 마셜George Marshall 국무장관에게 "영국이 겪는 곤경의 유일한 해결책은 더 적은 임금으로 더 열심히 일하는 것이다"라고 보고했다. 그러나 관련 연구들에 따르면 미국과 유럽의 생산성이 다른 이유는 미국인들이 더 열심히 일해서가 아니라 미국이 석탄과 석유가 더 풍부했기 때문이었다. 그 덕분에 미국의 산업은 유럽보다 두세 배 많은 전력을 사용할 수 있었다.[49]

둘째, 유럽부흥계획에는 유럽 정부들이 경제적 통합 계획을 수용한다는 전제 조건이 있었는데, 이는 서유럽의 석탄 산업을 통합하는 것으로 시작되었다. 유럽 정치 통합의 첫 단계로 설립된 유럽석탄철강공동체European Coal and Steel Community는 석탄 산업의 경쟁을 줄이고 생산의 기계화를 지원했다. 그 결과 발생한 탄광 폐쇄와 실업의 영향을 완화하기 위한 자금 역시 제공했다. 미국이 자금을 지원한 이 프로그램으로 광부 수가 급속히 줄었고 국가 간 석탄 거래가 촉진되었다. 이에 따라 광부들은 파업을 실효성 있게 수행할 수 있는 능력을 잃게 되었다.

세 번째 요소는 가장 규모가 컸다. 미국은 주로 석탄에 의존하던 유럽의 에너지 시스템이 석유 의존도를 늘려가는 방향으로 변화하도록 자금을 투입했다. 석유로 전환하려는 계획의 중요한 목표는 석탄 광부들의 힘을 영구적으로 약화시키는 데 있었다. 에너지의 흐름을 방해할 수 있는 광부들의 능력이 집단생활의 향상을 요구할 수 있는 힘, 그로써 유럽을 민주화할 수 있었던 힘을 노동조합에 부여했기 때문이다.

전후 서유럽에서 기업 중심의 민주주의는 이러한 에너지 흐름의 재조직화 위에서 건설되었다. 유럽부흥계획의 자금은 정유소를 건설하고 산업용 석유 보일러를 설치하는 등 석탄에서 석유로 전환하기 위한 인프라를 구축하는 데 투자됐다.[50] 미국은 도로 건설을 장려했고, 유럽부흥계획 수혜국들에게 미국 자동차를 구매하도록 4억 3250만 달러를 제공했으며, 이탈리아와 프랑스의 자동차 제조업체에 보조금을 지급했다. 서유럽에는 대규모 유전이 없었기 때문에 추가로 필요한 석유는 중동에서 들여왔다. 특히 사우디아라비아의 신규 유전에서 석유를 조달했는데, 미국 정부와 기업은 그곳에서 석유 생산을 늘리기 위해 이븐 사우드Ibn Saud의 불안정한 독재에 자금을 지원했다.

사우디아라비아 동부에서 지중해로 이어지는 송유관을 건설하는 데 필요한 철강과 건설 장비는 배를 통해 미국에서 페르시아만으로 공급되었다. 송유관의 건설로 유럽으로 공급되는 석유의 양이 빠르게 증가할 수 있었다. 이와 동시에 마셜 플랜 관리자들은 국제 유가를 결정하는 계획을 고안했다. 정부의 생산 쿼터로 보호받는 미국의 석유 생산 비용과 미국에서 유럽으로의 수출 비용에 비해 중동에서는 석유가 더 저렴하게 생산되었고 유럽으로의 수송도 더 저렴했다. 그러나 가격 계획에 의해 중동에서 공급된 석유도 미국에서 수입한 석유만큼 훨씬 높은 가격에 판매되었기 때문에 유럽은 더욱 저렴한 중동산 석유의 이점을 누릴 수 없었다. 그러한 가격 계획은 미국의 석유 생산자들과 국제 석유 기업들의 독점 이익을 보호했지만, 유럽이 석탄에서 석유로 전환하는 데 장애가 될 수 있었다. 특히 유럽에 중동산 석유를 공급하는 미국 기업들이 대금을 달러로만 받을 경우 그 전환은 더 어려워질 것이었다. 그래서 유럽부흥계획의 달러 기금은 유럽이 석유를 구매하는 데에도 사용되었다. 석유를 얻기 위한 달러 수요를 기반으로 이 제도는 국제 금융 시스템에서 달러의 역할을 공고히 했다. 유럽부흥계획 기금의 10퍼센트 이상이 석유 조달에 쓰였는데, 마셜 플랜 자금 중 단일 용도로는 가장 큰 금액이었다. 유럽부흥계획은 미국 기업들이 마셜 플랜 기간(1948년 4월~1951년 12월)에 해당 국가들에 공급한 석유의 절반 이상에 자금을 댔다. 이로써 미국 석유 기업들은 마셜 플랜 원조의 최대 수혜자가 되었다.[51]

이러한 미국의 보조금이 원동력이 되어 서유럽의 에너지 소비에서 석유가 차지하는 비중은 1948년 10분의 1에서 1960년 3분의 1로 증가했다. 이러한 목적을 위해 송유관 건설에 철강이 전용되고 마셜 플랜 기금이 전용된 것은 유럽 석탄 광부들의 정치적 힘을 꺾으려는 필요성에 의해 정당화되었다.[52]

석탄 시대의 석유

　　　　　　　　석탄이 민주주의를 진전시키는 데 중요한 역할을 했다면, 석탄이 석유로 대체된 것은 어떠한 차이를 낳았을까? 석탄처럼 석유는 노동자들을 새로운 사회적 세력으로 뭉치게 하기도 했다. 1945~1946년의 정유소 파업이 미국에서 발생한 최초의 전국적 규모의 석유 파업이긴 하지만, 20세기 초 30여 년간 석유 생산을 이끌었던 캘리포니아의 석유 노동자들은 제1차 세계대전 동안 그리고 그 이후 더 나은 임금과 노동 조건뿐 아니라 더 폭넓은 사회 변화를 위한 투쟁을 이끌었다. 그들은 "정부는 소수의 물질적 이익에 맞서 … 대다수 인민에게 이익을 주기 위해 구성되어야 한다"라는 "진정한 민주주의"의 토대 위에서 석유 산업의 공적 소유를 위해 투쟁했다.[53] 석유 산업을 공적 통제 아래 두는 데는 실패했지만, 지역 정치에 깊이 관여하는 지역 사회 기반의 새로운 노동 운동을 구축했고, 뒤이은 정치적 탄압에서 다른 산업의 노동조합보다 더 잘 생존할 수 있었다.[54]

　석유 노동자들이 획득할 수 있었던 정치적 힘은 석유가 사용되는 방식과 석유 사용이 만들어낸 취약성에 좌우되었다. 20세기 이전에 석유는 주로 (파라핀으로도 잘 알려진) 등유 형태의 석유램프에 사용되거나 기계의 윤활유로 사용되었다. 대개 소량으로 널리 보급되었으며 재사용할 수 있는 금속 캔에 담겨 개별 소비자에게 전달되었다. 19세기에 러시아를 제외한 어떤 나라도 석유를 산업과 수송을 추동하기 위한 중요 동력원으로 사용하지 않았다. 따라서 석탄과 달리 석유는 산업 공정들이 의존하는 필수 경로로 집중되지 않았고, 석유가 나는 지역은 산업 중심지가 되지 않았다. 석유가 생산되는 곳은 보통 큰 시장에서 멀리 떨어져 있었고 대부분의 시장은 석탄을 사용하는 산업화된 지역에 위치해 있었다. 석유 생산지에서조차 램프용 석유는 도시가 아닌 농촌용이었다. 도시에서는 석탄 가스를 사용해 불을 밝혔고 19세기 말에는 전기를 사용했다. 이처럼 연결 고리가 약했고, 집약된 동력에너지원이 되기에는 석유의 역할이 제한적이었기 때문에 석유를 생산하는 노동자들은 잠재적인 정치적 힘을 키우기 어려웠다. 하지만 앞으로 살펴볼 러시아는 예외였다.

이러한 약점은 제1차 세계대전 이전 미국과 러시아를 제외하고 석유를 가장 많이 생산한 지역인, 지금은 폴란드와 우크라이나 영토에 속하는 오스트리아의 갈리시아Galicia주에서 찾아볼 수 있었다. 갈리시아 유전은 크라쿠프Kraków에서부터 동쪽 방향으로 러시아의 루마니아 국경을 향해 약 480킬로미터에 걸쳐 활 모양으로 펼쳐 있었다. 수작업으로 유전을 뚫던 방식은 1890년대에 증기로 움직이는 착암기로 대체되었는데, 석유가 있는 지층에 더 깊숙이 접근할 수 있게 되어 이후 10년간 석유 생산이 급증했다. 석유 공급 증가로 유럽 등유 시장을 통제했던 대기업 스탠더드 오일과 유럽의 경쟁사 도이체방크Deutsche Bank는 위협을 받았다. 그러나 갈리시아는 석유를 독일과 여타 주요 시장으로 운송할 만한 수로나 철로 연결망이 부족했고, 대기업들은 갈리시아 지방의 석유 기업과 노동력 모두를 약화시키는 데 그와 같은 고립성을 활용했다. 1904년부터 석유 노동자들은 하루 8시간 노동을 비롯한 노동 조건과 단결권을 요구하는 일련의 파업을 조직했다. 파업에 취약했던 토착 기업들은 협상하려 했지만, 외국의 대기업 경영인들은 파업 노동자들을 상대하길 거부했다. 노동자들이 유전을 사보타주하고 석유를 저장고로 운반하는 펌프를 못 쓰게 만들어 지방

하천으로 흘러가게 하는 식으로 대응했을 때 오스트리아 정부는 펌프와 송유관을 보호하기 위해 7개 보병 대대를 보냈다. 협상을 거부하고 파업이 지속되도록 둠으로써 대기업들은 노동자들을 패퇴시키고 소규모 생산자들이 폐업하도록 만들었다. 실제로 1904년 스탠더드 오일이 이러한 이중의 목적을 위해 파업에 자금을 댔다는 소문이 나돌았다.[55]

20세기에 전기 조명의 확산으로 산업국가의 등유 수요 증가가 한계에 이르자 석유 기업들은 새로운 용도를 찾을 수밖에 없었다. 해결책은 석유를 조명 수단에서 동력원으로 바꾸는 것이었다. 처음에는 왕복 증기 기관에 사용하던 석탄을 석유로 대체해 보일러를 돌렸다. 1900년 이후 급속히 확산된 내연 기관의 발전에 힘입어 부상한 가벼운 가솔린 엔진과 더 강력한 디젤 엔진의 대체 연료는 석유뿐이었다.[56]

러시아가 지배하는 캅카스Kavkaz에서 석유 노동자들은 이미 이러한 발전으로 이득을 보고 있었다. 주변에 도시가 모여 있는 약 30제곱킬로미터 면적의, 현재는 아제르바이잔에 속하는 바쿠Baku 유전은 20세기 초 잠시 동안 전 세계 석유의 절반이 넘는 양을 생산했다. 바투미Batumi의 흑해 항구에 철도와 송유관이 연결되어 있고 러시아의 나머지 지역으로 수로와 철로가 연결되어 있었는데, 이곳 석유 산업에서 1905년 혁명으로 이어지는 저항이 일어났다. 캅카스 남부의 노동 봉기는 1901~1902년에 송유관, 정유소와 바투미의 항구 노동자들이 주도한 파업과 시위에서 시작해 로스차일드Rothschild 공장 석유 노동자들의 대규모 파업으로 절정에 달했는데, 그곳에서 시위대 14명이 죽었다. 젊은 시절의 스탈린Joseph Stalin을 비롯한 노동조합 조직가들이 바쿠의 동맹자들과 접촉했다.[57] 더 큰 혁명이 1903년 7월 바쿠 석유 노동자들의 파업으로 시작되었는데, 철로를 따라 트랜스캅카스 철도의 중간 지점인 티플리스Tiflis(현재는 트빌리시Tbilisi)의 조차장과 작업장으로 확산됐고, 이후 바투미로, 그다음에는 "러시아 남부 전역에 국지전처럼" 번졌다.[58] 이게 바로 러시아 최초의 총파업이었는데, 앞서 살펴봤듯이 이를 계기로 로자 룩셈부르크는 '정치적' 조직이 아니라 개별적인 '경제적' 불만으로 연결된 노동자들의 새로운 힘을 인정했다.[59] 1904년 12월 바쿠 석유 노동자들은 두 번째 총파업을 선포했는데, 1905년 혁명은 여기서 시작되었다.

혁명이 시작되자 지역의 관찰자들은 "바쿠에서는 노동 문제들이 러시아의 다른 어느 곳에서보다 더 심각하게 느껴졌다"고 보고했다.[60] 훗날 스탈린은 바쿠 석유 노동자들의 선구적인 조직화 기술과 그들이 석유 자본가들과 겪은 갈등의 강도를 경험하고서 "혁명의 여행자"가 되기로 마음먹었다고 밝힌 바 있다.[61] 그러나 실제로 파업 석유 노동자의 지도자들은 지역의 볼셰비키들과 관계를 끊고, 석유 기업가들과 러시아 역사상 처음으로 노동 계약을 협상해 하루 9시간 노동, 질병 수당, 무상 연료, 공장 대표 선출권을 얻어냈다. 그들의 정치적 요구는 "보통·평등·직접·비밀 투표에 기초한 제헌의회 소집"과 "언론·집회·출판·파업·결사의 자유"였다.[62]

이 석유 노동자들의 힘은 시대의 전환기에 있던 바쿠의 석유 산업이 다른 곳이나 이후의 석유 산업보다 동시대 북유럽의 석탄 산업과 훨씬 더 비슷한 방식으로 조직되고 연결되어 있었다는 사실을 보여준다. 100개가 넘는 기업이 몇 제곱킬로미터의 공간에서 시추탑, 노천 구덩이, 증기 기관, 석유를 운반하고 물과 증기, 천연가스를 공급하는 복잡하게 얽힌 관들, 고압 배전선 등이 빽빽하게 밀집된 네트워크를 만들어놓고 석유를 생산했다. 여기서 조금 떨어진 카스피해 연안에는 100개가 넘는 정유소가 대규모 작업장과 함께 있었고, 이곳의 석유는 증기선과 철도로 러시아 제국 전역으로 운송되었다. 유전, 작업장, 펌프, 전력 공급 시설과 정유소의 근접성은 넓은 지역으로 뻗어나가는 에너지의 공급을 중단시킬 수 있는 능력을 가진 집중된 노동력을 창출했다.[63]

바쿠의 석유 산업이 동시대의 석탄 산업과 유사한 두 번째 특징은 바쿠의 석유가 조명이 아니라 증기력을 생산하는 데 주로 사용되었다는 점이다. 바쿠의 중질유는 등유로 정제되기에는 휘발성 탄화수소의 양이 상대적으로 부족했고, 잔유 비중이 높아서 증기 보일러에 사용하기에 더 적합했다. 캅카스는 펜실베이니아나 여타 석유 생산지와 달리 석탄과 목재의 공급이 부족해 연소열을 얻기 위해서는 석유를 사용할 수밖에 없었다. 바쿠의 기술자들은 배와 철도의 증기 기관에 연료를 주입하는 과정에서 석유를 더 효과적으로 사용할 수 있는 연소용 가압 분무기를 개발했다. 러시아 카스피해 함대는 1870년대에 연료를 석탄에서 석유로 바꿨고, 러시아 철도는 1880년대에 연료를 바꾸기 시작했다. 1890년경 러시아의 모든 기차는 도네츠강 유역과 시베리아의 석탄 지대를 제외하고는 모두 석유를 사용했으며, 석유 사용은 야금업과 러시아 북부의 공장들로 확산됐다. 이후 10년 동안 석유는 러시아의 상업용 1차 에너지 소비에서 평균 41퍼센트를 차지했다.[64] 석탄 파업이 유럽 북서부에서 그랬듯이, 1905년 혁명의 계기가 된 석유 파업은 러시아 제국 전역에서 운송망과 산업 활동을 마비시킬 수 있었다.

유럽 북서부와 달리 러시아는 다민족 제국이었다. 러시아의 민족 분리는 바쿠 석유 산업의 조직에도 반영되었다. 또한 1905년 혁명의 패배에도 반영되었다. 비숙련 노동은 토착 아제르바이잔인들이 일부를 맡고, 이란에서 오거나 페르시아어와 아제르바이잔어를 모두 쓰는 지역에서 온 이주 노동자들이 일부를 맡았다. 석유 기업과 여타 기업의 관리자와 소유주는 대개 아르메니아인들이었는데, 이 중 다수가 석유 붐으로 성공을 거뒀다. 한 영국인은 바쿠를 트란스발Transvaal의 신흥 금광 도시에 견주며 "상업적으로 그리고 민족학적으로 러시아의 요하네스버그"라고 표현했다.[65] 당시 보어 전쟁은 광업에서 발전한, 인종적인 노동 체제에 기반을 둔 제국의 자치 정부 시스템을 굳건히 했는데, 영국은 바로 여기에서 아랍 석유 생산 지역의 '자결권'이라는 아이디어를 얻었다(2장 참조).

러시아 제국 정부는 조직적인 약탈과 학살을 일삼는 극우 반혁명 세력인 블랙 헌드레즈Black Hundreds가 소수 민족에게 폭력을 행사하도록 부추기면서 혁명적 파업에 대응했다. 1905년 1월 바쿠에서 벌어진 민족적 폭력 행위의 제1 라운드는 성공적이지 못했고 "노동 운동에 새로운 자극제가 되었다." 그러나 그해 9월 블랙 헌드레즈는 도시를 급습하고, 유전에 불을 지르고, 무슬림 아제르바이잔인들을 선동해 아르메니아 기독교인들을 치게 했다. 수천 명이 죽었고, 석유 산업은 제 기능을 못 하게 되었으며 노동자들의 혁명적 요구는 좌절되었다.[66]

석유가 정치적 자유를 확보하기 위한 수단이 될 수도 있다는 조짐에도 불구하고 20세기 초 바쿠에서 찾아볼 수 있었던 노동 동원, 운송과 에너지 사용의 패턴은 예외적인 것으로 판명되었다. 석유 생산에서 인종적 분리를 이용하는 것은 더욱 보편화되었으며, 이 전략은 훗날 중동 전역에서 도입되었다.[67] 인종별로 관리자, 숙련 노동자와 비숙련 노동자로 나누어 따로 살게 하고 다르게 대우해 노동자의 힘을 약화시키는 능력에는 세계적으로 석유 생산의 분포가 석탄과 차이가 있고, 석유 생산의 발전이 근대 산업의 발흥 이전이 아니라 이후에 이루어졌다는 점이 반영되었다. 석유 산업은 대개 인구가 많은 곳에서 동떨어진 지역에서 빠르게 성장해 석탄으로 이미 산업화된 먼 지역의 사용자들에게 석유를 공급했다. 이런 까닭에 생산자들은 여러 곳에서 노동자를 수입하여 인종적 분리의 형태를 영속화하려 했다. 그러나 이러한 차이는 석유 생산을 점점 더 석탄 생산과 다르게 만든 여러 요인 중 하나에 불과했다. 석유는 특유의 방식으로 생산되었고 더 길고 보다 유동적인 경로로 운송되었는데, 석유가 함유하고 있는 탄소의 물리적·화학적 형태가 다르기 때문이었다. 석유의 정치학이 왜 석탄의 정치학과 다른지 이해하기 위해서는 이 요인들을 살펴봐야 한다.

석유의 흐름

석유는 (때로 펌프의 도움을 받아) 아래에서 생기는 수압이나 위에서 생기는 기압에 의해 지표에 도달하기 때문에 석탄에 비해 작은 규모의 작업장으로 충분했다.[68] 노동자들은 지상에 남아 더 가까이에서 관리자들의 감독을 받았다. 탄소가 액체 상태로 나옴으로써 에너지를 운송하는 일에 인간의 노동이 덜 들게 되었다. 생산지에서 소비지나 (수출을 위한) 항구까지 에너지를 운송하는 수단이었던 철도는 펌프장과 송유관으로 대체되었다. 이러한 운송 방법에서는 일군의 사람들이 운반할 에너지와 동행하고, 교차점에서 하역하고, 엔진과 스위치, 신호를 계속해서 작동시킬 필요가 없었다. 실제로 송유관은 에너지의 흐름을 방해하는 인간의 영향력을 줄이기 위한 수단으로 발명되었다. 1860년대 펜실베이니아에서 석유를 담은 통을 마차에 실어 철도역으로 옮기는 운전사들이 임금 인상을 요구하자 이를 회피하기 위한 방안으로 송유관이 도입되었다.[69] 그 후 10년간 바쿠에서도 같은 이유로 미국 석유 굴착업자들의 혁신적 방법을 차용했다. 송유관은 사보타주에 취약했다. 예컨대 러시아의 1905년 혁명 기간에 바투미의 영국 영사관은 "상당수 송유관이 혁명 세력에 의해 구멍이 뚫려 쓸모없게 돼버렸다"라고 보고했다. 그러나 석탄을 나르는 철도보다 송유관을 무력화하는 것이 더 어려웠고 송유관의 구멍은 때울 수 있었다. 송유관의 손상에 대해서 영국 영사관은 "수리하는 데 오래 걸리지 않고 송유관은 곧 정상 작동할 것"이라고 보고했다.[70]

게다가 디젤과 가솔린은 석탄보다 가볍고, 기화되기 더 쉬우며, 석탄 연소에 비해 석유 연소는 찌꺼기를 거의 남기지 않는다. 1934년 루이스 멈퍼드Lewis Mumford는 다음과 같은 기록을 남겼다.

석유는 석탄을 보관하거나 운송할 수 없는 모든 곳에 쉽게 흘러들어 갈 수 있었다. 게다가 중력이나 압력으로 연료가 공급되므로 화부(연소실에 석탄을 공급하는 사람—옮긴이)가 필요 없었다. 증기 발전소와 증기선에 액체 연료와 기계식 급탄기가 도입되자 갤리선의 노예인 화부들이 해방되었다.[71]

석유의 유동성과 비교적 가벼운 무게 덕분에 많은 양의 석유를 싣고도 대양을 건널 수 있었다. 반면 석탄은 대양을 가로질러 운반된 경우가 드물었다.[72] 1912년 영국은 국내에서 채굴한 석탄의 3분의 1을 수출했고 전 세계 해양으로 수송되는 석탄의 3분의 2를 관할했는데, 수출 물량의 90퍼센트는 인근 유럽과 지중해로 향했다.[73] 20세기 동안 석탄 수출 비중은 15퍼센트 선에 머물렀다. 반면 19세기 후반 유조선의 개발로 석유는 싼값으로 대륙 간 이동을 할 수 있었다. 1920년대 이후로 세계 석유 생산량의 60~80퍼센트가 수출되었다. 다량의 석유가 해상으로 운송되었는데, 1970년에는 석유가 전 세계 해상 수송 화물의 60퍼센트를 차지했다.[74]

석탄의 철도 운송과 달리 석유의 해상 운송에서는 하역 노동자와 화부의 노동이 불필요해졌는데, 이는 에너지 시스템의 주요 지점에서 자신들의 노동을 철수하는 방식으로 행사할 수 있었던 조직화된 노동자들의 힘이 거세됨을 의미했다. 해상 운송은 대규모 석탄·철도 파업의 시대에 쟁취한 노동법과 민주적 권리가 작동하는 영토 바깥에서 이루어졌다. 실제로 해운 기업들은 파나마에 자신들의 선박을 등록하거나 '선박 등록국의 국기flag of convenience'를 달아[75] 납세는 물론이고 노동법의 규제에서도 벗어날 수 있었으며, 남아 있을지 모를 조직화된 노동의 힘을 모조리 제압했다. (훗날 석유 생산이 멕시코만 같은 해상으로 이동했을 때 굴착 장치는 선박으로 취급돼 역시 편의치적선으로 등록되었다. 이로써 생산지의 지방세와 노동법에 구애받지 않고 작업할 수 있었다.)

철도와 달리 해양 수송은 일정한 적재량, 배치, 궤도 간격 등 특정한 목적에 따라 구축된 선로라는 네트워크에서 운영되어야 한다는 제약이 없었다. 유조선은 최종 목적지를 알지 못한 채 출항하는 일이 빈번했는데, 중간 지점으로 배를 몰다가 다른 지역의 수요를 고려하여 결정된 최종 목적지를 전달받곤 했다. 이러한 유연성은 위험을 동반했다. 1967년 콘월 연안에서 세계 최초의 대형 원유 유출 사고를 일으킨 토리 캐니언Torrey Canyon 유조선 참사가 발생했다.[76] 이 사건을 계기로 환경 운동이 대두하게 되었는데, 환경 운동은 훗날 탄소 연료 산업을 위협하게 된다. 그러나 이 유연성은 에너지 생산지를 통제하려 했던 노동 세력의 힘을 더욱 약화시켰다. 예컨대 파업이나 산업의 국유화로 생산지에 문제가 생길 경우 유조선은 다른 생산지에서 원유를 공급받기 위해 재빨리 항로를 바꿀 수 있었다.

다시 말해 석탄은 나뭇가지 모양의 망dendritic network을 따라 이동했다. 이 망은 여러 갈래로 뻗어 있지만 중심은 하나이기에 길목 역할을 하는 연결점이 여러 개 존재하는 구조다. 반면 석유는 전력망 같은 격자 형태의 망을 따라 이동했는데, 여기서는 가능한 경로가 하나 이상 존재하기에 에너지 흐름을 바꿔 봉쇄를 피하거나 단절을 극복할 수 있다.

화석 에너지가 채굴, 운송되고 사용되는 방식에서 나타난 이러한 변화는 에너지 시스템이 노동자들의 정치적 요구에 덜 취약해지도록 만들었다. 석탄의 이동과 달리 석유의 흐름은 많은 사람들이 새로운 형태의 정치적 힘을 행사할 수 있게 했던 하나의 기구로 기능하기 어려웠다.

희소성의 생산

석탄과 비교되는 석유의 특징은 민주주의의 가능성에 또 다른 방식으로 영향을 끼쳤다. 석유의 유동성과 상대적으로 용이한 유통은 석유 자원과 그 유통망을 통제했던 사람들에게 새로운 문제를 가져왔다. 석탄 산업과 석유 산업에서 생산자들은 늘 경쟁을 피하고자 했다. 가격이나 시장 점유를 두고 다른 기업들과 경쟁하면 이익에 타격을 받고 파산의 위험도 있었다. 석탄의 경우 해상 운송비가 높았기 때문에 생산자들은 자신의 지역 내에서만 경쟁했다. 그들은 프랑스와 독일, 미국에서 그랬던 것처럼 카르텔을 형성하거나 아니면 전후 유럽석탄철강공동체 같은 가격과 생산을 규제하는 조직을 만들어서 경쟁을 피했다. 영국에서는 석탄 생산자들이 경쟁으로 파산해 1946년 정부가 석탄 기업들을 인수했다.

석유 기업들은 경쟁을 피하는 데 훨씬 더 큰 어려움에 직면했다. 1890년대 벌크 유조선의 출현으로 이제 한 지역에서만 생산과 유통을 통제하는 것으로는 충분치 못했다. 석유가 대륙 사이를 쉽게 이동할 수 있게 된 뒤로 석유 기업들은 항상 다른 곳에서 들어오는 값싼 석유에 타격을 받을 수밖에 없었다. 석유 산업에 대한 설명들에서는 좀처럼 드러나지 않았지만, 이러한 취약성은 석유가 가진 민주주의의 가능성에 또 다른 제약을 가하는 것이었다.

이러한 문제에 대한 석유 기업들의 해결책은 사보타주였다. 석탄 시대에는 노동자들이 에너지 공급을 방해하고 제한하거나 정지시키는 능력에서 자신들의 힘을 발견했다. 위기에 직면한 거대 석유 기업들 역시 유사한 방법을 쓰고자 했다. 즉 에너지 흐름을 제한함으로써 약간의 지연과 방해, 통제를 이용하여 자신들의 통제권을 향상시켰다. 에밀 푸제는 사보타주에 대한 1909년 팸플릿의 결론에서 어쩌면 자본가 계급이 진정한 사보타주를 하게 되었는지도 모른다고 주장했다. 10년 뒤 시카고에서 그 팸플릿의 영문판이 출판되었고 미국의 경제학자 소스타인 베블런Thorstein Veblen은 이러한 생각을 발전시켰다.[77] 베블런은 거대 기업들이 사보타주를 통해 자신들의 이익을 보호했다고 썼다. 그들의 목표는 생산을 극대화하는 것이 아니라 생산량을 제한하여 재화가 부족한 상황을 만들어 가격을 올리는 것이었다. 예컨대 "스탠더드 오일의 비열한 전술"은 투자 자산의 수익 능력을 훨씬 초과하는 이윤이 대기업의 "억제력"에서 나왔음을 증명했다.[78] '비능률의 자본화'는 생산 비용은 상대적으로 저렴하지만 공급이 제한되면 큰 이익을 볼 수 있었던 산업 사회에서 매우 중요한 상품들, 특히 석유 같은 상품에서 커다란 수익을 올릴 수 있게 해주었다. 석유 기업들의 목적은 유전에서부터 시작해서 석유가 통과하는 지점과 병목을 소유해 경쟁 유통망의 발전을 억제하고, 반드시 통과해야 하는 지점에 대한 통제권을 활용해 석유의 흐름을 이윤으로 바꾸는 것이었다.

두 차례의 세계대전은 석유의 공급과 이동을 제한하는 데 도움이 되었다. 하지만 전간기에 당시 세계 대부분의 석유를 생산했던 미국의 기업들과 무역을 지배하고자 했던 소수의 기업들은 에너지의 생산과 유통을 제한하기 위한 새로운 방식이 필요했다. 그들이 고안해낸 방식에는 미국 정부의 쿼터제와 가격 통제, 전 세계 석유 유통과 판매를 규제하는 카르텔 조직, 중동의 신규 유전 개발을 늦추기 위한 합의, 그리고 중동과 여타 지역에서 석유 기업의 사보타주를 반대하는 자들을 관리하는 정치 기구 등이 있었다. 이러한 통제 방식은 초국적 석유 기업이 발전할 수 있는 기틀을 만들었는데, 이들 기업은 석유 공급을 제한하는 역할을 하는 유력한 원거리 기구로 부상하게 되었다. 이러한 발전을 "기술적 영역technological zone"의 형성으로 생각할 수도 있다. 기술적 영역은 통합돼 있지만 널리 분산되어 있는 규제, 계산 방식, 인프라, 그리고 특정 대상이나 흐름을 지배할 수 있게 하는 기술적 절차의 조합이라 할 수 있다.[79]

다음 장들에서는 이러한 과정이 어떻게 이뤄졌는지 살펴본다. 먼저 20세기 초반 중동의 석유 생산을 억제하려 했던 시도들을 살펴보고, 이를 가능케 했던 기술적·정치적 장치들을 살펴본다. 앞으로 살펴볼 바와 같이 제2차 세계대전 이후 엄청난 양의 석유가 중동에서 이동하기 시작했을 때(중동에서 석유가 발견되고 거의 반세기 뒤였다) 더 많은 장치들이 희소성을 생산하는 기구에 추가됐다. 중동의 석유 생산을 제한하는 힘이 계속해서 발달하는 동안 풍부한 탄소 에너지를 제한된 공급 시스템으로 뒤바꾸기 위한 두 가지 기술이 추가로 등장했다. 첫 번째는 평시의 '국가 안보'라는 새로운 장치였다.[80] 제2차 세계대전은 미국 석유 기업들에게 중동에서의 석유 생산을 줄이거나 중단할 수 있는 기회를 주었다. 1943년 이븐 사우드가 석유 수익의 손실분을 보상해줄 자금을 요구했을 때 석유 기업들은 무기 대여 원조를 이 사우디아라비아의 독재자에게까지 확대하자고 미국 정부를 설득했다. 석유를 생산하지 않는 것에 대한 이와 같은 대가는 미국의 국가 안보를 위해 필요한 것으로 제시되었다. 석유의 흐름을 억제하는 중동 지역의 정부, 그리고 석유 공급을 늘리려는 자들을 적대하는 미국의 협력이 마치 다른 나라에 맞서 희소 자원을 '보호'하기 위한 시스템인 양 조직되었다. 이렇게 전후 정치는 그 시작을 알렸다.

에너지의 풍족함을 방지하기 위한 두 번째 방법은 미국의 생활 양식을 엄청난 양의 에너지를 소비하는 형태로 빠르게 구축하는 것이었다. 1948년 1월 새로운 국가 안보법National Security Act 아래에서 첫 번째로 국방장관에 임명된 제임스 포레스털James Forrestal은 소코

니-배큐엄Socony-vacuum(나중에 모빌 오일Mobil Oil로 사명 변경. 현 엑슨
모빌ExxonMobil)의 대표 브루스터 제닝스Brewster Jennings와 함께 "우리
가 만약 중동 석유에 접근할 수 없다면, 미국 자동차 기업들이 향후
5년 안에 4기통 엔진 자동차를 어떻게 설계해야 할 것인지"에 대해
논의했다.[81] 몇 년 뒤 미국 자동차 기업들은 모든 중산층 가족의 꿈
이었던 표준 6기통 엔진을 새로운 V형 8기통 엔진으로 바꾸었고, 이
는 10년도 지나지 않아 미국 승용차 엔진의 평균 마력을 두 배로 늘
렸다.[82] 포레스털이 그와 같이 말했을 당시 영국의 모리스 모터 컴퍼
니Morris Motor Company는 4기통 모리스 마이너Morris Minor로 4기통 폭스
바겐 비틀의 성공에 도전할 준비를 하고 있었고, 마찬가지로 시트로
엥Citroën은 2기통 2CV를 준비하고 있었다. 또한 독일의 엔진 업체인
BMW는 전후 첫 승용차인 1기통 이세타250Isetta250을 준비하고 있었
다. 유럽 자동차들은 형편없이 제작된 미국 자동차보다 많이 팔리고
더 오래갔지만, 미국 자동차들은 보다 큰 그림에 유용했다. 미국 자동
차 기업들은 중산층의 고탄소 생활 양식을 만들어냈는데, 그러한 생
활 양식은 중동에서의 새로운 정치적 협약들과 맞물려 석유 기업들이
석유가 부족한 상태를 유지하여 막대한 이윤을 낼 수 있도록 하는 데
일조했다.

석탄 기반 에너지 시스템의 네트워크와 연결점들로부터 하나의 정
치적 기구를 결집해내는 조직화된 노동자들의 능력은 20세기 전반에
대중 정치를 만들어냈다. 석유의 등장은 민주주의 기구를 약화시키는
방식으로 화석연료 네트워크를 재조직했다. 민주적 요구를 실현할 가
능성은 석유 생산국과 석유 소비국 모두에서 약화되었다.

주요 석유 기업과 자동차 제조업체가 상당히 높은 수준의 에너지

소비에 기초한 생활 양식을 만들고 이를 대중화하는 데 기여했다는 점에 대해서는 할 이야기가 많다. 여기서 문제는 석유의 생산과 유통의 역사와 석유 소비에 대한 분석 사이에서 균형을 잡는 것이 아니다. 석유의 생산이 에너지와 그 에너지에 점차 의존하는 생활 양식 모두를 만들었다는 점을 이해하는 것이 문제의 핵심이다.

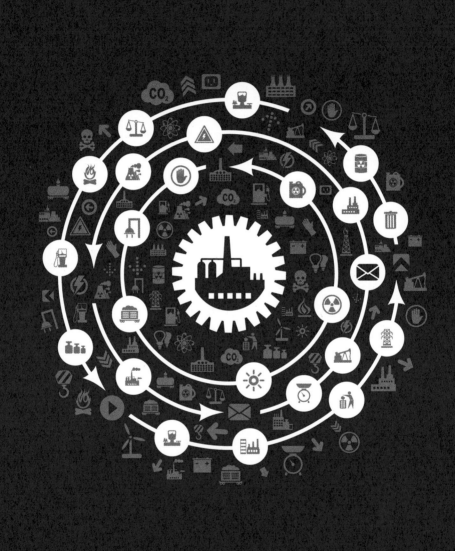

2장

요정 나라의 선물

        중동의 석유에 대한 이야기는 대개 1908년 마스지드 이 술레이만 지역에서의 석유 발견으로 시작한다. 영국 독불 장군 투자자의 소규모 굴착팀은 사람이 살기에 척박한 지역에서 마차와 노새로 중장비를 실어 날라 석유를 탐사했으나 7년간 성과가 없었다. 그러다 마침내 페르시아 남서부의 사막 고원에서 대형 유전을 찾아냈다. 이 발견으로 세계 최대 석유 기업 중 하나인, 훗날 BP로 알려지는 기업이 탄생하게 되었고, 세계에서 석유가 가장 풍부한 지역에서 현대 석유 산업이 발전하게 되었다. 영웅적인 탐험가들이 척박한 영토에서 상상할 수 없을 정도의 부를 발견했다는 이러한 이야기는 접근성이 더 좋은 중동 지역에 석유가 존재한다는 것이 이미 잘 알려져 있었다는 사실을 간과한다. 또한 페르시아의 황량한 언덕에서 석유를 찾아 헤맸던 주된 이유가 그 지역에서 석유 산업을 시작하려는 것이 아니라 석유 산업의 발전을 지연시키기 위한 것이었다는 사실도 묵과한다.

20세기 중동의 특징은 석유가 항상 너무 많았다는 것이다. 더 정확히 말하자면, 극소수의 장소에 너무나 많은 석유가 집중되어 있었다. 충분히 많은 양의 에너지원을 보유하는 것이 꼭 문제가 되지는 않는다. 물, 목재, 태양 에너지나 초원이 충분한 곳은 많으며, 이러한 공간에서 집합 생활이 번창할 수 있다. 에너지를 활용하고 제공하는 사람들은 생계를 꾸리고 돈을 남길 수도 있다. 석탄의 경우에서 보았듯이 화석연료 에너지 덕분에 이용할 수 있는 에너지의 양이 엄청나게 늘어났다. 그러나 지질학적 이유에서 그렇게 많은 양을 이용할 수 있는 장소는 상대적으로 소수에 불과했다. 바로 이 엄청난 풍요와 한정된 장소가 결합하자 문제가 발생했다.

화석연료 공급을 조직했던 기업들은 화석연료의 이용 가능성을 제한하기 위해 빈번하게 협력했다. 앞서 살펴보았듯이 석탄의 경우 수십 년 동안 기업들은 에너지의 흐름을 사보타주할 수 있는 능력을 석탄을 채굴하고 운송하던 노동자들과 나눠가질 수밖에 없었다. 그 덕분에 석탄 노동자와 그들의 동맹 세력은 정치적 힘을 모을 수 있었다. 그러나 석유의 경우에는 대규모로 에너지 공급을 차단하거나 방해하는 능력을 조직하는 것이 훨씬 힘들었다. 석유 노동자들은 성공적으로 사보타주하는 방법을 찾기 어려웠다. 그 결과 민주적인 정치적 요구를 진전시키기 위한 영속적인 메커니즘을 만들려는 석유 노동자들의 노력은 저지당했다.

석유의 생산과 유통을 관리했던 기업들 또한 에너지 흐름을 제한하는 데 있어 석탄 기업들보다 더 큰 도전에 직면했다. 그러나 중동

등지에서 석유가 나온다고 처음 알려진 장소들이 비교적 수가 적고 또 외진 곳에 있었다는 사실은 기업들에게 유리한 점이었다. 유전이 대부분의 석유를 소비하는 (이미 석탄으로 산업화된) 나라들과 떨어져 있다는 점에서 유리했던 것인데, 그렇게 분리된 양편에서 석유 기업들은 자신의 능력을 키울 수 있었고, 그 두 공간을 잇는 연결망을 유지하거나 봉쇄할 수 있었다. 또한 이 모든 것에 정치적이고 군사적인 지원을 받을 수 있었다.

석유 기업은 그들이 통제하려 했던 노동자들보다 수가 적었고 잠재적으로 더 취약했다. 그러나 석유 기업의 행동력은 석유의 생산과 판매와 함께 성장한 굴착 장소, 송유관, 터미널, 정유소, 주유소, 이사회, 투자신탁회사와 정부 기구라는 네트워크를 따라 확대됐다. 예컨대 1908년 마스지드 이 술레이만에서 석유를 발견한 뒤 몇 달 동안 영국의 신생 기업(미래의 BP)은 유전에서 해안으로 향하는 송유관을 건설하려고 강철관을 내리고, 송유관 루트를 따라 전화선을 깔 계획을 세우고, 송유관 경비를 맡기려고 토착 부족들과 계약을 맺고, 그곳에서 석유의 저장과 해운을 취급할 중개상을 선정하고, 영국에서 석유 사업에 투자를 받기 위해 투자설명서 초안을 작성했다. 그리고 그때는 성공하지 못했지만, 그 초안을 갖고서 해군성과 논의했다. 영국 해군의 연료 공급원 확보 차원에서 페르시아의 석유 산업에 대한 정부 지원을 요청했던 것이다.[1] 이렇게 제한적이지만 잘 관리된 유통, 제휴, 투자, 통제의 네트워크는 그 이전의 다른 에너지 네트워크보다 훨씬 더 광범위했다. 여기에는 보다 유동적이고 운송이 용이한 석유의 특성, 그리고 공급을 제한해서 더 큰 이익을 얻을 수 있다는 점이 반영되었다. 석유 노동자들은 석탄 노동자들보다 단지 더 고립되고 덜 연결되었던 것이 아니었다. 석유 노동자들은 훨씬 더 광범위한 네트워크의 끝자락에서 고립되어 있었다.

석유의 발견이 목적이었지 석유 산업 발전을 지연시키는 것이 목적이 아니었다고 가정하고 나면 중동의 석유에 대한 기존 이야기의 두 번째 실수가 드러나는데, 바로 주인공이 누구인지 잘못 짚었다는 것이다. 대부분의 설명에서 주요 행위자는 거대 석유 기업과 그들의 정부인데, 이들은 몇몇 영웅들로 대표되곤 한다. 대니얼 예긴Daniel Yergin은 석유의 역사에 대한 자신의 저서에서 윈스턴 처칠을 인용해 이들의 "정력적인 에너지와 열정"이 세계의 석유에 대한 지배라는 "상"을 쟁취하는 투쟁으로 이끌었다고 썼다.[2] 이러한 접근 방식은 석유를 생산하는 사람들의 역할을 배제하는데, 이들의 힘이 그 "상"에 대한 접근을 위협할 때는 언제나 그 힘을 약화시키거나 다른 방향으로 향하게 해야 했다. 또한 그러한 접근 방식은 다른 중요한 것을 주목하지 못하게 하는데, 그것은 다름 아닌 석유이다. 석유는 석유 기업들이 제어하고자 하는 힘이며, 석유의 위치, 매장량, 밀집도 등에 따라 통제의 방법과 장치들이 형성된다. 이 장치는 기구, 인간, 노하우, 자금과 탄화수소로 구성되는데, 이것이 바로 우리가 말하는 '석유 기업'이다. 이들 기업을 에너지 흐름이라는 자신보다 커다란 무언가를 먹어치우는 기생충이라고 생각하면 이해에 도움이 될지 모른다. 석유 기업이 번창하고 거대해진 이유는 지도자들의 열정과 의지보다는 기업이 생존 과정에 적응하고 그 과정에서 자기 확장에 몰두한 데 있었을 것이다.[3] 에너지 흐름이 막히거나 제 기능을 못 하게 된다면, 그것은 기생 관계의 통상적인 작동 방식 때문이지 지배를 쟁취하는 투쟁이 해결되지 않은 상태이기 때문이 아니다.

세 번째 오해는 중동의 석유에 대한 대부분의 설명에서 찾아볼 수 있다. 석유 기업들은 결코 석유의 흐름을 홀로 좌우할 만큼 충분히 강력하지 않았다. 이들은 외부의 군사적, 재정적 도움이 필요했다. 잘 무장된 국가와 재무 부처의 자원을 끌어들이기 위해서 서구 석유 기업들은 자신들의 해외 석유 통제를 국가의 '제국적' 이익 혹은 '전략적' 이해라는 표현으로, 공공의 안녕에 이로운 어떤 것으로 묘사하기 시작했다. 제국을 염두에 두는 정치 지도자들은 여러 이유에서 대개 이러한 관점을 지지했고, 일부는 반대했다. 석유 역사가들은 일반적으로 제국의 이익이라는 설명에 공명한다.

그러한 설명은 (특히 미국에서) 산업 사회가 에너지 소비를 계속 늘리는 생활 양식을 발전시키고 있었다는 사실을 생략한다. 그러고는 거대 석유 기업들의 석유 통제가 자신들의 생활 양식에 가장 유용했다는 결론으로 건너뛴다. 기업들의 지상 목표는 에너지 흐름을 방해해 비용을 올리는 것이었고, 석유를 공급하는 다양한 대안적 방식을 통해 집합 생활을 다르게 조직할 수 있었는데도 말이다. 산유국 정부들이 석유 통제권을 공유하기 시작한 20세기 후반의 30여 년간 이들 나라에서는 이와 비슷한 주장이 '국가적' 이익이라는 측면에서 제기되었다.

우리는 중동 석유의 통제가 영국, 독일, 미국이나 다른 나라들의 제국적, 전략적 이해 혹은 산유국의 국가적 이익에 도움이 됐다고 가정하지 않을 것이다. 대신 누가 어떤 목적에서 이러한 주장을 동원했는지, 그리고 이러한 주장이 석유를 생산하는 노동자들의 요구를 비롯해 더 민주적으로 석유를 통제하자는 다른 주장과 어떻게 갈등했는지 물을 것이다. 다른 주장들은 나중에서야 나타났는데, 석유 기업들의 방해와 지연으로 중동 대부분 지역에서 대규모 석유 산업 구축이 미뤄졌기 때문이었다. 그러나 처음부터 제국 열강에게 중동 석유로의 접근은 민주주의의 위협과 연관되어 있었다.

진정한 석유 호수

20세기 초에는 수백 개의 기업이 세계 곳곳에서 석유 탐사, 생산, 운송, 유통에 관여했다. 이들 중 소수 기업이 장거리 석유 공급을 통제하는 방법을 고안했다. 이 기업들은 통제 방식과 통제의 지점이 달랐기 때문에 일반 기업과는 다른 형태를 취했다. 노동자 막사와 일군의 기술자를 갖춘 채굴 기업처럼 조직된 석유 생산 기업도 있었는데, 많은 경우 해머로 내리치는 충격식 굴착percussion drilling을 대체한 새로운 회전식 굴착rotary drilling 장비를 작동시켜 수천 미터 지하로 뚫고 내려갈 수 있었다. 수마트라의 로열 더치Royal Dutch, 랑군의 버마 오일Burmah Oil 그리고 바쿠의 노벨 브라더스Nobel Brothers, 이 세 기업이 원거리의 석유 공급지를 지배하게 되었다. 한편에는 금융 기업들이 있었는데, 베를린의 도이체방크, 파리의 로스차일드 은행, 걸프 오일Gulf Oil을 창립한 피츠버그의 멜런Mellon가 금융사들은 석유 해운을 독점할 수 있는 철도와 송유관을 건설하는 데 필요한 투자 자본의 흐름을 통제했다. 또 다른 기업인 셸 운송무역회사Shell Transport and Trading Company는 벌크 유조선으로 석유를 해상 운송하는 다른 기술들을 적용·발전시켜 1890년대에 사세를 확장했다. 록펠러가 이끈 스탠더드 오일은 정유 사업으로 시작해 먼저 (정유 시설의 석유를 원료로 발생시킨 엄청난 증기력을 이용한 더 신속한 정유 기술 덕분에) 정유 산업을 독점하고, 그다음에는 송유관과 해상 운송로를 통제하고, 마지막으로 유통 사업에 진출했는데, 저장 탱크, 배달 마차, 재사용이 가능한 양철통으로 구성된 스탠더드 오일의 전 세계적 네트워크가 독자적 수입업체와 도매업체들을 대체하면서 미국 시장을 장악했다.

1880년대 이전에 세계적으로 의미 있는 석유 수출 지역이라고는 펜실베이니아 북서부의 석유 지대뿐이었다. 스탠더드 오일은 정유소와 펜실베이니아의 석유가 흐르는 송유관을 장악하여 미국 전역과 세계 곳곳에서 등유와 기타 석유 제품의 판매를 지배할 수 있었다. 그러나 19세기 말 유럽 기업들은 북아메리카 바깥의 다섯 지역—바쿠, 버마와 수마트라, 중부 유럽의 오스트리아 갈리시아와 루마니아에서 상업적 가치가 큰 유전을 개발했다. 육체노동이 거의 필요 없이 에너지를 이동할 수 있게 한 석유 운송 기술의 발전(강철 송유관, 고압 증기 펌프, 벌크 유조선, 거대 저장 탱크)으로 전 세계적으로 석유에 대한 지역적 독점이 어려워지게 되었다. 경쟁 지역에서 석유를 생산하는 주요 기업들을 흡수하거나 파괴하려는 일련의 노력이 실패로 돌아가자 스탠더드 오일은 그들과 타협했다. 20세기 첫 10년 동안 미국의 스탠더드 오일과 유럽의 몇몇 대기업은 석유 생산을 제한하고 수출을 통제하는 동시에 중동의 석유 위협을 해결하기 위한 협정을 맺었다.

두 가지 동맹이 결성되었는데, 하나는 아시아 거래를 관리하고, 다른 하나는 유럽 시장의 거래를 관리하기 위함이었다. 1902년 로열 더치는 셸, 로스차일드와 힘을 합쳤는데, 이들은 바쿠와 루마니아의 석유에 이해관계가 있었고, 훗날 로열 더치 셸이 되는 하나의 동맹을 형성했다. 1905년 셸 그룹은 거대한 인도 시장에 석유를 공급하던 버마 오일에 아시아 판매 분할에 동의하도록 강제했는데, 이 협정에는 스탠더드 오일도 가담했다. 유럽 시장 역시 비슷한 방식으로 조직되었다. 1906년 로스차일드는 서유럽의 등유와 석유 연료 시장을 관리하는 카르텔인 유럽석유연합European Petroleum Union을 결성하기 위해 카스피해의 또 다른 대형 생산자인 노벨 그리고 루마니아의 파트너인 도이체방크와 힘을 합쳤다. 이 카르텔은 스탠더드 오일과 유럽 판매를 분할하기로 합의했는데, 미국 기업은 유럽 판매량의 80퍼센트를 넘지 않도록 하고 유럽 기업은 그 나머지를 담당하기로 했다.[4]

동시에 대기업들은 중동으로 관심을 돌렸다. 석유가 생산되는 다섯 지역의 석유 판매를 분할하는 것으로는 충분하지 않았다. 기업들은 경쟁 기업이 새로운 대규모 유전을 개발해 석유를 추가로 공급할지 모른다는 위협에 계속 직면했다. 가장 큰 위협은 중동에 있었는데, 석유 기업들은 잠재적인 장소 몇 곳을 알고 있었다. 이와 관련된 다른 위협은 (20세기가 시작될 무렵 세계에서 석유가 가장 풍부한 지역이었지만, 큰 시장에서 가장 고립된 곳이었던) 카스피해 바쿠의 러시아 생산자들이 그곳의 석유를 배를 통해 해외로 쉽게 운송할 수 있는 방법을 찾거나 페르시아만으로 송유관을 건설해 아시아로 향하는 경로를 단축하는 것이었다(178~179쪽 지도 참조). 이러한 위협을 막기 위해서 유럽의 대형 석유 기업 세 곳이 중동에서 석유 탐사권을 사들였다. 도이체방크는 1904년 이라크 북부(당시는 오스만령의 모술과 바그다드주로 유럽인들이 메소포타미아라고 부르는 지역의 일부였다)에서, 버마 오일은 다음 해에 페르시아(1935년 이란으로 국호 변경)에서, 그리고 셸 그룹은 1908~1910년 이집트에서 석유 탐사권을 사들였다.

석유 정치는 독특한 방식으로 전개되었다. 대형 석유 기업들의 목적은 신규 유전 개발을 지연시키는 것이었기 때문에 그들은 핵심 지역에 대한 통제권을 확보해야 했다. 유전 자체를 통제할 필요는 없었다. 스탠더드 오일의 사례를 통해 기업들은 운송 수단을 통제하는 것이 더 쉽다는 점을 터득했다. 철도와 송유관 건설은 정부로부터 협상권을 얻어야 했는데, 이 협상권은 경쟁하는 다른 루트를 막을 수 있는 더 큰 권리를 보장했다. 이 권리를 확보한 뒤에는 대개 건설을 연기하는 것이 목적이 되었지만, 이 권리를 잃어버려서는 안 되었다. 이라크는 석유 생산을 사보타주하는 핵심 장소가 되었다. 이라크는 20세기 내내 그러한 역할을 했고, 21세기에는 다른 방식으로 다시 그 역할을 맡게 된다. 이라크 이야기는 이 과정이 어떻게 시작되었는지를 잘 보여준다.

중동의 세 곳 중 이라크가 가장 유망하고 접근성이 좋았다. 모술 주변의 지역 생산자들은 수 세기 동안 손으로 구덩이를 파서 석유를 채굴하고, 지역 증류소에서 정제한 다음에 바그다드의 램프 오일 시장에 공급했다. 1870년 무렵 바그다드의 통치자는 도시의 북쪽 바쿠바에 더 큰 정유소를 지었다. 1888년 오스만의 술탄은 궁중 독점으로 석유에 대한 권리를 장악했고, 3년 뒤 바쿠의 등유 수입상의 아들인 캘루스트 굴벤키언Calouste Gulbenkian이라는 젊은 아르메니아 석유 기술자에게 모술 유전에 대한 보고서를 요청했다.[5] 석유 매장지로서 그 지역의 잠재성에 관한 기존 조사를 접할 수 있었던 덕분에 굴벤키언은 그 지역을 방문하지 않고도 보고서를 제출할 수 있었다(훗날 그는 이라크 석유 협상권 덕분에 세계에서 가장 큰 개인 미술관 중 하나를 세웠는데, 이라크에는 한 번도 간 적이 없었다).[6] 1899년 영국의 지질학적 조사는 그 곳이 유전일 가능성이 높다고 확인해주었는데, 티그리스강이 낮은 석회암 언덕을 가로지르는 곳의 절벽에서 원유가 "긴 줄기로 새어 나오고" "5킬로미터 가까이 강을 오염시킨다"라고 적시했다. 보고서는 그 지역의 이용 가능성을 언급하면서 티그리스강을 따라 "그 석유를 가벼운 증기선과 바지선으로 바로 운반할 수 있으며" 티그리스강은 "페르시아만으로 향하는 천연의 출구를 제공한다"라고 적었다.[7] 그해 오스만 정부는 메소포타미아와 유럽을 연결하는 철도 건설 사업권과 함께 두 번째 유전 개발을 제안했다. 독일의 주요 석유 기업인 도이체방크는 개발권 협상을 시작했다. 1901년 독일의 기술위원회가 모술을 "공급이 거의 무궁무진한 진정한 석유 호수"라고 묘사한 뒤에 도이체방크는 이 '호수'에서 나오는 석유가 유럽 시장에 도달하지 못하게 하려는 계획을 추진했는데, 당시 진행 중이던 루마니아 석유 개발에 대한 대규모 투자에 위협이 될 수 있기 때문이었다. 1903년 도이체방크는 철도 개발권을 구매했고, 이듬해 모술과 바그다드주 인근의 석유에 대한 배타적 권리를 사들였다. 그러고는 철도 건설을 연기했고, 석유 개발에 거의 노력을 기울이지 않았다.[8]

이집트의 석유 지대는 수에즈만 입구 근처의 홍해 해안에 있었기에 접근성이 훨씬 더 좋았다. 셸 그룹이 이 유전의 지분을 사들인 후에 셸 소속 지질학자는 "엄청난 양의 국제 해운이 우리 유전에서 3킬로미터 거리 안에서 오가고, 유전은 깊은 수심에서 몇 백 미터 이내에 위치한다"라고 보고했다. 유전의 존재는 30년 전부터 알려져 있었지만, 프랑스가 영국의 이집트 지배를 반대했기 때문에 프랑스와 영국이 이집트 정부의 세입에 대한 분쟁을 해결한 1904년까지는 이집트 유전이 개발될 수 없었다. 그해 탐사권을 경매하기 위해 광산부가 설치되었고, 투자자들은 재빨리 탐사권을 사들였다. 최대 투자자는 영국의 금융업자 어니스트 캐슬Ernest Cassel이었는데, 이집트 아스완 댐 건설을 위한 자본 공급을 담당했던 그는 그 댐에서 물을 공급받게 될 농지에 투기해 큰돈을 벌었다. 이번에 그는 석유 개발권을 전매해서 재산을 증식하려고 했다. 캐슬의 현지 투자 회사인 이집트국립은행National Bank of Egypt은 동부·아프리카 개발권 신디케이트Eastern and African Concessions Syndicate를 설립해 광구권을 확보하려고 했다. 이집트뿐 아니라 오스만 제국 전체의 석유 개발권을 독점하려는 계획이었다.[9]

터키에서 도이체방크가 그랬던 것처럼 셸은 이집트 유전 개발에 큰 흥미가 없었다. 셸은 이집트 전역의 석유 개발권을 통제하려는 캐슬의 계획에 참여하는 방식으로 캐슬의 신디케이트에 투자했다. 셸이 언급했던 것처럼 그 계획은 "메소포타미아의 유전에 대한 경제적이고 정치적인 대투쟁"에 초점을 맞춘 것이었다.[10] 카이로의 영국 행정부는 이집트의 유전 개발을 제한한다고 셸을 비난했다. 카이로의 영국 재무부서 고관인 에드워드 세실Edward Cecil은 "당신네 기업은 실제로는 독점하려는 욕망을 품고 있지만, 대규모 미개발지를 통제해서 당분간 석유 생산을 제한하려고 애쓰고 있다"라고 썼다.[11] 정부는 광구권 계약에 "지속적인 작업 조항"을 포함시키고 경쟁 기업이 유전 개발에 참여하도록 하는 해결 방안을 제시했지만 셸은 반대했다. 그러자 카이로의 영국 행정부는 이제부터 영국은 중동 전역에서 셸의 계획에 반대하는 조치를 취하겠다고 응수했다. 1913년 셸의 이집트 자회사는 국유화되었다.[12]

인도에 대한 투자 보호

　　석유에 접근할 수 있었음에도 불구하고 티그리스 강변과 홍해 해안 어느 곳도 중동의 첫 대형 유전이 되지 못했다. 1905년 버마 오일은 또 다른 영국 투자자가 페르시아에서 석유 탐사를 위해 확보했던 독점적 권리를 인수했다. 그러나 이집트와 오스만령 이라크에서처럼 버마 오일의 목적은 중동 석유 생산을 개시하는 것이 아니었다.

　　페르시아는 당시 세계에서 가장 생산적인 유전 지대인 카스피해의 바쿠와 버마 오일이 보호하는 인도 시장 사이에 있었다. 카스피해 지역의 두 거대 석유 생산자인 로스차일드와 노벨은 바쿠에서 페르시아만까지 남쪽으로 향하는 송유관을 건설할 계획을 세웠지만, 흑해의 바투미로 가는 서쪽 방향의 더 짧은 경로를 선호해 그 계획을 제쳐 났다(1장 참조). 1901년 카스피해의 석유 가격이 폭락했는데, 주요 시장에서 바쿠가 고립된 것이 유가 폭락의 핵심 원인이었기 때문에 러시아 정부는 로스차일드와 노벨의 지원을 받아 페르시아 횡단 송유관 계획을 되살렸다. 그해 영국 투자자인 윌리엄 녹스 다시William Knox D'Arcy가 페르시아의 샤Shah(왕)에게서 구매한 석유 개발권에는 그가 탐사를 진행하는 한 페르시아 정부가 다른 기업이 남부 해안으로 연결되는 송유관을 건설하는 것을 허용하지 않는다는 합의도 포함되어 있었다. 페르시아만으로 가는 러시아 송유관의 건설을 막은 조치 덕분에 다시의 투기적 사업은 도산할 염려가 없었다.[13]

　　윌리엄 녹스 다시는 페르시아가 메소포타미아보다 유망하지 않은 곳이라고 믿었던 듯하다. 페르시아의 개발권을 확보한 다음 그는 터키로부터 메소포타미아 쪽의 권리를 확보하려고 도이체방크와 경쟁했다. 1901년 그가 그 지역에 보낸 굴착팀은 카스리 시린 근처의 치아수르크라 불리는 장소를 첫 탐사지로 선택했는데, 그곳은 페르시아 남부의 사막 고원에 있지 않아서 실제로 페르시아가 아니라 메소포타미아 국경에 속했다. 바그다드에서 동북쪽으로 80킬로미터쯤 떨어져 있고 페르시아만보다 카스피해에 더 가까웠으며 1914년 중동 분할의 여파로 훗날 이라크에 귀속되는 지역이었다. 보다 즉각적인 이점 덕에 그곳은 메소포타미아의 거점이 되었다. 바쿠의 석유 기업들은 페르시아 남부 해안으로 향하는 다시의 독점 송유관을 우회할 수도 있었다. 테헤란과 바그다드를 잇는 주요 도로인 카나킨에서 이라크로 넘어가는 노선을 이용하여 이라크 남부를 경유해 페르시아만에 도착할 수 있었던 것이다. 그런데 카스리 시린은 카나킨에서 도로로 몇 킬로미터 떨어져 있는 같은 노선에 있었다(84쪽 지도 참조). 페르시아 남부가 아니라 그곳에서 굴착함으로써 다시는 바쿠에서 이어질 수도 있는 송유관의 우회 노선을 봉쇄했고, 카스피해의 인도 수출 증가를 통제할 수 있는 자신의 힘을 공고히 했다.

다시의 팀은 굴착 2년 만에 석유를 발견했지만, 25배럴의 일일 생산량으로는 다시가 자신의 사업을 넘기려고 했던 대형 석유 기업들의 관심을 끌기에 부족했다. 대신 그는 페르시아의 사업권을 버마 오일과 나누기로 합의했다. 버마 오일은 바그다드 인근에서 사업을 확장했고, 굴착기와 장비를 남동쪽으로 수백 킬로미터 옮겨 후제스탄주의 산들로 흐르는 카룬강 계곡까지 이동시켰다.[14]

다시는 인도를 기반으로 하는 영국 제국주의자들의 지원 덕분에 투자 파트너를 찾을 수 있었다. 이들은 페르시아만의 토착 세력에 대

메소포타미아의 석유 매장지

제2의 바쿠가 되다

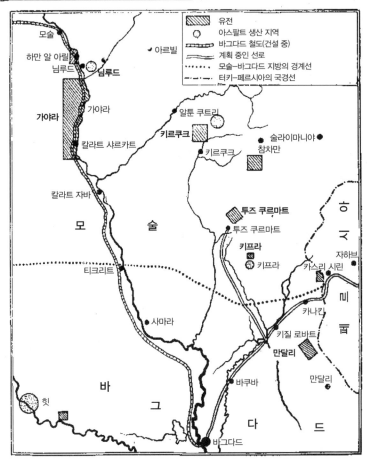

모든 자료들을 검토한 결과. 머지않아 메소포타미아의 광대한 유전에서 석유가 생산되는 광경을 목격하게 될 것이다. 이곳 유전의 존재는 바빌로니아 경전과 성경에 언급되어 있으며, 바빌론과 아시리아의 웅장한 건축물을 세우는 데 아스팔트 형태로 석유가 활용되었다. 근대 기술과학과 새로운 바그다드 철도 덕분에 메소포타미아의 풍부한 석유 보물은 광범위하게 사용될 것이며, 국제적으로도 거래될 것이다. 세계 시장에서 메소포타미아 석유가 담당하게 될 역할은 대단히 의미 있고 중요하다. 특히 정치적으로 중요한데, 독일과 영국 양국에 큰 이익이 되기 때문이다. 그리고 만약 바그다드 철도 건설에 참여하고 있는 독일 은행이 독점적으로 석유 개발권을 확보하게 된다면, 독일의 영향력은 …

메소포타미아의 유전과 철도 지도, 《페트롤리엄 리뷰*Petroleum Review*》, 577쪽, 1914년 5월 23일.

한 통제권을 더 강화함으로써, 그리고 무역, 증기선 항해와 다른 사업에서 영국의 독점을 조장함으로써 영국령 인도 제국의 범위를 확장하고자 했다. 신임 인도 총독인 커즌 경Lord Curzon이 이끌었던 이 제국주의자 그룹은 페르시아와 페르시아만이라는 중대한 경계를 놓고서 영국이 러시아와 제국주의 투쟁을 시작했다는 관념을 널리 퍼뜨렸다. 커즌은 자신의 책 《페르시아와 페르시아의 문제》에서 러시아가 페르시아만으로 향하는 철도를 건설하도록 놔두면 발생할 위험을 거듭 경고했다. 그리고 총독으로 취임하면서 커즌은 러시아가 송유관이나 철도 종착역을 쿠웨이트에 건설하지 못하도록 쿠웨이트 통치자들과 보호 협정을 맺었다. 러시아를 상업적 경쟁자가 아니라 군사적 위협으로 묘사했기 때문에 그 철도나 송유관의 주된 목적이 바쿠의 석유 수출이라는 점은 이야기하지 않았다. 이 점을 몰라서 언급하지 않은 것이 아니었다. 인도 발령 전 국회의원으로 활동하는 동안 커즌은 캅카스와 페르시아를 여행했고, 1890년 바쿠에서 오일 붐을 목격한 뒤 페르시아은행채굴권기업Persian Bank Mining Rights Corporation의 주주이자 임원이 되었다. 그 기업은 다시가 활동하기 10년 전에 3년간 페르시아에서 석유 생산을 시도했다.[15] 다시의 작업으로 석유가 발견되었을 때 인도 군대의 총사령관이자 인도 식민지의 제국주의적 팽창을 지지하는 커즌의 동료 키치너 경Lord Kitchener은 그 사업의 지분을 매입할지 결정하기 위해 다시가 작업하는 장소를 경비하는 인도 파견 부대의 대장에게 석유를 발견했다는 보고가 진짜인지 확인하는 전보를 쳤다.[16]

훗날·역사가들은 커즌과 키치너 같은 사람들의 견해를 되풀이하는 것을 즐기며 그 시대의 사건을 영국과 러시아가 제국의 경계를 두고 벌였던 오랜 싸움인 '그레이트 게임Great Game'의 전개로 묘사했다.

1901년 키플링Joseph Rudyard Kipling이 인도 서북부 국경에서 벌어지는 스파이 모험을 담은 책《킴Kim》에서 '그레이트 게임'이란 말을 사용하긴 했지만, 영국과 러시아의 경쟁이 아니라 인생의 게임을 다루면서 쓴 말이었다. 이 용어는 외교 문서나 공적 논의에서는 사용되지 않았고, 한참을 지나 냉전 시대 역사가들 사이에서 유명해졌을 뿐이다.[17] 이와 같은 소비에트 팽창에 대한 사후적인 공포감 조성은 이란의 석유에 대한 영국의 통제에 도전하는 미국의 시도와 연관되어 있었다. 이는 다시가 처음 확립한 것으로(5장 참조), 페르시아만으로 진출하려는 한 세기 동안의 이해관계를 러시아 탓으로 돌렸다. '그레이트 게임'이라는 시대착오적인 용어는 이러한 내용을 줄여 말하기에 편리했다.

20세기 초 영국의 많은 정치인들은 영국과 러시아 양측이 캅카스와 인도 사이의 무역을 늘리면 양측 모두에 이익이 된다고 주장하면서 인도 제국주의자들의 견해에 동의하지 않았다.[18] 러시아 최대 석유 수출업자들이 외국인이었고, 영국도 큰 이해관계가 걸려 있었기 때문에 그들의 주장은 사실이었다. 1901년 바쿠 석유에 투자된 자본의 30퍼센트가 해외에서 왔고, 그중 3분의 2 이상이 영국에서 온 것이었다.[19] 다시의 석유 개발권 때문에 페르시아만으로 가는 송유관이 막히자 바쿠의 석유 기업가들은 카스피해에서 카라치까지 철로를 건설하는 대안을 시도했다. 그러나 영국과 프랑스 금융업자들은 이를 지지했지만 인도를 통치하는 제국주의자들이 또다시 방해했다.[20] (등유뿐 아니라 설탕과 곡물도 철도로 실어 나를 수 있었기 때문에 인도에 러시아의 석유 공급이 증가하면 혜택을 볼 이들도 있었다. 영국의 상업 정책으로 발생한 극심한 기근을 식량 공급을 통해 해결할 수 있었던 것이다. 커즌이 실시한 비용 절감형 식민지 관리로 인도의 기근은 악화되어 1899~1902년에 500~1000만 명이 굶어 죽는 사태가 발생했다.[21]) 인도 제국을 페르시아만으로 상업적, 정치적으로 팽창시키려는 영국 제국주의자들로서는 러시아의 상업적 팽창을 봉쇄할 필요가 있었다. 페르시아 석유에 대한 투기 자본은 (실패한 것조차) 이러한 목적에 유용한 수단이었다. 그들은 버마 오일이 다시의 계획에 투자하도록 주선하고 페르시아 석유와 페르시아 횡단 송유관 건설, 이 두 건에 대한 독점권이 유지되도록 도왔다.

버마 오일 입장에서 다시의 프로젝트는 무척 유용해 보였다. 셸의 바쿠 석유 수출이 인도에서 보호받던 자신의 시장을 잠식하고 있었기 때문에 버마 오일은 인도 시장에서의 지분을 제한하는 셸 아시아 그룹과의 1905년 협정을 순순히 따르려고 했다. 버마 오일이 문제가 생긴 다시의 사업을 인수하기로 결정한 것도 다시의 개발권이 사라지는 것을 원치 않았기 때문이었다. 다시의 개발권은 중동에서 다른 기업이 석유를 생산하지 못하도록 하고 캅카스에서 중동으로 석유를 이동하지 못하게 하는 수단이었는데, 개발권을 잃게 된다면 인도에서 겪고 있던 문제에 더해 상황이 더 악화될 것이었다. 이후 탐사가 실패한 뒤에는 "이자를 회수할 정도로만 유지하려고" 페르시아 투자를 최소한으로 줄였다.[22] 버마 오일이 나중에 밝혔듯이 "버마 오일이 페르시아로 간 근본 이유는 인도에 투자한 것을 보호하기 위함이었다."[23]

버마 오일의 페르시아 협력사인 다시사D'Arcy enterprise는 석유를 발견해 투자분을 회수하는 데 전념했다. 1908년 5월 버마 오일로부터 굴착 작업을 서서히 줄이기 시작하라는 지침이 내려왔음에도 불구하고 탐사 담당자들은 마스지드 이 술레이만에서 대형 유전을 발견했다. 엄청난 규모의 매장량을 우려하며 버마 오일은 굴착팀 책임자를 영국으로 소환하고, 그런 다음에는 생산 개시 전에 다른 탐사 장소를 굴착하라고 요구하면서 계속해서 작업 속도를 줄이려고 했다. 다시는 "왜 그러는지 모르겠다"라고 불평했다. "모든 게 실패한다 하더라도 지금 석유가 존재한다는 사실에는 아무 영향을 주지 않을 텐데."[24] 버마 오일은 회사의 지분을 주고 다시의 개발권을 구입했는데, 훗날 BP가 되는 앵글로-페르시안 오일Anglo-Persian Oil Company을 설립하는 데 1년이 걸렸다. 새로운 공급원을 개발하는 데 별 관심이 없었던 버마 오일은 석유를 이라크 국경의 아바단으로 보내는 직경 20센티미터의 송유관을 해안가를 따라 220킬로미터가량 매설하고, 그곳에 석유를 정제하는 가장 기본적인 정유 시설을 짓는 데 또 3년을 보냈다.

지금까지 중동 석유 산업의 시작에 관한 대안적 설명을 살펴봤다. 이 이야기는 페르시아의 황량한 언덕 위의 영웅적 탐사자들이 아니라 메소포타미아의 석유를 둘러싼 "경제적, 정치적 대투쟁"에서 승리하려는 경쟁 기업들과 그들의 동맹으로부터 시작한다. 대형 석유 기업들의 목적은 중요한 신규 유전을 개발하는 것이 아니라 그 개발을 지연시키는 것이었다. 또한 일부는 바쿠에 있는 러시아의 대형 유전에서 생산되는 석유의 수출을 가로막기도 했다. 이러한 목적을 달성하기 위해 석유 기업들은 자신의 필요를 국가의 제국주의적 이해관계로 확대하고, 그럼으로써 국가의 복리에 기여하는 것으로 묘사하는 법을 터득했다.

시장으로부터
생산물을 지키려는 계획

석유가 발견되자마자 페르시아에서 상당히 지연되고 있던 사업은 두 가지 추가적인 문제에 직면했다. 첫째, 앵글로-페르시안 오일은 경쟁 기업들이 근처에서 유전 개발을 시작하여 (이 회사의 주장대로라면) 자신을 파괴하려는 "측면 공격"을 받았다.[25] 도이체방크는 셸과 협력하여 메소포타미아의 석유 개발권을 따내기로 결정했다.

이어지는 사건들은 바그다드 철도Baghdad Railway 이야기로 전해지는데, 제1차 세계대전을 촉발한 것으로 알려진 유럽 열강의 제국주의 경쟁의 최종 일화라 할 수 있다. 금융업자, 건설업자, 해운업자, 면화·곡물상들 모두가 메소포타미아, 페르시아만과 유럽을 연결하는 철도 건설 계획에 관심을 보였는데, 대부분의 설명에는 도이체방크가 송유관 대용으로 철도를 건설했다는 내용이 빠져 있다.

오스만 정부는 철도의 목적을 다른 데 두었다. 부분적으로는 군부대의 이동을 더 쉽게 할 수 있는 수단으로 봤다. 군사적 패배로 생겨난 난민을 철도 노선을 따라 제국의 다른 지역으로 이동시켜 주된 수입원이었던 곡물 생산을 늘리는 데에도 철도를 활용하고자 했다. 미국에서 값싼 곡물이 들어와 1870년대 이후 정부 세입에 지장이 있던 상황이었다. 그 철도 노선의 첫 지선인, 이스탄불에서 아나톨리아 중부를 잇는 아나톨리아 철도Anatolian Railway는 1890년대에 건설되었다. 이 철도는 수익을 내지는 못했지만, 철도 이용으로 발생한 그 지역의 농업 세입보다 오스만 정부가 더 많은 보조금을 지급한 덕분에 도이체방크와 다른 채권 소유자들은 투자 수익을 보장받았다.[26] 그러나 메소포타미아의 석유 생산과 바그다드 노선이 연결되기 전까지는 도이체방크와 동업자들이 그 노선의 나머지 부분에 자금을 대는 것은 불가능했다. 처음부터 그들은 새로운 유전을 개발하는 데 관심이 없었기 때문에 배타적인 철도 및 석유 개발권을 활용해 다른 기업들이 석유를 개발할 수 없도록 막았다. 앵글로-페르시안 오일이 페르시아 국경 지역에서 석유를 발견했을 때에서야 비로소 원치 않았던 석유를 유럽에 판매하는 새로운 계획과 동시에 철도 사업을 추진하기 시작했다. 당시 영국 기업인 앵글로-페르시안 오일은 그 계획을 막으려고 했다. 바그다드로 철도를 확장하는 것이 일차적으로 석유 개발 사업이었으며, 대형 석유 기업들은 석유를 생산하는 것보다 석유 생산을 사보타주하는 것에 관심이 더 많았다는 점을 밝히지 않고서는 학자들은 바그다드 철도 이야기, 또는 제1차 세계대전 발발에 일부 책임이 있는 봉쇄, 지연, 협력의 원인을 이해하기 어렵다는 사실을 깨달았다.

페르시아에서와 마찬가지로 메소포타미아 석유에 대한 배타적 권리와 유럽으로 석유를 운송하는 수단을 확보하는 것의 당초 목표는 석유 생산을 막기 위함이었다. 독일 기업들은 1904년 7월 석유 채굴권을 취득한 후 철도 건설과 석유 시추를 연기했다. 20년 뒤 도이체방크가 인정했듯이 "일 처리 전체를 지연시킨 것은 전술적 이유에서였다."[27] 1907년 3월경 오스만 정부는 도이체방크가 "특정 조항, 특히 시험 시추에 관한 조항을 충족하지 않았다"라는 이유를 들어 석유 계약에 이의를 제기했다.[28] 이듬해 청년터키당 혁명은 영국에 보다 우호적인 새 정부의 집권으로 이어졌고, 이와 동시에 영국 기업인 다시의 회사가 페르시아에서 석유를 발견했다.

독일 기업들은 재빨리 철도 건설을 재개했다. 도이체방크는 앵글로-페르시안 오일의 신규 생산을 위협하는 입장에 서기 위해 원치 않았던 석유를 판매할 곳을 찾기 시작했고, 여기서 얻은 수입을 철도 건설에 투입할 생각이었다. 해결책은 유럽의 등유 공급에서 스탠더드 오일의 영향력을 깨는 것이었다. 1906년 유럽석유연합은 유럽 기업들을 위해 시장의 20퍼센트를 보호했다. 스탠더드 오일이 차지하고 있는 나머지 부분을 공략하기 위해서 독일의 도이체방크와 프랑스의 석유 이해관계자 동맹은 자국 내 램프 석유 시장에 대한 정부의 독점을 가능케 하는 입법을 추진했다.[29]

한편 도이체방크 역시 스탠더드 오일의 측면 공격으로 어려움을 겪었다. 오스만-아메리칸 개발회사Ottoman-American Development Company라는 이름의 미국 기업 연합은 라이벌 철도를 건설하기 위해 예비 개발권을 협상했다. 시리아 북부의 지중해 해안에서 알레포와 시바스를 지나 모술로 그리고 (앵글로-페르시안 오일이 시추하고 있었던) 카나킨의 페르시아 국경까지 달리는 2000킬로미터의 야심 찬 철도 건설 사업으로, 철도 노선의 40킬로미터 이내에서 발견되는 모든 광물 자원에 대한 권리를 부여하는 내용을 담고 있었다. 베를린의 한 신문은 미국 기업 연합의 대표인 퇴역 해군제독 콜비 체스터Colby M. Chester를 "스탠더드 오일 컴퍼니의 허수아비"라고 보도했다. 그리고 도이체방크가 그 개발권은 "진짜 철도 개발을 위한 계획이 아니라 특정 미개발 유전을 통제해서 그곳에서 나올 생산물을 시장으로부터 지키려는" 계획이라고 경고했을 정도로 알아차리기 쉬운 전술이었다.[30]

록펠러 그룹의 개입은 소문으로 남았다. 하지만 우리는 스탠더드 오일의 수석 지질학자 겸 석유 스카우트oil scout인 존 워싱턴John

Washington이 1910년 중동을 방문하고 메소포타미아 석유의 전망에 관심이 있던 록펠러 그룹에 긍정적인 보고를 했다는 사실을 알고 있다. 당시 스탠더드 오일이 세계 곳곳에서 경쟁 관계에 놓일 유전의 개발을 막으려고 했던 비상한 노력을 생각해보면, 메소포타미아 석유를 둘러싼 전투에 스탠더드 오일이 등장하지 않는 것이 오히려 놀랄 만한 일이다. 미국 관료들은 체스터의 기업 연합이 어떠한 사전 조사도 하지 않고서 그 야심 찬 계획에 착수금을 내려고 한다는 데에 당혹스러워했다. 미 국무부는 기업 연합의 이스탄불 대표인 체스터의 아들을 만나려고 워싱턴에서 외교관을 보냈는데, 오스만 제국에 미국의 교역을 확대하기 위한 수단으로 개발권을 지원할 것인지 살펴보기 위해서였다. 개발권 협정이 무역 확대가 아니라 무역 감소를 의도한 것이었다는 점을 알지 못한 채 이스탄불에 도착한 외교관은 바로 그날 체스터의 아들이 빈으로 떠났다는 사실을 알아차리고는 깜짝 놀랐다. 독일 기업들은 미국 기업 연합의 개발권이 최종 승인을 받지 못하도록 오스만 관료들에게 영향을 미쳤다.[31]

한편 이스탄불의 새 정부와 가까운 사이에 있던 영국 금융업자들의 컨소시엄은 터키석유회사Turkish Petroleum Company라는 이름의 런던 기반 합자회사를 설립했다. 이 회사는 어니스트 캐슬이 주도했는데, 이미 살펴본 바와 같이 그의 계획은 이집트에서 시작해 그 지역의 모든 석유 개발권을 독점하는 것이었다. 1912년 캐슬의 회사는 그때까지 메소포타미아 석유 개발권을 보유하고 있던 도이체방크, 그리고 프랑스 로스차일드의 석유 지분을 갖고 있던 유럽의 동맹 셸이 각각 터키석유회사의 명목 지분 25퍼센트를 보유할 수 있게 했다. 이 금융업자들은 자신들의 투자 회사를 터키 국립은행National Bank of Turkey이라 불렀으며, 터키 새 정부의 중요 인사 몇몇을 이사회에 앉히고 자기들이 회사의 나머지 절반의 지분을 차지했다.[32]

이러한 석유, 철도 계획은 이제 앵글로-페르시안 오일을 위협할 수 있는 수준이 되었다. 앵글로-페르시안 오일의 페르시아 유전 통제는 경쟁 기업들이 모회사인 버마 오일의 거대한 인도 시장을 위협하지 못하도록 하기 위함이었는데, 메소포타미아 석유 개발로 어려움에 처하게 되었다. 측면 공격을 방어하기 어려워지자 앵글로-페르시안 오일은 그 대안으로 측면 공격에 돌입하기로 했다. 이를 위해서는 영국 정부의 도움이 필요했다. 그것은 (1875년 국가 파산 뒤에 해외 채권자들이 세운 컨소시엄인) 오스만 공공부채위원회Ottoman Public Debt Administration를 이용해 철도 사업에 필요한 대출금의 이자를 갚기 위한 터키의 관세 인상안을 거부하도록 하는 것이었다. 앵글로-페르시안 오일은 영국 정부에 경고했다. (해군성과 연료용 석유 계약을 추진하던 경쟁자인) 셸 그룹이 메소포타미아의 석유 통제권을 갖게 되면 유가를 낮춰 자신들을 망하게 하거나 합병할 것이고, 그 후 가격을 높여 "엄청난 양의 잠재량을 서서히 조금씩만 공급하게 될 것"이라는 내용이었다. 한 외무성 관료는 "지금까지 초제국주의인 척하더니" 이제는 정부가 자신들을 돕지 않으면 셸에 팔아버리겠다고 협박하는 앵글로-페르시안 오일의 태도에 반발했다.[33] 외무성의 앵글로-페르시안 오일 지지자들은 기업의 주장에 설득당해 캐슬의 투자 컨소시엄에 사업 지분 50퍼센트를 앵글로-페르시안 오일에 넘기도록 강요했다.

또한 영국은 앵글로-페르시안 오일을 보호하기 위해 독일, 터키 정부와 협상했다. 바그다드 철도는 페르시아만이 아니라 바스라까지만 가고, 바스라에서 페르시아만까지 운하 수송 독점권을 보장하는 내용이었다. 이는 인도 선박왕 제임스 맥케이James Mackay(인치케이프 경 Lord Inchcape)의 해운 이익을 위해서였다. 영국 정부는 이 독점이 제국의 교통을 영국인 손에 맡기는 데 필수적인 것으로 묘사했고, 오랜 협상의 결과 결국 독점권을 얻어냈다. 그러나 영국 기업 린치 브라더스 Lynch Brothers가 이미 바그다드에서 페르시아만으로 가는 증기선을 통제하고 있었다. 런던의 《타임스》는 바그다드 철도가 "인도로 가는 주요 노선"이 되려 한다는 기업과 제국주의자들의 주장을 일축했다. 그리고 인도로 향하는 영국의 교통과 무역은 육상이 아니라 해상 노선을 계속해서 활용할 것이라는 점도 널리 알려져 있었다. 린치 브라더스가 인치케이프에게 해운 독점권을 양도하도록 강제하는 것은 앵글로-페르시안 오일에도 이익이었는데, 인치케이프 역시 앵글로-페르시안 오일의 임원이었기 때문이다.[34] 그 협정은 페르시아만과 인도에 대한 영국의 무역 흐름을 보호하는 것이 아니라 봉쇄 지점을 보호하는 것이었다. 인치케이프를 통해 앵글로-페르시안 오일은 메소포타미아의 석유가 아시아의 보호된 시장에 도달하지 못하게 하는 힘을 유지했다.

1914년 여름, 독일과 프랑스에서의 등유 독점이 끝남과 동시에 런던에서 터키석유회사 협정이 체결되었다. 오스만 정부는 모술과 바그다드주에서 "발견된 그리고 발견될 석유 자원" 모두를 터키석유회사에게 임대하기로 합의했다.[35] 제1차 세계대전 직전에 스탠더드 오일 다음으로 세계에서 가장 큰 석유 기업들—독일, 프랑스, 영국-네덜란드와 영국 기업—이 메소포타미아의 석유 개발권을 나누기로 합의한 것이다.

전쟁 발발로 석유 개발은 진전되지 못했다. 큰 문제는 아니었다.

석유 생산을 제한하는 것이 석유 개발권을 나누기로 합의한 주된 목적이었기 때문이다. 1914년 협정의 마지막 단락은 유명한 '자기 부정 조항'이었다. 바로 유럽의 주요 석유 기업들은 터키석유회사를 통해 공동으로 참여하는 방식이 아니라면 오스만 제국의 어떤 곳에서도(페르시아 남부와 더불어 이미 영국의 지배하에 있는 이집트와 쿠웨이트를 제외하고) 석유 생산을 하지 않는다는 약속이었다.[36]

요정 나라

메소포타미아에서 측면 공격에 대응하는 와중에 앵글로-페르시안 오일은 두 번째 곤경에 맞닥뜨렸다. 아무도 앵글로-페르시안 오일의 석유를 사려 하지 않는 것이었다. 페르시아 원유는 황 함유량이 높아서 연소될 때 유리 안에서 생기는 유막에서 나는 냄새 때문에 조명용 등유로 적합하지 않았다. 이 회사의 제품을 취급하는 시장이 없었고, 배당금이 없을 것이라는 생각에 투자자들은 생산 시설 완비에 필요한 자금을 대는 데 주저했다. 페르시아 석유의 유일한 희망은 증기나 디젤 엔진 연료용으로 판매하는 것이었다. 그러나 페르시아 남부 어디에서도 석유로 돌리는 엔진을 사용하지 않았기 때문에 앵글로-페르시안 오일은 파산 위기에 처했다.

다시와 버마 오일은 자신들의 취약성과 필요를 제국의 이해관계로 뒤바꿔 어려운 상황을 타개하고자 했다. 이는 이 회사가 기회가 있을 때마다 활용하던 전술이었다. 인도 정부는 석유 기업의 굴착기를 경비해주기 위해 군인을 파견하는 비용을 지불해왔다. 석유가 발견된 뒤 테헤란의 영국 총독 아서 하딩Arthur Harding은 회사가 경비 비용을 부담하거나 비용이 덜 드는 지역 인력으로 대체하자고 제안했으나 다시는 그 제안을 거절했다. 다시는 다음과 같이 답변했다.

우리는 발전하려고 애쓰고 있으며 이 새로운 산업의 기초를 놓는 데 뚜렷한 성과를 냈고 이 산업은 전적으로 영국인이 주도하여 영국인의 손으로, 영국인의 자본으로 일구고 있습니다. 우리가 믿는 모든 것을 호의를 가지고 지켜본다면, 영국 정부가 제멋대로만 하지 않는다면, 가까운 미래에 우리 해군에게 가치 있는 석유 공급원이 될 것입니다.

앵글로-페르시안 오일은 채굴한 석유를 위한 시장을 형성하는 더 큰 문제를 해결하기 위해 동일한 전술을 시도했다. 앵글로-페르시안 오일은 다시 한번 영국 정부에 호소했는데, 인도 철도Indian Railways 및 영국 해군과 연료유 장기 계약을 체결해 석유 수요를 창출해줄 것을 요청했다. 그러나 인도국과 해군성 모두 그 제안을 거절했다. 인도 철도는 석탄을 사용했고 석탄은 인도에 풍부했다. 해군성의 경우 이미 대부분의 함대가 연료를 석유로 전환한 상태였고, 석유만으로 작동하는 함대를 구축할지 숙고하던 중이었으나 이용 가능한 다른 유전이 많이 있었다. 세계 주요 항로 중 하나와 직접 연결되는 수에즈만의 이집트 유전은 이미 영국의 지배 아래에 있었는데 1914년에 석유 10만 톤을 생산했고 이어서 수백만 톤을 더 생산하기 시작했으며, 멕시코에서는 1910년 영국 기업이 당시 세계에서 가장 큰 유전을 발견한 상황이었다.[37] 해군성의 거절에도 불구하고 증권거래소에 상장하기 위해 작성한 투자설명서에서 앵글로-페르시안 오일은 이미 해군성의 지지를 받았다고 주장했다. 그 사실을 발견한 해군성은 해당 자료의 발행을 막았다. 주식 발행으로 자금을 유치하기 원했던 앵글로-페르시안 오일은 계속해서 투자설명서에 자신들이 해군에 연료용 석유를 공급한다는 군사적 중요성을 언급했지만 근거 없는 이야기였다. 그러다 몇 년 뒤 해군성은 입장을 바꿨다.

역사가들은 해군성의 입장 변화를 설명하는 대목에서 1923년 출간된 《세계의 위기 1911~1918》에서의 윈스턴 처칠의 설명으로 시작해 대영제국의 이익에 앵글로-페르시안 오일이 중요했다고 강조한 회사의 주장에 동조해왔다. 처칠은 이 회사를 지지한 결과를 논하면서 "행운은 가장 밝은 희망을 능가하여 우리에게 요정 나라의 선물을 선사했다"라고 썼다. 1911년의 모로코 위기 뒤에 제1대 해군 장관에 임명된 처칠은 유례없는 해군의 군비 증가와 전투력 증강을 위해 노력했는데, 그러한 군사력 증대는 3년 뒤 유럽을 예기치 못한 처참한 전쟁으로 몰아넣는 데 일조했다. 군비는 (신형 발전기를 이용하고 해군용으로 특화된 고속 엔진의) 증기 터빈을 장착하고 석탄 대신 석유로 연료를 공급하는 고속 전함 함대를 만드는 데 주로 지출되었다. 이제 영국은 6개월 동안 전쟁을 수행하는 데 충분한 연료를 비축할 대형 급유소, 연료를 수입하기 위한 유조선 선단, 석유 공급이 필요했다. 처칠은 이 모두가 "외국인 통제 아래 있는 거대한 석유 독점 기업의 손아귀에" 있다고 주장했다.[38] 중요한 독점 기업은 영국의 가장 확실한 동맹국에 기반을 두고 있는 스탠더드 오일, 그리고 영국-네덜란드의 셸 그룹이었다. 따라서 진짜 문제는 외국인 소유가 아니라 독점 권력이었다. 해군의 주연료를 석유로 전환하면서 해군성은 석유 독점 기업들의 커져가는 힘에 스스로를 취약하게 만들고 있었다.

해군성은 또 다른 새로운 힘에도 취약했다. 1903년 영국 정부는 점차 강해지는 노동 운동의 힘에 대응해 국민연금 체계를 도입했고, 뒤이어 1908~1912년에는 실업·상해보험, 건강관리 프로그램, 그리고 집합적 복지에 관한 기타 개선책을 도입했다. 이러한 정책에 예산을 배정하기 위해 의회는 철저한 조사와 회계 규칙을 통해서 군대 중 예산이 가장 많았던 해군 예산을 삭감했다. 그런 다음 부유층의 세금을 올렸다. 부유층은 상원을 통해 세금을 인상하지 못하도록 압력을 넣어 헌정 위기를 초래했지만, 결국 실패로 돌아갔다. 비용이 많이 드는 해군성의 계획, 즉 해군의 동력을 석유로만 가동하는 증기 엔진으로 전환하려는 계획은 석유의 독점 가격으로 인해 불투명해졌고, 엄격한 예산 제한이라는 새로운 문제, 그리고 대처하기 어려운 의회의 반대에 직면하게 되었다. 처칠은 이러한 새로운 형태의 민주주의적 난관을 처리할 방법이 필요했다.

궁지에 몰린 앵글로-페르시안 오일이 한 가지 해결책을 제시했다. 사면초가에 빠진 회사는 처칠이 요정 나라의 선물이라고 발표할 수 있을 만큼 낮은 가격으로 장기 공급 계약을 제안했다. 그러자 처칠은 일단 의회 조사를 피해 그 선물을 받기 위해 갖은 애를 썼다. 해군성은 이 회사가 사업을 유지하는 데 필요한 선금 구매를 지분의 51퍼센트로 잡았다(해군성에는 회사의 사업을 감독할 어떠한 권리도 주어지지 않아서 그 독점 체제를 공격할 어떤 권한도 없었다). 정부 법률가들의 지원을 받아 처칠은 그 구매 안건을 특별위원회 조사를 받게 되는 재정 법안이 아니라 정책 문서나 백서 승인의 건으로 의회에 제출했다. 또한 석유 공급 계약의 세부 사항은 공개할 수 없는 상업적 합의라고 밝혔다. 1914년 6월 17일 의회에 제출된 이 거래의 비밀 유지 조치에 대해 비판이 일

었으나 전쟁 발발로 잠잠해졌다.[39]

앵글로-페르시안 오일의 구제는 석탄에서 석유로 전환하는 비용에 대한 공적 조사를 회피하는 수단을 제공했지만, 그 비용의 원인인 유가의 독점적 통제를 해결하기 위해서는 아무것도 하지 않았다. 반대로 이 회사에 대출을 앞당기고 메소포타미아의 석유 개발을 방해하는 사업의 지분에 참여하도록 주선함으로써 영국 정부는 앵글로-페르시안 오일이 부상하는 국제 석유 카르텔의 핵심 멤버가 될 수 있도록 했다. 영국의 석탄 의존이 더 민주적인 정치 형태를 구축하는 수단을 노동 운동에 제공했다면, 석유로의 전환은 처칠 같은 제국주의자들에게 그러한 민주적 요구를 회피하는 수단을 제공했다.

구조

석유가 대중의 요구를 제한하는 방식을 제공했다는 것에는 더 큰 함의가 있는데, 여기에는 해군성이 앵글로-페르시안 오일에 관한 입장을 바꿔 내연 기관으로 전환하기로 결정한 또 다른 이유가 반영되어 있다. 1910년 11월 웨일스 남부의 석탄 광부들은 최저임금 지급을 요구하며 파업을 벌였다. 이 파업은 영국에서 노동 쟁의가 가장 강렬했던 1910~1914년 총파업의 시작을 알렸다.

해군성으로 옮기기 전 처칠은 내무성에서 총파업의 첫 번째 물결에 맞서 치안 유지를 담당하고 있었는데, 석탄 광부와 철도원, 항만 노동자들 사이의 노동 쟁의를 조직하면서 노동조합이 얻게 된 "새로운 힘"에 대해 경고했다.[40] 이집트 식민지에서 군사 담당관으로 경력을 쌓은 육군성 장군 네빌 맥레디Nevil Macready와 함께 일하면서 처칠은 피켓 라인을 깨고 파업을 물리치기 위한 새로운 방법을 도입했다. 그는 기병과 무장 보병을 투입했는데, 이들은 경찰 병력을 보조하는 데 그치지 않고 핵심 지휘 체계의 역할을 했다.[41] 1911년 8월 파업의 물결이 탄광에서 철도로 번졌을 때 처칠은 철도를 통제하기 위해 (그리고 발전소의 치안을 위해) 부대를 배치했다. 이는 지방 민정 당국의 요청에 의해서만 군대를 파견할 수 있다는 규정을 어긴 조치였다. 이는 군인들이 파업 석탄 광부들을 쏴 죽인 1893년 페더스톤Featherstone 학살 이후 의회가 제정한 규정이었다. 의회의 노동 지도자들은 정부가 철도 회사에 노동자들의 주요 요구 사항을 수용할 것을 지시하면 철도 파업을 즉시 끝낼 수 있다고 주장했다. 그러면서 처칠이 민정을 "군정"으로 대체하여 불안을 유발하는 "사악한 역할"을 하고 있다고 공격했다.

처칠은 철도의 특성을 언급하면서 군대 투입을 정당화했다. 의회에서 그는 군이 철도 지점마다 해당 지방정부의 허가를 요청해야 한다면 아무것도 할 수 없기 때문에 군 당국에 "철도를 따라 부대를 이동시킬 수 있는 완벽한 재량권"이 필요하다고 주장했다. 철도는 "엄청난 노동자 인구가 … 한데 집중된" 대도시를 만들었고 이곳은 연료와 식량을 공급하는 기차에 전적으로 의존하고 있고 있기 때문에 철도 파업은 "사람들의 생활이 의존하는 사회적이고 경제적인 모든 구조에 … 퇴행"을 초래하는 위협이 되었다. 철도는 처칠이 취약한 경제적, 사회적 '구조'의 존재를 깨닫도록 했는데, 그 구조는 지방 민정을 조직화된 군사력에 종속시켜 보호해야 하는 비非지방적인 것이었다.

한 야당 국회의원이 "계엄령"이라고 외치고 또 다른 국회의원이

"제정신이 아니다"라며 비난하자 처칠은 겉만 번지르르한 수사를 동원했다. 그는 "이렇게 위대한 공동체를 파국으로 몰고 갈 비슷한 위협을 세계사에서 찾을 수 있는지" 묻고서는 15세기 이라크로 돌아가 철도 파업의 위험성을 유프라테스강의 거대한 니므롯 댐이 파괴된 뒤에 나타난 엄청난 참사에 비견했다.[42]

그러나 아랍 세계의 다른 지역에서 일어난 사건들은 영국 정부가 철도 소유자들의 비타협적 태도를 극복하고 파업 노동자들의 요구를 수용하는 기회가 되었다. 영국의 총파업은 모로코의 훨씬 더 큰 봉기와 동시에 일어났다. 술탄이 영국 금융업자들에게 진 빚 때문에 과도한 세금이 부과되었는데, 프랑스는 술탄에 대항하는 민중 봉기의 진압을 돕기 위해 모로코에 부대를 보냈다.[43] 프랑스가 식민화되지 않은 아프리카의 마지막 지역을 장악하려고 하자 독일이 제동을 걸었다. 그러자 영국은 독일과 전쟁을 불사하겠다고 맞서며 유럽 충돌에 대비하기 시작했다. 여기에는 철도를 활용해 군부대를 동원한다는 세부 계획도 포함되었다.[44] 전쟁 준비 결정으로 영국 정부는 철도 회사들에 노동조합과 협상할 것을 지시했고, 처칠은 내무성에서 해군성으로 자리를 옮겼다. 프랑스의 모로코 점령을 지지하고 독일의 반대에 전쟁 위협으로 대응한 것을 계기로 처칠의 군사주의는 더 큰 차원으로 향하게 되었다.

총파업의 시작을 알렸던 웨일스 남부의 석탄 파업은 특히 해군에게 위협이 되었다. 웨일스의 석탄 지역은 증기 기관용 석탄을 생산했는데, 열량이 높은 무연탄이면서 신속하게 열을 생산하는 성질이 결합된 혼합 품질의 원료로 석탄 연소 전함의 유일한 연료원이었다. 해군성에서 처칠은 해군 함정을 석탄 연소 증기 기관과 석유 연소 증기 기관에서 석유를 쓰는 내연 기관으로 전환하는 실험을 하기 위해 즉시 연료와 엔진에 관한 왕립위원회Royal Commission on Fuel and Engines를 꾸렸다. 웨일스 석탄 지역의 정치적 불안은 해군성의 입장에 영향을 미쳤다. 석탄을 포기하고 석유로 대체한다는 결정에 또 다른 유인을 제공했고, 결과적으로 해군의 정책을 앵글로-페르시안 오일에 유리하게 바꾸었다.[45] 해군이 새로운 에너지원에 집중하게 되면서 정부는 스스로 석유 기업들의 독점적 힘에 취약해져갔다. 동시에 석탄 광부들의 정치적 요구에서 자유로워지기 시작했다.

앞서 살펴본 바와 같이 페르시아는 해군성이 석유를 확보할 수 있는 유일한 장소는 아니었다. 멕시코는 대형 유전 발견으로 1914년 세계에서 세 번째로 석유를 많이 생산하는 나라가 되었다. 영국 기업인 멕시칸 이글Mexican Eagle은 생산량의 60퍼센트를 차지하며 세계 최대 석유 공급자 반열에 올랐다. 1913년 7월 해군성은 멕시칸 이글과 공급 계약을 맺었지만, 정부가 회사 지분을 구매하는 대가로 장기 계약을 얻으려는 회사의 제안—정부가 앵글로-페르시안 오일과 협상 중이던 계약과 유사한 계약—은 거절했다.[46] 멕시칸 이글은 스탠더드 오일과 멕시코 석유 생산을 두고 전투를 벌이고 있었다. 스탠더드 오일은 포르피리오 디아스Porfirio Diaz 정부의 전복을 돕기 위해 자금을 대면서 영국 회사의 기반을 약화시키려고 했는데, 이로써 1910~1920년의 혁명이 촉발되었다.[47] 해군성이 석유 계약을 결정할 무렵 혁명 세력이 유전 지대를 통제하고 있었고 에밀리아노 사파타 Emiliano Zapata와 다른 혁명 지도자들은 토지 개혁과 노동자 권리 등의 혁명적 변화를 요구했다.

페르시아 역시 1905~1911년 입헌 혁명이라는 혁명의 한가운데

에 있었다. 1년 내내 계속되는 파업과 저항, 농성은 1906년 샤가 헌법
과 의회(마즐리스)를 수용하게 만들었다. 1905년 러시아 혁명 이후 바
쿠에서 고향으로 돌아간 페르시아 석유 노동자들은 혁명의 경험을 나
누었다. 바쿠에 기반을 두고 러시아 사회민주주의자들과 연계되어 있
던 이란사회민주주의자조직Organization of Iranian Social Democrats은 전국적
으로 벌어진 대중 집회에 적극적이었으며, 무자헤딘이라는 정당을 결
성하여 1907년 약 8만 6000명의 당원을 확보했다. 그들은 토지 재분
배, 하루 8시간 노동, 파업권, 그리고 대토지 소유주와 상인, 종교 지
도자로 제한되지 않은 남성들의 보통 선거권을 주장했다.[48] 이러한 진
보 운동의 지도자 중 한 사람인 사이드 하산 타키자데는 이란에서 추
방당한 뒤 런던을 방문했고, 영국의 좌파 국회의원 모임은 그를 하원
에 초대하여 연설을 요청했다. 그 자리에서 그는 샤를 복위시키려는
러시아의 위협에 맞서고 있는 이란 혁명에 대한 영국의 지지를 구했
다.[49] 그러나 영국은 러시아가 이란 혁명의 기반을 약화시키는 것을
묵인했다. 나중에는 군 사령관 레자 칸을 지원했는데, 그는 1921년에
정권을 잡고 1979년 이슬람 혁명까지 이란을 지배한 새로운 독재 정
권을 세웠다. 또한 런던은 과거 앵글로-페르시안 오일의 작업을 경호
했던 인도 부대를 파견하는 대신 남부의 치안을 담당하는 사우스 페
르시아 라이플스South Persia Rifles라는 민병대를 창설해 중앙 정부의 통
치를 약화하는 기회로 활용했다. 큰 봉기가 일어난 멕시코 유전과 웨
일스 남부의 탄광과 비교해 페르시아 남부와 메소포타미아 인근의 유
전 지대에는 민주적 요구에 훨씬 덜 양보하고 에너지를 확보하는 방
법들이 있었다.

처칠이 말한 요정 나라의 선물은 (곧 이란과 이라크가 되는) 페르시아

와 메소포타미아의 석유 노동자들이 만들어낸 에너지원이었다. 전쟁의 위협과 발발로 영국은 자국 내에서 총파업을 끝낼 기회를 얻었다. 전쟁이 끝날 무렵 메소포타미아의 유전을 지배하는 것은 조직화된 노동의 새로운 힘을 약화시키는 수단을 제공할 수 있었다. 그러나 영국 내에서는 조직화된 노동의 힘이 약화되었지만, 에너지 공급을 통해 구축된 정치적 요구에는 해외 석유 노동자들의 요구도 포함되게 되었다. 이러한 과정에서 제국 정부가 치안을 유지하는 특별한 힘이라고 주장했던, 제한적이지만 필수적인 경제적 '구조', 즉 에너지 흐름의 네트워크는 이제 영국의 철도와 탄광에서 확장되어 중동의 유전까지 아우르게 되었다.

민주 정치의 역사에서 중동 유전이 차지하는 위상을 이해하려면 이 지역 석유 산업의 시초에 관한 전통적 서사를 해체할 필요가 있다. 우리는 오지의 텅 빈 고원을 배경으로 하는 영웅적 선구자들의 역사가 아니라 철도와 송유관을 건설하거나 봉쇄한, 석유 공급을 발전시키기보다 그것을 방해하려고 한, 절대적 권력을 추구하는 경쟁 기업들의 역사를 추적했다. 그 싸움들은 테헤란과 이스탄불의 혁명적 투쟁 한가운데서 벌어졌고, 석탄에 기초한 영국과 다른 열강의 정치적 격변과도 연관되었다. 대중 정당을 대표하기 시작한 의회의 간섭을 받게 된 석유 회사, 그리고 금융권과 정부 내부에 있던 그들의 동맹 세력은 자신들의 이익을 국가의 제국주의적 필요로 재구성하기 시작했다. 그리고 제국주의적 정치인들은 취약한 에너지 공급 구조의 대변인이 되었는데, 그 구조는 더 평등한 집합 생활을 위해 싸우는 사람들의 힘에 대적하는 수단으로 기능했다.

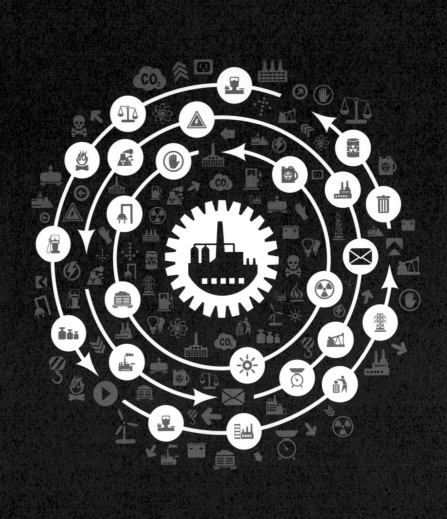

CARBON　DEMOCRACY

3장

피통치자의 동의

　　　　　　　제1차 세계대전은 탄소를 연료로 한 첫 번째 충돌이었다. 석탄을 연소하는 공장들은 인간의 살상 능력을 크게 증대시킨 군수품과 무기, 모터로 움직이는 차량을 생산했다. 화석연료를 동력원으로 활용하는 기계화가 진행되어도 인간의 노동은 줄지 않았다. 전투가 훨씬 커다란 에너지와 연결되면서 기계는 인력과 축력의 물리적 한계를 훌쩍 뛰어넘는 새로운 힘을 창출했다. 군대의 기계적, 인적 요소들은 광범위한 지역에 엄청난 규모로 계속 배치되었고, 군사 작전은 연장되었다. 죽음의 기계를 대량 생산하고 배치함으로써 유럽 국가들은 유럽에서 수백만 명을 학살한 소모전을 계속할 수 있었고, 전쟁은 아프리카와 중동으로 확대되어 전투와 기근, 추방으로 수십만 명이 죽었다. 전쟁을 확대하는 장치에는 석탄과 석유, 철과 질산 기반의 폭발물이 필요했지만 식량과 사료, 의복 또한 필요했다. 따라서 군사적 갈등이 더 커질수록 탄광, 군수품 공장, 밀밭, 면화 농장을 가능하게 했던 노동에 더 의존하게 되었다. 확대된 전쟁은 전투가 벌어지는 대부분 지역에서, 특히 중동에서 전쟁 이전의 정치권력 관계를 파괴했다. 이와 동시에 민주 정치를 요구하는 자들은 탄소 에너지의 흐름에 대한 권력자의 의존으로부터 자신들의 요구를 관철할 추가적인 힘을 얻었다.

중동에서 오스만 제국은 처음에는 전쟁에 관여하지 않았지만, 이후 서서히 해체되는 제국 열강에 맞서 독일 편에 섰다. 주로 인도인 병력으로 구성된 인도에서 온 영국 군대는 이라크를 침략하고 점령했다. 한편 아랍 군대와 연합한 영국 군대는 오스만 제국의 아랍 주 대부분을 지배했는데, 아라비아 서부의 헤자즈에서 시작해 북쪽으로 팔레스타인과 대시리아(현재의 요르단, 시리아, 레바논)의 나머지를 차지했다. 이제 영국처럼 산업화된 국가는 중동의 많은 지역을 통제하면서 엄청난 수준의 폭력과 규모, 시간이 수반되는 전쟁을 치를 수 있게 되었다. 그러나 이러한 파괴적인 규모의 충돌은 전후 제국 질서를 구성하는 일을 더 어렵게 만들었다.

산업화된 전쟁에서 조명용이 아닌 수송용 연료로서 석유의 중요성이 확인되었다. 이로 인해 전쟁 이후 대형 석유 기업들이 해결해야 할 문제가 생겼다. 한편으로 대형 석유 기업들은 언제 일어날지 모르는 전쟁의 위험성을 이용해 (앵글로-페르시안 오일이 주장했듯이) 세계 석유 공급을 통제하는 것이 자신들의 이익이 아니라 제국의 안보를 위해 중요하다고 주장했다. 세계 석유를 독점적으로 통제하는 것은 제1차 세계대전에서 비롯되었는데, 앞으로 살펴보겠지만 독점적 통제를 위해서는 제국 정부의 지원이 증대될 필요가 있었다. 다른 한편 석유 공급이 석유 기업들의 주장처럼 필수적이고 취약한 상태에 있는 것이라면, 각국 정부는 서로 경쟁 관계에 있는 이 기업들이 재구축하려는 카르텔 체제가 석유를 확보하기 위한 가장 값싸고 신뢰할 만한 방법이 아니라고 판단했을 수도 있다. 강대국 정부는 자신의 석유를 직접 생산하거나, 독립적인 소규모 석유 기업의 성장을 장려하거나, 각국이 자국 내 석유 산업을 발전시킬 수 있었던 초기의 상황으로 돌아갈 수도 있었다. 그러한 대안들이 성공할 뻔한 순간이 몇 차례 있긴 했다. 그러나 대형 석유 기업들은 패전한 독일을 제외하고는 자신들의 독점을 전쟁 이전의 형태로 재구축해버렸다. 이로써 50년간 경쟁 구조의 출현은 지연되었다.

'전 세계적으로' 석유 공급을 지배하는 것은 비교적 적은 수의 지역—몇 십 개의 유전, 송유관과 터미널, 그리고 이들 사이를 항해하는 소수의 벌크 유조선 선단—을 통제하는 데 달려 있었다. 전쟁 막바지에 중요한 두 곳이 대형 석유 기업의 직접 통제에서 벗어났다. 멕시코는 당시 세계에서 석유가 가장 풍부한 나라 중 하나였는데, 1917년 멕시코의 혁명 정부는 석유 자원의 소유권이 지상의 토지 소유자가 아니라 국가에 있다는 원칙을 재확립하고, 해외 석유 기업이 주장한 소유권을 정부가 허가하는 채굴권으로 바꿔버렸다. 같은 해 발생한 러시아 혁명은 캅카스 석유 생산의 국유화로 이어졌다. 1920년 소비에트 세력은 영국의 지원을 받는 그 지역의 유전을 탈환한 뒤 국유화했다. 두 경우 모두에서 국제 석유 기업들은 투자와 시장을 통해 국가가 통제하는 유전을 빼앗으려는 시도로 응수했다.[1] 멕시코와 러시아에서의 석유 생산 감소는 전 세계적으로 석유 공급을 제한하는 데 도움이 되었다. 제1차 세계대전 이후 몇 년간 세계 석유 네트워크를 관리하려는 경쟁은 아직 결정되지 않은 한 곳에 집중됐다. 제1차 세계대전 직전에도 그랬던 것처럼, 바로 이라크 유전이었다.

민주주의 번역하기

메소포타미아의 석유 개발을 제한하기 위해 이스탄불의 정부로부터 개발권을 확보하는 것은 더 이상 불가능했다. 4장에서 보겠지만, 앵글로-페르시안 오일과 영국 정부는 통제권을 확보하려는 수단 중 하나로 (그리고 스탠더드 오일을 배제하려는 시도로) 런던 기반의 터키석유회사 명의로 보유했던 1914년의 옛 오스만 개발권을 되살리려고 했다. 그러나 그들은 전쟁 전 런던에서 서명한 문서로만 존재했던 합자회사보다 더 효과적인 장치의 도움이 필요했다. 전쟁의 격변기가 지나고 더 이상 오스만 행정 조직의 지배를 받지 않는 중동의 정치 세력과 협상할 방법이 필요했다. 기계화된 군사력을 동원할 수도 있었지만 통제권을 얻기에는 비용이 너무 많이 들고 효과적이지 않았다. 이때 출현한 장치가 '민족 자결'이었다.

한 줌의 산업화된 국가들이 세계 많은 나라를 제국 정부에 복속시켰다. 근대 제국주의를 가능하게 했던 자원들은 또한 산업화된 지역의 조직화된 노동자 집단에게 (에너지 공급을 차단하는 특별한 능력으로) 자신들의 정치적 요구를 실현할 수 있는 흔치 않은 힘을 주었다. 처음에는 민족 자결이라는 새로운 요구가 세계 여러 지역 사람들이 민주적 권리를 효과적으로 요구할 수 있는 능력을 일반화하는 방법처럼 보였다. 그러나 실제로는 다르게 작동했다. 민족 자결이라는 신념과 장치는 민주주의를 향한 충동을 보편적 권리로 바꾸었고 세계 곳곳에 급속히 퍼지긴 했지만, 굉장히 드물었다. 민족 자결주의는 확실히 중요하게 사용되었지만, 특정 장소에서만 그랬다. 동시에 민족 자결이라는 기제는 유럽에서 성공적으로 진전되고 있던 민주적 요구들을 좌절시키는 데 활용될 수 있었다.

대부분의 역사가들은 민족 자결 원칙이 미국의 사상이었다고 추정한다. 또한 많은 이들이 러시아 혁명과 관련되어 있다고 알고 있다. 대니얼 예긴은 "1918년 초 볼셰비즘의 강력한 호소력에 맞서기 위해 우드로 윌슨이 이상주의적인 14개조 평화 원칙을 공표하고, 전후 국가와 인민의 민족 자결이라는 원대한 원칙을 촉구했다"라고 썼다.[2] 민족 자결을 이런 식으로 묘사하는 방식은 그것이 실제로 미국의 이상이 되었다는 사실을 반영한다. 즉 미국의 것인 동시에 하나의 이상이 되었다. 첫째, '대중 외교public diplomacy'로 알려진 홍보 기구는 윌슨 대통령의 연설을 전 세계에 유포했다. 그 연설은 (영토 합병을 위한 유럽 열강 사이의 은밀한 협약인) '비밀 외교'를 비판했지만, 처음에는 민족 자결에 대해 아무런 언급도 하지 않았다. 윌슨이 나중에 그 말을 선택한 뒤로 유럽과 아시아, 아프리카의 정치 운동은 미국 대통령의 이름과 미국 정부의 권위를 들어 전시 강점의 종식이나 제국 지배로부터의 독립을 주장했다. 그러나 윌슨 자신은 이러한 주장들을 좀처럼 지지하지 않았다.[3] 둘째, 이 기구는 윌슨의 연설을 '널리 알리면서' 민족 자결을 하나의 이상으로 가공했다. 민족 자결은 어쨌든 비물질적인 것이며, 실재가 아닌 이념이고, 물질적 실천이 아닌 미래 희망이었기 때문에 빠르게 멀리 퍼져나갔다.

우리가 이상이라고 부르는 것은 다른 이들의 말을 이야기하고 지칭하는 방식인데, 그 말은 일반화되고 누구의 것인지 알 수 없이 유통된다. 우리가 이상이나 원칙을 무형의 형태로, 비물질적인 것으로 나타내는 동안 민족 자결이나 민주주의 같은 용어는 특정한 실천을 통해 가볍고 이동 가능한 것이 된다. 그 용어들의 유효성을 이해하기 위해서는 그 용어들이 만들어지는 다양한 환경에서 용어를 분리하는 작업, 다양한 주장을 관용적인 표현으로 번역하거나 오역하는 작업, 그리고 그러한 용어를 순환시키는 장치를 구축하는 작업을 추적할 필요가 있다.

제1차 세계대전 기간의 민족 자결주의의 출현과 변형을 따라가 봄으로써 이러한 작업을 추적할 수 있다. 계보학은 우리를 아프리카 남부로, 제국 통치 방식의 변화로, 민주 정치와 기계화된 전쟁 모두에서 새로운 역할을 수행한 노동 운동으로, 그리고 '민족 자결'을 둘러싼 전투가 가장 집중적으로 전개된 중동으로 다시 안내할 것이다.

우드로 윌슨의 수사는 볼셰비즘의 강력한 호소력에 대한 대응이었을 뿐 아니라 레닌이 1917년 10월 권력을 장악한 다음 날 "독립을 염원하는 모든 나라"는 반드시 "자신의 국가 형태를 자유 투표를 통해 결정하도록" 허용되어야 한다고 한 선언에 대응하는 것이었다. 레닌은 (새로운 소비에트 국가가 바쿠와 다른 곳에서 막 착수한 것처럼 자본가 계급의 지배를 끝내기 위해 반드시 필요한 조건인) 일반적 권리가 아니라 약한 나라의 영토를 점령하거나 병합한 제국주의의 과오를 지적한 것이었다. 선언에 이어 레닌 정부는 제정 러시아가 영국, 프랑스와 오스만 제국의 영토를 공동으로 분할한다는 내용의 비밀 전시 협정을 공개했다.[4] 레닌의 선언은 제국주의의 폭력과 부정의에 저항하여 몇몇 대륙에서 출현한 더 폭넓은 운동과 공명했다. 제국주의에 대한 그의 관점은 홉슨J. A. Hobson을 비롯한 영국과 독일의 정치경제학자들의 저작에 영향을 받았다. 홉슨은 1902년 《제국주의》를 출간했는데, 그의 관심은 레닌과 윌슨 간의 관계를 보여준다.[5]

제국주의를 정치경제적 운동으로 보는 홉슨의 이해는 제1차 세계 대전에 앞서 영국의 폭력적인 식민지 갈등인 1899~1902년의 보어 전쟁을 다루면서 구체화되었다. 1886년에 비트바테르스란트Witwatersrand 에서 세계 최대 매장량의 금광이 발견되어 금 보유량에 기초한 국제 거래 체계가 급속도로 확대될 수 있었다. 런던은 제품 생산국과 수출 국으로서의 기반을 독일과 미국에 빼앗겼지만, 금광의 발견 덕에 국 제 거래 체계에서 핵심적인 지위를 유지할 수 있었다.[6] 금 채굴의 유 행으로 백인 아프리카너 공화국(네덜란드계 백인들이 아프리카에 세운 공 화국―옮긴이)과 영국계 대형 광산 회사 사이에 갈등이 생겼는데, 광 산 회사들은 광물에 기초한 국제 금융 질서가 의존하고 있는 산업 노 동력을 형성하고 감시하는 문제를 해결하기 위해 영국 식민 당국에 더 강력한 정치적 기구의 지원을 구했다.[7] 금은 땅속에 매우 작은 입 자로 존재해서 금 채굴에는 엄청난 양의 노동이 필요했다. 금의 가치 는 고정 가격을 유지하는 데 달려 있기 때문에 산업적 규모로 금을 생 산하려면 노동 비용을 획기적으로 줄이는 방법이 필요했다. 영국의 대형 채굴 기업들은 미국의 광산 기술자들이 운영했는데, 이들은 캘 리포니아와 베네수엘라의 미국 광산에서 엄격한 인종 분업으로 짜인 채굴 캠프 시스템을 도입했다(이 시스템은 훗날 석유 산업에서 중요한 역 할을 하게 된다).[8]

영국의 급진적 자유주의자들처럼 홉슨은 보어 전쟁에서 영국에 패 배한 백인 아프리카너 공화국을 지지했다. 그리고 강제 수용소의 도입을 비롯해 수만 명의 흑인과 네덜란드계 백인 민병대를 사망에 이르게 한 영국 군사주의의 "야만적 방식"을 비난했다.[9] 영국의 보어 공화국 합병으로 1910년 대영제국의 자치 정부인 남아프리카연방이 결성되었다. 남아프리카공화국에서 자치의 발전은 백인의 힘은 강화하는 반면 백인 외 인종의 힘은 약화하는 방향으로 전개되었는데, 자치는 제1차 세계대전 이후 피지배 민족의 요구를 묵살하는 보다 포괄적인 해결책이 되었다.

보어 전쟁 전야에 이 나라를 방문한 홉슨은 트란스발의 네덜란드 정착민들과 대형 광산업에 대한 영국의 이익 사이의 갈등을 보았다. 그 지역의 합병을 밀어붙인 것은 영국 제국주의의 물리적 역학에서 비롯된 것이었다. 제국주의 지배의 계속되는 팽창, 그리고 그에 필요한 군비의 지속적 증가는 전통적인 영국인들이 주장하는 심리적, 인종적 욕구의 결과가 아니었다. 그것은 제조업자, 상인과는 구별되는, 지금은 '자본가'라 부르는 부류의 필요에 의해 추동되었다. 금융업자와 대형 은행은 자국에서 이윤이 남는 투자처를 찾을 수 없었는데, 홉슨의 분석에 따르면 인구 대부분이 소득이 너무 적어서 제품에 대한 추가적인 수요를 거의 창출할 수 없었기 때문이었다. 대신 금융자본은 광산과 원자재를 생산하는 자본 집약적인 분야에 투자하고, 그 물건들을 배에 실어 유럽으로 옮기는 데 필요한 철도를 건설하는 사업에 자금을 굴리면서 해외로 흘러들어갔다. 그러한 사업들이 지역 갈등이나 재정적 위험을 초래했을 때 투자자들은 자신들을 '제국주의'로 묘사하고, 공적 자금을 소위 대중의 이익을 위한 군사 보호에 지출하도록 정부 부서에 영향력을 행사했다.[10]

보어 전쟁 선동자들에게 보어 공화국의 합병과 남아프리카연방의 결성은 자치라는 원칙에 토대를 둔 새로운 형태의 제국의 원형을 제공했다. 남아프리카 고등판무관 앨프리드 밀너Alfred Milner와 그가 고용한 젊은 행정가들은 영국의 식민지들을 자치 지구로 구성된 영연방으로 바꾸길 희망했다. 국민의 건강과 산업 규율을 개선하는 프로그램을 시행하면, 자치 정부는 제국을 강화하고 그 관리 비용을 식민지에 더 부담 지울 것이었다. 그리고 오직 백인 정착 인구만을 이러한 식민지 자치 정부의 선출과 운영에 참여하게 할 생각이었다. 밀너는 이집트에서 단기 군사 점령을 유럽의 무기한 지배라는 "실험"으로 바꾼 자신의 경험을 남아프리카에 적용했다. 그리고 "이집트 독립 게임"이 유럽의 "지배하는 손"에 달려 있던 이유를 분명히 전달했다.[11] 밀너 그룹이 남아프리카공화국에서 런던으로 돌아간 뒤 작성한 제국 지배 프로그램에 설명되어 있는 것처럼 "정부의 권한은 유럽인 소수 집단이 갖고 있다. 어쨌든 현재는 이 소수 시민들만이 그 업무를 담당할 수 있다는 반박할 수 없는 이유 때문이다." 따라서 자치라는 원칙은 제국의 이상과 모순되지 않았다. 반대로 자치 정부의 필요성은 역설적으로 식민 지배에 대한 새로운 정당성을 제공했는데, 식민 영토에 있는 유럽인들만이 자치라는 형태를 가능하게 했기 때문이었다. 이집트나 인도 사람들처럼 "후진적인 인종"은 "아직 스스로 통치할 수 없다는 바로 그 이유에서" 영연방에 속해야 한다는 것이다.[12] 이 진취적 제국주의자들은 비유럽인들은 유럽인 소수 집단이 없는 그들만의 정부에서는 결코 그들이 미래에 수행할 역할에 대해 훈련받을 수 없다고 주장했다.

남아프리카공화국 모델은 전후 제국 열강의 재편성, 특히 중동에서의 재편성에 강한 영향을 미쳤다. 영국과 대립했지만 나중에는 영국과 남아프리카연방의 보어 공화국 합병 문제를 협상했던 백인 아프리카너 정치·군사 지도자 얀 스무츠Jan Smuts는 밀너 그룹과 동맹을 맺고 새로운 제국 프로그램의 구체화를 도왔다. 스무츠는 홉슨의 남아프리카공화국 방문을 도왔고, 그 뒤로도 계속해서 그와 서신을 교환하고 그의 책을 읽었다.[13] 금광 거물들과 싸우는 급진적 동맹을 활용했지만 정작 스무츠 자신은 급진적이지 않았다. 1913년 스무츠는 영국 군대에 백인 금광 광부들이 주도한 총파업을 분쇄할 것을 요청했는데, 파업 도중 광부 20명이 죽었다. 다음 해에는 2차 총파업을 막기 위해 계엄령을 선포했고, 파업 지도자들을 영국으로 강제 추방했다 (영국 광부 대다수는 최근에 온 이민자들이었고, 구리와 주석이 바닥난 콘월 광산 출신이었다).[14] 동시에 그는 노동자들의 인종적 분리를 체계화하기 시작했는데, 이는 남아프리카의 대형 광산 기업들이 미국에서 데려온 기술자들이 광산 산업 조직에 도입한 것이었다. 이러한 인종적 구조는 장차 새 국가의 정치를 규정하게 되었다.

1915년 남아프리카공화국 군대의 독일령 서남아프리카 점령과 이듬해 영국의 독일령 동아프리카 식민지 정복을 지휘한 뒤 스무츠 장군은 1917년 전시 내각에서 전후 식민 정책의 틀을 잡는 데 참여하기 위해 영국에 도착했을 때 "옛 친구" 홉슨과 만났다. 스무츠는 밀너 및 그의 신봉자들과 함께 일하면서 훗날 우드로 월슨이 주창한 것으로 알려진 민족 자결이라는 '이상'의 구상을 이끌었다.[15]

모로코의 광산과
메소포타미아의 철도

                   백인이 지배하는 자치 제국이라는 전망은 몇몇 지점에서 반대에 부딪혔다. 1906년 남아프리카공화국 나탈Natal에서 일어난 밤바타 반란은 자치 식민지가 부과한 세금에 저항한 사건으로, 이는 식민지 자치라는 새로운 형태에 대한 저항을 보여주었다.[16] 같은 해에 영국 식민 영토 중 인도 다음으로 인구가 많은 이집트의 딘샤와이 사건은 외세의 지배와 유럽 정착민 사회의 특권에 반대하는 전국적 운동의 조직화를 촉발했다.[17] 스무츠가 트란스발에 도입했던 노동과 이민법에 저항하는 인도 사회의 투쟁을 조직하면서 마하트마 간디는 스와라지(영국인을 몰아내고 인도인 스스로 인도를 다스리자는 주장―옮긴이), 즉 자치라는 다른 주장을 표출하기 시작했는데, 이는 국가의 정치적 독립이 아니라 인도 사회의 협동적인 자급자족을 의미하며, 소극적 저항 방식을 통해 쟁취할 수 있는 것이었다. 1912년 저명한 흑인 남아공인들이 장차 아프리카민족회의가 되는 조직을 세웠는데, 처음에는 아프리카원주민민족회의라는 명칭을 사용했다. 영국 내에서는 제1차 세계대전의 발발로 밀너와 스무츠 같은 사람들이 주장하는 새로운 제국주의에 대한 반대가 증가했고 더 민주적인 전후 세계를 위한 구상이 시작되었다.

    전후 민주주의를 위한 제안들은 제국주의와 물적 자원을 둘러싼 논쟁을 통해 구체화되었다. 홉슨의 작업은 브레일스퍼드H. N. Brailsford와 모렐E. D. Morel 같은 제국주의 비판자들의 저작과 공명하며 확산되었다. 그의 작업은 전쟁의 원인에 대해 통제되지 않는 해외의 금융 흐름, 그 결과로 초래된 유럽 밖 경제적 자원의 배타적 통제를 위한 경쟁, 그리고 전쟁에 이권이 있는 군수업자와 군벌의 성장을 추적할 수 있게 했다.

브레일스퍼드는 1914년 전쟁 직전에 출간한 《강철과 황금 전쟁War of Steel and Gold》에서 다음과 같은 연관을 보여주었다. 그에 따르면, 40년 전 이집트 정부에 대한 영국과 프랑스 은행가들의 투기적 대출의 실패로 영국이 나일 계곡을 점령했다. 이는 아프리카 영토에 대한 유럽 열강의 쟁탈전을 느슨하게 만들었다.[18] 1885년의 베를린 조약은 처음으로 유럽 국가들의 식민지 확보를 규제하는 법적 구조를 창출했고, 열등한 인종의 "도덕적, 물질적 복리"를 위해 문명국의 책임이 필요하다는 내용의 식민주의 철학을 드러냈다. 또한 "원주민 인구가 스스로 입장을 정할 권리"를 인정했는데, 이는 식민지 건설은 피식민 인구의 동의에 기초하며, 그러한 동의는 원주민 지도자들과의 조약을 통해 획득한다는 의미였다.[19] 모렐은 그의 저작에서 강제 노동, 신체 손상, 대량 학살, 기아, 질병으로 콩고자유국의 수백만 아프리카인들이 목숨을 잃고 있다는 사실을 폭로했다. 콩고자유국은 베를린 프로세스하에 형성된 식민지였고 이 나라의 노동 방식 모델은 이웃 식민지들로 전해졌다.[20] "아주 잔혹한 방식의 고귀한 제국주의적 금융"에 대한 모렐의 설명은 피식민지인들의 동의를 구하고 유럽 경제 권력의 해외 활동을 규제하는 탄탄한 메커니즘이 필요하다는 내용의 베를린 체제가 실패했음을 입증했다.[21]

브레일스퍼드의 설명에서 알 수 있듯이 제1차 세계대전의 서곡이 되는 10년간의 사건들은 무엇이 문제인지를 보여준다. 식민 점령을 반대하는 움직임이 커져갔던 이집트에서 더 강력한 통제를 추구하면서 영국은 1904년 프랑스와 합의에 이르렀는데, 브레일스퍼드에 따르면 프랑스의 모로코 점령을 영국이 암암리에 지지하는 대가로 프랑스는 영국의 이집트 점령을 인정한다는 것이었다. 독일은 막 시작된 프랑스의 모로코 지배에 대해, 독일 기업들이 이미 철광석과 다른 광물을 채굴할 권리를 획득한 상태인데 프랑스가 모로코 자원을 사용하게 되면 독일에 위기가 발생할 것이라며 응수했다. 1906년의 알헤시라스 회의는 이 분쟁을 단지 부분적으로만 해결했고, 모로코에서 반란이 일어난 1911년에 프랑스는 모로코를 점령하려고 군대를 보냈다. 프랑스와 독일의 관계가 악화되자 독일은 바그다드 철도와 석유 매장지의 공동 경영에 프랑스 자본이 접근하지 못하도록 방해했다. 브레일스퍼드가 서술했듯이 제1차 세계대전의 기원은 유럽 권력 균형의 붕괴가 아니라 "모로코의 광산과 메소포타미아의 철도"에 있었다.[22]

브레일스퍼드는 경쟁하는 제국 열강과 베를린 체제의 재구축 사이에서 균형을 되찾아야 한다고 주장하지 않았다. 대신 베를린 조약을 대체해 해외 천연자원 개발을 더 직접적으로 관리하는 '경제 구조'를 제안했다. 모로코 자원과 다른 투자에 대한 접근을 공유하자는 알헤시라스 체제는 영국이 프랑스의 점령을 은밀하게 지지한 협정으로 무너지긴 했지만, 그러한 '비밀 외교'와 제국 지배에 대한 대안을 제공했다. 앞으로 살펴보겠지만, 이는 전후 메소포타미아 석유 사용권의 기틀을 만든 위임 통치라는 아이디어의 원천이 되었다.[23]

《강철과 황금 전쟁》은 1918년까지 열 차례나 개정되었다. 1915년 5월 출간된 3판에서 브레일스퍼드는 경제 구조 아이디어를 국제연맹에 대한 제안으로 발전시켰다. 이 국제연맹은 침략국에 맞서 강대국들이 집단적 힘을 사용하는 데 동의한 '평화 유지 연맹' 이상의 의미를 담고 있었다. 몇 달 뒤 윌리엄 태프트Willian Taft는 "주먹으로 지키는 평화"를 옹호했고, 그의 후임자인 우드로 윌슨은 1916년 5월 연설에서 이를 차용한 바 있다.[24] 브레일스퍼드와 다른 사회주의자들이 경제 구조로서 제안했던 국제연맹은 "자본의 수출을 국제적으로 관리하기 위한 … 영구적 기구"가 될 것이었다. 국제연맹은 개발권 경쟁을 관리하고, 필수 무역 경로, 대형 선박용 운하와 자유 항구를 통제하며, 모든 광물과 철도 개발권에 합의된 투자 비율에 따라 몫을 할당한다. 국제연맹과 회원국 정부는 이런 투자들을 감시해서 노예, 착취혹은 노동자에 대한 조직적 혹사를 방지하고, 현재의 세계적 위기로까지 이어진, 이집트와 터키, 모로코에 제공했던 차관의 실패를 교훈삼아 고금리 차관을 사전에 차단한다. 또한 1908년 터키와 1911년 멕시코의 혁명에서처럼 혁명에 자금을 대는 제국의 이해관계(터키의 경우에는 어니스트 캐슬이, 멕시코의 경우에는 스탠더드 오일이 관여했다)를 억제할 목적으로 투자를 감독한다.[25] 다시 말해서 이 연맹은 국가 간 전쟁이 아니라 전쟁의 근원인 물적 자원을 둘러싼 충돌을 대체하는 경제 구조를 지향했다.[26]

대외 정책 통제 기구

　　　　　　제국주의의 해체, 그리고 광물자원 개발과 국제 금융의 흐름을 통제하는 새로운 방법에 토대를 둔 전후 정치에 대한 제안은 그 후 3년간 유포되고 확대되었다. 영국의 사회주의자들은 책, 저널과 회의에서 유럽의 식민지 건설에 대한 대안을 제시했다. (1922년 총선에서 식민부 장관이던 처칠을 꺾은) 모렐이 주도하고 홉슨과 브레일스퍼드가 창립 회원으로 참여한 민주통제연합The Union of Democratic Control은 제국의 이해관계가 국제 관계를 주무르는 비밀 외교를 없애기 위해 의회가 대외 정책을 통제해야 한다는 주장을 펼쳤다.[27] 1915년 독립노동당Independent Labour Party 전당대회는 유럽이 "문명화라는 임무를 맡아 이 영토들을 관리"한다는 원칙하에 식민지 영토의 국제적 관리 체계와 더불어 "대외 정책의 민주적 통제 장치"의 구성을 지지했다. 1916년 《뉴스테이츠맨New Statesman》도 이와 같은 원칙을 제안했다.[28]

1917년 여름, 진보 정권을 세웠던 러시아 노동자들의 역할과 전쟁이 빨리 끝날 수 있다는 전망에 고무된 영국의 노동 운동 세력은 '전쟁 목적에 관한 제안서Memorandum on War Aims'라는 문서 초안을 작성하며 전후 합의를 위한 구체적 제안을 만들어내기 시작했다. 영국의 노동 운동은 홉슨, 브레일스퍼드 등의 아이디어를 활용하여 영국 내에서 쟁취하기 시작한 민주화를 유럽이 경제적, 정치적으로 지배하고 있는 해외 지역으로 확대하는 것을 목표로 삼았다. 이것은 이타주의라기보다는 외국에서 이뤄지는 제국주의적 행태가 국내의 민주적 성취를 제한하고 약화시킨다는 인식에서 비롯되었다(비유럽인들이 스스로 통치할 준비가 되어 있는지에 대해서도 확신이 없었다).

노동 운동 세력의 제안서는 "모든 국가의 완전한 민주화"를 요구했는데, 그것은 "대외 정책을 국내 정책만큼이나 국민이 선출한 입법자들의 통제하에 둘" 필요가 있다는 뜻이었다. 유럽 내에서 전후 경계선은 "모든 사람이 자신의 운명을 결정할 수 있게 한다는 원칙"에 따라 정해져야 한다는 것이었다.

유럽 밖에서는 제국의 힘을 민주화하기 위해 두 가지 획기적인 방법을 제안했다. 첫째, 국제 입법의 대표 기관인 국제연맹이 유럽 국가들을 대신하여 해외 속령의 행정부 자격을 갖는다. 옛 오스만의 근동 지역 영토에 있는 사람들은 유럽 내에서처럼 "그들 자신의 운명을 결정"하지만, 그것이 불가능한 일이라면 유럽 국가들이 아니라 국제연맹 산하의 국제위원회가 그 영토에 대한 권한을 갖는다. 다른 그룹이 제안했던 것처럼 열대 아프리카에서 국제연맹은 과거 독일이 지배했던 영토뿐 아니라 모든 유럽 식민지를 관장하고, 국제 투자와 무역을 관리한다. 한 세대 전의 베를린 조약이 식민지의 "도덕적, 물질적 복리"를 지키는 일을 유럽 열강에 위임하기로 결정했다면, 이 제안서는 사회의 개선이나 발전의 언어, 그것을 촉진하는 경제적 구조를 도입했다. 즉 광산, 철도, 다른 기업들의 투자를 관리하면서 국제연맹은 모든 수입을 인민 스스로의 "복지와 발전"에 쓰는 것을 보장했다.

둘째, 이 제안서는 공장의 노동 조건과 노동 시간에 대한 규제, 착취 금지 등의 내용을 포함하는 노동자 보호법 제정에 관한 국제 협약을 요구했다. 노동 운동 세력은 1917년 12월 28일 특별 회의에서 '전쟁 목적에 관한 제안서'를 채택했다. 두 달 뒤 같은 제안서가 모든 유럽 동맹국에서 모인 사회주의자, 노동 운동 지도자 회의에서 채택되었다.[29]

제국주의의 대안으로 제시된 이러한 민주적 계획들은 국제연맹에 대한 대부분의 설명과 전후 중동을 국제연맹의 통치 아래에 두는 위임 통치 체계에서는 언급되지 않는다. 5장에서 살펴보겠지만, 그러한 민주적 계획들은 제2차 세계대전 이후 새로운 형태로 다시 등장했다.

영국과 미국은 국제연맹을 계승하는 국제연합UN을 창설했을 뿐 아니라 국제 금융과 무역을 통제하려는 목적에서 국제통화기금과 세계은행이라는 기구를 만들었고, 국제 석유 산업을 관리하기 위해 제3의 기구를 만들려고 시도했다(여기에 노동 운동이 제1차 세계대전 동안 제안했던 민주적 요소는 전혀 없었다). 사회주의자들의 계획이 만들어질 당시의 영향은 전후 합의에서도 찾아볼 수 있지만, 국제연맹의 핵심 구조가 아니라 제국 열강을 민주적으로 통제하려는 시도를 주변화하려는 활동에서 찾아볼 수 있을 따름이다.

전쟁이 끝난 후 열린 파리 강화회의에서 연합국이 국제연맹을 창설했을 때 그들은 국제연맹 규약에 22, 23조를 첨부하여 좌파의 요구에 부합하는 두 개의 국제 조직을 추가로 창설했다. 22조에 따라 중동과 아프리카의 위임 통치 체계가 만들어졌고, 23조에 따라 국제노동기구가 창설되었다. 이 두 조직의 구체적인 형태를 둘러싼 협상은 국제연맹을 만드는 주요 작업에서 의도적으로 배제되어 제국 열강이 그 결과를 통제하고 이 조직들의 실효성을 제한할 수 있었다. 결국 좌파가 민주적 국제 질서의 핵심 수단으로 제안했던 그 기구들은 부속 기관으로 축소되었다. 국제노동기구는 노동 운동의 제안서에 제시된 방향으로 국제 노동 규제를 도입하는 일을 계속해서 전개해나갔다.[30] 위임 통치는 노동 운동의 1917~1918년 제안에서 파생되어 나타났지만, 민주화 요구는 민족 자결이나 '피통치자의 동의'라는 상당히 다른 내용의 원칙으로 바뀌었다.

그들은 유감스럽게도
노동자들이다

당시 영국의 전시 내각은 민주적 전쟁 목적의 세부 사항에 동의하라는 노동 운동의 요구를 쉽게 무시할 수 없었다. 1917년의 참혹한 전장의 피해와 러시아 혁명 정부의 철수, 그리고 미국 군대를 유럽으로 데려올 배가 부족해진 상황이 연이어 발생하자 영국 정부는 더 많은 남성을 전장과 조선소에 투입하기 위해 보호 산업 노동력의 '징집'을 확대할 필요가 있었다.

그때부터 전시의 노동 저항은 심각한 문제가 되었다. 산업화된 전쟁은 전장의 무기와 부대만큼이나 석탄 공급과 제조업의 조직화가 필요했다. 노동조합은 전쟁 기간 동안 파업을 유보하는 데 동의했다. 1916년 (영국 역사상 최초로) 징병제를 도입했을 때 군수품 제조업과 조선업 같은 핵심 산업의 노동자들은 강제 징집에서 제외했지만, 숙련 노동자들이 거의 없거나 적은 노동력만으로도 공장이 돌아간다고 판단된 곳에서는 남성 노동자들을 징집하기 시작했다. 노동자는 고용주의 동의 없이 일자리를 바꿀 수 없었고, 식료품과 주택의 가격 인상과 공급 부족으로 힘겨워했다. 그러다 통제가 무너졌다. 1917년 봄 군수품 제조 노동자들의 파업은 20만 명이 참여하는 더 큰 충돌로 이어졌다.[31]

1917년 12월 독립노동당 전당대회가 열리고 일주일 뒤 정부는 지난봄과 같은 대규모 파업을 피하고자 하는 바람에서 보호 산업에서의 더 많은 인력 감축 제안을 협상하기 위해 노동조합 지도자들과의 회의를 소집했다. 1918년 1월 5일 회의에서 로이드 조지Lloyd George 수상은 연합국 지도자 가운데 처음으로 전쟁 목적을 작성한 성명을 발표했는데, 이는 전쟁을 지속할 정당성을 보여주었다. 그는 연설에서 전쟁이 연합국에 불리하게 돌아가고 있다는 불안감을 주면서, 영국이 평화 협상을 할 대상으로 은근히 독일을 지목했다. 연합국 정부들과 상의 없이, 그리고 외무성이 독일과의 어떠한 타협도 거부하던 상황에서 발표한 이 성명은 밀러 그룹의 핵심 인물인, 로이드 조지 수상의 보좌관 필립 커Philip Kerr와 함께 남아프리카공화국의 지도자 얀 스무츠가 전시 내각에 제출한 안이었다.[32] 국제 관계의 민주적 구조를 요구하는 노동 운동에 대한 대응은 남아프리카공화국에서 형성된 제국주의자들이 입안한 것이었다.

정부의 성명은 노동당의 전쟁 목적과 공명하긴 했지만, 정부는 초국가적 관계의 민주화를 '민족 자결' 원칙이라는 새로운 용어로 바꿔버렸다. 로이드 조지는 연설을 시작하면서 전장의 군사력을 유지하기 위해 동원된 조직화된 노동이 어떤 대의를 위해 희생하고 있는지 알리려고 했다. 그는 전후 영토 합의는 "민족 자결권 또는 피통치자의 동의"에 기초해야 한다고 말했다. 노동 운동의 문서는 민족 자결도, 그에 대한 어떠한 권리에 대해서도 말하지 않았다. 그것은 모든 국가의 민주화를 요구했고, 해외 투자를 국제적 통제하에 둠으로써 이를 진전시키는 체계를 제안했다. 영국에서 쟁취한 민주주의는 피통치자의 동의를 구해서가 아니라 동의를 거부하는 수단을 통해, 특히 총파업이라는 위협을 통해서 얻어낸 것이었다.

로이드 조지가 제안한 국제 조직은 군대의 통제와 분쟁의 평화적 해결을 추구하는 것이었지, 제국의 경제 관계라는 더 큰 문제의 관리를 추구하는 것이 아니었다. 수상은 제국주의에 대한 국제적 통제를 대신하여 "국가의 민족 자결의 원칙"이 유럽은 물론 아프리카에도 적용되어야 한다고 제안했지만, 그것은 과거 독일 식민지에만 해당하는 내용이었다. 그는 그곳의 식민지 인구는 자신들을 "대변할 역량이 있는" 추장이나 부족 회의의 통치 아래 있다고 설명했다. 다시 말해 민족 자결은 제국의 지배가 계속해서 작동할 수 있도록 현지의 전제 정치를 승인하는 (그리고 실제로 그것을 구성하는 데 도움을 주는) 과정이었다고 할 수 있다. 민족 자결은 동의의 메커니즘을 생산하는 것이었다. 이는 베를린 조약에 소중하게 새겨진 원칙인 "원주민 인구가 스스로 지배 관계를 정할 권리"를 새롭게 한 것이었다. 또한 식민 열강과 협정을 맺는 토착 부족장의 권력 위에 제국의 권위를 올려놓으려는, 스스로의 지배 관계 결정self-disposition이라는 오래된 식민지 원칙을 바꾸어 말한 것이었다.³³ 중동의 경우에 수상은 모호한 표현으로 입장을 바꿨는데, 그는 아라비아, 아르메니아, 메소포타미아, 시리아, 팔레스타인에 대해서는 "민족이 분리된 조건을 인정할 권리가 있다"라고 말했다. 영국이 이 지역에 다른 계획들을 세우고 있었기 때문에 일반론으로 입장을 바꾼 것이었다. 그는 "그 인정이 정확히 어떤 형태인지에 대해서는 여기서 논할 필요는 없다"라고 말했다.³⁴

영국이 전쟁 목적에 대한 성명을 단독으로 발표한 데 놀란 윌슨 대통령은 3일 뒤 평화 협상을 관리하는 원칙을 열거한, 그 유명한 14개조 평화 원칙을 발표했다. 그는 민족 자결권을 말하지 않았다. 14개조 평화 원칙의 첫 번째 목적은 문호를 개방하는 상업적 원칙이었다. 전쟁 가능성을 줄이기 위해서는 국제 금융업자들과 무역 회사들이 배타적인 제국의 개발권을 조정할 게 아니라 해외 영토에 대한 접근을 공유해야 한다는 미국의 주장을 반영한 것이었다(이 주장은 훗날 미국이 영국과 프랑스가 전쟁 뒤 메소포타미아 석유를 공유하기 위해 맺은 협약을 스탠더드 오일이 참여할 수 있도록 재협상해야 한다고 요구하기 위해 사용한 논리이다). 윌슨은 다섯 번째 조항에서 종속된 인구의 이해관계는 이러한 정당한 제국의 이해관계와 "동등한 중요성"을 가져야 한다는 내용을 넣었지만, 민족 자결에 대해서는 아무런 말도 하지 않았다. 그가 전후 합의를 논의하면서 민족 자결이라는 용어를 사용하기 시작했을 때 그것은 베를린 원칙을 되풀이하는 수준이었다. 또한 그것은 종속된 인민이 서구 열강 중 누가 자신들을 통치할지 선택할 권리가 있다는 주장이었는데, 제국주의 국가가 그들이 자치를 할 수 있도록 준비해주기 때문이란 것이다.[35] 주요 아랍 국가들의 민족주의 지도자들이 전쟁 이후 독립을 선언했을 때(이집트는 1920년 3월 독립을 선언했고, 시리아도 같은 달에 독립을 선언했다) 윌슨은 이들의 독립을 인정하지 않았다.[36] 미국은 이라크의 민족주의를 지지하지 않았고, 바그다드의 미국 영사가 아마도 스탠더드 오일을 대신하여 반영 활동을 지원했을 때 워싱턴은 골치 아파하며 거의 그를 제거하려고까지 했다.[37]

국제연맹과 위임 통치를 위한 계획은 〈국제연맹: 현실적 제안〉이라는 제목의 팸플릿에서 스무츠가 구체적으로 제시했다. 이 팸플릿은 민주주의에 대한 요구가 피통치자의 동의를 생산하는 메커니즘으로 바뀌었음을 보여준다. 스무츠는 과거 러시아와 오스트리아, 터키에 속했던 곳의 미래 정부에 대해서 국제연맹이 "그들의 정부 형태에 민족 자결의 규범이나 피통치자의 동의"를 적용해야 한다고 썼다. 또한 그는 이미 식민화된 지역에서는, 심지어 과거 독일의 지배를 받았던 곳에서도 이러한 원칙이 적용되지 않는다는 점을 확실히 했다. 스무츠는 이렇게 설명했다. "(아프리카의 독일 식민지에는) 야만인들이 사는데, 그들은 도저히 스스로 통치할 수 없을 뿐 아니라 그들에게 유럽적 의미의 정치적 민족 자결이라는 이상을 적용하기란 불가능해 보인다. … 이러한 식민지들에 대한 처분은 윌슨 대통령이 그의 유명한 14개조 평화 원칙에서 다섯 번째로 놓았던 원칙에 따라 결정되어야 한다."[38] 다시 말해서 피식민 인구가 요구하는 어떠한 정치적 권리도 식민 권력의 이해를 따져보고 검토해야 한다는 것이었다. 윌슨의 다섯 번째 원칙에 명시되어 있는 균형 장치에 따르면, 그러한 식민 권력의 이해는 "반드시 동등한 중요성을 가져야 한다." 스무츠는 독일이 지배한 아프리카의 인민들을 야만인이라고 생각했는데, 1880년대 이래로 그들이 식민 통치자들에게 지속적으로 저항했기 때문에 그렇게 생각했는지도 모른다. 그들의 끈질긴 저항에 독일은 1904~1907년 서남아프리카에서 헤레로족과 나마족을 집단 학살했다.[39]

앞서 살펴보았듯이 남아프리카공화국은 식민지 자치 정부의 개발을 위한 실험실이었다. 그렇기 때문에 이 국가가 민주화 압력을 새로운 틀의 제국주의로 바꾸기 위한 전문 지식의 핵심 원천을 제공한 것은 놀라운 일이 아니었다. 스무츠와 통일된 남아프리카공화국의 설계자들은 새로운 정부 권력을 행사하게 될 주체를 규정하기 위해 일련의 전투를 치른 것이었다. 민주주의를 주장하는 것과 달리 자치나 민족 자결 독트린이 갖는 큰 장점은 그 주체를 굉장히 허술하게 규정한다는 점이다. 남아프리카공화국의 경우 새 정부의 구성을 둘러싼 투쟁은 노동의 통제에 관한 싸움이었다. 이 식민지는 한편으로는 아시아 계약 노동자들을 선호한 유력 광산업자들에 대항해, 다른 한편으로는 토착 아프리카인들에 맞서 유럽 정착 계급의 힘을 키우려 했다. 백인들은 아프리카 광부들이 받는 임금으로는 먹고살 수 없다는 경제적 위협, 그리고 빈곤으로 자신들의 인종적 우월성이 약화될 수 있다는 지위에 대한 위협에 맞서기 위해 힘을 확보할 필요가 있었다. 남아프리카공화국 원주민문제위원회South African Native Affairs Commission는 트란스발 금광 산업의 인종 분리 구조를 국가 전체로 확대하고자 체계적인 분리 계획을 세웠다. 흑인들은 다른 임금 수준을 적용받고 분리된 주거 지역과 학교에 배치되었고, 노동자의 도시 지역 이동을 통제하기 위해 흑인의 신분증 소지를 의무화한 법의 감시 대상이 되었으며, 서로 분리된 원주민 회의에 의해 통치되었다. 전쟁 후에 스무츠 정부는 인종 분리의 핵심 원칙을 완성했는데, 여기에는 숙련 노동 산업에 흑인을 고용하지 않고, 대부분 지역에서 이들을 몰아내 보호 구역으로 이주시키고, 분리된 원주민 지도자 아래에서 재부족화retribalizing하는 방침이 포함되었다.

전쟁 전에 홉슨은 새로운 남아프리카공화국의 아프리카 인구에게 어떠한 정치적 권리도 허용하지 않는 계획을 비판하는 서신을 스무츠에게 보냈다. 케이프 식민지의 지도자 메리먼J. X. Merriman은 런던의 자유당원들이 "이 다루기 힘든 문제에 골칫거리가 될 것"이고 현재로서는 "원주민의 보통 선거권"은 꿈도 꿀 수 없는 일이라는 스무츠의 두려움에 공감했다. 그러나 그는 스무츠에게 남아프리카공화국의 흑인들은 "유감스럽게도 노동자들이고 모든 나라의 미래는 노동자들의 것이다"라고 경고했다. 메리먼은 "미래에 함께 섞이게 되는 불길한 징조"를 경고했는데, 특히 최상층의 원주민들이 "우리 최하층 유럽인들 위에, 많은 경우에 훨씬 더 위에 있는" 상황을 우려했다.[40] 과거에 메리먼은 스무츠에게 이렇게 썼다. "나는 결코 원주민을 좋아하지 않고 남아프리카공화국에 흑인이 한 명도 없길 바란다. 그러나 그들이 여기에 있다면 우리의 운명은 섭리를 거슬러 그들과 함께하는 것이고, 유일한 문제는 우리 인종의 우월성을 유지하면서 동시에 의무를 다하기 위해 우리의 진로를 어떻게 정하는가 하는 것이다."[41]

비유럽인들이 제기하는 문제는 '분리 발전separate development'이라는 독트린으로 해결되었다. 미래는 노동자들의 세상이 되기 때문에(광부들과 조직화된 산업 노동력의 자라나는 새로운 힘을 인정할 수밖에 없기에) 그들을 그저 무시할 수만은 없다. 그 대신 현재 비유럽인들은 '발전'을 필요로 하고 있기 때문에 그들의 권리는 유보되어도 되는 것으로 규정하고 그들의 요구를 미래로 연기했다. 전후 식민주의에 정당성을 제공했던 위임 통치는 이와 같은 원리에 토대를 두고 있었고, 실제로 '위임'이라는 말은 재빨리 발전이라는 독트린으로 대체되었다. 위임 통치 아래에서 그리고 20세기 후반에 발전이 실행에 옮겨질 때 이러한 인종적 구조는 항상 수반되었다. '분리'라는 수식어가 떨어져나간 뒤에도 '발전'이라는 말은 항상 '분리 발전'을 의미했다. 비유럽인 인구는 유럽 인종과 비교해 발전하지 못했다고 규정되었고, 유럽인과 미국인들로부터 발전의 노하우를 배워야 했다. 그리고 이들에게는 발전이 필요하다는 이유로 '발전된' 사람들이 누리는 민주적 권리가 부정되었다.

민주적 권리를 증진하려면 기구가 필요한데, 국제연맹은 어떠한 민주적 기구도 없이 창설되었다. 위임이라는 장치는 모로코를 둘러싼 제국주의의 싸움을 관리하는 수단으로 전쟁 직전에 처음 개발되었다. 중국 무역에 대한 공동 접근을 조직했던 경험을 통해 미국은 1906년 알헤시라스 회의에서 서로 경쟁하는 제국 열강에 모로코 무역에 대한 동등한 접근을 보장하는 체계를 제안했다. 알헤시라스 조약은 모든 항구에 열강이 비용을 지불하고 통솔·관리하는 현지 경찰 병력을 두는 방식으로 모로코 항구에 대한 국제적 통제를 확립했다. 모로코에 가장 큰 이해관계를 갖고 있는 프랑스의 동의를 구하기 위해 프랑스에 경찰 병력에 대한 실질적 통제권을 주되 다른 제국 정부의 '위임' 하에서 통제권을 행사한다는 타협안에 도달했다. 이와 함께 모로코의 북부 연안을 점령하고 있던 스페인도 통제권을 얻었다. 프랑스와 스페인은 공동으로 "즉각적으로 질서를 유지하고 모든 열강의 동등한 기회를 보호할 목적을 갖는 위임 통치국"으로서 승인되었다.[42]

1914년에 브레일스퍼드는 비유럽 지역 접근에 관한 국제 협력 모델로 모로코 협정을 제시했다.[43] 이듬해 홉슨은 위임에 대한 첫 번째 구상에서 식민주의를 대신하는 공동의 국제적 통제 체계로서 이 선례를 언급했다. 스무츠는 홉슨에게서 위임이라는 아이디어를 가져와 약화시켰고, 그 후 우드로 윌슨이 이를 전유했다.[44] 윌슨의 보좌관인 하우스 대령(에드워드 하우스Edward M. House의 별칭—옮긴이)은 밀너 그룹의 미국 동맹이자 미국평화협상위원회 소속이던 조지 비어George Beer에게 전후 합의에 관한 의견을 모을 것을 요청했다. 조지 비어는 1918년 1월 〈메소포타미아의 미래〉라는 보고서를 작성했고, 이라크의 식민 지배 모델로서 알헤시라스 위임 통치를 제안했다. 그는 옛 오스만 영토에 대한 관리는 "국제연맹의 위임 통치국 역할을 하는 다른 국가들"에 일임해야 한다고 제안했는데, 이는 중국에서의 6개 열강 그룹 Six Powers Group(1912년 중국 정부에 차관을 제공한 6개 열강과 그 국가의 금융 기업들이 맺은 컨소시엄—옮긴이) 그리고 1906년 알헤시라스 조약과 유사한 방식이었다.[45]

국제연맹 규약의 초안이 발표되었을 때 영국 노동 운동은 그 제안을 규탄했다. 국제연맹은 노동당과 다른 유럽 사회주의자들이 제안했던 것처럼 의회에 기반을 둔 민주적 조직이 아니라 전쟁에서 승리한 다섯 열강이 통제하는 국제연맹 이사회에 권한이 집중된 정부 연합체였다.[46] 약화된 위임 통치는 효과적인 감독 체계나 강제 수단이 없었고, 무역과 투자에 관해 경쟁하는 권리들의 "평등한 대우"라는 문호 개방 원칙조차 그저 "공평한 대우"로 말을 바꾼 것에 불과했다. 브레일스퍼드는 위임 통치가 "국제연맹 담당관의 지속적인 사찰과 점검"을 받고 석탄, 철, 석유, 목화, 양모, 인산염, 곡물 같은 원자재를 할당하는 책임이 있는 "무엇보다도 경제적인 구조"가 되길 원했다. 예컨대 "모술의 석유"는 국제연맹 상임이사회가 결정한 범위에서 석유가 필요한 "모든 나라에 분배된다."[47] 홉슨은 파리에서 이러한 위임 통치가 승인되면 "서유럽이 지구의 굉장히 넓은 지역에서 식민지와 보호령을 차지했던 프로세스를 끝낼 정치적 기구가 마련"될 것이라고 주장했다.[48]

민주주의를 민족 자결로 바꾸는 것은 석유에 대한 지배를 비롯해 유럽의 지배를 존속할 수 있게 했다. 동시에 민족 자결의 원칙을 채택함으로써 제국 열강은 마치 새로운 이상주의를 품고 행동하는 것처럼 보였다. 우드로 윌슨은 이러한 이상과 계속해서 결부되게 되는데, 그리하여 거의 한 세기 뒤 아랍에서 민주주의를 확립하기 위해 이라크를 침공한다는 미국의 계획은 윌슨주의적 '이상주의'의 재천명으로서 논의될 수 있었다. 국제 관계의 실질적 민주화를 위해 싸웠던 사람들이 윌슨을 보는 관점은 달랐다. 1919년 노동당 기관지는 "역사가 그의 정치력을 평가한다면, 악의에 찬 운명이 인간의 문제에 개입하는 힘을 가장 약하고 무능한 사람에게 맡겼다며 그를 비난할 것이다"라

고 썼다.[49]

석탄에서 에너지를 얻으면서 등장한 산업화된 세계는 동시에 식민지화하는 세계였다. 석탄이 산업화가 처음 이뤄진 탄광 인근 지역에 생산과 인구의 엄청난 집중을 가능케 했다면, 산업 지역에서는 구할 수 없었던 목화, 설탕, 고무, 금과 같은 자원에 대한 필요는 광활한 비유럽 세계 곳곳에 철도, 금융 기업, 투자 자본과 제국 군대를 따라 채굴과 플랜테이션, 식민지가 확장되는 것을 부추겼다. 석탄의 채굴과 수송은 더 민주적인 정치의 가능성을 창출했다. 그러나 다른 자원들의 생산과 수송 경로를 따라 민주적 통제를 확대하려는 시도는 훨씬 더 어려운 것으로 드러났다. 민주주의는 하나의 이상, 민족 자결이라는 독트린으로 번역되는 가벼운 권리가 되어갔다.

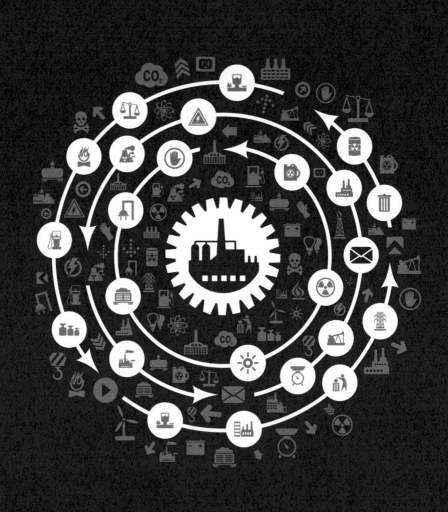

4장

호의의 메커니즘

제1차 세계대전이 끝날 무렵 영국이 메소포타미아(현재의 이라크)에 대해서든 전쟁 중 자신이 점령했던 다른 아랍 영토에 대해서든 통제력을 유지할 전망은 높지 않았다. 오스만 통치 체제가 파괴되었고, 이 지역의 모든 곳에서 지방 과두 집단과 민중 단체들이 대안을 조직하고 있었다. 하지만 영국 군대는 40년 동안 이라크에 남아서 영국 석유 기업들이 프랑스와 미국 기업의 협조 가운데 이 나라의 석유, 그리고 결과적으로 중동 전체의 석유 생산을 통제하는 데 조력했다. 외국 석유 기업들은 1970년대 초까지 반세기 이상 이 지역의 주요 경제 자원에 대한 장악력을 유지했다.

20세기 에너지 자원에 대해 이처럼 예외적인 통제력을 유지할 수 있었던 과정에는 처음부터 두 가지가 중요했다. 첫째, 석유 기업들은 석유 공급만이 아니라 그 생산을 제한하고 석유 산업의 발전을 늦추는 데에도 관심을 두었다. 이는 석유 인프라를 이용해 평등주의적인 정치적 요구를 진전시키는 효과적 방식을 만들어낼 능력을 저해했다. 둘째, 영국과 프랑스가 아랍 세계 대부분을 통치하는 데 필요한 정당성을 체계화한 새로운 위임 통치 체제가 만들어졌는데, 국제연맹 위임 통치 위원회의 영국 대표는 이를 '이중의 위임 통치dual mandate'라 지칭했다. 유럽 열강은 원주민을 문명화하기 위한 위임 통치, 그리고 문명의 이익을 위해 원주민을 통치하기 위한 위임 통치, 이 두 가지를 모두 주장했다.[1] 문명의 이익이라는 말에는 서구의 경제적 이익이라는 의미가 담겨 있었고, 이는 결국 서구 석유 기업들의 이익을 의미했다. 이라크의 경우 국제연맹하의 공식적 위임 통치는 단명했지만, 이중의 위임 통치는 이름을 바꿔가며 지속되었다. 전자는 '민족 자결'이라는 이름으로, 또는 전후 영국의 식민부 장관으로 복무한 밀너 경이 "피지배 민족을 그들의 우두머리를 통해 통치"하는 수단이라 지칭한 것으로 이어졌다. 후자는 '발전'이라는 이름으로, 또는 피지배 민중에 대해서 "은혜가 필요한 이들은 은혜를 거절할" 권리가 없다는 원칙으로 이어졌다.[2]

전후의 혁명들

전쟁이 끝날 무렵 영국은 중동에 100만이 넘는 군사를 주둔시키면서 이집트와 수단 그리고 서쪽의 팔레스타인부터 북부 시리아를 거쳐 모술, 바그다드 및 바스라 지역에 이르는 활 모양의 오스만 영토를 장악하고 있었다. 본국에서 군대를 해산하라는 국민적 압력에 직면하면서 영국은 이 엄청난 규모의 병력으로도 점령 지역의 통제력을 유지할 수 없다는 사실을 이내 깨닫게 되었다.

시리아에서는 영국이 지원하는 아랍 군사 정부가 명목상 권력을 쥐고 있었지만, 영국이 지지를 철회하고 영국과 프랑스 사이의 전후 협정이라는 이름 아래 프랑스가 이 나라를 점령하도록 허용하자 인민위원회들이 다마스쿠스와 다른 큰 마을들을 장악했다. 1920년 3월 7일에는 시리아 의회를 소집해 독립을 선언했다. 프랑스 점령군이 무력으로 통제권을 획득했지만, 1925~1927년의 시리아 대봉기를 통해 반대파가 다시 나타났다.[3]

팔레스타인에서는 시리아의 독립 선언 한 달 뒤 영국 점령에 반대하는 대규모 시위들이 일어났다. 영국은 유럽인 정착 집단을 형성해서 지중해 동부에 대한 영토적 장악력을 유지하기 위해 시온주의자들의 이주를 지지하기로 결정했는데, 시위대는 독립과 더불어 시온주의자들의 이주 중단을 요구했다. 원래 영국은 팔레스타인의 하이파 항구만 유지하고, 이란에서 지중해로 석유를 나르는 철도나 송유관의 종착점으로 소수 민족 거주지enclave를 활용할 계획을 세웠다.[4] 영토를 강탈당한 팔레스타인인들이 대항하자 더 큰 군대의 주둔이 필요해진 영국은 팔레스타인에 유대인 식민지를 건설한다는 시온주의자 프로젝트를 지지하기로 결정했다. 그러면 유럽인 정착민의 자결권을 지원할 필요성과 정착민이 팔레스타인 땅을 차지하려는 와중에 빚어지는 분쟁을 중재할 필요성으로 군사적 점령을 정당화할 수 있었다.

이집트에서는 1919년 혁명에서 민중 봉기가 시작되었다. 카이로에서는 파업으로 교통과 정부 행정이 마비되었고, 농촌 사람들은 전쟁 동안 그들을 궁핍하게 만들었던 기계—식량 공급과 노동력 확보에 이용되었던 철도—를 사보타주했다.[5] 이듬해 3월에는 다마스쿠스 독립 선언 이틀 뒤에 카이로의 유예된 입법의회 의원들이 민족주의 지도자들의 본거지에 모여 이집트에 대한 영국의 보호령은 무효라는 결의안을 통과시키고 이집트와 수단을 비롯한 "이집트 영토들(알 빌라드 알 미스리야)"의 독립을 주창했다.[6] 1920년 8월 영국은 수에즈 운하에 대한 군사적 통제만 유지할 수 있다면 이집트의 독립을 받아들일 수 있다고 제안했는데, 수에즈 운하를 '보호'할 필요성은 군대를 계속 주둔시킬 구실이 되었다. 영국은 이집트의 여러 외국인 거주 지역은 의회에서 자신들을 직접 대표한다는 제안을 포기하는 대신 이집트의 유럽인 정착 공동체에 "불평등하게 작용"할 수 있는 법률의 시행에 반대할 권한은 유지한다는 내용을 제안했다.[7]

전쟁 중 가장 오랫동안 전투를 경험한 이라크에서는 저항이 보다 서서히 나타났다. 다마스쿠스, 카이로 선언과 같은 달에 초창기 민족주의 운동의 대표 29명이 바그다드에서 만나 이라크의 독립을 선포했다. 이라크 민족주의자들은 영국의 보호령 설정 시도에 저항하던 옆 나라 이란에서 벌어진 사건들과 그해 봄 바쿠에서 영국을 몰아낸 소비에트의 성공에 고무되었다.[8] 7월에는 주둔 비용을 벌충하기 위한 영국 점령군의 세금 인상으로 촉발된 중부 유프라테스 계곡의 봉기가 1920년 혁명(타우라트 알 이시린)으로 전환되었다. 영국이 진압하는 데 6개월이 넘게 걸린 이 반란은 제국주의 통치의 점증하는 어려움과 비용을 보여주었다.

윌슨주의적 태도

　　　　　이러한 도전들에 대해 민족 자결 혹은 원주민 통치라는 독트린이 해법을 제공했다. 이라크의 위기를 논의하면서 인도 행정부의 관료 퍼시 콕스 경Sir Percy Cox을 바그다드에 고등판무관으로 보내려고 계획하던 런던의 관료들은 그가 "우리가 바라는 것보다 더욱 윌슨주의적인 태도를 갖지 않을까" 염려했다.[9] 여기서 '윌슨주의적'이란 말은 당시 미국 대통령과 관련된 민족 자결 사상이 아니라 콕스가 도우러 갔던 사람, 즉 아널드 윌슨Arnold Wilson의 시각을 의미했다. 인도 군대의 관리였던 윌슨은 마스지드 이 술레이만에서 석유를 탐사하는 앵글로-페르시안 오일 탐사대를 보호하기 위해 파견된 스무 명의 인도 기병의 대장으로서 1907년 처음으로 중동에 갔다(전후 이라크에서 콕스가 그의 임무를 덜어준 이후 그는 페르시아만에서 사업을 벌이는 석유 기업의 경영자가 되었다).[10] 전쟁 중 이라크에서 윌슨은 콕스 밑에서 행정관으로 일했고, 전쟁이 끝나자 상급자를 대신하여 바그다드에서 민정장관 대행으로서, 이라크 점령을 담당하기 위해 만들어진 인도부의 (영국인 관리자와 인도인 하급자들 모두에 대한) 전반적 책임을 맡았다. 전후에 이 부처는 "마치 인도의 한 주인 것처럼 메소포타미아를 통치"하기 시작했다.[11] 1920년 여름, 영국에 반대하는 민중 봉기가 절정에 이르자 윌슨은 런던의 상급자에게 "무력으로 메소포타미아 점령을 유지하거나 전부 철수하거나" 하는 양자택일의 순간에 직면했다고 알렸다. 커즌 경은 이러한 시각이 "윌슨 대령의 무능한 상황 대처라는 불쾌한 인상을 남겼다"라고 말했다. 그 대신 런던은 "민중의 호의 가운데 이 나라에서 우리의 지위를 유지하는 중도의 길"을 원했다.[12] 전후의 제국주의는 호의의 메커니즘mechanism of goodwill —피통치자의 동의를 만들어내는 기구를 필요로 했다.

전후 이라크에서 영국의 권력을 유지하는 방법을 찾고자 고심했던 이들에게 문제는 우드로 윌슨의 민족 자결주의라기보다는 아널드 윌슨 같은 제국주의자들의 '윌슨주의적' 시각이었다. 인도에서 훈련받은 해외 식민지 관료든 아니면 국내의 강경 내각 인사든, 이 제국주의자들은 영국이 이라크에 대한 직접 통치 체제를 수립하길 원했다. 아마 영국이 동아프리카에서 시도하고 있었던 것처럼 인도로부터 정착민의 이주를 장려했을 것이다. 이들은 또한 인도와 이집트 같은 나라들에 대한 통제력을 유지하거나 확대하기를 원했다. 일반적으로 영국은 아시아와 아프리카에서 토착 국가들을 직접 합병함으로써 제국의 통제력을 획득하지 않았다. 비록 제국 권력이 무장 폭력에 빈번하게 의존했고, 무역항과 여타 전략적 거점을 강제로 장악하곤 했지만, 제국의 팽창은 주로 침투 방식과 점진적인 통제력 탈취에 의해 진행되었다. 여기에는 토착적 형태의 권력과 법질서의 보존이 필요했다. 비록 그런 형태들이 그 내부에서 무너지고 있었지만 말이다. 1858년의 인도 봉기 이후에, 그리고 1882년 이후 아프리카에 대한 제국 지배의 확대와 함께 영국은 원주민 통치를 위한 보다 정교한 독트린과 책략을 발전시켰다.[13]

직접 합병이 수반하게 될 큰 저항이나 비용을 야기하지 않고 영토를 통제하는 가장 일반적인 방법은 그들을 '보호하는 것'이었다. 인도의 영국 정부는 페르시아만의 오스만 영토로 제국을 확장할 때 이전에 인도의 제후국에 했던 방식처럼 토착 에미르들emirs[14]과 보호 협정을 맺었다. 이 협정은 토착 통치자들의 권위를 인정하는 대신 그들의 권위 일부를 제국주의 권력이 양도받는 것으로, 국가의 대외 교역이나 천연자원에 대한 통제권도 여기에 포함되곤 했다.[15] 20세기 초반, 국제법 교과서들은 보호의 독트린을 정식화하고자 했는데, 1912년 프랑스가 모로코에 수립했던 것과 같은 "실질적인 국가"에 대한 보호령, 그리고 유럽 국가들이 아프리카 "부족"이라 불리는 대상을 상대로 족장과의 조약을 통해 얻어냈던 것과 같은 "소위 보호령so-called protectorates", 이 두 형태를 구별했다. 아프리카의 정치 체제는 다른 곳들 못지않게 실질적이었지만, 보호받는 특정 영토를 "실질적인 국가"로 구분하는 것은 다음과 같은 사실을 합리화했다. 즉 사실상 새로 점령한 모든 영토가 이제는 보호령으로 묘사되긴 하지만, 특정 국가들은 자치를 요구할 만큼 강력한 상태로 남아 있음에도 독립은 인정하지 않는 것이다. 보호령은 가족—당시 표현대로라면 "국가 가족"—의 일원으로서의 자격을 잠정적으로 부여했다. 라사 오펜하임Lassa Oppenheim의 《국제법에 관한 논고》는 1920~1921년에 발간된 3판에서 보호받는 국가들이 실질적인 국가들이기는 하지만 "그들 모두는 그들이 지금 받고 있는 보호령으로부터 떨어져서는 국가 가족의 일원으로 온전히 인정받지 못할 문명의 비기독교 국가들"이라고 언급했다.[16] 이를 대체할 민족 자결의 원칙과 마찬가지로 보호의 독트린은 제국 열강이 독립의 요구를 인정하면서도, 덜 발전된 민중(여전히 비기독교도라 불리던 이들)이 그러한 요구를 진전시킬 수 있는 유일한 길은 유럽의 지배하에 들어가는 것이라고 주장할 수 있게 해주었다.

과거에는 제국 열강이 영토나 주민을 보호한 것이 아니라 통치자가 경쟁 세력이나 그 자신의 백성에 의해 쫓겨나지 않도록 통치자를 보호했다. 하지만 제1차 세계대전 동안 영국은 의지할 수 있는 통치자 없이 중동 국가들을 통제했다. 오스만 제국을 무력으로 붕괴시키면서 영국은 보호 요구를 할 수 있었을 지위에 있던 이들의 권위를 제거했다. 이러한 문제에 대처하기 위해 영국은 새로운 형태의 보호를 창출하고자 했다. 1914년 전쟁이 발발하자 영국은 이집트를 주권 세력의 동의 없이 보호령으로 만들었다.[17] 오스만의 종주권이 종결되었다고 선언하면서 (삼촌으로 교체된) 오스만의 총독에 대해서가 아니라 그 나라와 주민에 대하여 보호령을 선포한 것이다. 영국은 "이집트의 방어를 위해 필요한 모든 조처를 취할" 것이며 "이집트의 거주민과 그 이익을 보호"할 것이라고 밝혔다.[18]

카이로의 영국 관리들은 이집트에 대한 보호령을 다른 오스만의 영토를 제국에 편입하는 원형으로 삼았다. 전쟁 중 영국은 아랍의 봉기들이 전쟁 이전 오스만의 권위를 약화하거나 파괴한 곳에서 더 강력한 보호령을 만들 계획을 세웠다. 1914년에 인도에서 남부 이라크로 간 원정대의 표면적인 목적은 앵글로-페르시안 오일의 유전을 보호하기 위함이었지만, 터키에 대항하는 민중 봉기 상황에서 인도의 정부와 토착 아랍 세력 사이의 유대를 확고히 한다는 더 큰 목적이 있었다.[19] 1917년 3월 런던은 이라크에 있는 대표자들에게 바스라를 영국의 통제하에 두고 바그다드에 "이름 빼고는 하나부터 열까지 영국의 보호령하에 있는 토착 통치자나 정부가 있는 아랍 국가"를 세우도록 지시했다.[20] 팔레스타인에서와 같이 최초의 계획은 석유 선적을 위한 핵심 지점들에 대해서만 통제력을 유지하는 것이었다. 샤트알아랍 수로(티그리스강과 유프라테스강의 합류 지점)의 강변 도시인 바스라는 몇 킬로미터 하류의 아바단 맞은편 강둑에 있는 앵글로-페르시안 오일의 석유 터미널을 지키고 팔레스타인으로 가는 송유관을 건설하는 기반이 되었다. 1917년 말까지도 영국은 바그다드를 유지할 것인지 아니면 오스만의 느슨한 권위 아래에서 영국의 영향력을 지속할 것인지에 대해 계속해서 논쟁을 벌이고 있었다.[21] 오스만인들은 전쟁이 끝날 때까지 모술을 계속 확보하고 있었는데, 이 지역은 훗날 이라크에 속하게 된다. 1918년 11월의 휴전 일주일 후 영국군이 모술에 입성했지만, 석유가 가득한 이 지역의 지위는 아직 결정되지 않았다.

경제는 정책의 시험대

동의의 기제를 구축하면서 영국은 두 가지 유형의 반대를 해결할 수 있는 통치 양식을 찾으려 했다. 바로 외국의 군사 점령에 대한 현지의 반대, 그리고 전쟁 이후 제국의 비용과 강제 징병 연장에 반대하는 노동당 의원들과 국내 제국주의 비판자들의 반대였다. 런던의 인도 사무국 고관인 아서 허첼Arthur Hirtzel은 이라크에서의 문제가 "우리가 안전하게 떠나면서도 꼭두각시로 조종할 수 있는 아랍 행정 기구, 비용이 많이 들지 않으면서도 노동당이 자신들의 강령에 부합한다고 받아들일 수 있는, 그러면서도 우리의 정치·경제적 이익이 보장될 수 있는 무언가"를 어떻게 만들 것인가의 문제라고 말했다.[22]

프랑스가 시리아를 점령하기 전 시리아에는 독립 국가가 세워졌는데, 이는 오스만 체제가 사라진 상황에서 지방 행정부와 국가적 리더십이 빠르게 등장할 수 있음을 보여주었다. 이라크에서는 오스만의 지방 행정부가 대부분 유지되고 있었다. 이러한 행정부가 "마을 주민들에게 일정한 문명의 외양을 제공했다"는 점을 영국도 인정했다. "법원이 있었는데 이곳에서 콘스탄티노플로 항소했고, 선거 제도하에서 지방 자치가 작동했을 뿐만 아니라 의원들은 터키 의회로 보내졌다. 이라크는 실제로, 다른 곳들과 마찬가지로, 오스만 제국의 일부였다."[23] 하지만 법체계, 지방 행정부 그리고 대의제 정부로는 충분하지 않았다. 영국은 '원주민 통치자'가 필요했는데, 영국이 보호를 제공하고 그럼으로써 간접 통제를 지속할 수 있게 해줄 만큼 약점이 있는 사람이어야 했다.

영국의 해법은 '에미르의 창출'이었다. 고등판무관 퍼시 콕스는 이것이 시대착오적임을 알았다. 그는 "왕조의 건립을 의미하는 에미르를 당장 선택하는 일은 … 이 시대의 가장 큰 난제 중 하나다"라고 썼다. 그는 영국이 초대 대통령을 지명하는 것을 국제연맹이 허락한다면, 선출직 대통령이 있는 공화국이 좋겠다고 제안했다. 영국은 가장 강력한 지방 인사인 바스라의 전쟁 전 통치자 사이드 탈리브를 지지하고자 했으나 그가 너무 독자적인 성향이라서 이용하기에는 어렵겠다고 판단했다.[24] (이라크에서 그를 강력하게 지지했던 영국인인 세인트 존 필비St. John Philby는 그다음으로 남쪽의 지방 통치자, 네지드의 에미르인 이븐 사우드를 지지했는데, 훗날 이븐 사우드는 영토를 사우디아라비아 왕국으로 확장했다.) 런던의 한 위원회는 에미르 선정을 몇 년간 연기하고 그 자리에 영국인 고등판무관을 세울 것을 권고했지만, 콕스는 그렇게 해서는 주권, 즉 이라크의 민족 자결이라는 사상을 "적용하기 어려워질" 것이라고 생각했다. 영국은 이 문제를 이라크 바깥의 '원주민 통치자'를 선택함으로써 해결했고, 아라비아의 두 신흥 권력자를 후보로 고려했다. 영국은 처음에 네지드의 이븐 사우드를 고려했으나 결국 헤

자즈의 통치자 하삼의 아들인 에미르 파이살을 택했다.[25]

오스만 행정부를 '원주민' 통치로 교체하면서 겪는 어려움은 식민 정책의 재정적 부담으로 나타났다. 전후 재정에 여유가 없어지고 이라크에 투입하는 재정을 축소해야 할 처지에 놓이자 영국은 인도의 값싼 제국 군대를 활용하거나 이라크 군대를 징병하고 공군력을 배치하는 등의 비용 절감 수단을 동원했다. 비행기로 이라크 시내와 마을에 폭탄을 투하하여 1920년의 반란과 뒤이은 봉기들을 재빨리 진압하는 데 효과를 볼 수 있었지만, 공군력은 믿을 만하지 못했다. 예를 들어 인도의 내무장관은 공군력에 의지하는 제안은 "열대 기후에서 비행기 가동을 유지하긴 힘들다"라는 보고와 "부합하기 어렵다"는 점을 깨달았다.[26] 식민부 장관 윈스턴 처칠은 공군력과 대중의 동의의 결합을 주장했는데, 전자를 활용하여 후자를 요구한다는 것이었다. 그는 "그저 무력에 의해서가 아니라 민중이 자유로이 받아들이고, 공군력과 영국의 조직화된 군대 및 4개 제국 군대에 의해 지탱되는 정부와 통치자에 대한 메소포타미아 민중 전체의 용인에 의해서" 이라크를 장악할 것을 요청했다. 그는 이를 통해 "대영제국에 친화적이고, 영국의 상업적 이익에 우호적이며, 국고에 거의 아무런 부담도 지우지 않는 독립적 원주민 국가"를 건설할 수 있다고 주장했다. 영국 육군상은 동의를 얻어내는 수단으로 민중에게 폭탄을 떨어뜨린다는 데에 의구심을 드러냈다.

평화의 파괴자들에 대해서 징벌적 조치가 취해져야 할지 모릅니다. 공군이 이용할 수 있는 유일한 수단, 그리고 지금 실제로 이용되는 수단은 마을의 여성과 아이들에게 폭탄을 투하하는 것입니다. 만약 아랍

의 인민들이 메소포타미아의 평화적 통제가 궁극적으로 여성과 아이
들에게 폭탄을 투하하는 우리의 의사에 달려 있다는 것을 알게 된다면,
식민부 장관이 예상하는 대로 메소포타미아의 아버지와 남편들 전체의
용인을 얻을 수 있을지 저는 매우 의심스럽습니다.[27]

점령 전쟁들은 장기화되고, 소모적·파괴적이 되어갔다. 기계화된
전투가 전 지구적 규모로 벌어질 수도 있지만 엄청난 비용이 들 수밖
에 없었다. 이라크 점령군이 인도와 이집트, 여타 영토들을 점령하고
있는 군대보다 상대적으로 훨씬 강력한 무장을 갖추었음에도 영국 행
정부는 통제력을 확보할 수 없었다. 1919~1920년 영국은 아일랜드,
인도, 이집트뿐 아니라 팔레스타인과 이라크 등 제국의 거의 모든 곳
에서 반란에 직면했다.

하지만 재정적 제약은 영국 제국주의자들이 자국 내에서 직면한 변
화된 정치 질서에도 영향을 미쳤다. 의회는 해군성과 육군성에 새로운
방식을 도입하여 군비 지출을 보고하도록 강제했다. 1920년 6월 노동
당 의원들은 처칠로 하여금 메소포타미아 점령에 매년 5000만 파운
드 정도의 비용이 든다는 사실을 밝히도록 했다.[28] 노동 운동의 부상
과 그에 부응해 채택된 사회적 수단들이 제국의 실제 비용을 공개할
것을 요구했다. 이는 낭비 일소와 '경제'에 대한 요구를 이끌어냈는
데, 언론은 경제를 "최우선의 국가적 필요"라고 선언했다. 《타임스》
의 "경제는 … 정책의 시험대"라는 표현은 이라크에 대한 논쟁을 잘
요약해준다.[29]

이러한 어려움에 직면한 제국주의에 민족 자결은 문제가 아니라
해법이었다. 재정적 측면에서 볼 때 민족 자결은 영국의 이해관계에

부합하게 작동할 수 있었다. 민족 자결의 원칙이 피점령국에 점령에 대한 동의 여부를 물어야 하고, 원주민 통치의 메커니즘이 그러한 동의를 낳도록 고안되어야 한다는 것을 의미한다면, 새로운 '자유주의적 국제주의'는 제국의 이익을 침식하기보다는 그들의 생존을 보장하는 도구를 제공해줄 것이었다.

석유 지대의 통제

오래지 않아 영국은 이라크의 전후 통제에 대한 당초의 계획을 포기했다. 1920년 4월 영국과 프랑스는 이탈리아 산레모San Remo에서 만나 아랍 영토에 대한 통제권을 분할하기로 합의했다. 이라크와 팔레스타인에 대한 영국의 군사 점령이 지속되고 있는 상황과 영국과의 회합 직후 레바논과 시리아에 대한 프랑스의 무력 장악을 정당화하기 위해 그들은 한 해 전 파리 강화회의에서 고안한 계획에 따라 이를 국제연맹하의 '위임 통치'라 주장했다. 또한 영국과 프랑스는 모술의 석유 자원을 공유하기 위해 산레모에서 두 번째 협정을 맺었다. 이제 이라크의 영토 일부라 주장하는 모술의 석유 통제권 장악을 정당화하기 위해 영국은 런던에 기반을 둔 터키석유회사의 비준되지 않은 1914년 오스만 채굴권 협정을 언급했다(2장 참조). 1914년 합의대로 앵글로-페르시안 오일(미래의 BP)은 터키석유회사의 지분 절반을 갖게 되었다. 셸은 과거 도이체방크의 지분(셸의 통제하에서 프랑스의 컨소시엄으로 이전)과 원래 자신의 지분 25퍼센트를 합쳐서 지분의 나머지 절반을 가졌다. 이라크인들이 석유에 대한 외국인 통제를 받아들이도록 설득하기 위해 앵글로-페르시안 오일과 셸은 이라크에서 "원주민 정부 또는 다른 원주민 이해 당사자들"이 20퍼센트까지 지분을 매입할 수 있도록 허용하기로 합의했다.[30]

그러나 위임 통치도 석유 협정도 오래가지 못했다. 록펠러의 스탠더드 오일이 자신의 이익을 위해 앵글로-페르시안 오일과 셸 그룹에 맞서 주도면밀하게 벌인 위협으로 석유 협정은 무너졌다.[31] 또한 스탠더드 오일의 요원들은 바그다드에서 영국의 힘을 약화시키려고 했는데, 영자 신문에 영국의 정책을 공격하는 내용을 퍼뜨렸고, 민족주의자들은 이를 연설에서 되풀이했다. 정확한 증거를 밝히기는 어려웠지만, 그들은 1920년 봉기 동안 반란자들에게 자금을 제공하기도 했을 것이다. 외무장관 커즌 경은 스탠더드 오일의 요원들을 언급하며 다음과 같이 불평했다. "나는 이 미국인들이 뭐라도 했으면 좋겠어. 우리가 메소포타미아에서 그들을 쫓아낼 구실을 만들게 말이야."[32] 이듬해 워싱턴에서는 바그다드의 미국 영사를 해고하기 일보 직전까지 갔는데, 영사는 전쟁 중 뉴욕 스탠더드 오일의 판매원으로 활동했고, 바그다드에서 오스만 군대에 물자를 공급했으며, 그 사실이 밝혀졌을 때도 반영국군을 지원하고 있었다.[33]

이라크의 반란이 실패한 후 스탠더드 오일은 이라크에서 영국을 몰아내기 위한 대안으로 또 다른 반영 세력인 터키의 신흥 공화주의 정부를 지원했다. 1921년 12월 영국은 믿을 만한 소식통으로부터 이를 알게 되었다. 스탠더드 오일은 "국왕 폐하의 정부가 석유 지대를 통제하고 있는 한 가질 수 없는 석유 지분을 획득하려는 희망을 품고서 터키가 이라크를 공격하도록 조장했다"라는 의심을 받았다.[34] 이와 동시에 이전에 스탠더드 오일과 관계가 있던 한 미국 회사는 새로운 앙카라 정부와 합의문에 조인했는데, 모술의 석유 개발권과 더불어 모술과 바그다드로 가는 철도 건설을 위한 전쟁 전의 프로젝트를 완수한다는 내용이었다.[35] 스탠더드 오일의 압력으로 영국은 산레모 석유 협정문을 다시 작성하고 그 계획에 미국인들을 주주로 포함시켜야만 했다.

이라크인들은 영국의 통치에 반대하는 데 스탠더드 오일의 도움이 전혀 필요하지 않았다. 이라크의 왕으로 임명된 에미르 파이살 치하에서 영국이 바그다드에 세운 이라크 정부는 국제연맹의 '위임 통치'를 기반으로 통치한다는 영국의 주장을 인정하지 않았다. 1921년 6월 위임 통치를 선포한 지 겨우 1년 만에 콕스는 위임 통치가 "시효를 다했다"라고 런던에 알렸다. 1922년 10월 영국은 이를 20년간의 동맹 조약으로 대체하는 데 합의했는데, 이는 독립은 아니더라도 새로운 국가의 주권을 인정하는 것이었다. 식민 권력은 본국에서 여전히 반대에 직면했는데, 여론은 이라크에서의 장기 통치에 반대했다. 그리고 조약 조인 한 달 뒤 영국 정부는 붕괴되었다. 이라크는 다음 선거의 핵심 쟁점이 되었고, 이라크 점령의 설계자인 처칠은 사회주의자 모렐(전쟁 중 대외 정책에 대한 민주적 통제 캠페인을 펼쳤던 지도자)에게 자리를 빼앗겼다. 런던의 새 정부는 이라크와의 조약을 개정해 이 나라에서 영국의 공식적 역할의 기한을 20년에서 4년으로 줄였다.[36] 이라크에서는 대중의 저항에, 그리고 국내에서는 의회의 저항에 직면하여 영국은 1923년부터 가장 적은 비용으로 이라크에서의 지위를 보전하고자 했다. 해법은 석유 통제권 문제를 해결하는 데 있었는데, 석유 통제권은 영국 군대를 계속 주둔시키려는 핵심 이유이자 그 유지 비용을 지불할 잠재적 수단이기도 했다.

미국인들을 포함시키기로 한 합의 이후 석유 기업들이 터키석유회사에 대한 통제권을 어떻게 공유할지 결정하는 데 2년이 더 걸렸는데, 이 회사는 나중에 이라크석유회사Iraq Petroleum Company로 사명을 변경했다. 이라크석유회사와 이라크 정부 사이의 협상은 2년이 넘게 걸렸고, 석유 기업들이 상당량의 석유를 생산하기 시작하는 데는 또다시 10년이 소요되었다. 으레 그렇듯이 이렇게 석유 생산이 지연되는 데에는 새로운 대규모 공급원의 개발을 막으려는 기업들의 입장이 반영되었다. 바그다드의 영국 관료들은 이라크석유회사가 채굴권을 쥐고 가능한 한 적은 석유를 생산하는 것을 방지하려는 의도를 담은 일련의 조항들—굴착 의무량을 늘리고, 최소 생산 기준을 정하고, 송유관 건설 시한을 설정하고, 개발 안 된 굴착 지점을 경매하게 하는 내용—을 이라크가 타결할 수 있도록 도왔다. 사실상 이라크석유회사는 이 모든 요구 조건을 피할 수 있었는데, 이라크가 규정 준수를 점검할 수 있도록 해줄 한 가지 요구, 즉 소유권에 대한 이라크의 지분 참여를 거부했기 때문이다. 스탠더드 오일 및 여타 미국 석유 자본에 이라크석유회사 지분의 4분의 1을 양도하면서 석유 기업들은 이 합작 투자사의 지분 20퍼센트를 이라크가 보유하게 두자는 영국 정부의 제안을 일축했다. 수개월 동안 벌인 협상 끝에 이라크석유회사가 소유권 양도를 거절하자 바그다드 정부는 결국 포기하고 1925년 3월 회사 지분을 갖지 않기로 한 채굴권 협정에 서명했다. 당시 바그다드 정부는 석유에서 새로운 수익이 생기길 간절히 바라고 있었다. 바그다드 정부는 영국 정부로부터 압박을 받았는데, 석유 문제가 최종 해결되어야 국제연맹 위원회가 모술을 터키와 이라크 중 어디에 할당할지 결정하는 문제에 있어서 이라크가 유리한 고지를 차지할 수 있다는 경고를 받았을 것이다. 결국 바그다드 정부는 국가의 핵심 경제 자원의 개발에 아무런 통제력을 갖지 못하는 조건에 동의했다.

한편 1928년의 레드라인Red Line 협정에서 주요 석유 기업들은 이라크의 석유에 대한 자신들의 지분 문제를 마무리하고 컨소시엄의 범위를 확장했는데, 회원사 전체의 동의 없이는 이 지역 다른 곳에서 유전을 개발하지 않겠다고 동의함으로써 나머지 중동 지역의 석유 개발을 지연시켰다.[37] 동시에 소련의 이른바 "석유 공세"(해외 석유 판매를 늘리고 셸과 스탠더드 오일의 통제에서 벗어나려 한 시도)에 맞서서 거대 국제 기업들은 그들끼리 세계 시장을 분할하고 생산을 제한해 가격을 유지한다는 병행 협정을 맺었다.[38] 이후 그들은 비교적 높게 형성된 텍사스 석유 가격에 맞춰 그들의 석유 가격을 유지한다는 데 합의했다. 1928년의 협정은 석탄과 화학 산업을 포괄하는 더욱 광범위한 탄화수소 카르텔로서도 기능했다. 주요 석유 기업들은 독일과 영국의 화학 대기업들과 합성 연료 생산에 관한 특허를 통제하는 데 협력하기로 합의했다.[39]

국제연맹 위원회는 풍부한 석유 매장량과 함께 모술을 이라크에 넘겨주는 작업을 진행했는데, 쿠르드어를 쓰는 이 지방 다수 인구에게는 제국 열강의 보호가 필요하다는 점을 근거로 위임 통치가 25년간 연장되어야 한다고 판단했다. 민족 자결의 원칙에 따라 모술의 미래를 결정하는 임무를 맡은 위원회는 자신의 임무를 이 지역 민중이 스스로를 아랍인으로 여기는지 아니면 터키인으로 여기는지 묻는 조사를 진행하면 되는 것으로 이해했다. 조사에 응한 이들은 그들의 다중적 특질을 하나의 민족적 범주로 묶는 것보다는 집합적 복지와 경제적 생존에 더 큰 관심을 보였고, 이는 위원회가 바그다드와 바스라 지역이 북부로부터의 곡물 수입에 의존한다는 주장을 활용하여 경제적 근거에서 이 지역을 이라크에 할당할 수 있게 해주었다.[40]

모술 합병으로 영국은 앵글로-이라크 조약을 다시 소폭 개정해야 했는데, 이 새로운 25년 합의에는 이라크가 정치적으로 발전해 회원국이 될 자격을 갖추었다고 국제연맹이 인정하면 위임 통치가 조기에 종결될 수 있다는 조항이 포함되었다. 영국 각료들은 위임 통치의 조속한 종결을 주장하면서 1년 안에 새로운 지배 엘리트가 권력을 잡아 영국에 석유 접근권과 이라크에 공군 기지를 유지할 권리를 보장해주기를 열망했다. 이를 위해 영국은 위임 통치 위원회에 보내는 보고서를 조작해 국제연맹 가입 기준을 충족하는 국가라는 인상을 주도록 만들었다. 다시 한번 영국에서의 선거가 결정적이었다. 보수당 정부는 1929년 5월 선거에서 패배했는데, 이는 당 내부에서 지적한 "군국주의적이고 모험적인 외교 정책"으로 인한 부정적 결과 탓이기도 했다. 새 노동당 정부는 1927년 조약을 유예하는 데 신속히 동의했고, 1932년 이라크를 국제연맹 회원국으로 추천했다.[41] 1916년 노동당 정강의 전시 계획은 오래전에 폐기되었다. "모든 나라의 민주화"를 대신하여 위임 통치는 영국과 동맹을 맺은 편협한 엘리트를 권좌에 앉혔다.

다수를 위한
자연스러운 대변인들

민족 자결의 원칙하에 아랍 점령국들이 유럽의 통제에 '합의'하도록 만들기 위한 메커니즘들이 고안되었다. 이집트의 경우 1919년 혁명을 끝내기 위해 런던에서 열린 민족주의 엘리트와의 협상에서 최종적으로 합의한 이후 밀너 경이 주도하는 영국 측 회담자는 이집트의 민족주의자 지도부가 "협상 타결의 성격과 … 이집트가 이로부터 얻게 될 커다란 이익을 대중에게 설명하기 위해" 제안된 조약문 초안을 가지고 이집트로 돌아갔다고 주장했다. 만약 그것이 긍정적으로 받아들여진다면 밀러는 "이는 인민으로부터 '위임'을 받은 것으로 볼 수 있다"라고 설명했다. 협상 대표단이 진행한 합의 절차에 대해 밀너는 이렇게 보고했다. "작은 그룹으로 구성된 이집트 대표자들을 초청하여 제안된 해결 방안을 논의했습니다. 해결 방안은 다시 지역의 다른 그룹들에게 보고되었고, 여기서 수용한다는 결의안을 받았습니다. … 이렇게 해서 그들이 도착한 2주일 내에 이 나라의 대표자 집단 상당수가 찬성하는 것이 분명해졌습니다."[42] 동의를 획득하기 위한 유사한 절차가 이라크에서도 전개되었다. 유사 독립 국가들의 '대표자 집단' 중 소수가 대영제국의 존재에 동의하여 영국이 조약을 체결한 곳에서는 (통제력이 무너진 팔레스타인을 제외하고) 위임 통치 체제가 동의의 기구로 변환되었다. 위임 통치는 과거 보호령의 형태로 바뀌었다.

동의의 메커니즘은 제국 열강이 두 가지 형태의 저항을 해결할 수 있게 해주었다. 첫째, 조약의 조인으로 인정된 부분적 주권은 지역 엘리트들이 스스로를 민족주의자로 드러낼 수 있게 해주었고, 민중의 저항을 약화시켰다. 대지주들과 더불어 왕권의 형태하에 조직된 지역 과두제 권력은 '민족 자결'의 한 표현으로 드러나게 되었다. 프레데릭 루가드Frederick Lugard가 설명했듯이 "자치의 이상은 유럽과 미국의 민주주의를 만들어낸 발전이라는 방법에 의해서만 실현될 수 있다."

즉 "교육받은 비교적 소수의 계층을 다수를 위한 자연스러운 대변인들로 인식하게 하는 대의 제도들에 의해서 말이다."[43] 둘째, 위임 통치의 틀은 외교 정책을 민주화하라는 영국 내부의 압력("노동당이 억누를 수 있는 어떤 것")을 약화시킬 수 있었다. 제국주의 권력이 아니라 국제연맹의 위임 통치에 의해 진행되고 있다는 것을 이유로 들 수 있었기 때문이다.

'민족 자결'의 더 큰 이점은 세계가 이제 인종이나 종족으로 결정되는 정치적 정체성의 견지에서 파악될 수 있다는 점이었다. 인종이나 종족은 언어, 종교, 공통의 역사, 또 더 빈번하게는 단순한 지리적 구획을 지칭하는 유연한 개념이었다. 어떤 인구도 민족적으로 단일할 수 없기 때문에, 특정 집단을 '소수자'라는 정체성으로 묶을 수 있는 가능성을 제공했다. 따라서 제국주의 권력은 전체 인구 중 위험에 처한 일부로서 이들을 보호하는 임무를 주장할 수 있었다. 이집트에서 영국은 보호국을 포기했다. 하지만 1920~1922년 이집트 독립 협상에서 (앞서 보았듯이 애초에 의회에서 별도로 대표되기를 원했던) 유럽 거주민들의 보호자로서의 역할을 지속할 권리를 주장했다. 팔레스타인에서 영국은 유럽인 소수 집단을 만들어냄으로써 (시온주의자들의 정착을 촉진하고 이를 중단하려는 시도를 억압하며, 원주민과 소수의 시온주의자 집단이 '동등하게' 대변되는 제도를 수립하려는 시도를 통해) 동일한 지위를 얻어냈다. 실제로 영국은 팔레스타인 지도부가 위임 통치 조항을 받아들이지 않았을 때 의회 설립을 거부했는데, 이는 팔레스타인에서 유대인의 '국가적' 주장은 인정하면서도 팔레스타인을 국가적 공동체로 인정하지 않는 것이었다.[44] 프랑스는 시리아(시리아 남부 지방은 영국이 팔레스타인과 트랜스요르단을 구성하기 위해 여전히 확보하고 있었다)를 침공한 뒤 이 나라를 여섯 개 지역으로 분할했다. 각 지역의 다양한 정치적 배경은 민족적·종교적 정체성으로 단순화되었다. 알라위파 지역, 드루즈파 지역, 기독교도가 압도적인 지역(레바논), 터키와 알라위와 아르메니아 사람들이 혼합된 지역인 알레산드레타, 그리고 다마스쿠스와 알레포의 아랍 지역들. 마지막 두 국가는 1924년에 '시리아'로 재결합되었고, 드루즈파와 알라위파 지역도 1936년과 1937년 여기에 통합되었다. 알레산드레타는 1939년에 터키에 넘겨졌고, 레바논만이 초기 여섯 개 지역 중 유일하게 독립 국가로 남았다.[45] 통제의 양식으로 쓸모가 없는 민족 집단에는 아무런 보호가 제공되지 않았다. 아르메니아인들은 터키의 잔학 행위로부터 보호받지 못했고, 전후에 자신들의 국가를 건설할 수도 없었다. 그러나 잔학 행위로부터 도망친 난민들은 시리아와 레바논에서 프랑스인들의 환영을 받았는데, 이들은 제국의 보호가 필요한 또 하나의 기독교 소수파였기 때문이다.[46]

물질적 의무

자치 과정에서 피지배 인종을 훈련시키는 일은 제국 열강이 이제 행사하게 된 위임 통치의 반쪽만 보여줄 뿐이다. 원주민 지도자의 훈련, '거짓 이상을 만들지 않고 진보를 도울' 만큼의 제한적인 학교 교육 도입, 그리고 주의 깊게 등급이 매겨진 '문명화'의 과정들을 포함하는 '피지배 인종에 대한 도덕적 의무'와 더불어 위임 통치 권력은 일련의 '물질적 의무'를 주장했다. 이는 토착적 지배 형태들을 문명화하는 것이 아니라 오히려 문명의 이해관계 속에서 원주민들이 지배되도록 보장하는 것이었다.

나이지리아의 영국 총독을 지낸 루가드 경은 국제연맹의 영구 위임 통치 위원회의 영국 대표(1922년부터 1936년까지 역임)로 지명되기 직전에 쓴 저서 《이중의 위임 통치》에서 식민주의의 도덕적 측면과 물질적 측면 사이의 차이를 설명했다. 원주민 지배에 관한 고전인 루가드의 책은 식민지 관리에 대한, 그리고 영국에서 노동 운동이 제국주의를 민주적 통제하에 두기 위해 시도한 공격에 대한 지침서였다. 이중의 위임 통치의 물질적 측면이란 "민중과 인류 전체의 상호 이익을 위해 천연자원의 개발"을 보장할 책무였다. 루가드는 제국 열강이 "한편으로는 피지배 인종의 진보를 위한, 그리고 다른 한편으로는 인류의 이익을 위한 그 물질적 자원의 개발을 위한 신탁 관리자"라고 주장했다.[47]

세계의 자원을 '개발'할 의무는 제국의 좌익 비판가들에 대한 답변이 되었는데, 루가드의 600쪽짜리 책은 결론에서 그들을 표적으로 삼았다. 제1차 세계대전 이래로 이들 비판가들은 "영국의 납세자들이 국수주의자들의 야망에 이용당하고 있으며, 토착 인종들이 잘못된 통치를 받고 착취자들의 탐욕에 의해 자신들의 땅과 마땅히 누려야 할 이익을 도둑맞고 있다"라고 주장했다. 루가드는 "노동당 내에 이러한 독트린을 전파하고, 제국의 존재가 그들 자신의 이익과 피지배 인종의 이익 모두에 적대적이라고 설복하기 위한 조직적 시도"가 있는 것 같다고 불평했다. 그는 노동당의 조사국은 "제국의 책임을 줄여 이를 국제 위원회들로 격하시키는 게 나으며, 물질적 개발은 자본주의 이윤 추구자들에게 혜택을 줄 뿐이고, 피지배 인종에 대한 영국의 지배는 강탈과 이기심을 대변한다는 식으로 영국 민주주의를 설득하려 든다"라고 주장했다.[48] 이중의 위임 통치라는 독트린은 제국의 비판자들에게 하나의 답을 제공했다. 루가드는 제국주의가 반민주적인 과정이 아니며, 반대로 노동 운동의 새로운 민주적 요구들은 식민주의를 통해서만 충족될 수 있다고 강변했다. 그는 "오늘날의 민주주의는 일할 권리를 요구한다"라고 지적하며, 하지만 식민지에서 생산되는 원자재 없이는 "이러한 요구를 충족하기 불가능하다"라고 썼다. 제국의 상인, 광부, 제조업자는 그들의 숙련 기술, 자본 그리고 해외의 에너지를 "탐욕스러운 자본가"로서가 아니라 "문명화라는 위임 통치의 이행"을 위해 활용한다는 것이다.[49]

개발 독트린은 제국주의 세력에게 새로운 명분을 제공했는데, 국제연맹의 위임 통치 위원회는 이 독트린을 정교화하는 데 중요한 역할을 했다. 1920년대에 이 독트린은 물질적 자원의 개발만을 의미했다. 다음 장에서 나는 개발의 새로운 대상, 즉 '경제'의 출현을 추적할 것이다.

힘의 무게를 집중시키기

1927년 4월 이라크석유회사는 마침내 굴착을 개시했는데, 오스만 정부가 도이체방크에 메소포타미아의 석유 채굴권을 최초로 부여한 지 거의 사반세기 만이었다. 몇 주 지나지 않아 방대한 유전이 발견되었는데, 다공질의 석회암 구조가 키르쿠크 북쪽까지 100킬로미터나 뻗어 있었다. 이라크석유회사는 사업을 더 지연하려는 구실로 이 유전 발견을 활용했다. 이라크석유회사는 이라크의 다른 지역에서 탐사를 포기했고 키르쿠크 지대에서 시범 유정을 뚫는 데 또 7년을 보냈으며, 이 매장지의 규모와 성질을 확정하는 결정을 늦추면서 하루에 2000배럴씩만 생산하며 석유를 생산하는 시늉만 했다. 이라크석유회사는 도로, 작업장, 주택을 건설하고, 2000명의 이라크 노동자, 125명의 유럽인, 30명의 미국인을 위한 숙소를 만들었다. 그러나 이라크석유회사는 1929년의 금융 위기로 대공황이 발생하자 유전 개발을 꺼렸다. 이라크 정부는 석유를 지중해로 수출할 수 있도록 송유관을 건설할 것을 요구했지만, 이라크석유회사는 정부가 1925년의 석유 채굴권을 재협상하는 데 동의할 때까지 이행을 거부했다.

1931년 친영국적인 이라크 수상 누리 알사이드는 약간의 현금 선지급과 맞교환하여 채굴권 개정에 동의했다. 새 합의는 회사 이윤에 정부가 과세할 권리(생산되는 석유 배럴당 로열티 지불과 구별되는 권리)를 제거하고, 최소 굴착 의무 조항과 특정 기간 동안 채굴권 지역의 미개발 부분에 대해 회사의 권리를 포기한다는 조항을 삭제했다. 그 합의는 회사가 권리 포기 조항하에서 선택해야 했던 채굴권 지역을 497제곱킬로미터에서 8만 3000제곱킬로미터로(5만 헥타르에서 800만 헥타르 이상으로) 확대했다. 훗날 국무부의 석유 전문가가 "조인된 것 중 최악의 석유 거래"라 부른 그 합의를 수용한 후 이라크는 마침내 석유에서 약소한 수익을 얻기 시작했다.[50]

키르쿠크에서 지중해로 이어지는 한 쌍의 송유관이 1932~1934년 건설되었는데, 하나는 영국이 통제하는 하이파의 터미널로 이어졌고, 다른 하나는 북쪽으로 뻗어서 프랑스가 통제하는 트리폴리의 터미널로 연결되었다(178~179쪽 지도 참조). 12개의 펌프장을 겸비한 중동 최초의 대형 송유관이었던, 그리고 당시 세계에서 가장 큰 용접 송유관이었던 새 관로는 석유 생산을 하루 2000배럴에서 8만 배럴로 40배나 늘릴 수 있게 해주었다. 이는 이라크 유전이 생산할 수 있는 석유의 아주 작은 부분에 지나지 않았지만, 송유관 용량을 네 배로 늘리는 계획은 제2차 세계대전까지 미루어졌고, 그런 다음에는 하이파로 가는 남쪽 루트를 폐쇄한 1948년 팔레스타인 전쟁에 의해 절반으로 제한되었다(바니아스의 시리아 해변으로 향하는 더 큰 대체 송유관이 건설되긴 했다). 생산량은 1950년에 일산 16만 배럴로 두 배가 되었고, 1952년에는 다시 그 두 배가 되었다(1980년경에는 일산 250만 배럴에 달했다).[51] 한편 1940년 7월 바그다드를 모술로 이어주는 노선이 완공되어 바그다드 철도가 비로소 완성되었는데, 이 지역 최초의 송유관 용도로 계획된 지 40년이 지나 완공된 셈이었다.

석유 인프라를 건설하면서 석유 기업들은 정치적 저항의 인프라도 함께 놓게 된다. 운동이 조직되거나 압력을 행사할 수 있는 취약한 지점들에 이제는 유전, 송유관, 정유 시설, 철도, 항만과 중동을 지나는 대양 항로가 포함되었다. 이들은 정치적 자유와 보다 평등한 생활 방식에 대한 일련의 요구들을 둘러싼 투쟁이 전개되는 상호 연관된 장소였다.

영국은 이라크의 형식적 독립을 인정한 지 10년도 지나지 않아 1941년 이 나라를 재점령했다. 전쟁 뒤 1948년의 민중 봉기와 학생 및 노동자 파업으로 저항이 정점에 이르렀다. 이 지역에서 가장 잘 조직된 정치 운동이었던 이라크 공산당은 "외국 군대의 철수, 민주적 자유의 보장, 민중에게 제대로 된 빵의 공급"을 요구했다.[52] 이라크 공산당은 "힘의 무게를 이 나라에서 가장 중요한 … 거대 기업들에 집중시켰다." 즉 철도, 바스라 항구 그리고 유전이었다. 석유 기반 생산 시스템의 기술적 구조에서 가장 취약한 지점에 초점을 맞추는 것은 "기본 전략의 핵심이 되었다."[53]

철도 분야에서 이라크 공산당은 대부분 자원을 "전체 시스템의 가장 핵심적 지점, 즉 샬치야의 철도 작업장"에 편제했는데, 주요 창고이자 모든 수리와 정비 작업이 집중되는 곳이었다. "이곳에서 열흘에서 보름간 작업이 중단되면 이라크 전역의 열차 운행이 완전히 멈춰설 것이다."[54] 이라크 공산당은 영국이 통제하는 유전 중에서 보다 결정적인 장소, "키르쿠크-하이파와 키르쿠크-트리폴리 송유관의 분기점인 해디사 근처의 K3 펌프장"에 활동을 집중시켰다.[55] 1946년 6월 노동조합의 권리, 건강 및 산재 보험, 연금을 요구하며 석유 노동자들이 일으킨 파업은 무력으로 분쇄되었고, 10명의 노동자가 죽고 27명이 부상을 당했다.[56] 그러나 1948년의 봉기에서 석유 노동자들은 K3 펌프장을 봉쇄하는 데 성공했다. 이 펌프장은 다른 펌프장으로 가솔린을 공급하는 곳이었기 때문에 노동조합은 "한 방울의 가솔린도" 밖으로 나가지 않도록 경호대를 배치했다. 작업 중단은 회사가 기관총과 장갑차로 펌프장을 둘러싸고 식량 공급을 차단할 때까지 2주일 동안 이어졌다. 무장 충돌의 위험을 감수할 수 없게 된 파업 노동자들은 240킬로미터 넘게 떨어진 바그다드로 행진하기로 했다. 사흘간 행진하며 지지자가 점점 더 늘어났지만 "팔루자에 입성하면서 경찰의 덫에 빠졌다."[57] 석유 노동자들은 K3 펌프장으로 돌려보내졌고, 파업 지도자들은 감옥으로 보내졌다.

말썽꾼들

팔레스타인에 있는, 키르쿠크-하이파 송유관의 다른 끝은 또 다른 투쟁 장소를 제공했다. 1936~1939년의 아랍 반란(영국에 대항하여 일어난 20세기에 가장 오래 지속된 반식민주의 봉기)에서 반란의 주요 대상은 최근 완공된 이라크에서 오는 송유관이었다. 1936년 8월 하이파의 정유 시설과 항구, 철도 및 공공 사업국에서 파업을 일으켜 영국의 통제력을 약화시키려는 최초의 시도가 있었으나 영국이 해군 기술자들을 보내 기차를 운행하고 유대인 노동자들이 항구와 정유소를 운영하게 하자 실패하고 말았다.[58] 송유관은 그보다 취약했다. 팔레스타인 세력이 1936년 7월 15일 이르비드 근처에서 최초로 송유관을 파괴했다. 그들은 이후로도 카우카브 알하와, 마하네 이스라엘, 그리고 이크살 마을들 근처, 아풀라와 베이산 사이, 그리고 텔아다스, 알비라, 아르드 알마르즈, 타므라, 카프르미스르, 지스르 알마자미, 진자르, 베이산, 인두르에서 수차례 송유관을 폭파시켰다.[59] 송유관을 방어할 수 없었던 영국은 무장한 유대인 정착민 부대를 창설해 송유관 방어를 돕고 하이파-리다의 철로를 지키도록 했다.[60] 영국 장교가 지도한 이 부대는 1948년 팔레스타인에 대한 통제력을 장악하는 시온주의자 군대의 핵심이 된다.

사우디아라비아의 유전에서 지중해로 석유를 나르기 위한 송유관의 건설은 또 다른 조합의 정치적 계산과 기회를 만들었다. 아람코 Aramco(1933년 사우디아라비아에서 석유 생산 독점권을 획득한 회사)를 소유한 네 미국 기업의 합작 투자 회사인 트랜스아라비안 파이프라인 컴퍼니 Trans-Arabian Pipeline Company는 원래 송유관을 하이파의 영국 정유소 가까이에서 끝낼 계획이었다.[61] 1946년 이 루트를 팔레스타인을 피해 시리아의 남서부 모퉁이를 지나도록 변경했고, 터미널은 시돈 근처 레바논 해변에 두었다. 팔레스타인의 정치적 불확실성을 명분으로 내세웠지만, 이러한 불확실성에는 국가 안보에 대한 시온주의의 증대하는 위협 이상의 무언가가 있었을 것이다. 이라크로부터 오는 기존 송유관의 끝에 위치한 영국 정유소는 석유 기업의 통제력에 추가적인 위협이 되는 장소였다. 노동자들은 1935년 2월의 파업, 위에서 언급한 1936년 파업, 그리고 임금 인상을 요구한 1947년 3월 13일 간의 파업을 조직했다.[62] 팔레스타인 공산당 서기 사무엘 미쿠니스는 1947년 여름 예루살렘에서 진행된 팔레스타인에 관한 유엔 특별위원회에서 증언하며 석유 기업들이 행사하는 현지 정치권력에 반대하는 이유를 제시했다.

하이파의 연합 정유사The Consolidated Refineries Limited는 모든 관세를 면제받는 외국 사업체입니다. 독점 채굴권이 이라크석유회사와 트랜스아라비안 오일 컴퍼니Trans-Arabian Oil Company에 부여되어 왔습니다. 이 채굴권에는 로열티, 세금, 관세 또는 여타의 이용료나 보상 없이 이 나라 어디로든 송유관을 놓고, 땅을 몰수하고, 나무와 돌, 물, 기타 필요한 지역의 물질을 사취하고, 존재하는 이민법과 무관하게 값싼 노동력을 수입하고, 팔레스타인 국경을 자유로이 넘고, 자신들의 항구, 철도, 비행장, 통신국을 만들어 이용하며, 항구 접안과 선적에 이용료를 징수하고, 자체 경찰력을 보유할 권리가 포함됩니다. 팔레스타인 민중은 정부가 민중에게 전혀 물어보지 않고 부여해준 이러한 채굴권으로부터 더 저렴한 기름을 얻지도 못합니다.[63]

송유관을 시리아를 통하는 경로로 바꾸자 이러한 종류의 정치적 다툼을 피할 수단이 생겼다. 시리아 의회가 통행료를 인상하고 팔레스타인에 대한 미국의 일방적 지위를 약화시킬 것을 주장하며 송유관 회사와의 합의 조건 비준을 거부했을 때 석유 기업들은 보다 만만한 장교를 권좌에 앉히는 쿠데타를 시도했다. 새 군사 정부는 의회와 헌법의 기능을 중단시키고, 송유관 합의를 종결지었다.[64] 이러한 사건들이 전후 석유와 민주주의 사이의 관계를 형성해갔다.

　　미국은 석유 기업들이 레바논 현지 노동법의 적용을 받지 않는 쌍무 투자 조약을 맺을 수 있도록 레바논 정부에 압력을 넣었다.[65] 노동자의 저항은 노동조합의 권리와 임금 및 노동 조건 향상을 요구하며 1943년에서 1944년으로 넘어가는 겨울에 시작되어 1946년 노동법 통과를 이끌어냈다.[66] 경제부 장관 카말 줌블라트는 다국적기업에 대한 관대한 양보에 반대하고 국내 제조업 발전을 옹호하는 개혁파를 대표했다. 경제부 차관은 이라크의 K3 펌프장에서 이어지는 키르쿠크-트리폴리 라인 같은 송유관과 정유 시설이 고용이나 지역 발전에 별다른 도움을 주지 못했다고 경고했다. "트리폴리를 통해 매년 200만 톤의 석유가 흘러나가지만, 도시 경제에서 이 거대한 설비가 하는 역할이 대체 무엇인가? 트리폴리의 방적·방직 공장 한 곳이 이라크 전체의 석유 터미널과 정유 시설보다 네 배나 많은 노동자를 고용하고 있다는 사실을 아는 이는 아마도 드물 것이다."[67] 송유관 영업권에 대한 최종 협상에서 미국인들은 줌블라트를 몰아낼 것을 분명히 했다.[68] 송유관이 가동되자 미국 기업은 노동자들이 노동조합을 만들지 못하도록 임시 노동자를 고용하는 등의 조치를 취했다.[69]

　　사우디아라비아의 경우 아람코는 인종 분리와 그에 상응하는 급여, 노동 조건과 주택에서의 불평등 시스템을 도입했는데, 이는 미국의 석유 및 여타 채굴 기업에서 흔하게 발견되는 특징으로, 비용을 낮추고 노동자의 조직화와 정치적 행동을 막기 위해 활용되었다.[70] 제2차 세계대전 말미에 유전이 개발되면서 사우디아라비아의 노동자들은 보다 나은 처우와 급여 그리고 인종 차별 종식을 요구하면서 일련의 파업을 전개했다. 이라크 출신의 유명한 '말썽꾼들'은 추방되었고, 1949년 저항이 확산된 이후에는 파키스탄에서 온 노동자들도 마찬가지였다. 아람코는 추방된 이들이 "특히 자본주의 **그리고 인종차별**의 폐해와 관련해서 공산주의 노선"의 추종자들이었다고 국무부에 보고했다. 아람코가 노동 지도자를 노동자 대표로 인정하기를 거부하자 벌어진 1953년 10일간의 파업은 개혁 약속과 유전에서의 계엄령 선포로 이어졌고, 그러자 아람코의 대변인은 정부가 반노조 정책을 밀어붙이기만 한다고 비난할 수 있게 되었다. 약속이 지켜지지 않자 저항, 조업 중단 그리고 보이콧의 물결이 뒤를 이었고, 1956년 6월의 총파업으로 절정을 이루었다. 노동자들은 헌정 도입, 노동조합과 정당 및 전국적 조직을 만들 권리, 아람코의 내정 간섭 종식, 미군 기지 폐쇄, 수감된 노동자들의 석방을 요구했다. 아람코의 보안부서는 파업 지도자들의 신원을 사우디아라비아의 치안 부대에 넘겼고, 조직가들은 감옥에 갇히거나 추방되었다.[71]

제2차 세계대전 중 영국-소련의 침공을 통해 영국이 석유와 공급 루트의 통제권을 확고히 한 이란에서도 유사한 압력들이 있었다. 군사 점령에 대한 지지를 얻기 위해 영국은 샤를 추방하라는 민중의 압력에 응했지만, 그 자리에 그의 아들을 앉힘으로써 향후 전제적 통치 방식을 보장하고자 했다.[72] 석유 산업에서 임금 인상과 노동 조건 개선 그리고 노동자 관리와 처우에서의 인종 차별 철폐를 요구하는 투쟁들이 1945~1946년 일련의 파업으로 이어졌는데, 아바단의 정유소와 유전 전역에서 벌어진 사흘간의 총파업도 여기에 해당한다. 영국에서 온 의회 대표단은 앵글로-이라니언Anglo-Iranian으로 이름을 바꾼 앵글로-페르시안 오일이 노동자들에게 제공한 주택이 "사막의 판잣집처럼 보이며" 숙소는 "돼지우리와 다를 바 없다"라고 보고했다. 정부는 노동자들의 일부 요구에 부응하여 노동법을 통과시켰지만, 동시에 노동조합에 대한 국가 규율도 확립하여 유전 지대에 계엄령을 선포하고 독립적인 석유 노조를 분쇄하려 했다.[73] 1949~1951년에 노동조합과 투데당(이란 공산당) 내의 동맹 세력이 다시 나타났다. 1937년의 멕시코에서처럼 개혁주의 정부는, 노동조합과 공산당이 요구한 것보다는 외국 석유 기업에 유리한 조건이지만, 이 나라의 석유 산업을 국유화함으로써 석유 노동자들의 권력을 약화시키려 했다. 석유 노동자들과 모사데크 정부 사이에 격렬한 대립이 이어졌고, 정부는 석유 산업의 노조 지도자들을 체포했다. 앵글로-이라니언은 국유화에 반대할 근거가 없었고(영국은 자국의 석탄 산업을 다섯 해 전에 국유화했다), 국제사법재판소가 이란이 채굴권 합의를 위반했다고 판결하도록 만들려던 노력은 실패했다. 1953년 미국 중앙정보국CIA과 영국 정보기관은 쿠데타를 도모했고, 모사데크를 권좌에서 제거하고 샤에게 민족주의 운동을 패퇴시키고 노동 운동과 좌파를 분쇄할 권력을 주었다. 영국-미국의 쿠데타는 이 나라 석유에 대한 외세의 통제권을 재확립했다. 워싱턴은 지금은 BP로 이름을 바꾼 앵글로-이라니언에게 석유 독점 지분을 40퍼센트로 줄이고, 미국 및 다른 외국 기업이 나머지를 보유하도록 강제했다.[74]

제1차 세계대전 이후 영국은 민족 자결 독트린을 이라크에서의 간접 통치라는 약화되었지만 비용 면에서 효과적인 메커니즘을 만드는 수단으로 바꾸었고, 소수의 주요 석유 기업들에 이 지역의 석유 통제권을 보장해주었다. 석유 기업들은 전간기에 유전 개발을 미루었고, 전 세계 석유에 대한 자신들의 독점적 통제력을 보호했다. 제2차 세계대전이 끝나자 석탄을 석유로 대체하는 새로운 에너지 네트워크들이 세워졌는데, 이는 유럽에서 좌파를 약화시키고 조합주의coporatism 형태의 전후 민주주의를 건설하는 기반이 되었다. 이러한 네트워크들은 그것이 대체한 석탄 중심 에너지 질서와는 다른 정치적 특성을 지녔다. 중동의 유전, 펌프장, 송유관과 정유 시설은 격렬한 정치 투쟁의 장이 되었지만, 그것에 관여하는 이들에게 에너지 시스템을 마비시키고 보다 민주적인 질서를 건설할 수 있는 이전과 같은 권력은 주지 않았다.

CARBON ⚒ DEMOCRACY

5장

연료 경제

우리는 민주주의를 사상의 역사 또는 사회 운동의 출현이라는 견지에서가 아니라 기구들의 조합으로 사고하는 법을 배워가고 있다. 석탄 공급을 산업화된 세계를 민주화하기 위한 장치로 조합해낸 이들은 그 메커니즘을 비유럽 지역들과의 관계로 확장하고자 했다. 제1차 세계대전의 위기 뒤에 그들은 자본의 국제적 흐름을 관리하고 그 이윤을 이로운 목적으로 돌리기 위한 장치들을 제안했다. 현지 세력들과 불편한 동맹을 맺고 있던 제국 열강은 다른 대안적 장치를 만들어냈는데, 그것은 민주주의에 대한 요구를 '민족 자결'의 과정으로 대체하고, 국제 금융에 대한 민주적 통제를 '개발'이라는 새로운 장치로 대신하는 것이었다.

돈의 흐름을 통제하는 것의 어려움은 정치가 보다 평등하고 민주적으로 성장하는 데 계속해서 장애가 되었는데, 이 장애는 점점 더 석유의 흐름과 관련되어갔다. 한 세대 뒤 유럽 민주 정부들의 실패와 두 번째 세계대전의 여파로, 자본의 국제적 흐름을 제어하기 위해 브레턴우즈Bretton Woods 체제라는 새로운 장치가 고안되었다. 이 체제는 최근 '경제'라고 불리게 된 것의 관리에 기반을 둔 산업화된 국가들의 새로운 민주적 정치 체제와 동시에 발전했다. 국제적 금융 질서와 '경제'라는 장치 둘 다 민주주의를 지배하기 위한 수단이었다. 앞으로 살펴보겠지만, 이 두 체제 모두 재생 불가능한 탄소 에너지의 급속한 이용 증가(석유 시대로 전환되면서 기하급수적인 증가율이 지속되었다)를 활용하는 방식으로 구축되었다. 20세기 후반기의 탄소 에너지와 민주주의의 변화하는 관계를 파악하기 위해서는 이 두 개의 통치 기제 속에서 석유가 점하고 있는 위치를 살펴봐야 한다.

석유가 고리대금업자를 사원에서 몰아내다

1920~1930년대 유럽 민주주의의 붕괴, 파시즘의 발흥, 그리고 또 다른 세계대전으로의 전락은 화폐 가치를 유지하는 방법이 붕괴한 데 기인했다고 이해되었다. 중유럽과 동유럽 국가들은 자국 통화의 가치를 금 보유고에 연동하려는 시도를 포기하도록 강요받았다. 자국의 금융 체제가 하나둘 붕괴하면서 중간 계급은 빈털터리가 되었고, 빈민층은 광범위한 실업을 감내해야 했으며, 전 간기의 민주주의는 파괴되었다. 칼 폴라니Karl Polanyi는 1944년의 글에서 "국제 금본위제의 붕괴는 유럽을 파멸로 향하는 철길에 올려놓은

메커니즘이 되었다"라고 썼다.[1]

제2차 세계대전 중에 영국과 미국은 화폐의 국제적 흐름을 관리하는 새로운 메커니즘을 가동할 계획을 세웠다. 1902년 펜실베이니아의 석탄 거물이 세운 뉴햄프셔의 쇠락한 휴양지인 브레턴우즈의 마운트 워싱턴 호텔에서 열린 1944년 7월의 회합에서 44개 연합국이 국제통화기금과 현재는 세계은행으로 알려진 국제부흥개발은행International Bank for Reconstruction and Development의 설립 계획에 합의했다. 브레턴우즈 협정은 석탄의 부와 기술 위에 세운 체제를 폐기하고 석유의 흐름에 기초한 체제로 대체했다.

전간기의 재정 파탄과 민주주의의 붕괴를 또다시 반복하지 않기 위해 각국 정부는 그것을 초래한 자들, 즉 통화 투기꾼을 통제해야 했다. 1880년대 남아프리카 비트바테르스란트 금광의 발견(3장 참조), 그리고 영국의 금광 독점 공고화와 인종 차별적 노동 체제는 금 보유로 규제되는 국제 교역의 팽창을 가능케 했다. 또한 이는 통화 가치의 조작으로 이득을 얻는 거대 민간 은행의 성장도 장려했다. 브레턴우즈 개혁의 목적은 은행가들에게서 투기 능력을 빼앗는 것이었다. 미국 재무장관 헨리 모겐소Henry Morgenthau는 브레턴우즈 회담의 폐회사에서 새로운 통화 체제의 목적은 "특정 민간 은행가들이 지난날 국제 금융에 행사했던 통제력을 제한"하고 "고리대금업자를 국제 금융의 사원에서" 몰아내기 위함이라고 말했다.[2] 자본의 대규모 투기 움직임을 누그러뜨리려면 통화 가치는 금 보유고가 아니라 인적·물적 부를 반영하는 재화의 교환 가치에 연동되어야 했다. 어떤 국민이나 정부도 "길고 광범위한 실업을 다시 감내하지 않을 것"이라고 선언하면서 모겐소는 이 새로운 국제 금융 기제로 인해 "어느 곳의 누구든 공평하고 안정적인 기반 위에서 자신들의 노동으로 만든 재화를 자유로이 교환할 수 있다"라고 주장했다.

새로운 체제는 20여 년 동안 통화 투기꾼들의 파괴적 권력을 어느 정도 제한했다. 하지만 이는 통화의 가치를 인간의 노동이 만들어낸 재화의 일반적 흐름이 아니라 주로 석유의 흐름과 연결함으로써 이 뤄낸 것이었다. 투기꾼들은 석유의 흐름이 만들어낸 압력들 덕분에 1960년대 후반 이 메커니즘을 약화시킬 수 있었고, 1980년대에 통화를 조작할 새로운 방식을 고안해내며 이를 파괴했다.[3]

통화 체제는 물질적인 것일 뿐만 아니라 기술적 과정으로부터 만들어지는 계산 장치이기도 하다. 이전의 메커니즘인 금본위제는 원래 석탄과 증기의 힘으로 가능해진 것이었다. 금 보유고는 더 이상 국제 금융 거래를 보장하는 수단이 될 수 없었는데, 유럽의 동맹국들이 석탄, 석유 및 다른 전쟁 물자의 수입 대금으로 미국에 자신들의 금괴를 모두 보내야만 했기 때문이었다. 전쟁이 끝날 무렵 미국은 세계 금 보유고의 80퍼센트를 축적했다. 브레턴우즈에서 미국은 이 금을 기반으로 달러의 가치를 고정하는 데 동의해 금 1온스당 34달러로 정했다. 다른 참가국들은 달러가 고정된 비율로 금과 태환될 수 있는 유일한 준비 통화reserve currency이며, 자기 나라의 통화 가치는 달러에, 결국 미국의 금 독점에 간접적으로 연동될 것이라는 데에 동의했다. 하지만 달러의 유통은 곧 미국의 금 보유고를 넘어서게 되었는데, 부분적으로 이는 석탄보다 이동이 쉬운 석유의 흐름에 따라 가속화되기 시작한 세계 교역의 성장 속도를 따라갈 만큼 남아프리카의 금광들이 금 생산을 늘릴 수 없었기 때문이었다.[4] 실제로 달러의 가치를 유지시킨 것은 각국이 국제 교역에서 큰 부분을 차지하는 필수 자재, 무엇보다 석유를 구매하는 데 미국의 통화를 이용해야 했다는 점이었다.

가치와 양 모든 측면에서 석유는 세계 최대의 교역 상품이 되었다. 1945년 미국은 전 세계 석유의 3분의 2를 생산했고, 나머지 3분의 1 중 절반 이상이 라틴아메리카와 카리브해 지역에서 생산되었다.[5] 국제 석유 무역을 지배한 협정 아래에서 석유 상품은 생산국이나 소비국의 통화가 아니라 생산을 통제하는 국제 기업들의 통화로 팔렸다. (주로 이란에서 온 석유인) 이른바 '스털링 오일Sterling oil'은 영국 파운드로 거래되었지만, 세계 판매의 많은 양은 달러로 거래되었다. 기타 국가들은 모두 필요한 에너지를 미국 달러로 구매해야만 했다. 국제 금융의 기반으로서 달러의 가치는 석유의 흐름에 의존했다.

국제 금융에서 석유가 차지하는 위치는 전후 금융 체제에 대한 대부분의 설명에서 누락되어 있다. 하지만 전후 계획 문서들을 보면 분명하게 알 수 있다.[6] 브레턴우즈 체제의 설계자인 존 메이너드 케인스John Maynard Keynes와 해리 덱스터 화이트Harry Dexter White는 석유와 여타 필수 원자재의 교역을 담당하기 위해 국제통화기금 및 세계은행과 더불어 제3의 기구를 창설하는 데 찬성했다.[7] 전후 국제 금융 체제를 재건하기 위한 그들의 제안에는 원자재의 부족과 과잉, 가격 급변을 막기 위해 석유, 고무, 설탕 등의 비축량을 확보하는 안이 포함되어 있었다. 케인스에 반대한 이들—특히 국제 금융에 대한 정부 통제에 반대한 초창기 신자유주의자들—조차 화폐의 흐름을 석유와 같은 주요 상품의 교역과 연동함으로써 금융 투기를 줄일 필요성을 인정했다. 이 운동의 지적 지도자인 프리드리히 하이에크Friedrich Hayek는 벤저민 그레이엄Benjamin Graham의 '현대판 비축 창고a modern ever-normal granary'[8] 제안을 끌어와서 금본위제를 '국제 상품 본위제'로 대체할 것을 주장했는데, 여기서 통화는 "비축 가능한 원재료 상품의 수에 따라 창고 증권warehouse warrants(창고에 기탁된 화물의 수취증 및 인도증으로, 이서에 의해 제3자에게 양도할 수 있는 유통성 유가 증권—옮긴이)의 고정된 비율"과 교환하여 발행되는 것이었다.[9] 투기로 인한 통화의 붕괴를 예방하는 문제에 관한 논쟁에서 양측 모두 전후 금융 안정성, 그리고 결과적으로 민주주의의 미래가 핵심 상품의 비축과 교환을 다루는 데 달려 있다고 믿었다. 점차 단 하나의 상품, 석유의 흐름이 민주주의 질서를 안정화하거나 파괴할 메커니즘을 제공하게 되었다.

석유에 대한 우려는 새 질서를 창설하는 회담에서 가시적으로 드러났다. 국제통화기금과 세계은행을 비롯한 전후 금융 체제를 만든 1944년 7월 브레턴우즈 회담, 그리고 같은 해 가을 연합국들이 국제연맹의 후신을 기획한 덤바턴 오크스Dumbarton Oaks 회담 사이에 제3의 회담이 열렸다. 8월 초 영국과 미국 대표단이 워싱턴에서 만나 전후 석유 질서의 기초를 마련한 것이다. 이 회담에서 국제석유협의회 International Petroleum Council라 불리게 될 상임 기구의 창설을 계획했다. 국제통화기금이 국제적 은행의 투기적 거래 행위가 야기하는 혼란을 제한하고자 했듯이 국제적 석유 기구는 국제 석유 기업들이 일으키는 말썽을 제한하고자, 또한 산유국들, 특히 중동의 산유국들이 석유에 대한 통제권을 갖는 것을 미연에 방지하고자 했다. 아랍 세계의 정치적 독립 요구를 방해했던 국제연맹하의 위임 통치처럼 국제석유협의회는 중동 석유에 대한 영국과 미국의 통제를 꾀하는 '신탁 관리 trusteeship'의 형태가 될 것으로 보였다.

강대국들의 신탁 관리

주요 석유 기업들은 국제 상품 통제를 위한 케인스의 광범위한 계획 —1945년 4월 유엔 창립 대회에서 논의될 계획 —에 대한 대안으로 국제적 석유 기구에 대한 계획에 협조했다. 셸의 미국 자회사 대표는 만약 기업들이 국제석유협의회를 지지하지 않으면 "모든 나라의 모든 종류의 상품을 포괄하도록 제안한 샌프란시스코의 기본 협정"의 위험을 감수하게 될 것이라고 경고했다. 그는 석유 특별 협정에서 "우리는 이 과정에 관여할 무언가를 갖고 있다"라고 말했다.[10] 중동의 석유를 지배하는 새로운 체제가 창출될 수 있었던 요인으로는 미국 석유 기업들의 주요 해외 유전 지역이었던 라틴아메리카에서 이들 기업의 입지가 약화된 점도 작용했다. 석유 기업 간부들은 미국 비축분의 고갈과 석유에 대한 새로운 군사적 수요를 염려하는 이야기를 나누었는데, 이는 워싱턴으로부터 중동의 석유 생산 개발을 위한 보조금을 따내는 데 도움이 되었다. 그러나 그들이 직면한 현실적 문제는 남쪽으로부터 왔다.

국무부의 석유 담당관이 언급했듯 전쟁 바로 직전에 볼리비아와 멕시코에서 미국의 이익이 "가차 없는 몰수"를 당하고 라틴아메리카의 다른 지역에서는 국가가 석유를 독점하거나 더 강경한 채굴권 조건을 제시하자 미국 기업들은 라틴아메리카에서 많은 이윤을 얻기 어려워졌다.[11] 전후에는 점점 더 중동 지역에서 이윤을 얻어야 했는데, 이곳은 대규모의 미개발 석유 자원이 위협이 되긴 했지만 석유 자원에 대한 국가 통제의 압력을 막아내기는 더 쉬워 보였다. 미국 기업들은 전간기에 중동에서 채굴권을 얻어냈지만, 개발을 위한 노력은 거의 하지 않았다. 중동 석유의 전시 수요가 하락하면서 그들은 많지 않던 작업량을 축소할 수 있었다. 1945년 중동은 전 세계 석유의 단 7.5퍼센트만을 생산했을 뿐이며 그중 3분의 2는 영국이 통제하는 이란의 유전에서 나왔다.[12]

베네수엘라와 멕시코 그리고 여타 라틴아메리카 지역에서 석유 산업을 건설하는 과정에서 석유 기업들은 100년 이상 독립국이었고 점점 더 평등한 석유 협정을 협상할 수 있게 된 주권 국가들과 거래를 하지 않을 수 없었다. 중동에서는 주권 국가들이 아직도 과거의 지역적이고 제국적 통치 형태로 형성되고 있었다. 석유 기업들은 그곳에서의 자기 역할을 후진적 인민에 대한 '개발'로 묘사하며 보다 덜 평등한 협정을 강요했다.

국무부는 미국의 석유 기업들이 라틴아메리카에서 저지른 일과 똑같은 문제를 중동에서 일으키는 것을 방지하려 했다. 영국과 합의한 국제적 틀이 기업의 석유 사업에 신탁 관리라는 외양을 제공했는데, 신탁 관리는 위임 통치라는 낡은 아이디어에 대한 새로운 용어였다. 석유 협정은 중동의 유전에 대한 영국과 미국의 통제를 석유가 필요한 모든 나라가 석유를 사용할 수 있게 하는 방안으로 규정하고, 이러한 '공평한' 관리를 산유국의 자국 석유에 대한 자주적 통제 요구를 거부하는 원칙으로 제시할 수 있게 했다. 전략사무국Office of Strategic Services이 국무부를 위해 준비한 한 보고서는 "공평한 분배와 이용의 원칙은 산유국들의 주권을 어느 정도 기각하며 세계 석유 자원에 대한 강대국들의 일종의 신탁 관리를 상정한다"라고 제안했다.[13]

애초에 워싱턴은 정부 기구가 신탁 관리의 역할을 하도록 할 의도였다. 1943년에 전시미국석유국US Petroleum Administration for War은 정부

석유 기업인 석유비축기업Petroleum Reserves Corporation을 설립하여 사우디아라비아의 석유 비축 관리를 맡도록 했는데, 그 석유에 대한 권리를 가진 미국의 합작 투자 회사인 캘리포니아-아라비안 오일 컴퍼니 California-Arabian Oil Company의 지분을 보유하게 할 예정이었다. 또한 워싱턴은 전시 무기 대여 원조를 사우디아라비아로 확대했고(그럼으로써 미국 석유 기업들이 이븐 사우드의 통치를 보조할 필요성을 경감했다), 사우디아라비아에서 지중해로 석유를 수송할 미국 정부 소유의 송유관 건설도 계획했다. 사우디아라비아의 석유에 대한 통제력을 장악함으로써 국무부는 민족주의를 방지하는 임무를 석유 기업들보다 더 잘할 수 있기를 희망했는데, 그 일환으로서 지역의 지배 가문들이 '개발'에 이용할 수 있도록 재정 지원을 몰아주었다.[14] 제1차 세계대전이 끝나고 영국 정부는 이라크에 대한 위임 통치를 천연자원의 '개발'을 위한 체제로 구상했으며, 새로운 형태의 보호령을 만들고 석유 기업들이 제국주의 권력의 안정성에 투자하도록 장려하고자 했다. 신탁 관리를 위한 워싱턴의 계획은 제국주의적 개발의 새로운 버전이었다.

사우디아라비아의 채굴권을 가진 미국의 캘리포니아 스탠더드 오일(이후 셰브론Chevron으로 사명 변경)과 텍사코Texaco(지금은 셰브론과 합병)는 워싱턴의 인수 시도를 가로막았다. 아랍 국가와 미국의 공식적인 파트너 관계라는 인상을 주기 위해 그들은 합작 투자 회사의 이름을 캘리포니아-아라비안에서 아라비안-아메리칸 오일 컴퍼니Arabian-American Oil Company(아람코Aramco)로 바꾸었다. 그들은 정부가 이 회사에 투자하도록 허용하는 대신 전후의 확장에 필요한 자본을 조성해 뉴저지와 뉴욕 스탠더드 오일(지금의 엑슨모빌)이 아람코의 주식 40퍼센트를 매입하도록 했다. 그들은 송유관 계획 역시 무산시켰는데, 그

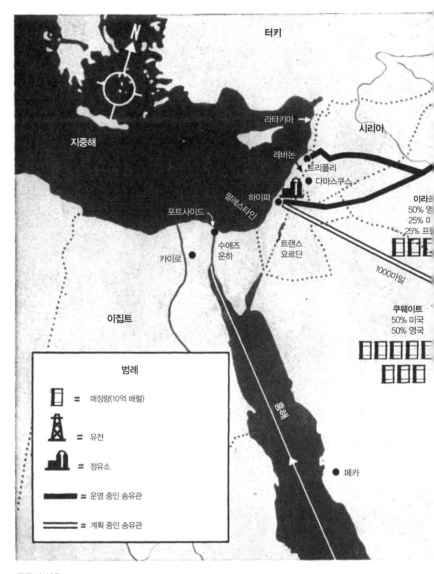

중동의 석유

중동의 석유 매장량은 260억 배럴 이상으로 추정된다. 참고로 미국의 매장량은 200억 배럴 정도이다. 현재 미국의 석유 소비율을 고려하면, 15년 이상 사용하기에 충분한 양이다. 영국은 이란에서 가동 중인 유전을 독점하고 있다. 러시아는 이란의 북부 유전을 원하고 네덜란드는 이란 서북 지역의 개발권을 가지고 있다. 영국은 이라크 석유를 통제하고 있지만, 미국과 프랑스, 네덜란드도 이해관계를 갖고 있다. 미국은 바레인에서 작업하고 있

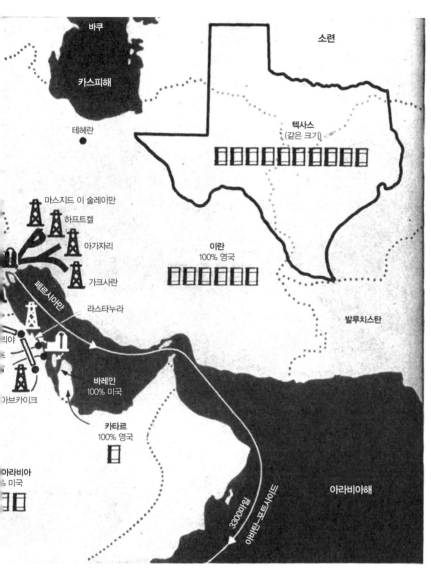

고, 사우디아라비아에서 유리한 입장에 있으며, 쿠웨이트의 새로운 유전은 영국과 나눠 가졌다. 지도에는 탐사가 끝나 생산 중인 유전들만 표시했다(카타르와 쿠웨이트는 석유를 생산하고 있지 않지만 중요하기 때문에 표시했다). 건설 계획 중인 아라비아를 가로지르는 미국 송유관은 해상 루트보다 훨씬 짧다.

〈중동의 석유: 강대국들이 석유가 제공하는 권력을 획책하면서 분쟁 발생〉, 《라이프Life》, 1945년 6월 11일.

러나 곧 자신들이 직접 건설하겠다고 나서며 정부 지원을 요구했다
(다음 장의 지도 참조).

석유 '신탁 관리'를 위한 미국의 유사한 계획들이 전쟁 중 영국과 러시아가 점령했던 이란에서 전개되고 있었다. 루스벨트Franklin D. Roosevelt 대통령은 유엔 창설을 잠정적으로 합의한 1943년 말의 테헤란 회담에 처칠, 스탈린과 함께 참석해 전후 이란에서 미국의 역할을 국제적 신탁 관리로 규정한다는 국무성의 아이디어를 받아들였다. 그는 15명의 미국 행정 자문가 팀이 이미 이란에서 "그 실행 가능성과 예상되는 새로운 '신탁 관리'의 형태를 검증"하는 "임상실험"을 하고 있다고 설명했다.[15] 제1차 세계대전 이후 이라크에 대한 위임 통치처럼 이란에 대한 신탁 관리라는 아이디어는 미국이 석유에 대한 영국의 통제력에 도전하면서 동시에 미국 석유 기업들이 이 나라의 보다 광범위한 '개발'을 향해 나아가도록 하는 길을 제공했다. 국무부는 스탠더드 오일과 또 다른 미국 기업이 석유 채굴권 입찰에 참여하도록 압력을 넣었다. 하지만 미국의 석유 지질학자들이 남동 지역에서 전망이 밝지 않다고 하여 소련과 국경을 접하고 있는 북부 지역에서 탐사를 시작하자 모스크바는 북부 지역의 석유 채굴권이 자신의 것임을 강력하게 주장하고 나섰다.

중동의 석유가 미국의 통제하에 들어가야 하는 이유를 분명하게 밝히기란 다소 어려운 문제였다. 1943년 국제석유정책위원회Committee on International Oil Policy의 위원장이었던 전 국무부 경제 자문 허버트 페이스Herbert Feis는 국제 석유 협정의 필요성을 대중에게 설명하고자 했다. 그는 "석유가 부족한 나라들은 협상을 하거나 교역을 해야만 했다. 그들은 타국의 의지와 선심에 의존하게 되었다"라고 하면서 "미

국은 이러한 사고에 익숙하지 않았다"라며 노골적으로 비꼬았다.[16]
이 고위급 경제 정책가는 퇴임 후 석유 기업들에게는 (무언가를 협상하고 다른 이들과의 상호 작용에 의존하는) 시장 교환의 원칙이 익숙하지 않은 사고였다고 지적하며 우스워했을지 모른다. 하지만 머지않아 냉전은 석유 기업들에게 그러한 냉소주의를 모면할 수 있는 길을 제공했다.

국무부의 한 메모에 따르면, 국제통화기금과 세계은행에 힘을 보탤 석유 기구를 설립하려는 국무부의 야심 찬 계획은 "세계 석유 자원에 대한 실제 행정적 통제력을 갖는 범세계적 체제"를 만들기 위함이었다.[17] 전후 석유 질서의 틀을 제공하기 위해 1944년에 작성된 영-미 석유 협정Anglo-American Petroleum Agreement은 "국제 석유 교역의 효과적이고 질서 있는 발전"을 요청했는데, 이는 생산국과 소비국 사이의 "국제적 합의"—라틴아메리카인들의 일방적 행동에 대한 분명한 대안—를 요구하는 것이었다. 협정문 1조는 자국의 석유를 통제하려는 산유국들의 시도를 좌절시키기 위한 새로운 공식을 제시했다. 즉 석유는 국제 무역에서 "경쟁적이고 비차별적인 기반에서" 그리고 "준거법과 채굴 계약의 틀 내에서" 모든 나라가 이용 가능해야 한다는 것이다. 그리고 "산유국들의 이해는 그들의 경제적 발전이라는 견지에서 보호되어야 한다." 다시 말해 거대 석유 기업들은 기존의 채굴권 협정 체계에 기초해 석유 접근권을 관리하는 데 있어서 모든 나라의 이익을 대변하게 될 것이며, 개발에 도움을 주는 형태로 산유국들의 손해는 벌충될 것이라는 이야기였다. 협정문은 이러한 목표들을 더욱 진전시키기 위해 국제석유위원회International Petroleum Commission라는 기구를 창설하여 통계를 수집하고 보고서를 발간할 것을 제안했다. 이에 대해 페이스는 "전문가 직원들이 나와 있고 인쇄기 한 대가 놓여 있는 상설 회의장 이상을 만들지 못할 것"이라며 일축했다.[18] 그의 말이 옳았지만, 그는 다자간 회담을 열고 끝도 없는 통계 보고서를 복사하는 일이 석유를 '국제적'인 것으로 만드는 데 일조하여, 산유국들이 석유를 국가 자원으로 여기게 만들지도 모르는 주장들에 맞서는 논리가 될 것이라는 점을 인지하지는 못했다.

장기 계획의 실패

영-미 석유 협정은 전혀 이행되지 못했다. 석유의 통제를 둘러싼 영국과 미국 사이의 경쟁 관계는 해소되지 않았다. 주요 석유 기업들은 협정문을 수정하고 약화하도록 강요했고 미국 내 석유 기업들은 상원에서의 협정 인준을 가로막았다. 그러는 동안 이란과 사우디아라비아의 석유를 신탁 관리한다는 계획은 좌초되었고, 미국은 이 지역의 석유 통제권을 주장하면서 결과적으로 달러화의 유통을 보장하는 보다 간단한 길을 찾았다.

석유 협상에서 영국은 주요한 목표가 하나 있었는데, 달러화와 더불어 두 번째 국제 준비 통화로서 파운드화의 가치를 재건하는 방식으로 석유의 생산과 흐름을 조직하는 것이었다. 영국은 영국 시장(대영제국의 나라들 대부분에 더하여 이라크, 쿠웨이트, 그리고 기타 페르시아만 영토들로 구성된 이른바 스털링 지역)에서 미국 석유의 수입을 배제하도록 하는 합의를 원했다. 또한 중동에서 영국의 석유 생산을 증가시킴으로써 파운드화의 강세를 기대했다. 중동에는 가격을 인하하거나 파운드화의 가치가 달려 있는 기업의 소득 흐름을 크게 줄이지 않아도 언제나 생산할 수 있는 것보다 더 많은 석유가 있었기에 영국은 또한 전후 중동에서 미국의 생산량이 조금이라도 늘지 않도록 제한하고자 했다.

경쟁하는 국제 통화로서 파운드화를 지키려는 영국의 시도는 유전을 둘러싼 투쟁이었다. 미국 석유 기업들이 사우디아라비아의 석유를 유럽으로 실어보내기 위해 세운 비영리 합작 투자 회사인 트랜스아라비안 파이프라인 컴퍼니가 송유관의 경로를 정할 때 원래는 영국이 전쟁 전에 1949년까지 독립을 약속했던 국가인 팔레스타인을 종착점으로 삼을 계획이었다. 유엔이 팔레스타인을 세 국가(아랍, 유대, 그리고 예루살렘이라는 국제화된 도시)로 분할하도록 표결하고는 이 나라의 분할이나 유대 국가에서 아랍 인구를 축출할 아무런 방법도 제공하지 않음으로써 시온주의 운동이 이 지역 대부분을 무력으로 장악하도록 허용하자 석유 기업들은 마음을 바꾸었다. 그들은 남쪽에서 온 송유관을 이집트의 시나이반도 북쪽 해안까지 연결하는 방안을 고려했다. 그러나 이집트는 영국의 영향권에 남아 있었다. 이는 팔레스타인에서의 골치 아픈 문제 말고도 또 다른 문제를 낳았다. 이집트는 스털링 지역의 일원이었다. 실제로 이집트와 이라크는 이 교환 메커니즘에서 유일하게 영연방 구성원이 아니었다.[19] 미국 석유 기업들은 송유관 경로를 이용하여 스털링 지역을 침식하길 원했다. 이러한 금융 공학을 고려해 그들은 송유관을 북쪽의 시리아와 레바논으로 우회시켰다. 이 즈음 영국은 경쟁 송유관을 건설하여 이라크에서 지중해로 가는 스털링 오일의 흐름을 늘리려 했다. 하지만 미국인들이 30인치 송유관을 건설한 반면, 영국의 송유관은 그 절반 크기였는데(석유도 3분의 1 정도밖에 수송하지 못했다) "스털링 지역 제조업자들이 더 큰 파이프를 만들 수 없었으며 그만큼의 달러를 구하기도 불가능했던 탓에 직경이 16인치로 제한되었다."[20] 전후의 국제 통화 체제를 둘러싼 전투는 송유관의 경로와 직경 경쟁을 통해 벌어지고 있었다.

석유가 영국의 국제 교역에서 굉장히 큰 부분을 차지한 탓에 영국 무역 계정에서의 석유의 처리에 대한 1955년 보고서는 "(유조선 사업을 포함하는) 석유 산업의 국제적 영향은 굉장히 크고 복잡해서 석유 자체가 거의 하나의 통화가 될 정도"라고 지적했다.[21] 유럽과 여타 지역들은 달러를 비축해뒀다가 석유 대금으로 미국에 돌려보내야 했다. 미국 내 인플레이션이 달러의 가치를 천천히 침식했기 때문에 이들이 석유를 구입할 때 사용한 달러는 그것을 획득했을 때의 가치보다 적어지게 되었다. 이러한 시뇨리지 특권seigniorage privilege 덕분에 워싱턴은 세계 모든 나라로부터 세금을 거둬들여 경제 번영을 이뤘으며, 그로 인해 미국의 민주주의도 대중화될 수 있었다.

1945년 2월 얄타에서 세 강대국의 두 번째 회담을 마치고 귀국하던 중 루스벨트 대통령은 이집트에 들러 사우디아라비아, 이집트, 에티오피아 세 지역의 군주들과 회담을 가졌다. 이븐 사우드와의 회담은 중동 석유와 관련한 사우디아라비아와의 특별한 관계를 확정 짓기 위해 마련되었으나 전략사무국(중앙정보국의 전신) 요원 윌리엄 에디William Eddy가 원한 반응이 아니었다. 그는 이 회담의 준비를 돕고 아람코의 정치 담당자로 신분을 위장해 중앙정보국에서의 경력을 계속 이어갔다. 여섯 달 후 이 지역의 동료 미국인 요원은 "우리 모두 워싱턴에서 개처럼 일하고" 나서 기대했던 "사우디아라비아를 위한 장기 계획"이라는 희망이 실패한 것—이 나라에 대한 미국의 대규모 지원을 얻어내지 못한 점—을 두고 에디에게 한탄했다.[22] 전쟁 중에 사우디아라비아와 이란에 베풀었던 무기 대여 원조 프로그램은 취소되었고, 팔레스타인을 유대 국가로 만들려는 시온주의 프로그램을 미국이 지원하지 말아달라는 사우디아라비아의 요청은 무시되었으며, 이란과 사우디아라비아에 대한 신탁 관리와 대규모 개발을 위한 전시 계획은 유야무야되었다.[23]

이후 트루먼Harry S. Truman 대통령은 마셜 원조 프로그램을 중동으로 확대하길 거부하고, 대신에 포인트 포 프로그램Point IV Programme[24]을 제공하기로 했다. 트루먼은 미국이 세계의 "저발전 지역들"과 자본이나 물질적 부를 함께 나눌 수는 없을 것이라고 설명했는데, 왜냐하면 자원은 "한정되어 있기" 때문이었다. 그 대신 워싱턴이 주게 될 것은 아이디어였다. 미국 기업들에게 "끊임없이 확장"되고, 물질적 부와는 대조적으로 "소모되어 사라지지 않는" 자신들의 "기술적 지식 등 헤아리기 어려운 자원들"을 공유하도록 장려했다. 기술적 노하우는 각국이 자신의 현존 물질 자원을 이용하여 보다 많은 식량과 의복, 기계 동력을 생산할 수 있도록 해줄 것이었다.[25] 개발이라는 아이디어는 미국의 비서구와의 관계에서 보조적이지만 중요한 역할을 했다. 하지만 그 역할은 일부의 예외적으로 풍요로운 생활수준과 대다수 사람들의 평범한 생활수준 사이의 차이를 해결하는 효과적인 수단을 제공한다기보다는 그 차이를 관리하는 것에 불과했다.

한편 중동의 산유국들을 비롯하여 비서구와의 관계를 관리하는 또 다른 방식이 등장하고 있었다. 얄타 회담에 이어 미국은 유럽에서 태평양으로 재빨리 군사력의 무대를 옮길 계획을 세우기 시작했고, 중동에 착륙과 재급유를 위한 시설을 갖추길 원했다. 석유에 대한 새로운 관계를 공고화하는 것보다는 이러한 관심이 루스벨트가 이븐 사우드를 만난 주된 이유였다. 워싱턴에서 더 이상 대규모의 재정 지원을 얻지 못하게 됨에 따라 아람코와 이븐 사우드는 다란에 미국의 공군 기지 역할을 하게 될 공항을 건설하기로 했다. 기지 건설을 위한 예산이 승인될 무렵 태평양 전쟁이 끝났고 미국 전쟁부는 이 비행장의 "군사적 유용성이 의심스럽다"고 판단했다. 하지만 아람코는 군사적 취약성에 대한 우려를 활용해야 워싱턴으로부터 지속적인 보조금을 보장받을 수 있음을 알았다.[26] 보다 폭넓은 개발 계획을 포기하면서 석유 기업들은 이제 그들의 이권을 세계 석유에 대한 "신탁 관리"가 아니라 "전략적" 관심사들을 확보하기 위해 필요한 것으로 제시하기 시작했다.

미국의 석유 이권을 확보하고, 그리하여 전후의 국제 금융을 조직할 전략적 틀을 창출하기 위한 보다 큰 기회가 곧 생겨났다. 제2차 세계대전이 끝나면서 이란에서의 석유 채굴권을 둘러싼 미국과 소련의 분쟁이 다시 발생했다. 이는 소련 국경 지역에서 석유를 채굴하던 미국인들에 의해 촉발되었다. 이후 몇 달 동안 미국은 이란 석유를 둘러싼 분쟁을 국제적인 위기로 전환시켰다. 이로써 미국 관료들은 이란을 중동에서 미국의 석유 정책 그리고 미국의 권력 확장을 지지하는 새로운 맥락이 배양되는 장소로 만들 기회를 얻었다. 이란 석유 채굴권 위기의 정점에서 1946년 2월 조지 케넌George Kennan[27]은 모스크바에서 유명한 장문의 전보Long Telegram를 타전했는데, 그의 '심리학적 분석'은 소련이 이해관계의 합리적 계산에 기초해서가 아니라 절대 권력에 대한 편집증이라는 복잡한 심리에 의해 "세계 권력의 가능한 모든 구석구석"을 채우고자 움직인다고 주장했다. 이러한 위협에 맞서기 위해 케넌은 민주주의 국가들이 사실상 덜 민주적이 되어야 하며, 그들을 위협하는 국가들과 비슷하게 작동해야 한다고 주장했다. 그와 같은 만연한 위협은 "민주적 의사의 일시적 변덕을 대변하는 산발적인 행위들"이 아니라 편집증적인 소련의 정책보다 "그 목적에 있어 더욱 일관되고, 정책 적용에 있어 변화가 많고 임기응변적이지 않은" 정책들로써만 제대로 대응할 수 있었다. 이 위협에는 "끊임없이 이동하는 일련의 지리적, 정치적 지점들에서 저항력을 능숙하고 긴장감 있게 적용하는 것"이 필요했다. 민주주의 정치의 박약한 변덕은 전능한 제국주의의 경계심으로 대체되어야 했다. 또한 민주주의의 취약성은 국내에서 "우리 사회 내부의 문제들을 해결하기 위한, 자기확신, 규율, 사기 그리고 우리 스스로의 공동체 의식을 높이기 위한" 기민한 조치들을 취함으로써 대응해야 했다.[28]

미국의 소련과의 경쟁 관계를 국제정치적, 문화적, 심리적 전투로 전환하려는 계획에 반대하는 사람들은 그것에 '냉전'이라는 딱지를 붙였는데, 그 말은 영구적인 전쟁 상황에서 나타나는 과두적이고 기술관료적 국가에 대해 경고하는 조지 오웰George Orwell의 에세이[29]에서 신자유주의 비평가 월터 리프먼Walter Lippmann이 차용한 용어였다. 비평가들은 패배했고, 냉전은 구축되었다. 전후 탈식민화와 그에 따른 민족 독립이라는 점점 어려워지는 상황 속에서 해외 자원을 통제하려는 기업의 통상적인 열망은 이제 지구적 '맥락'을 호출함으로써 설명될 수 있었다. 중동에서는 위임 통치와 신탁 관리 같은 장치, 그리고 개발에 대한 거창한 계획이 더 이상 필요치 않았다. 미국 관료들과 석유 실무자들은 기업의 이윤이나 중동으로부터 석유 공급을 제한할 필요성을 언급하지 않고도 영구적인 전쟁 상황 속에서 그 '전략적 중요성'을 언급함으로써 미국 석유 기업들이 이 지역에 대한 생산을 통제할 필요성을 설명할 수 있었다. 학술적 분석들은 전략적 필요성이라는 언어를 되풀이했고, 이를 통해 냉전은 미국의 해외 이권을 관리하고, 석유 통제를 통해 금융 흐름을 조직하며, 국내에서 사회 규범과 공동체 정신을 위협하는 민주적 요구에 대응하는 장기적 장치가 되었다. 석유에 대해 이렇게 이야기하는 방식은 오늘날까지 이어지고 있다.

나는 유럽에서의 마셜 플랜과 냉전의 구축으로 1장을 마무리했다. 석탄 생산 네트워크가 정치적 정의에 대한 새로운 요구를 진전시킬 수 있는 민주적 기구들의 조합을 가능하게 한 이후 마셜 플랜은 유럽을 석유와 달러에 점차 의존하게 만듦으로써 서유럽에서 그러한 요구들에 덜 취약한 정치·금융 구조를 만들어내는 데 기여했다. 이러한 구조는 중동 석유의 개발과 통제, 그리고 석유의 달러 거래에 바탕을 두었다. 그리하여 민주주의의 논쟁과 취약성의 무대는 중동으로 옮겨 가게 되었다. 국제석유위원회를 브레턴우즈 체제의 기관들과 나란히 작동시킬 근거로 고안된 영-미 석유 협정은 중동 석유에 대한 영국과 미국의 통제력에 국제적 프레임을 제공함으로써 이러한 민주주의 정치 공학을 확장시키고자 했다. 미국이 중동 석유에 대한 영국의 지배적 지위에 도전하고 달러-석유 메커니즘을 공고히 하려다 발생한 1945~1946년의 이란 위기는 석유에 대한 통제력과 민주주의의 관리를 지배하는 대안적 프레임을 확장시킬 수 있게 했다. 바로 냉전이었다.

서구에서 전후 민주주의는 국제 금융이라는 안정적 기구의 창출에 달려 있는 것으로 드러났는데, 이 기구는 유전과 송유관, 유조선 운용 그리고 점점 더 어려워지는 석유 노동자 통제와 섞여 조합되는 하나의 질서였다. 석유의 흐름이 전 세계 에너지 공급 네트워크와 전 지구적 화폐 흐름의 기반이라는 사실은, 1960년대 말에 점차 뚜렷해지고

1967~1974년의 에너지 위기와 달러 위기 그리고 중동 위기로 이어진 탈구disjuncture를 논의하는 데 도움을 준다. 다음 장에서는 이렇게 서로 맞물리는 위기들에 대해 알아볼 것이다. 그 전에 전후 탄소 민주주의의 두 번째 차원을 살펴볼 텐데, 이 역시 석유와 연관되어 있으며 1967~1974년의 위기로 전환된 것이다. 바로 20세기 중반의 '경제'의 정치학이다.

탄소 경제

화폐의 가치를 석유의 흐름과 연결하기 위한 전후의 장치를 고안하는 데 지도적 역할을 한 경제학자 존 메이너드 케인스는 20세기 중반 또 하나의 혁신을 정식화하고 설명하는 데 도움을 주었다. 이 계산과 통치의 근대적 장치는 '경제'라 불리게 되었다. 석유와 20세기 중반 민주주의 정치가 한 묶음으로 강력하게 연결된 것은 경제 전문 지식의 역할과 관련되어 있다. 20세기의 민주주의처럼 20세기의 경제 전문 지식은 탄화수소 시대와 특별한 관계 속에서 발전했다.

케인스가 이러한 경제 전문 지식을 만들어내는 데 주요하게 기여한 바는 국내의 화폐 순환을 설명하고 관리하는 새로운 방식을 고안해낸 것이었다. 고전이 된 《일반 이론》(1936)의 인상적인 한 구절에서 케인스는 폐탄광에 파묻혀 있는 은행권(지폐)을 예로 들며 자유방임 경제학의 시장 장치들과 오늘날 정부가 화폐의 순환을 관리해야 할 필요성 사이의 차이를 설명했다.

만약 재무부가 은행권을 낡은 항아리들에 담아 폐탄광에 적당한 깊이로 파묻은 다음 도시의 쓰레기들을 덮어두고, 이를 자유방임 원칙에 따라 사기업들이 다시 마음대로 파가도록 내버려둔다면 … 더 이상 실업이 있을 필요가 없으며, 그 영향으로 인해 사회의 실질 소득 그리고 자본의 부 역시 실제보다 훨씬 더 커지게 될 것이다.[30]

영국의 석탄 생산은 1913년에 정점을 찍었다. 20여 년 후 케인스가 《일반 이론》을 쓰기 시작할 때 영국의 탄광은 전례 없이 빠르게 고갈되어가는 중이었다. 1870년대에 개인 효용의 수학적 계산이라는, 영국 경제사상사에 혁명을 일으킨 윌리엄 스탠리 제번스William Stanley Jevons는 석탄 매장량의 고갈을 경고하는 책을 펴냈다. 케인스는 《일반 이론》이 출판되었을 때 제번스의 책을 읽고 있었고, 1936년 왕립통계학회Royal Statistical Society에서 제번스에 대해 강의했다.[31] 이는 석탄 매장량의 고갈이 더 이상 위기가 되지 않는다는 경제학적 사고의 전환에 케인스가 했던 역할을 보여준다. 석탄 매장량의 관리는 이제 머릿속에서, 그리고 경제학 교과서에서 화폐 보유고로 대체될 수 있었다. 이러한 시대에서 탄소 에너지의 공급은 더 이상 경제적 가능성의 실질적 한계가 아니었다. 중요한 것은 은행권의 적절한 유통이었다.

1930년대 이래 서구 민주 정치는 어느 정도는 새로운 종류의 경제 전문 지식의 활용을 통해 형성되었다. 그것은 케인스주의 경제사상의 발전과 배치, 식민지 통치를 비롯한 여러 정책과 논쟁 영역으로의 케인스주의의 확장, 점차 강화된 케인스주의의 기술적 성격, 그리고 점점 더 많은 주제들이 민주적 논쟁이 아니라 경제적 계획과 노하우에 의해 결정되어야 한다고 주장하는 시도들이었다. 케인스주의와 뉴딜

이 경제적 지식을 정교화한 것은 포퓰리즘 정치의 위협에 대한 대응이었는데, 그러한 위협은 특히 1929년 금융 위기와 그에 따라 나타난, 그리고 10년 뒤 다시 나타난 노동자 투쟁에서 드러났다. 경제학은 민주적 행위에 한계를 설정하고 그것을 유지하는 방법을 제공했다.

전문 지식의 배치는 그 전문 지식이 정복할 수 있는 사회-기술적 세계의 형성을 필요로 하고, 또 그것을 조장한다. 이 경우 그 세계는 '경제'라는 세계였다. 이는 1930년대 이전에는 어떤 경제학자나 정책 입안자도 언급하지 않았던 것이었으며, 그 존재조차 알지 못했던 것이었다. 물론 '경제'라는 단어는 1930년대 이전에도 존재했지만, 그것은 하나의 실체가 아니라 과정을 지칭하는 말이었다. 그것은 '정치경제학political economy'이라는 표현에서처럼 사람과 자원에 대한 통치나 적절한 관리를 의미했다.[32] 경제는 이제 서구에서 민주 정치의 핵심적인 목적—서구 바깥에서는 '개발'의 출현과 병행하는 프로세스—가 되었다. 경제의 운영이 정부의 중심 임무가 되면서 이는 전문 지식의 배치를 필요로 하게 되었다.

문명은 동력의 경제

경제학과 경제의 관계에 관한 의견들은 대부분 오스트리아 출신의 위대한 사회이론가 칼 폴라니의 영향을 받았다. 폴라니는 경제가 19세기에 사회의 다른 부분과 분리된 제도적 영역으로 등장했다고 주장했다. 이렇게 분리되기 이전까지 경제는 보다 넓은 사회적 관계들에 흡수되거나 끼여 있었다. 폴라니는 결과적으로

리카도David Ricardo 고전 경제학의 공식 법칙은 단지 특정한 역사적 시기―시장 교환이 더 이상 광범위한 사회적 관계들의 부수적 측면이 아니라 다른 사회적 영역들을 종속하는 자율적 체계가 된 때―에만 부합한다고 논했다. 더욱이 그는 고전 정치경제학이 토지와 노동, 화폐를 단순히 상품처럼 취급하는 방식을 정식화함으로써 시장 체계가 사회로부터 분리되도록 도왔다고 주장했다. 경제가 고유한 제도적 영역으로 형성되기 위해서 이러한 허구적 상품들은 필수적이었다.[33] 특히 폴라니는 화폐를 투기꾼들이 거래할 수 있는 상품으로 간주한 것이 이후 유럽 민주주의의 붕괴를 가져왔다고 주장했다.

18세기 후반 혹은 19세기에 경제가 전문 지식과 통치 행위의 뚜렷한 대상이 되었다는 데 대한 일치된 의견은 놀라운 사실을 간과한다. 그 시기의 어떤 정치경제학자도 '경제'라 불리는 대상을 지칭하지 않았다. 오늘날 우리가 당연시하는, 주어진 지리적 공간 내에서의 재화와 서비스의 생산, 분배, 소비 관계의 총체 또는 자율적 구조를 지칭하는 '경제'라는 관념은 그보다 100년도 더 지난 1930~1940년대에 출현했다. 학술 문헌이나 대중의 표현 모두에서 위와 같은 경제라는 용어의 의미는 제2차 세계대전 즈음 비로소 일반적으로 사용되었다.

17세기 토마스 먼Thomas Mun(영국 동인도회사의 이사로 재직했던 경제 이론가―옮긴이)과 윌리엄 페티William Petty에서 18세기 후반의 애덤 스미스Adam Smith의 저작에 이르기까지 정치경제학은 경제 내부의 생산이나 교환의 구조에 관한 것이 아니었다. 《국부론》에서 애덤 스미스는 이러한 유형의 구조나 전체에 대해 언급한 적이 없다. 그가 '경제'라는 용어를 사용했을 때 이 단어는 검약이나 자원의 신중한 이용이라는 오래된 의미로 쓰였다. "자본은 개인들의 사적 검약과 선한 행동으로 인해 조용히 그리고 점진적으로 축적되어왔다. … 왕이나 관리들이 사적 개인의 경제에 대해 감독하는 척하는 것은 … 너무도 큰 억측이자 오만이다."[34] 정치경제학의 대상은 재화의 적절한 관리와 순환, 그리고 이러한 순환을 관리하는 데 있어서 군주의 적절한 역할이었다. 대가족이나 토지의 관리economy에 대해 저술하던 과거의 전통은 (군주의 가족으로 상상된) 국가의 관리에 대한 논의로 확장되었다. '경제'라는 용어는 공동체의 일에 대한 이러한 신중한 관리나 통치를 지칭하게 되었다.[35] 정치경제학은 경제의 정치학이 아니라 정치체polity의 관리 혹은 통치를 지칭했다.

국가들이 18세기의 농경 사회에서 점차 19세기의 산업화된 도시 생활로 옮겨 감에 따라 '정치경제학'이라는 용어는 계속해서 정치체의 관리나 통치를 지칭했다. 심지어 저자들이 새로운 형태의 통치의 필요성을 논의할 때조차도 그러했는데, 독일계 미국인 언론인 프리드리히 리스트Friedrich List도 그러한 의미로 썼다(그의 1856년 저서 《정치경제학의 국민적 체계》는 20세기의 의미에서 '국민 경제'에 대한 선구적 연구로 읽히곤 한다). 정부 정책이 산업의 발전을 촉진하거나 산업을 보호해야 할 필요성에 대한 미국의 논의를 대중화하면서 리스트는 "정부의 물질적 수단의 수집과 이용 및 관리"를 지칭하는 "국가의 금융 경제"를 "시민의 경제적 조건을 지배하는 제도, 규제, 법률 및 환경"을 지칭하는 "인민의 경제"와 대비시켰다. '경제'라는 용어는 정부라고 알려진 과정들을 규정하는 관리, 규율, 법률 그리고 사회적 환경의 형태들을 의미했다.[36]

케인스가 석탄 문제에 관해서 읽고 있던 윌리엄 제번스의 1865년 저서는 20세기 '경제'의 발명 이전의 경제의 의미와 그것이 석탄 및 증기력의 발전과 갖는 관계를 보여준다. 제번스는 경제나 자원의 신중한 관리는 특히 산업 문명을 가능케 했던 자원에 적용되어야 한다고 주장했다. 그는 자연에서 힘과 물질이 광범위하게 손실되는 것과 문명의 기반이 되는 경제에 극히 일부의 동력이 사용되는 것을 대조했다. 그는 "물질은 본질적으로 우리의 통제를 벗어나 힘과 물질이 끊임없이 폐기되는 양상을 띤다"라고 썼다. "우리가 가장 훌륭한 엔진에서 활용하는 동력은 측정할 수 없을 정도로 많은 자연력에서 추출된 극히 작은 부분에 지나지 않는다." 그럼에도 "태양은 우리가 매년 캐내는 석탄에 함유된 화력의 수천 배를 우리 머리 위로 내리쬐지만, 완벽한 통제하에 있는 그 수천분의 1은 우리의 모든 경제와 진보의 기반이 되기에 충분하다." 독일의 화학자 유스투스 폰 리비히Justus von Liebig를 인용하면서 제번스는 화석연료라는 동력에 대한 이러한 충분한 관리와 통제를 문명 활동의 기반으로 묘사했다. "리비히 남작이 말하길 문명은 **동력의 경제**economy of power이며, 우리의 동력은 석탄이다. 우리의 산업을 이렇게 만드는 것은 바로 석탄 이용의 경제이다. 그리고 우리가 이를 더 효율적이고 경제적으로 만들수록 우리의 산업은 번성하고, 문명 활동은 성장할 것이다."[37]

석탄 시대의 계산

정치경제학에 관한 19세기의 저술은 탄광과 증기 기관의 세계를 반영한다. 하지만 탄광과 증기 기관은 반영의 대상만이 아니었다. 그것들은 정치경제학 독트린의 일부를 이루는 계산, 순환 그리고 통제의 세계가 형성되도록 했다. 금본위제가 좋은 예다. 영국의 해외 영토가 늘어나고 그와 더불어 식민 전쟁에 충당되는 국가 부채도 늘어나자 영국은 양을 크게 늘릴 수 있고, 먼 거리를 이동해도 가치가 유지되는 화폐 체계가 필요해졌다. 해법은 명목 화폐 token money의 도입이었다. 그 가치가 동전의 금속 자체에 소재하지 않고 실제 가치가 동전이 나타내는 것보다 약간 적지만 이를 발행하는 정부의 금 보유고에 따라 매겨지는 동전 말이다. 동전은 위조하기에는 비싸야 했고, 그러면서도 대량 생산이 가능해야 했다. 석탄으로 동력이 공급되는 증기 기관 압연기와 판금기가 이 문제를 해결해주었다. 명목 화폐로서 은화의 이용을 알린 1816~1817년의 대주화개혁 Great Recoinage에서 런던 왕립조폐국의 판금 주조기 여덟 대는 하루에 25만 개의 동전을 생산해냈다.[38] 증기 동력의 화폐 주조는 영국이 점차 금본위제를 시행할 수 있게 해주었고(유럽의 나머지 국가들은 1870년 이후에야 이를 뒤따랐다), 이는 국제 교역에서 영국 금융이 지배적 역할을 하는 데 기여했다. 또한 이는 화폐와 부에 관한 문제를 새롭게 이해하는 방식의 발전에도 도움이 되었다. 화폐의 대규모 주조와 유통은 새로운 문제들을 낳았는데, 여기에는 화폐 주조에서의 부정확성과 동전 사용에 따른 동전 무게 감소라는 문제도 있었다. 이 문제들은 1849년 왕립위원회 조사를 비롯해 여러 차례 조사되었고, 은행의 요청으로 제번스가 평균 마모율을 계산하여 동전의 연한과 무게 조사를 실시한 혁신적인 통계 연구의 대상이 되기도 했다.[39] 다시 말해 산업화된 석탄 동력 주조 시스템이 유통, 저장, 계산과 조사의 형태들을 만들어냈고, 그러한 발전들을 통하여 정치경제학이라는 실증적 과학이 출현할 수 있었다.

증기 동력 기계의 또 다른 형태들은 유통과 계산, 통제의 또 다른 형태들을 만들어냈다. 프리드리히 리스트는 1820년대에 미국에 체류하는 동안 펜실베이니아의 탄광에 잠시 관여했고, 석탄 운송용 철도 사업에 합류했다. 독일로 돌아온 그는 단지 두 지점을 잇는 노선으로서가 아니라 공통의 교환 공간으로 작동하는 상업과 통신의 그물망으로서의 철도의 확장된 이용을 옹호했다. 1836년 리스트는 이렇게 썼다. "산업과 통신의 필요는 보다 큰 대륙 국가들의 철도 체계를 그물 같은 형태로 구성하고, 내부의 주요 지점들을 집중시키고 중심부에서 경계부로 뻗어나가는 식으로 연결되게 만들 것이다."[40]

석탄 생산 자체가 계산과 논쟁의 새로운 공간을 만들어냈다. 제번스는 통계적 방법의 사용에 대한 대중의 관심을 이끌어내기 위해 석탄 공급의 고갈률에 관한 연구서를 저술하고, 통계표의 분석을 돕기 위해 자신이 만든 새로운 도구가 어떻게 당대의 문제들에 적용될 수 있는지 보여주었다.[41] 그는 통계학이 자연 법칙, 즉 사회 성장의 법칙 Law of Social Growth을 측정하는 데 이용될 수 있음을 보여주고자 했다. 제번스는 지질학자 에드워드 헐Edward Hull이 발표한 영국 석탄의 잔여 공급량 추정치, 그리고 영국의 연간 석탄 소비 증가율을 추산하기 위해 탄광 기록 사무소의 통계를 가져왔다. 헐은 매년 7200만 톤이라는 당시의 소비율이 지속된다면 채광할 수 있는 석탄은 1000년 이상 거뜬할 것이라고 추정했다. 하지만 지난 20년간 소비가 두 배가 되었는데, 그러한 성장세가 계속된다면 공급은 겨우 172년 만에 고갈될 것임을 인정하면서 헐은 "광물을 취득하고 이용하는 데 있어" 미국과 "더 큰 경제"가 영국의 공급을 늘릴 것이며, 누구도 "창조주의 우주 어느 한 부분도 그렇게 근시안적인 계획으로 관리되었고, 그 경제에

필수적인 요소 일부가 부족하다고 해서 혼란에 빠질 것이라고" 추측해서는 안 된다고 주장했다.[42]

제번스는 지질학자들의 이러한 '그럴듯한 오류'를 타파하고자 나섰다. 그는 진보를 이해하고 측정하기 위해서 중요한 것은 재화의 생산이 증가하는 절대량이 아니라 그 비율―이전 시기의 증가에 대한 상대적인 증가―이라고 주장했다. 절대량 자체는 우리에게 아무것도 말해주지 않는다는 것이다. 만약 한 나라의 석탄 생산량이 매년 100만 톤씩 증가하지만, 그 증가가 전해의 증가보다 작다면, 이 경우 총생산은 증가하더라도 증가율은 하락할 것이다. 그는 "통계적 문제에서는" 모든 양을 "서로 상대적으로" 다루는 습관을 들여야만 한다고 설명했다. 성장률이란 고정된 매해의 증가분이 아니라 매해의 증가량이 전해의 것보다 커지는 성장의 기하학적 과정을 가리킨다. 석탄과 증기 동력이 만들어낸 경이로운 사회적 경험, 오늘날 우리가 '기하급수적 성장'―유한한 시간 내에 사실상 무한한 값에 도달하는―이라 부르는 경험을 묘사하면서 제번스는 아주 큰 석탄 재고량조차 얼마나 빨리 고갈될 수 있는지를 보여주었다. 제번스는 자신의 방법론을 탄광 기록 사무소의 소비 데이터에 적용하여 대수적 계산을 통해 매년 3.5퍼센트 성장이라는 수치를 도출했다. 그러한 비율이라면, 헐이 파악한 석탄 공급량은 1000년이 아니라 겨우 100년 지속될 수 있을 따름이었다.[43]

제번스는 문제가 훨씬 빨리, 아마도 20~30년 사이에 도래할 것임을 보여주었다. 이를 두고 "언젠가 우리 석탄이 바닥을 드러내고, 석탄 창고가 깨끗이 빈 모습을 발견하게 될 것 같다"라거나 또는 이 나라의 난로불과 화덕이 "갑자기 꺼지고, 추위와 어둠이 황량한 나라를 뒤덮을 것"이라고 생각하는 것은 잘못됐다. 그렇게 되기 훨씬 이전에, 석탄의 회복이 더욱 어려워짐에 따라 석탄 가격이 상승하고 이것이 "우리 성장의 절정"과 "현재 영국에 존재하는 진보의 조건의 종말"을 만들어낼 것이다.

이러한 계산으로부터 제번스는 직접적이고 실천적인 결론을 이끌어냈다. 국가의 수입이 팽창하고 부가 축적되는 남은 몇 십 년 동안 "국민의 기질을 향상하도록" 하는 노력을 경주해야 한다는 것이다. "우리 부의 전체 구조"는 "무지와 빈곤과 악덕의 기반" 위에 세워진 것이라는 부인할 수 없는 사실을 지적하면서 그는 "하위 노동 계급의 무지, 경솔, 그리고 야만적인 술주정"을 타파하기 위해 제조업에서의 아동 노동 축소와 보편적 교육 제도를 주장했다. 현재의 물질적 부를 "사치와 겉치레, 부패를 늘리는 데" 쓰는 대신, 국가는 "다음 세대의 노동 효율성 증대"를 이루는 데 써야만 한다. 그는 결론을 맺으며 "우리는 지금 국가 번영의 아침을 지나 정오에 다가가고 있다. 하지만 우리는 저녁이 오기 전에 수백만의 시골 사람들에게 지불해야 할 도덕적·사회적 부채를 갚는 일을 아직 시작조차 하지 못했다"라고 경고했다.[44]

석탄에 관한 제번스의 저술은 세 가지 주제를 드러내는데, 이는 석유의 지배하에서 경제를 차별적으로 만드는 것이 무엇인지 이해하는 바탕이 된다. 첫째, 탄소 에너지의 공급은, 동전 주조의 산업적 유통과 철도의 발전처럼, 하나의 과정으로서 시간에 따라 보고되고 측정되며 추적되어 표로 정리되는 물질들의 집중된 운동을 형성했다. 문제와 분쟁이 생겨나면서 감독과 정보 수집 방법이 향상되었다. 예컨대 1850년의 탄광감독법Mine Inspection Act은 탄광에 정부 감독관을 임명하도록 만들었고, 1854년에 탄광 기록 체계를 정리하기 시작하여 제번스가 작업의 근거로 삼았던 통계 수치를 작성하게 했다. 둘째, 이러한 통계는 진보, 성장률, 자원 고갈에 대한 수학적 측정이 가능하도록 만들었다. 물질적 한계, 자연의 소모와 미래의 쇠퇴라는 문제들이 점점 더 관심사가 되었다. 셋째, 현대적 공업 및 도시 생활의 결과와 더불어 빈곤층의 도덕적 조건의 측정과 개선 및 그것이 노동 효율성과 갖는 관계에 대한 관심도 나란히 커져갔다.

제번스에 뒤이어 사회 통계학의 발전은 두 가지 다른 길을 걸었다. 첫 번째는 빈곤의 측정, 빈곤층의 생활 조건, 그리고 산업재해에 대한 연구였다. 19세기 말에는 거의 모든 산업화된 국가에 노동 통계 사무소가 있었는데, 이는 1873~1895년의 경제 위기와 노동자 조직의 점증하는 정치적 역량에 대한 대응으로 만들어졌다. 그들이 노동 계급의 생활에 관하여 수집한 정보는 퇴직연금과 다양한 형태의 산재 및 건강 보험과 같은 새로운 사회 보장 조치의 틀을 만들었고, 새로운 프로그램을 시행하는 데 도움을 주었다. 3장에서 보았듯이 이러한 조치들의 일반화를 요구하는 전시의 캠페인은 제1차 세계대전 막바지에 베르사유 조약의 일부로서 국제노동기구의 창설을 가져왔다.

두 번째 길은 인종 개발과 우생학에 관한 연구였다. 유전의 통계 분석에 관한 프랜시스 골턴Francis Galton의 작업은 친척인 찰스 다윈Charles Darwin의 진화론에서 영감을 받은 것으로, 1865년에 처음 등장했으나 1890년대까지는 폭넓은 지지를 얻지 못했다. 19세기 말이 되면서 유럽과 미국의 지배 계급은 인종적 우수성의 저하로 보이는 징후들에 놀라게 되었는데, 이는 보어 전쟁을 위해 신체 건강한 군인을 모집하는 데 어려움을 겪은 영국, 그리고 빈민층과 신체가 튼튼하지 못한 이들이 전체 인구 중 인종적으로 더 강한 집단보다 더 빨리 재생산을 하게 되면서 "인종 자멸"에 이르게 될지도 모른다는 두려움에 사로잡힌 여타 지역에서 드러났다.[45] 골턴과 그의 동료들은 인종적 우수성을 향상시키고, 투표권 확대 노력에 반대하기 위해 산아 제한을 제안했다. 골턴은 사람들이 "사회적 단위로서 동등한 가치"를 갖지 않고 "동등하게 투표할 능력" 등도 없다고 경고했다.[46] 인종적 우수성의 연구와 그것의 향상을 진전시키기 위해 골턴은 새로운 통계학 방법론을 발전시켰다. 실제로 상관관계, 회귀 및 오류 분석 같은 방법론 등 현대의 수학적 통계학은 우생학 운동의 목적을 위해 발전되었다.[47] 이 연구는 골턴의 제자인 칼 피어슨Karl Pearson에 의해 계속되었는데, 수학적 통계를 보편화하려는 그의 노력은 20세기 초반 경제학에 특히 성공적으로 영향을 미쳐 어빙 피셔Irving Fisher 등은 "화폐수량설의 검증을 위해 상관관계의 방법론을 금방 개선해냈다."[48] 통화주의자들은 그들의 이론을 통계적 상관관계의 극단적 경험주의에 끼워 맞추었고, 경제 순환을 결정하는 화폐 공급의 역할을 보여줄 수 있는 단일한 지표를 찾았다. 제이컵 바이너Jacob Viner는 1920년대가 되자 미국 경제학자들은 "욕망과 신중함 사이를 가차 없이 무차별적으로 역의 상관관계로 연결하고 있었다"라고 썼다. "말도 안 되는 상관관계로 가득 찬 세계에서 그 결과는 예상대로 기괴한 것이었다."[49]

천연자원과 인종적 활력

20세기 초 몇 십 년간 경제학자들, 특히 미국

의 경제학자들 사이에서 논쟁이 전개되었는데, 이는 경제학 지식의 미래와 자연 및 물질세계와의 관계를 형성했다. 이 논쟁은 천연자원에 대한 문제들이 민주적 토론에 진입하는 데 중대한 결과를 미쳤다. 한편은 경제학이 천연자원과 에너지의 흐름에서 출발하기를 원했으나, 다른 한편은 화폐의 가격과 흐름에 대한 연구를 중심으로 학제를 조직했다. 이 논쟁에서 승리한 편은 후자였고, 그들은 화폐와 가격의 측정으로부터 경제라는 새로운 대상을 만들어냈다.

경제학자라는 새로운 직업이 등장하면서 많은 경제학자가 지구의 고갈을 측정하는 데 관심을 가졌다. 미국에서는 전미경제학회의 창립자인 리처드 엘리Richard T. Ely 같은 중진 경제학자와 그의 제자 (앞서 1장에서 자본주의를 '사보타주'의 체제로 이론화한 인물로 소개되었던) 소스타인 베블런이 천연자원과 그 고갈, 과도한 혹은 '과시적' 소비, 그리고 '에너지'의 손실과 보존의 문제에 관심을 가졌다. 그들이 보기에 경제학은 시장의 법칙이 아니라 물질적 흐름과 자원의 법칙에 대한 학문이어야 했다.[50] 그들은 경제학이라는 새로운 분과 학문을 형성하는 논쟁에서 어빙 피셔가 이끄는 가격 이론가들과의 경쟁에서 패했다. 그 결과 경제학은 화폐의 과학이 되었고, 그 대상은 자연과 노동의 물질적 힘과 자원이 아니라 한편의 자연 그리고 다른 한편의 인간 사회와 문화 사이에 열린 새로운 공간이 되었다. 그것은 '경제'라 불리는, 완전히 자연적이지도 않고 완전히 사회적이지도 않은 공간이었다.

20세기 전반기 여러 새로운 장치와 기법이 사람들이 '국민 경제'를 나타내는 화폐의 순환을 관리하고 또 그에 대해 이야기할 수 있도록 해준 계산 방식과 재현 수단의 발전을 가능케 했다. 여기에서는 그것을 구축한 모든 작업을 설명하는 대신 1987년《신 팔그레이브 경제학

사전*The New Palgrave Dictionary of Economics*》이 "미국이 배출한 가장 뛰어난 경제학자"라고 부른 어빙 피셔의 사례를 보여주고자 한다.[51]

윌리엄 제번스의 연구를 신봉했던 피셔는 경제의 실용 모형을 최초로 구축한 사람으로 기억된다. 이 모형은 수조, 파이프, 밸브, 레버, 마개를 장착한 물탱크로 구성되었다. 예일 대학 강의에서 피셔는 일반 균형 시스템 내에서 10개의 상이한 상품 중 하나의 수요와 공급에 대한 충격이 전반적인 수위 또는 가격에 어떻게 영향을 미치는지를 실험하는 도구로 이 수압 기계 장치를 활용했다. '가시 지표Index Visible'—오늘날 롤로덱스Rolodex(회전식 명함 정리기—옮긴이)로 알려진 작은 카드들에 정보를 관리하는 장치—는 경제를 만드는 작업의 보다 실제적인 사례였는데, 피셔는 이것을 발명하여 1913년 특허를 취득했다. 그는 뉴헤이븐의 자택에 지수연구소Index Number Institute라는 회사를 설립했는데, 조수들이 지하실에서 새로운 설비와 피셔가 고안한 지표 공식을 가지고 상품 가격의 최초 지표와 달러의 구매력을 계산해냈다. 《뉴욕타임스》 등 신문들은 그의 가격 지표를 매주 게재했고, 피셔의 해설을 함께 실어서 700만 독자가 경제라 불리게 되는 가격 운동을 따르고 거기에 동참하도록 해주었다.

경제학에서 자연과 물질 자원을 제거하고 이를 가격의 과학으로 전환하기 위한 다른 메커니즘—롤로덱스만큼 단순하지는 않고, 논란의 여지가 없지도 않은—도 있었다. 예를 들어, 피셔는 우생학의 대표 주자가 되었다. 예일 대학에서 그의 멘토는 미국의 대표적 사회진화론자 윌리엄 그레이엄 섬너William Graham Sumner였다. 1906년에 피셔는 인종개량학회Race Betterment Society 창립을 도왔으며, 1922년에는 미국우생학회를 창립하고 초대 의장이 되었다. 인종 개량은 그의 경제 이론에서 논리의 한 축을 이뤘다. 그에게 인간의 노동력은 부 또는 자본금의 한 형태였다. 비인적 자본처럼 그것은 개량되거나 퇴화될 수 있는 자원이었다. 사회의 진보는 개인들이 현재에 소비할지 아니면 미래를 위해 투자할지 결정하는 것에 달려 있었다. 이러한 결정은 개인의 자제력, 예상 수명, 검약과 통찰력에 영향을 받았는데, 이러한 능력은 열등한 인종, 그리고 우등한 인종 중에서도 퇴화한 성원들에게는 결여된 것이었다.[52]

천연자원의 고갈에 대한 점증하는 관심에 따라 1908년 설립된 시어도어 루스벨트의 국립보전위원회National Conservation Committee에 위촉된 피셔는 자연을 보전하는 가장 중요한 수단은 정부가 자연의 개발을 규제하는 것이 아니라 '인종적 퇴화'를 예방하는 조치를 취하는 것이라고 주장하는 보고서를 발표했다. "인종적 퇴화의 첫 징후 중 하나는 통찰력의 상실"이며 "인종이 보다 활달하고 오래 살아남을수록 천연자원을 보다 잘 활용할 수 있기" 때문이라는 설명이었다. 경제학은 천연자원의 역량에 대한 연구에서 철수하고 그 대신 인간이라는 자원의 역량에 관심을 돌리게 되었다. 피셔는 인종 개량의 주요 수단으로서 연방 보건부의 창설을 옹호했지만, 경제학 역시 인간 역량의 향상에 기여할 수 있었다. 경제학은 롤로덱스와 신문의 상품 가격 지표 같은 보조 장치를 발전시킴으로써, 그런 다음 경제라 불리는 계산 장치 전체를 정교화함으로써 개인들의 통찰력을 키울 수 있었다.[53]

화폐 경제

경제학이라는 분과 학문에서, 경제가 경제적 관계들의 일반적 구조로서 존재한다는 관념이 등장한 배경을 추적하는 가장 용이한 지점은 1936년 케인스의 《일반 이론》이 출간된 시점이라 할 수 있다. 오늘날에는 간단히 '경제'라고 말했을 곳에서 "경제적 사회" 또는 "전체로서 경제적 체계" 같은 구절을 쓰는 경향이 있긴 했지만, 통상적으로 《일반 이론》은 거시경제학의 기원을 보여준다.[54]

경제는 보다 넓은 발전의 맥락 속에서 새로운 대상으로 형성되었다. '경제'의 수학적 측정의 선구자인 얀 틴베르헨Jan Tinbergen은 불황에 맞서기 위한 네덜란드 정부의 정책 요구에 응하여 그의 첫 계량경제 모델을 발전시켰다.[55] 케인스주의 이론은 또한 대량 실업과 불황의 경험에 대한, 또한 파시즘의 등장, 소비에트, 뉴딜 그리고 개인행동뿐만 아니라 실업, 투자, 화폐 공급 같은 집합적이고 구조적인 요인들의 상호 작용을 다루는 일반적인 경제 프로그램들에 대한 대응이기도 했다. 또한 식민지 통치에 대한 점증하는 위협에 따라 제1차 세계대전 이후 유럽 식민지(케인스는 인도 사무국의 수익·통계 및 상업부에서 직장 생활을 시작했다)에서 복지와 개발 프로그램이 출현했다는 점도 중요하다.

이러한 보다 광범위한 사건들은 새로운 경제 구상의 출현을 위한 맥락을 제공하는 데서 그치지 않았다. 이러한 사건들로부터 20세기 중반에 경제가 형성될 수 있었지만, 피셔의 작업을 통해 보았듯이 경제학은 경제를 탄생시킨 사회적이고 기술적인 세계의 재구성에 나섰다. 이러한 재구성의 보다 큰 두 측면을 지적할 수 있는데, 하나는 화폐 유통의 새로운 형태이고, 다른 하나는 '국민 경제'의 창출을 동반한 유럽 제국 및 다른 제국주의적 통제 형태의 약화였다.

전간기에 영국과 미국 같은 나라들에서는 화폐의 유통 형태에 중대한 변화가 보였다. 가장 극적인 변화는 일상적 교환을 위한 화폐(특히 지폐)의 이용이 증가한 것이었다. 제1차 세계대전 이전에 케인스는 영국에서 사람들이 금융 거래를 위해 명목 화폐나 지폐를 이용하는 경우가 드물다는 점을 언급했다. 케인스는 자신의 경험을 돌아보았을 때 정기적으로 화폐를 사용하던 경우는 두 가지밖에 없었다. 바로 기차표를 구매하거나 하인에게 급여를 지불할 때뿐이었다.[56] 일상적 거래의 대부분은 외상 장부에 달아두거나 수표를 써주면 해결되었다. 미국에서는 1863년의 통화법National Currency Act으로 연방은행권이 도입되었지만 그 공급은 제한적이었다. 그 이용은 여전히 대중적이지 않았고, 다양한 범위의 다른 지역 은행권이나 지방 어음들과 경합했다.[57] 여기에서도 지방의 외상 장부와 개인 수표가 당시까지는 거래를 소화하는 가장 일반적인 방식이었다. 전쟁 동안 화폐 인쇄가 급속히 증가하고, 대부분의 나라에서 금본위제가 약화되고 나중에는 폐기되자 사정이 바뀌기 시작했다. 1913년 미국에서 연방준비제도가 창설되고 다른 나라에서도 유사한 개혁이 이루어지면서 은행권의 표준화 및 지폐 이용이 광범위하게 그리고 급속하게 수용되기 시작했다.

이와 같은 화폐의 이용과 유통에서의 전환은 경제적 지식이 어떻게 새로운 대상을 형성하는 데 도움을 주었는지를 설명해준다. 우선 경제학자들은 화폐에 관한 새로운 이론을 발전시켰고, 통화 개혁, 금본위제, 환율과 화폐 공급에 대한 정부 통제 등의 문제에 대한 정치 투쟁에 뛰어들었다. 케인스의 첫 저서인 《인도 통화와 재정》(1913)은 이러한 정치에 대한 실천적 기여였고, 《화폐론》(1930)이 그 뒤를 이었다. 미국에서는 어빙 피셔의 화폐 수량 이론과 로런스 로린J. Laurence Laughlin과 그의 제자들의 '진성 어음real bills' 학설 사이의 다툼이 연방 준비제도의 창설로 이어졌다.[58] 경제학자들이 제공한 개념화와 계산 기법들이 새로운 금융 제도의 뼈와 살이 되었다. 다시 말해, 경제학자들은 곧 '경제'로서 인식될 화폐 유통의 새로운 일상적 장치의 일부가 되는 화폐 가치의 측정과 관리를 위한 실제적 도구들을 발전시켰다.

다음 단계는 이 화폐 유통의 새로운 메커니즘을 단순히 또 하나의 '시장'이라기보다는 그 자체로서 하나의 시스템으로 보기 시작한 것이었다. 《화폐론》의 출간에 이어 케인스는 케임브리지 대학에서 자신의 전임자였던 마셜과 피구Pigou의 사상뿐 아니라 피셔와 프리쉬Frisch의 작업과도 결정적 분기점을 만들었다. 그는 초기의 이론가들이 화폐를 그저 가치의 중립적 기표로 간주했고, 따라서 화폐를 이용하는 교환 체계와 물물 교환 체계 사이의 본질적 차이를 볼 수 없었다고 주장했다. 《일반 이론》을 위해 1932~1933년에 쓴 최초 원고들과 같은 시기 그가 케임브리지 대학에서 작성한 강의 노트 일부에서 케인스는 고전파 경제 이론의 "실제 교환 경제" 또는 "중립적" 경제와 현실 세계의 "화폐 경제" 사이의 차이들을 논한다.[59] 이 노트들에서 케인스는 현대적 의미의 '경제' 개념을 최초로 사용했다.

케인스의 돌파구는 새로운 총체를 다양한 상품 시장의 집합으로서가 아니라 화폐의 유통으로서 인식하는 것이었다. 경제는 돈이 돌고 도는 모든 계기들의 총합이었다.

국민 경제

이러한 경제를 형성하는 데 있어서 다음 단계는 지리적 공간 내에서 돈을 쓰고 받는 모든 차원들—새로운 국민 소득 계정—을 측정하기 위한 메커니즘을 구축하는 것이었다. 전간기 이전에 국민의 부 또는 '국민 배당'을 계산하려는 시도는 일련의 극복할 수 없는 장벽에 부딪혔다. '동일한' 재화 또는 화폐를 중복 계산하게 되는 문제였다. 예컨대 도매상에서 팔린 상품이 소매상에서 팔릴 경우 다시 계산될 수 없다고 생각했다. 직장 급여로 얻은 수입이 하인에게 월급으로 지급될 때에는 국민의 부에 두 번 포함되어선 안 된다. 또한 앨프리드 마셜이 지적했듯 부의 생산에서 발생한 모든 폐기물—도구와 기계의 마모뿐 아니라 국가의 천연자원 소모까지—을 계산하는 문제가 있었다.[60]

제1차 세계대전이 끝나자 독일의 경제 배상금 '지불 능력'을 측정하기 위해 설립된 도스 위원회Dawes Committee는 국민 소득에 관한 신뢰할 만한 데이터뿐 아니라 계산하고자 하는 적절한 개념마저 결여되어 있음을 발견했다. 전간기 독일과 미국 모두에서 이러한 문제를 바로잡기 위해 엄청난 노력을 경주했다.[61] 이를 해결하는 데는 20여 년이 걸렸다. 해법은 대상을 보다 정확히 계산하는 것이 아니라 계산되는 대상을 재인식하는 것이었다. 국민의 부 또는 배당을 계산하는 것은 더 이상 목표가 아니었고, 그 총합적 '국민 소득'—돈이 돌고 도는 모든 심급의 합—의 측정이 중요해졌다. 그러한 각 심급은 수령자에게 주어지는 소득을 나타내며, 그 활동이 생산적이든 비생산적이든 그리고 폐기물이 생기든 말든 상관없었다. 케인스의 작업은 다시 한번 중요한 역할을 했는데, 그와 제자들은 런던의 재무성과 긴밀히 협력하면서 국민 소득 측정의 방법론을 설계했다.

미국에서는 국립경제조사국의 사이먼 쿠즈네츠Simon Kuznets가 새로운 방법론을 체계화했다. 1942년에 미국 상무부는 국민 경제 데이터를 발표하기 시작했고, 1944년의 예산 연설에서 루스벨트 대통령은 '국민 총생산'이라는 아이디어를 소개했다.[62] 쿠즈네츠는 "국민 경제라 불리는 모호한 대상에 독립적 중요성을 부여하도록 조장하는 국민적 총계"를 경고했다.[63] 경고는 아무 쓸모가 없었다. 뒤이어 각 경제의 국민 총생산GNP의 정교화가 이루어지면서 이 새로운 총계의 크기, 구조 그리고 성장을 대표할 수 있게 되었다. 이러한 경제의 형성은 국민 국가가 스스로를 웅변하고 그 존재를 자연적이고 공간적으로 고정되며 정치적 관리에 종속되는 무언가로서 상상하는 새로운 일상적 정치 언어를 제공했다.

새로 출현한 국민 경제는 정치 및 행정력의 '국가화'—1930년대 이후 국민 정부들의 크게 확장된 행정 기구에 기반을 두는 새로 출현한 대규모의 기술-과학적 통치 행위들—에 달려 있었다. 또한 이는 이러한 국가화된 통치 기구들의 형성에 기여했고, 이 속에서 경제는 행정력의 기술적 언어로서 법률을 능가하게 되었다.[64]

케인스 이전의 정통 경제학에서 경제 행위의 영역은 개인적 시장이었다. 이는 비용, 효용 그리고 가격 사이의 관계가 분석되는 추상적 개념이었다. 케인스의 《일반 이론》이 지리적 또는 정치적 규정이 없는 이 추상적 개념을 "전체로서의 경제 체제"로 대체할 때 이는 일정한 지정학적 경계로 정의되는 체제였다. 이 체제는 일련의 총합(생산, 고용, 투자, 소비)과 종합적 평균(이자율, 가격 수준, 실질 임금 등등)의 용어들로 대표되었고, 국민 국가의 지리적 공간을 지시하는 대상이 되었다. 경제의 이러한 '국민적' 프레이밍은 이론화되지 않았지만, 이 새로운 평균과 총합들이 측정되는 경계들을 제공하는 상식의 구조물로 도입되었다.[65] 이어서 경제학이 거시경제학과 미시경제학으로 분리되면서 분과 학문의 구조에서 이러한 국민 국가라는 상식적 기준이 생겨났다. 국민 경제를 단순히 '거시적 수준'에서 생각하는 것이 그 지리적 구성의 이론적 분석을 대체했다. 국가의 제도적 형태에 대한 연구를 대신하여 경제학은 이 분과 학문의 구조 내에서 이러한 제도적 구조를 재생산했다.

국민 국가의 견지에서 경제의 형성은 국제 질서의 재조명과 관련되어 있었다. 제2차 세계대전 이전과 이후 유럽과 일본 제국주의의 와해는 제국주의 질서 내 지위에 있어서의 정치권력이라는 낡은 프레이밍을 파괴했다. 여기서도 경제는 지정학적 공간을 조직하는 새로운 방식을 제공했다. 예를 들어 이전에는 영국의 경제적 영토가 인도 및 다른 식민지들을 포괄한다고 생각할 경우 영국 경제에 대해 이야기하는 것은 별 의미가 없었다. 보다 일반적으로, 일련의 광범위하지만 불연속적인 유럽이나 여타 제국들로 구성된 유럽의 외부로 그려진 세계는, 각각 자립적인 지리적 경계를 갖고 그 공간 내의 경제적 관계의 총체를 구성하는 여러 분리된 경제들을 갖는다고 상상하기 어려웠다.

제국주의의 붕괴와 미국 헤게모니의 부상으로 새로운 질서가 창출되었고, 그 질서는 국제연맹에 의해, 그다음에는 유엔, 세계은행, 국제통화기금에 의해 공고화되었으며, 여기서 세계는 각 나라가 분리된 경제 영역을 갖는 개별적 국민 국가들의 형태로 표현되었다. 다시 한번, 새로운 거시경제학은 이러한 상상된 대상들을 이론화되지 않은 지시물로 간주했다. 국제 교역은 국민 경제들 사이의 거래로서 정의되는 총합(재화와 자본의 수입과 수출)과 평균(거래세율, 환율 등)의 차원으로 측정되었다.[66] 세계은행, 국제통화기금 및 여타 새로운 기구들에서 제도화된 경제적 전문 지식은 이러한 분리된 경제들을 대상으로 규정하는 통계의 발표와 정치 프로그램의 증진을 통해 새로운 국제 정치 질서를 구축하는 데 도움을 주었다.

케인스주의적 국민 경제의 프레임은 시장 경쟁의 작동을 제한하고 줄이는 프로그램의 일부였고, 금융, 교역 및 이민의 관리 증대 그리고 무엇보다 노동에서 지구적 시장의 억제를 통해 이루어졌다. 따라서 이는 식민 질서의 계승으로 보일 수 있다. 독점, 관리된 교역, 노동 통제 그리고 정치적 억압을 통해 시장의 힘을 제어하는, 식민 질서라는 이 낡은 체제는 전간기에 붕괴하기 시작했다. 이러한 견지에서 보면, '경제'의 형성은 또한 시장 경쟁의 작동을 배제하도록 정치-경제적 관계들을 프레이밍하는 병행적 발전parallel development과 연결되어야 했다. 바로 거대 기업―그 가장 크고 강력한 변형인 다국적 석유 기업을 포함하여―의 발전이었다.

조지프 슘페터Joseph Schumpeter는 경제학자들이 그들이 연구하는 세계를 설명하는 데 수학적 모델을 이용하는 것에는 자연과학자 이상으로 타당한 이유가 있다고 주장했다.[67] 이는 경제의 세계가 자연 세계와 달리 실제로 수리적 현상―가격, 측량, 이자율 등―으로 구축되었기 때문이었다. 그는 이를 경제 분석의 양적, 형식적 방법들의 발전을 위한 논거로 삼았다. 경제학의 방법론과 그것이 연구하는 세계의 구성 사이의 이러한 관련성은 더 중대한 결과들을 낳는 확실한 강점이었다. 이는 경제적 지식이 경제 분석의 대상을 일상적으로 형성하는 데 관여하는 것을 상대적으로 용이하게 했다.[68] 그 결과, 학술적 경제학에 의해 발전한 모델과 재현 그리고 그것이 재현한다고 주장하는 세계는 단순하게 분리될 수 없었다.

20세기에 일어난 이러한 전환은 정치 세계와 물질 세계를 현대 경제학의 전문 지식, 계산 기술과 개념적 도구들로 가득 차게 만들었다. 정부, 기업, 소비자와 소비 대상들의 이른바 물질 세계는 경제적 전문 지식을 통해 배치되고 관리되고 구성되고 가동되었다. 이 세계가 경제학에 의해 조작되고 모델화되기 쉽다는 사실이, 슘페터의 주장처럼 그것이 '양적' 세계라는 점을 단순히 반영하는 것은 아니었다. 그것은 경제학이 연구하는 세계에 경제학의 개념과 계산이 중첩되어 있음을 반영했다.

연료 화폐

이제 '경제'의 조합을 석탄 기반 에너지 체제로부터 석유 기반 체제로의 전환과 연결해보자. 경제는 풍부하고 비용이 적게 드는 에너지 공급에 의존했고, 전후 케인스주의 경제학을 일종의 '석유 지식petroknowledge'으로 만들었다.

경제라는 새로운 대상의 핵심적 특징이 화폐 유통 과정으로 정의되었기 때문에 경제는 물리적으로 더 커지지 않고도 성장할 수 있는 것이 되었다. 부에 대한 과거의 사고방식은 성장의 한계가 있는 물리적 과정, 즉 도시와 공장의 확대, 식민주의적 영토 확장, 금보유고의 축적, 인구 성장과 이민자 흡수, 새로운 광물자원의 채굴, 상품 교역량 증대 등에 기반을 두고 있었다. 이 모든 것은 물리적 한계를 내포한 공간적이고 물질적인 과정이었다. 1930년대에는 이러한 한계에 도달한 듯 보였다. 서구의 인구 증가는 정체했고, 미국과 유럽 제국의 식민지 팽창은 종결되었고 반란의 위협을 받고 있었으며, 탄광은 고갈되는 중이었고, 농업과 공업은 과잉 생산에 직면했다. 하지만 국민 소득 계정이라는 새로운 계산 도구로 측정되는 경제에는 분명한 한계가 없었다. 이후 국민 총생산이라는 이름을 갖게 되는 국민 소득은 부의 축적이 아니라 화폐가 돌고 도는 속도와 빈도를 측정했다. 그것은 물리적 또는 영토적 한계의 문제 없이 성장할 수 있었다.

석유는 경제를 무한히 성장할 수 있는 대상으로 보는 새로운 구상에 몇 가지 기여를 했다. 첫째, 유가는 지속적으로 하락했다. 인플레이션을 감안할 경우 1970년의 석유 1배럴당 가격은 1920년 판매가의 3분의 1이었다.[69] 결국 점점 더 많은 양의 에너지가 사용되었음에도 에너지의 가격은 경제 성장의 한계를 나타내지 않는 것으로 드러났다. (실제로 경제학자들은 계속 증가하는 물리적 에너지 소비량을 고려하지 않고 자본과 노동의 투입만을 측정하여 경제 성장을 설명했다. 이는 설명되지 않은 '잔여' 성장을 남겼는데, 경제학자들은 오래도록 이것을 그들이 '기술'이라 부르는 경제학 모델 외부의 요인 탓으로 돌리려 했다.[70])

둘째, 석유는 비교적 풍부했고 해상 운송이 용이했기 때문에 고갈되지 않는 것처럼 취급될 수 있었다. 유가에는 자원의 고갈에 대한 계산이 포함되지 않았다. 국민 총생산 기준으로 측정된 경제 성장은 에너지 자원의 소모에 대한 계정이 필요하지 않았다. 경제의 학술적 공식화에 크게 기여한 대표적 작업들—케인스의 《일반 이론》, 힉스John Richard Hicks의 《가치와 자본Value and Capital》, 새뮤얼슨Paul Anthony

Samuelson의 《경제 분석의 기초*Foundations of Economic Analysis*》, 그리고 애로우–드브뢰Arrow-Debreu 모델—은 에너지의 소모에 아무런 주의를 기울이지 않았다.[71] 1950~1960년대 성장의 경제학은 장기 성장을 에너지의 이용 가능성에 제한되지 않는 무언가로 받아들였다.[72] 게다가 대기 오염, 환경 재앙, 기후 변화 등 화석연료 사용에 따른 부정적 결과의 비용은 국민 총생산에서 공제되지 않았다. 경제의 계측은 유리한 비용과 해로운 비용 사이의 구분을 하지 않았기 때문에 화석연료가 야기하는 피해를 해결하기 위해 요구되는 지출의 증가는 성장에 대한 장애물이라기보다는 부가물로 나타났다.[73] 이와 같이 여러 방식으로 석유의 이용 가능성과 공급은 경제와 경제 성장이 20세기 중반 정치의 새로운 핵심 목표가 되는 데 기여했다.

탄화수소 에너지의 풍부함은 새로운 형태의 계산에 더 깊이 기여하게 되었는데, 그중 두 가지 측면이 특히 중요했다. 하나는 농업의 공업화였다. 기존의 경제학적 사고에서 토지는 부의 주된 원천이자, 인구 성장에 비례해 증가할 수 없고 황폐화되거나 고갈되기 쉬운 한정된 자원으로 여겨졌다. 제1차 세계대전 이후 천연가스로 제조한 합성 비료의 도입, 제2차 세계대전 이후 화학 제초제와 살충제의 도입은 성장에 대한 이러한 자연적 한계를 제거한 듯이 보였다. 다른 하나는 탄화수소로 제조한 합성 물질의 증가로, 이는 자원 소모에 대한 직접적 해답으로 여겨졌다. 1926년 매사추세츠주 윌리엄스타운Williamstown에서 열린 정치학연구소 회의는 자원 소모의 위협에 대하여 광산공학자, 지리학자, 화학자, 정치학자가 함께 논의하는 자리였다. 광산공학자들은 주요 광물의 고갈 위협을 경고했다. 그러나 화학자들은 그에 동의하지 않았고, 제1차 세계대전 중에 발전한 새로운 합성 물질들이 인공적 수단에 의해 부족해진 어떤 자원이든 만들어 낼 수 있을 것이라 주장했다. 이 회의에 대한 보고서에 따르면 "광산 공학자들은 주요 물질들의 현 재고가 고갈되면 우리 문명이 심각하게 파괴될 것이라고 주장했다." "다른 한편, 화학 전문가들은 강력한 낙관론에 경도되었다." 일시적 부족의 가능성을 인정하면서도 "그들은 고갈된 물질들을 인간의 필요에 똑같이 들어맞는 다른 것들로 대체할 수 있다고 예상했다." 시각의 차이는 정치적 이슈로 연결되었다. 광산공학자들은 "자원의 자연적 분포는 고르지 않기 때문에 여러 핵심 자원에 있어 독점에 가까운 조건이 존재"하며, 석유가 그 극명한 사례라고 주장했다. 한편 화학자들은 "합성 물질들이 여러 경우에서 국가 독점을 깨고, 경쟁적 조건을 회복할 것이라고 생각했다."[74]

석유가 '경제'의 형성에 중요한 역할을 했다면, 석유는 또한 그것에 도전하는 프로젝트도 형성했고, 이후에는 민주 정치를 지배하는 대항적 방법도 제공했다. 바로 신자유주의의 '시장'이다. 프리드리히 하이에크의 지도 아래 일군의 유럽 지식인들은 1938년 8월 파리의 한 토론회에서 신자유주의 운동을 시작했는데, 그들은 뉴딜을 비판한 월터 리프먼의 작업에 대해 토의했다. 리프먼은 뉴딜이 새로운 계획 대상인 경제에 대항하는 운동이며, 전문 지식의 집중과 활용의 방법론으로서 경제 계획 자체에 대항하는 것이었다고 비판했다. 신자유주의는 지식, 전문성 그리고 정치 기술—'시장'이라 명명한 정치 기구—의 대안적 질서를 제안했다. 이는 데이비드 리카도나 윌리엄 제번스의 시장이 아니라 새로 태어난 신자유주의 운동에서 새로운 의미를 갖기 시작한 용어였다. 《유령 공중*The Phantom Public*》과 《좋은 사회*The*

Good Society》에서 여론의 위험성을 경고하고 전문가의 결정에 맡겨진 영역을 확대할 필요성을 제기한 리프먼의 말을 빌리자면, 신자유주의 는 하이에크와 그의 동료들에 의해 좌파와 포퓰리스트 민주주의의 위 협을 패퇴시키기 위한 대안 프로젝트로서 고안된 것이었다.

신자유주의의 발전은 전쟁과 전후 재건 프로그램으로 지연되었다. 케인스주의적 장치에 대한 그 정치적 도전은 10년 뒤인 1955년에 경 제문제연구소Institute of Economic Affairs라 불리는 싱크탱크가 영국에 설 립되면서 좀 더 온건한 형태로 서서히 진행되었다. 이 기관의 설립은 전후 석유-통화 시스템의 첫 위기에서 촉발되었다. 영국은 통화 조절 메커니즘으로서 스털링 지역을 보존하려 했고, 이 메커니즘의 허브인 이란의 앵글로-이라니언의 유전에 대한 통제력 상실을 감수했다. 파 운드화의 가치를 만들어낸 그 유전의 손실에도 불구하고 파운드화의 가치를 유지하려고 시도한 런던의 필사적 조치들은 신자유주의 운동 이 경제의 대안을 최초로 구축하기 시작한 취약성의 지점을 제공했다.

미국에서처럼 신자유주의 운동의 기원은 석유에 관한 전후의 이슈 및 국제적 투기 금융의 규제를 둘러싼 투쟁과 연관되어 있었다. 1945년 미국의 석유 정책에 대한 국무부의 계획은 석유산업전쟁협의회Petroleum Industry War Council에 의해 가로막혔는데, 이 협의회의 해외정책위원회는 호놀룰루 석유회사Honolulu Oil Corporation의 의장인 앨버트 마테이Albert Mattei가 맡고 있었다. 마테이는 전후 석유 개발을 규제하는 국제기구 를 설립하려는 관료들에게 "우리는 건설적 제안에 참여할 것이며, 만 약 우리 제안을 받아들이지 않는다면 당신들의 장난감 집을 부숴버리 겠다"라고 경고했다.[75] 나아가서 그는 영-미 석유 협정이 파기되도록 힘썼다. 북부 캘리포니아의 유력한 공화당원인 마테이는 1946년 경제교육재단Foundation for Economic Education의 창립 회원이었다. 이 재단은 런던에 있는 하이에크의 경제문제연구소 설립에 영감을 주었다. 재단의 첫 출간물 중에는 헨리 해즐릿Henry Hazlitt의 《달러는 세계를 구할 것인가?》도 있었는데, 이 책은 마셜 플랜과 그에 기초한 유럽에서의 국가 계획 형태들을 비판하고, 또한 그로 인해 강화되는 달러와 다른 통화들에 대한 아이디어를 비판했다. 해즐릿은 미국이 단지 형식적 금본위제가 아니라 실제 가치를 지향해야 하고, 다른 나라들은 이를 따라야 한다고 주장했다.[76]

중동의 유전과 송유관, 그리고 이와 함께 구축된 정치 질서는 케인스주의 경제와 그것이 중심 역할을 한 민주주의의 형태가 조합될 수 있도록 도왔다. 민주 정치는 석유 덕분에 미래를 향한 특유의 정향과 더불어 발전했다. 미래는 곧 무한한 성장의 지평이었다. 이 지평은 풍요로운 시절의 어떤 자연적 반영이 아니라 '경제'라 불리는 새로운 세계라는 견지에서 전문 지식과 그 대상을 조직하는 특정 방식의 결과였다. 계산 방법, 화폐 활용, 거래 측정과 국가 통계의 취합에서 일어난 혁신들은 정책의 중심 목표를 어떤 궁극적인 물질적 제약도 없이 크기를 키울 수 있는 것으로 상상할 수 있게 만들었다.

이제 '탄소 민주주의'라는 용어의 의미는 확장되었다. 우선 그것은 대중 민주주의의 발흥에서 석탄의 역할을, 그리고 그다음에는 석유의 역할을 지칭한다. 석유는 상이한 장소와 특성 그리고 통제의 양식을 갖고서 석탄에 대한 의존으로 가능했던 민주적 형태의 기구들을 약화시킨다. 이제 석유는 민주주의에 대한 우리의 이해에 보다 큰 중요성을 갖게 되었다. 전후 시대에 민주 정치는 석유로의 전환뿐 아니라 민주주의를 지배하는 두 가지 새로운 방식의 발전에 의해 변화했는데,

그 둘 모두 석유로부터의 에너지 사용이 증가하면서 가능해졌다. 하나는 화폐 가치를 관리하고 금융 투기 세력을 제한하는 질서로서, 이는 전간기의 민주주의—송유관, 석유 협정, 석유의 공급과 가격 책정을 조직했던 과두제로 만들어진 체제—를 파괴했다. 이는 위임 통치, 신탁 관리, 개발 프로그램 등 제국주의 권력의 버팀목들을 대체한 전후 중동 통치의 틀을 제공한 냉전의 구축을 수반했다. 민주주의에 대한 또 하나의 새로운 지배 양식은 '경제'—그 전문가들이 민주적 토론을 대체하기 시작하고, 그 메커니즘이 평등주의적 요구들에 제한을 가하는 대상—의 형성이었다. 7장에서 살펴보겠지만, 1967~1974년에 오면 이러한 개별 요소들 사이의 관계들이 모두 바뀌게 된다. (그 관계들은 오늘날에도 다시 바뀌고 있다.) 이 시기의 이른바 '석유 위기'를 이해하기 위해서는 먼저 중동의 정치 세력들이 어떻게 전후의 석유 질서를 끝내게 되었는지를 이해해야 한다.

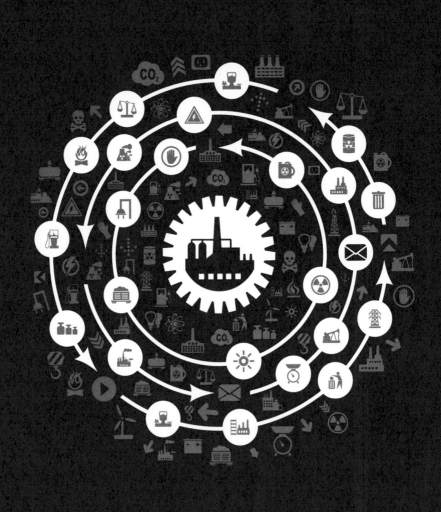

CARBON DEMOCRACY

6장

사보타주

석유는 국제 금융 체제의 일부이자 '경제'의 무한한 성장을 상상할 수 있게 한 에너지이기도 했지만, 노동자들이 세계 여러 곳의 생산 현장에서 채굴해 탱크에 담고 처리 시설의 공정을 거쳐 송유관으로 옮긴 후 유조선에 실어 운송하는 액체였다. 석유 산업의 굴착기, 펌프, 송유관, 정제 시설과 분배의 네트워크들은 석탄 시대의 탄소 에너지 네트워크만큼 조업 중단이나 사보타주에 취약하지 않았다. 그럼에도 불구하고 중동이 라틴아메리카를 제치고 미국 다음으로 세계에서 두 번째로 큰 석유 생산 지대가 되자 지역 분쟁의 가능성이 커졌다.[1]

영국과 프랑스의 정치적 영향으로부터 독립적이던 이라크, 알제리, 시리아, 리비아에서는 각국의 정부가 권력을 장악했으며 미국의 후견을 받는 이란과 사우디아라비아는 자국 석유에 대한 외국의 통제를 완화하기 시작했다. 이러한 변화로 인해 지역 분쟁과 혼란은 점차 더 효과적인 수단이 되어갔다. 석유 공급의 교란이나 감축은 중동에서 석유에 대한 통제력이나 정치 질서의 다른 측면들을 변화시키기 위한, 보다 큰 정치적 목적에 이용되는 수단이 될 수 있었다. 이러한 수단의 구축은 대개 새로운 정치의식의 출현이라는 측면에서 설명되는데, 다름 아닌 강력한 아랍 민족주의의 성장이다. 그러나 저항의 실제적 형태들도 마찬가지로 중요했다. 석유 공급 경로의 변경, 새로운 정유 시설의 건설, 그리고 서구 석유 기업들이 석유의 흐름을 관리하는 방식에 최초로 지속적인 도전을 가능하게 했던 사보타주 등이 여기에 포함된다.

이라크 혁명

1960년대 중동 산유국들은 10년 전 이란과 같은 운명을 겪지 않고 자신들의 석유 자원을 국가가 통제할 수 있는 방식을 찾고자 골몰했다. 무함마드 모사데크 정부가 1951년에 앵글로-이라니언 오일 컴퍼니의 자산을 국유화했을 때 이란은 석유 생산은 장악했지만 석유를 판매할 수는 없었다. 영국은 유조선단과 주요 석유 기업들을 설득해 이란 석유의 취급을 거부하도록 함으로써 아바단의 정유소로부터의 수출을 봉쇄했다. 앵글로-이라니언은 쿠웨이트의 이웃 유전들에서 생산량을 배가하여 공급 손실분을 만회했는데, 이로써 앵글로-이라니언은 중동에서 가장 큰 석유 생산 기업이 되었다. 석유는 이란의 가장 큰 무역 수입원이었기 때문에 이 봉쇄는 이란을 경제적 위기에 빠뜨렸고, 정부는 1953년 8월 영국과 미국이 조직한 군사 쿠데타의 손쉬운 표적이 되었다. 쿠데타는 모사데크의 의회주의 정부를 몰아냈고 샤의 과두제 지배를 복귀시키고 강화했으며 좌파는 폭력적 억압에 노출되었다.

석유 기업들과 산유국들 사이에 벌어진 투쟁의 다음 관심 지역은 이라크였다. 이란과 마찬가지로 이라크는 여전히 농촌 인구가 많긴 했지만 도시도 성장하고 있었다. 영국의 통치하에서 농촌에 대한 통제력을 공고히 한 대지주들에게 토지가 집중됨에 따라 시골을 떠난 빈민들이 도시로 몰려들고 있었다. 유전, 철도 조차장, 직물 공장에서 노동자들은 활동적인 노동조합을 만들었다. 노동조합과 대중적 정치 세력을 아우르는 지도력은 규모가 가장 크고 잘 조직된 정당인 이라크 공산당에서 나왔다. 좌파는 일자리 확충, 주택 문제 해결과 복지 증진, 시골의 비참한 생활을 야기한 대토지의 사적 통제 종식, 정치적 억압이 아닌 민주적 권리, 석유 산업에 대한 외국의 통제 중단을 요구하는 운동을 펼쳤다.[2]

석유 통제권에 중점을 두었던 것이 결과적으로 대중적 정치 세력이 실패한 원인이 되었다. 사보타주의 힘—석유의 흐름을 막거나 느리게 만들 수 있는 힘으로 과거에는 주로 국제 석유 기업들이 독점했던 힘—은 석유 산업을 움직이는 노동자들에 의해서가 아니라 국가에 의해 조직될 것이기 때문이었다. 1958년 영국이 지원하는 군주정을 무너뜨린, 압드 알 카림 카심이 이끄는 민족주의자 장교들은 처음에는 대중의 지지를 얻기 위해 공산주의자들에게 의지하면서 석유 통제권을 요구하는 운동을 통해 나라를 단결시키고자 했다. 카심과 그의 후계자들에게 석유 자원에 대한 국가 소유권 확보는 부유층을 평등주의적 요구에 취약하게 만드는 부의 창출 방식을 우회해 사회 개혁을 위한 재정을 조달할 수 있는 방법이었다. 또한 석유로부터 얻는 수익은 급진적 토지 재분배와 제조업의 대규모 증가를 통해 국부를 창출할 필요성을 없앨 수 있었다.

세계의 다른 곳에서는(예컨대 동남아시아의 여러 곳에서는) 효과적인 농업 개혁이 보다 평등하고 민주적인 생활 방식을 건설하는 주요 수단이었다. 한 가족이 일할 수 있는 농장의 크기를 제한함으로써 부유층이 땅에서 큰 지대 수입을 얻지 못하게 만들고, 부를 축적하고자 하는 이들은 제조업의 발전을 통해서 해결하도록 만들었다. 이러한 변화는 이중의 효과가 있었는데, 농촌 지역에서 더 많은 평등을 (그리고 더 작고 더 생산적인 농장들을) 창출했으며, 자본을 가진 이들을 공업 노동자들의 힘에 점점 더 취약하게 만들었다. 민주화는 일반적으로 그러한 형태의 취약성을 관리하는 데 달려 있었다. 이 취약성은 제조업이 노동자들을 모이게 하고 생각을 공유하게 해주기 때문에 생겨나는 것이 아니며, '사회 운동'이라 불리는 것을 형성하기 때문에 생겨나는 것도 아니다. 제조업이 부의 집중을 만들어내는 기술적 과정을 많은 사람들의 복리에 의존하게 만들 수 있기 때문에 생겨나는 것이다.

새 이라크 정부는 대규모 농지 재분배를 시도했지만, 지주들의 저항과 심각한 가뭄으로 이행에 어려움을 겪었다. 정부는 토지 소유를 관개지 250헥타르로 제한했고, 천수답은 그 두 배의 면적으로 설정했다.[3] 동아시아의 정부들은 농민과 동맹 세력이 관개지 소유를 3헥타르로 제한한 토지 개혁을 실시했던 중국의 공산주의 혁명을 모방할까 봐 두려움에 시달렸다. 이라크의 자본가들은 대토지를 유지하면서 제조업을 통해 부를 쌓는 어려운 길을 갈 필요가 없었고, 이후에는 석유로 부유해진 정부가 필요로 하는 교역, 계약과 여타 서비스에서 기회를 누리게 될 것이었다. 제조업은 사보타주에 취약한 인간-기계의 복잡한 과정에 의존하기 때문에 대규모 산업 노동자들이 효과적인 정치적 요구를 할 수 있지만, 석유를 국가가 통제하면 수익이 국가에 집중되어 정부의 권력이 점차 강화되는 동시에 대중 세력에 대한 의존에서 점차 벗어날 수 있었다.[4]

당시 중동의 네 거대 산유국(이란, 이라크, 사우디아라비아, 쿠웨이트) 중에서 이라크의 사정은 특별했다. 세계 주요 유전 지역을 통제하던 기업들은 이라크에서 석유를 더 많이 생산하지 않기를 바랐다. 이라크의 석유 산업은 지금은 BP로 이름을 바꾼 앵글로-이라니언 오일 컴퍼니의 관리하에 있었다. 1920년대 이라크 석유 사업이 시작될 때부터 BP는 주변국보다 이라크의 석유를 더 천천히 개발하려 했다. 이 회사는 주변국들(1953년 이후의 이란을 포함하여)의 사례와 비슷한 방식으로, 이라크석유회사라는 컨소시엄을 대표하여 석유를 생산했다. 그러나 이라크에서 BP의 파트너 중에는 BP와 셸 그리고 미국의 5대 석유 기업이 만든 카르텔인 '7자매seven sisters'의 다른 회원사들뿐 아니라 (지금은 토탈Total로 알려진) 프랑스 석유 컨소시엄인 프랑스석유회사 및 이 컨소시엄의 동맹인 캘루스트 굴벵키언도 있었다. 이라크에서의 생산 증대는 프랑스 기업과 굴벵키언의 시장 점유율을 높인 반면, 다른 세 나라에서 증대된 생산은 카르텔 내에서만 나눠 가졌다.[5] 그 결과 이라크에서의 석유 생산은 이웃 나라들에서보다 훨씬 느리게 성장했다.

BP는 석유 수출을 위한 송유관의 완공을 늦추고, 추가로 매장량이 발견되지 않도록 일부러 유전을 얕게 팠으며, 매장량이 많이 나타나는 시추정을 틀어막아서 이라크 정부가 그 존재를 모르도록 감추었다. 이라크의 석유 매장량이 다른 세 나라와 견줄 만했음에도 불구하고 1950~1960년대에 이라크의 석유 생산량은 다른 나라의 절반 또는 그 이하 수준으로 유지되었다. BP와 그 파트너들은 이라크를, 예외적 수요에 대처하기 위해서만 생산량을 증대시키는 미개발 매장량을 가진 생산 조정국swing producer으로 활용했다.[6]

이미 민족주의가 패퇴한 이란과 비교해도 이라크의 지위가 훨씬 약했다. 이라크의 석유 재고는 송유관을 통해 시리아를 거쳐 지중해로 수출되었기에 이라크는 선적 지점에 대한 통제력을 가질 수 없었다. 국내 소비를 위해 작은 정유 시설을 갖고 있긴 했지만 지방 시장 공급을 위한 주요 정유소는 송유관의 지중해 쪽 말단에 위치해 있었고, 이라크는 수출을 위해 석유를 처리할 아무런 독립적 수단을 갖지 못했다.

권리 포기

1958년 카심과 동료 장교들이 영국의 지원을 받는 군주정을 무너뜨렸을 때 그들은 주요 석유 기업들이 이러한 취약성을 이용하여 석유 산업을 국유화하려는 모든 시도를 좌절시킬 수 있다는 사실을 알았다. 카심의 최초 목표는 이러한 취약성을 극복할 수 있는 설비를 건설하는 것이었다. 그는 이라크석유회사에 북부의 모술부터 남부의 바스라까지 송유관을 놓고 그곳에 수출용 정유소를 건설할 것을 제안했다. 그러나 석유 기업들은 거부했다. 그들은 이라크가 자국 내 석유를 직접 처리하고 수출할 능력을 갖는 것을 원치 않았다. 더욱이 카심은 모르고 있던 부분인데, 남부에는 이미 너무 많은 석유가 있었다. 이라크석유회사는 바스라 근처의 북부 루마일라 유전이 세계에서 가장 크거나 두 번째로 큰 유전일 수 있다고 예상하고 있었다. 하지만 BP는 이라크 정부와의 협상에서 이를 비밀에 부쳤고, 지금 단계에서 "루마일라의 대대적 개발에 대한 잠재적 가능성을 언급하는 것"은 신중치 못한 일이라고 지적했다.[7]

BP가 주주들에게 해마다 제공하는 배당금은 1950년대 초반 주당 16펜스에서 1954년에는 43펜스로 커졌다. 전후 영국의 긴축 상황과 이라크 및 다른 산유국들이 더 많은 수입 배분을 요구하는 상황에서 영국 재무성의 선임 장관은 주주의 이윤 수준에 당황했고, 이를 줄이도록 개인적으로 요청했다. "이러한 앞잡이들하고 같이 갈 수는 없습니다." 그는 내부 메모에 이렇게 적고는 "이러한 비애국적 조직"의 이사들과 공개적으로 의절하겠다고 위협했다. BP는 굽히지 않으며 가장 중요한 기준을 내밀었다. 즉 경쟁 상대인 셸은 더 많은 배당을 지불하고 있었던 것이다. BP는 1950년대 후반에는 배당금을 주당 75펜스로, 1960년대에는 117펜스로 올렸다.[8] 생산량이 증가하면 가격이 하락하고 이 엄청난 수준의 초과 수입에 위협이 될 것이기 때문에 BP는 북부 루마일라 같은 새로운 유전의 개발을 원치 않았다.

이라크석유회사를 국유화할 수 없자 이라크는 별도로 국영 석유 산업을 발전시킬 계획을 세웠다. 이라크 정부는 이라크석유회사에 거의 국토 전역에 걸쳐 있던 채굴권 지역 일부를 포기할 것을 제안했다. 1925년 최초 채굴권 협정에 따르면 이라크석유회사는 탐사 시작 후 32개월 이내에 미개발한 채굴권 지역의 약 0.5퍼센트를 제외한 모든 지역에 대한 권리를 포기해야 했지만, 이 컨소시엄은 1931년 개정된 협정에서 이라크 정부에 해당 조항을 삭제하도록 종용했다. 이제 BP와 그 파트너들은 채굴권 지역의 50퍼센트(이후 54퍼센트로 변경된다)를 포기하는 방안을 논의해보기로 합의했다. 그런데 이는 (다른 나라들이 이와 같은 수준의 협정을 요구하는 것을 더욱 어렵게 만들기 위해서) 권리 포기 지역이 전체 지역에서의 퍼센트가 아니라 제곱마일로 표시되는 조건에서 나온 합의였다.[9] 또한 석유 기업들은 어떤 지역의 권리를 포기할지도 결정할 수 있어야 한다고 주장했다. 이라크는 이라크석유회사가 현재 생산 중인 유전과 매장량이 증명된 지역에서의 권리를 모두 유지하도록 할 용의가 있었다. 하지만 향후 함께할지도 모르는 다른 기업들이 관심을 보일 만한 전망을 제시하기 위해 이라크는 미개발로 남아 있는 어떤 지역을 포기할 것인지에 대해 결정권을 갖기를 원했다. 런던의 외무성은 이라크가 과거 바스라 지역의 속령이던 쿠웨이트를 병합하는 식으로 대응할까 봐 우려했다. 1951년 BP가 이란에 금수 조치를 취했을 때 이란의 공급을 대체했던 쿠웨이트 유전을 BP에게서 빼앗아버림으로써 바그다드는 BP가 국유화에 맞서 이라크에 금수 조치를 내리는 것을 더 어렵게 만들 수 있었다.[10] 권리 포기에 대한 이라크의 제안이 "사실상 불합리하지 않다"라는 점을 알아챈 외무성 관료들의 동요에도 불구하고 석유 기업들은 그 제안을 거절했다.[11]

위기 선호

석유 기업들은 위기를 불러일으키는 편을 택

했다. 외무성이 기록했듯이 이라크석유회사의 소유주들은 "다른 지역에 미치는 영향을 고려해서 54퍼센트를 넘겨주기보다는 75퍼센트를 빼앗기는 편을 선호했다."[12] 이라크가 일방적으로 행동하도록 놔뒀더라면, 이라크석유회사에 결정권이 없다는 인상을 주게 될 것이고, 다른 나라들이 유사한 협정을 더 강력하게 요구하게 될 터였다. 더 중요한 사실은, 1951년에 BP가 이란에서 성공을 거뒀듯이 이라크석유회사의 파트너들이 몰수된 지역에서 활동하기로 결정된 다른 회사에 소송이라는 위협을 가할 수 있다는 점이었다. 합의에 도달할 수 없게 되자 1960년 12월 이라크는 80호 법안을 통과시켜서 1931년의 채굴권 협정을 취소하고 채굴권 지역의 99.5퍼센트를 수용했는데, 이라크석유회사에는 생산 중인 유전은 남겨주되 북부 루마일라를 비롯해 개발을 거부한 유전 지역은 수용해버렸다. 남겨진 0.5퍼센트의 몫은 1925년 최초 채굴권하에 유지되도록 허용된 지역과 일치했다. 석유 기업들은 "카심이 끝나기를 기다리자"라고 다짐했는데, BP의 공식 역사에 기록된 표현에 따르면 "정부가 교체되길 희망"했던 것이다.[13]

미국과 영국은 이미 카심을 축출하기로 결정했던 것 같다. 1960년 중앙정보국의 암살 시도는 1년 전의 암살 시도와 마찬가지로 실패했지만, 결국 카심은 1963년 2월 군사 쿠데타로 권좌에서 쫓겨나고 살해당했다.[14] 미국은 새 정부에 암살단이 처단해야 할 100여 명의 좌파 명단을 주었는데, 이들 중 다수는 저명한 지식인이었다. 영국은 일주일이 지나지 않아 공산주의자 "솎아내기"가 성공적으로 이루어지고 있고 "군대가 상황을 통제하고 있다"라고 보고했다.[15] 이라크의 대중 정치 운동 지도자들과 일선 활동가 다수가 살해당했고 수천 명 넘게 투옥되었다. 쿠데타 이후 미국 외교관 제임스 에이킨스James Akins

는 미국이 쿠데타 모의자들과 내통했던 쿠웨이트에서 바그다드로 돌아갔다. 그는 나중에 "우리는 굉장히 기뻤다"라고 회고했다. "많은 공산주의자가 제거되었다. 그들 중 다수는 처형되거나 총살당했다. 대단한 발전이었다."[16] 군사 정부는 이라크석유회사에 사용하지 않는 펌프장을 정치범 수용소로 사용할 예정이니 정부에 넘길 것을 요구했고, 석유 기업들에는 "펌프장을 개조하여 1200명의 정치범을 가둬둘 수 있는 집단수용소 건설에 협조할 것"을 요청했다. 이라크석유회사는 집단수용소(정부가 사용한 용어이다) 건설에 연루되고 싶지 않았지만 파이프를 이용해 사막의 감옥에 용수를 공급하는 데 동의했다.[17]

카심이 제거되고 좌파와 노동 운동은 축출되거나 '통제하에' 들어오게 되었지만, 미국과 영국은 이라크석유회사가 여전히 비협조적임을 깨닫고 실망을 금치 못했다. 바그다드 주재 영국 대사관은 런던에 "이곳에서 이라크석유회사 채굴권의 모든 기반은 시효를 다했다"라며 이라크 국영 기업과 협력하는 방식으로 바꿔야 한다고 말했다.[18] 하지만 이라크석유회사는 새로운 정권에 채굴권 지역 수용을 철회할 것을 요구했다. 이 컨소시엄은 이라크에서 원했던 제한된 석유 공급량을 계속해서 퍼 올리는 한편, 80호 법안을 둘러싼 분쟁이 해결되지 않는 한 이라크가 제안하는 어떤 석유 계약에도 응해서는 안 된다고 독립 석유 기업들에 압력을 넣도록 미국 정부를 설득하는 동시에 그 분쟁의 해결을 지연시켰다.[19]

위기를 유발하고 그 해결을 지연시키는 방법은 일련의 지역적 위기들로부터 도움을 받았다. 1966년 시리아는 이라크의 석유를 지중해로 운반하는 송유관을 활용해 이라크석유회사로부터 더 많은 통행 요금을 얻어내려 했다. 이라크석유회사는 더 많은 비용을 내기보다는 이 송유관을 통한 석유 운송을 중단하는 편을 택했다. 송유관은 1966년 11월부터 이듬해 3월까지 폐쇄되었고 이라크의 석유 수입은 3분의 2로 줄어들었다.[20] 공급 과잉 문제에 대한 해결책이 되었기에 BP는 이라크에서의 생산 중단이 만족스러웠다. 그러나 이라크와 관련한 더 큰 위기가 초래됐다. 1967년 6월 이스라엘은 이집트와 시리아를 상대로 6일 전쟁을 개시했고, 이에 대항하여 시리아 정부는 송유관을 다시 폐쇄했다.

위기와 지연 전략은 주요 석유 기업들에 10년의 시간을 벌어줬지만, 1967년 전쟁의 여파로 그러한 전략도 끝이 났다. 1967년 8월 이라크는 북부 루마일라의 대규모 유전을 이라크석유회사에 돌려주는 제안을 폐기했는데, 석유부가 옹호했던 이 계획은 국제 석유 기업들의 역할에 대한 민족주의자들의 반대에 가로막혔다. 이후 몇 개월 사이에 이라크 정부는 1964년 설립된 이라크 국영 석유회사Iraq National Oil Company가 석유 거물들이나 미국 정부의 압력에 종속되지 않는 파트너들과 국가의 석유 자원을 개발하도록 하는 결정을 내렸다. 1967년 12월에는 프랑스 국영 석유 기업과의 합작 투자에 합의했으며, 다음 해 4월에는 북부 루마일라를 개발하고 바스라의 새 정유 시설로 향하는 송유관을 건설하기 위한 기술 지원 관련 사업을 입찰에 붙이고, 이라크 국영 석유회사가 파트너로서가 아니라 직접 이 사업을 담당하게 했다. 소련으로부터 온 제안은 바트당과 동맹을 맺은 우익 장교들이 권력을 잡은 1968년 7월의 쿠데타 이후 한 해 늦게 마무리되었다. 이라크는 이제 카심이 1959년 처음 시도했던, 석유 정제와 수출의 독립적 역량을 구축할 수 있게 되었다.[21]

7대 거대 석유 기업들의 관할권 밖에서 석유 산업을 개발해온 아랍 국가들은 이미 국가적 통제력을 확보했다. 시리아는 1964년 소규모 석유 산업을 국유화했고, 알제리는 1971년 2월 프랑스가 건설한 산업의 소유권을 대부분 획득했으며, 리비아는 1971년 12월 외국인 소유 석유 생산을 국유화하기 시작했다. 이듬해 이라크는 지배적인 영국-미국 카르텔과 석유 통제력을 다투는 최초의 중동 산유국이 되었다. 4월 루마일라 유전의 생산이 시작되자 이라크석유회사는 북부에서의 생산량을 절반으로 줄였다. 긴축 조치를 준비하고, 대중의 지지를 확보하기 위해 두 명의 공산당 지도자를 내각에 포함시킨 뒤 바트당 정부는 1972년 6월 1일 이라크석유회사를 국유화했다.[22]

컨테이너

산유국에서 석유 노동자나 석유 기업들이 사보타주를 행사할 수 있는 힘은 점차 정부에 의해 장악되었다. 근위병과 정보국으로 무장한 정부는 1960년대 후반이 되자 외국이나 국내에서 조직되는 군사 쿠데타에 저항력을 갖게 되었다. 산업국에서 "억제력"은 다른 변화를 겪었다.[23] 석유의 발흥은 광부, 철도원, 항만 노동자들을 단결시키고 그들에게 전례 없는 힘을 부여했던 석탄의 낡은 동맹을 약화시켰다. 1948년이 되자 석탄에서 석유로 지원 대상을 바꾼 마셜 플랜의 역할에 힘입어 대규모 파업의 시대는 끝나게 되었다. 그 자리를 대신하여 산업 공정을 교란시키는 새로운 전술에 기초하여 정치적 요구를 관철하는 새로운 방식이 출현했다.

1958년 프랑스 사회학자 세르주 말레Serge Mallet는 보르도 근처 지롱드 어귀의 베크당베스Bec d'Ambes에 위치한 칼텍스CalTex 정유소의 노동자들을 연구했다. 칼텍스는 사우디아라비아로부터 석유를 판매하기 위해 아람코의 소유자들이 세운 합작 투자 회사로, 원래는 아프리카와 아시아에서 사업을 전개했다. 1947년 사우디아라비아의 석유를 유럽으로 실어보내기 위한 트랜스아라비안 파이프라인Tapline 건설이 시작되었을 때 칼텍스는 보르도 주변의 옛 텍사코 정유소를 인수했는데, 전쟁 중 파괴되었던 이 정유소는 사우디아라비아로부터 오는 새로운 선적분을 취급하기 위해 마셜 플랜 기금으로 재건되었다. 베크당베스 정유소는 유럽에서 덜 반항적인 노동력을 만들어내기 위해 세워진 설비의 일부였다.

10년 후에 말레는 이를 "새로운 노동자 계급"으로 묘사했다.[24] 석유 정제는 1930년대로 거슬러 올라가지만 1950년대 이후 급속히 확산되었는데, 자동화된 공정과 물질의 합성에 기반을 둔 산업 생산의 형태를 대표했다. 말레의 주장에 따르면, 노동자들이 직접 물건을 만드는 오래된 조립 라인 방식과 달리, 정유나 석유화학 공장의 노동자들은 원료의 흐름을 감독하고 새 물질의 자동화된 합성을 관리했다. 정유, 합성 화학, 전기 에너지 및 통신 산업에서 노동자들은 이제 자동화되고 컴퓨터로 통제되는 과정을 관할하는 관리자가 되었다. 이 같은 방식의 자동화 공정은 자동차 제조, 철도, 제강, 심지어는 석탄 채굴에까지 확산되었다. 노동은 기술화되었고, 육체노동과 하급 관리 사이의 차이점이 많이 사라졌다. "석유의 끊임없는 흐름과 그것이 받는 여러 압력을 살펴보며 파쇄 장치를 조작하는 화이트칼라와 그를 감독하는 기사 또는 고급 기술자 사이에는 더 이상 종류의 차이, 간단히 말해 위계적 지위의 차이가 존재하지 않는다."[25]

끊임없는 자동화 공정을 감독하는 방식에 기초한 노동 형태의 등장이 노동 쟁의를 없애지는 못했다. 새로운 형태의 파업이 생겨났다. 작업의 완전한 중단을 통해 기업을 무기한 마비시키려는 시도(파업자들의 수입에 미치는 영향 때문에 지속되기 어렵다) 대신 이제 노동자들은 자신의 기술적 지식과 자동화 공정에서의 결정적 역할을 활용하여 제한적인 작업 중단을 야기함으로써 "생산에 체계적 교란"을 일으키고, 이를 "가장 민감한 장소에서의 생산 공정을 따라 확산"시킬 수 있었다. 산업 공정 내의 취약한 지점이나 결정적 순간들을 겨냥한 짧은 교란들은 노동자들이 가계 수입에 미치는 영향을 걱정할 필요 없이 산업을 수개월간 마비시킬 수 있었다.[26]

1880년대부터 1940년대까지 노동자들은 석탄 기반의 국가 에너지 시스템의 층위에서 결정적 공정들을 사보타주할 수 있는 힘을 형성했다. 그들은 이 힘을 이용하여 대중 정당을 조직하고 자신들의 취약한 사회적 조건을 크게 개선하는 데 성공했다. 1950~1960년대가 되자 효과적인 사보타주의 장소, 규모, 지속성이 변화했고, 이제는 복잡한 화학, 금속, 통신 및 여타 공정의 결정적 지점과 흐름이 초점이 되었다. 보다 지역화된 규모는 이 힘이 덜 혁명적인 것처럼 보이게 했다. 그러나 말레는 1960년대 후반 (말레의 저작이 영향을 끼친 1968년의 대봉기를 비롯한) 파업의 물결은 노동자들이 이 힘을 활용해 생산에 대한 보다 큰 통제력을 얻을 수 있음을 보여주었다고 주장했다.

1960년대 후반 중동에서 에너지 공급에 대한 통제력을 둘러싼 투쟁이 전개되면서 산업화된 세계에서는 노동자 세력 사이에서 임금과 노동 조건의 수준을 방어하고 향상시키려는 노력이 강화되었다. 투쟁은 새로운 생산 과정에서도 발견되었지만, 조직된 물질의 흐름이 여전히 성공적으로 방해받을 수 있는 오래된 산업에서도 발견되었다. 예컨대 운송이 그러했다. 철도, 선박 운송 및 하역, 그리고 점차 늘어나던 항공에서의 파업이 1950~1960년대 세계 노동 쟁의의 35~40퍼센트를 차지했다. 파업이 상류와 하류의 다양한 공정에 가장 강력한 영향을 끼치는 선박 운송과 하역은 이러한 쟁의의 절반 이상을 차지했다.[27]

이러한 투쟁에 대한 가장 효과적인 위협은 또다시 석유를 이용한 것이었다. 한 세대 전 동력 연료가 석유로 전환된 것은 석탄 광부의 패배에 결정적이었다. 석탄을 나르는 경직된 지역 에너지 네트워크들의 취약성은 대양을 넘나드는 유연한 에너지 망으로 극복되었는데, 이는 1차 에너지의 생산자들을 주요 산업 지역에서 그 에너지를 작업에 투입하는 노동자들로부터 고립시켜놓았다. 또다시 석유가 제공한 해결책은 어느 정도 공간적이었고, 보다 유동적인 공정의 도입에 기반을 두고 있었다.[28] 이 경우 대양을 넘는 분리는 표준화된 금속 박스를 운송하는 값싼 석유의 사용에 달려 있었다.

이러한 두 번째 변화는 컨테이너 수송에 의해 가능해졌다. 도로, 철도 및 해양으로 운송될 수 있는 표준 규격의 금속제 선박 운송 컨테이너가 도입되어 상품들이 운송 중 다른 운송 수단으로 바뀌는 과정에서 인간의 노동 없이도 물품을 대량으로 내리고 쌓고 다시 싣고 이동할 수 있게 되었다. 석유의 유동성 덕분에 펌프로 유조선 탱크에 담아 에너지를 먼 거리까지 쉽게 옮길 수 있게 되자 석탄 하역 노동자와 화부가 불필요해졌다. 마찬가지로 선박 운송 컨테이너를 통해 고체 상태의 공산품도 방해받지 않고서 유동적인 운송이 가능해졌다. 이전에도 컨테이너를 이용하려는 시도들이 있었으나 항운업자마다 다른 규격을 원해서 최적의 규격으로 컨테이너를 쌓거나 트럭, 기차, 선박을 만들기 어려웠기 때문에 실패했다. 1965년 베트남 민중에 대한 미국의 전쟁이 고조되면서 군수품 공급이 사이공의 항만 시설 용량을 초과함에 따라 물류 위기가 발생했는데, 그러자 미군은 컨테이너를 활용하기 시작했고 컨테이너의 표준 규격을 채택하는 일에도 속도가 붙었다. 1969년 항운 회사들은 화물칸과 갑판에 1000개 이상의 컨테이너를 실을 수 있는 새로운 거대 주문 제작 선박을 도입했다. 컨테이너는 숙련 노동자와 항만 노동자들의 조직력을 몰아냈고, 1945년 이래 20년간 산업화된 국가들의 노동 조건에 일어난 "전례 없는 진전"을 멈춰 세웠다.[29]

컨테이너는 항만 노동자들이 힘을 행사할 수 있던 협소한 지점에서의 통제 관계를 재조직하는 것 이상으로 큰 영향을 미쳤다. 1960년대의 값싼 석유와 결합되어 상품 생산의 해외 이전을 가능케 했는데, 이는 산업화된 국가에서 사용하는 에너지를 외부에서 공급받았던 것과 같은 식이었다. 미국에서 베트남으로 군수품을 전달한 뒤 컨테이너선은 빈 채로 돌아왔다. 추가 소득을 벌어들일 방법을 찾던 항운업자들은 일본에 들러 공산품을 싣고 미국으로 돌아오기 시작했고, 이는 운송 비용을 획기적으로 줄이고 일본의 대미 수출 붐을 일으켰다.

산업 노동자들은 이제 더 낮은 임금과 실업의 위협을 받게 되었는데, 노동조합 조직률이 낮고 임금이 적은 일본 등 다른 나라에서의 아웃소싱 생산 때문이었다. 1966년 이후 10여 년이 지날 때쯤 공산품의 국제 교역량은 전 세계 공산품 생산량 증가율의 두 배 수준으로 늘어났다.[30] 국제 항운의 팽창은 석유 수요를 늘렸고, 유가 상승의 원인이 되는 조건들이 형성되는 데 일조했다. 1973~1974년의 유가 폭등은 아웃소싱의 발전을 가로막았고, 컨테이너화로 얻은 절감분은 대양 횡단 항운의 훨씬 높아진 연료 비용으로 상쇄되었다. 하지만 1976년이 되자 안정된 에너지 가격과 더 큰 차세대 컨테이너선의 도입으로 아웃소싱 생산의 성장이 재개되었다. 동시에 석유 위기와 석유 시장의 법칙은 노동 조건 개선의 중단, 그리고 수십 년 동안 쟁취해낸 정치권력 및 평등한 생활 방식의 점진적인 후퇴를 설명할 수 있는 '충격'을 낳았다.

쓸모없는 것의 제도화

1964년 영국 정부는 바그다드의 새로운 군사 정부가 이라크석유회사 외국인 소유자들과의 분쟁 해결에 노력하는 대가로 무언가를 제공하고자 했다. 바로 무기였다. 카심 정부가 무너지기 1년 전에 통과된 석유 법에 대해 이라크 수상과 논의하는 자리에서 영국 대사는 "이라크에 무기와 장비를 공급하는 방안을 이야기할 기회를 잡았다." 그는 "두 사안을 나란히 펼쳐놓았을 뿐"이라면서 석유 분쟁에서 채굴권을 얻기 위해 군수품 판매 건을 활용하려는 계획은 큰 의미가 없을 것 같다고 런던에 보고했다. 왜냐하면 "그들은 실제로 우리에게서 무기를 계속 구매할 의향이 있기" 때문이었다. 그는 이라크인들은 "파운드화로 거금을 지불함"으로써 영국의 악화되는 국제수지 균형을 지탱해주고 있었고, 동시에 "그들이 다른 무기 공급원을 찾아서는 안 된다는 우리의 바람을 잘 알고 있다"라고 설명했다. 한 달 후 외무성은 같은 서류에 이라크가 이제 무기를 소련으로부터 구매하고 있는데 이는 "영국 주요 기업들의 계약 후 성과가 저조한 데 일부 기인하므로" 영국은 "이라크인들이 영국 무기를 계속 구매하도록 설득하려면 열심히 노력해야 할 것"이라고 기록했다.[31]

영국 대사는 석유와 무기를 그저 나란히 펼쳐놓았을 뿐이라는 듯이 말했지만, 실제로 이 두 대상은 독특한 방식으로 서로 잘 어울렸다. 하나는 엄청나게 유용했고, 다른 하나는 매우 쓸모없는 것이었다. 산유국들이 점차 주요 석유 기업들에 석유로부터 나오는 이윤을 더 많이 공유하도록 강제함에 따라 중동으로 흘러드는 파운드와 달러의 양도 늘어났다. 국제수지 균형과 국제 금융 시스템의 활력을 유지하기 위해 영국과 미국은 이러한 통화의 흐름을 되돌릴 메커니즘이 필요했다. 이는 특히 미국의 문제였는데, 달러의 가치가 금에 비례하여 고정돼 있고, 브레턴우즈 체제의 기반을 제공했기 때문이었다. 무기는 이러한 금융 리사이클링financial recycling에 특히 잘 맞았는데, 무기 구매는 무기의 유용성에 제한받지 않았기 때문이다. 석유 생산과 무기 제조가 딱 들어맞으면서 석유와 군사주의는 상호 의존성을 더하게 되었다.[32]

1960년대 중반부터 중동에 무기 판매가 급속하게 증가한 사실을 설명하는 방식은 주로 무기 판매상과 그들의 사업을 지원한 정부의 주장을 따르고 있다. 무기 거래가 중동 국가들의 군사화를 부추겼기 때문에 무기 거래의 성장은 탄소 민주주의의 발전을 일정한 틀로 주조하게 되었다. 석유와 민주주의 사이의 이러한 차원의 관계를 이해하려면, 무기 판매 정당화의 내용을 분석하고 대안적 설명을 제시할 필요가 있다.

식량이나 의복 같은 소비재든 아니면 자동차나 산업용 기계 같은 내구재든 간에 대부분의 재화의 구매는 조만간 한계에 도달하는데, 실용적 측면에서 더 이상의 상품 이용이나 추가 구매가 정당화될 수 없는 상황에 놓이게 된다. 막대한 규모의 석유 수익, 그리고 이를 축적하기 시작한 중동 산유국들의 비교적 적은 인구와 만연한 빈곤을 감안하면, 달러 흐름의 균형을 잡아줄 정도로 일반적인 상품을 구매할 수는 없었다(그리고 많은 상품은 독일이나 일본 같은 제3국에서 구매할 수 있었고, 이러한 구매로는 달러 문제를 개선해주지 않을 것이었다). 한편 무기는 구매한 다음 사용되는 대신 창고에 보관될 수 있었고, 이를 정당화하는 방식이 뒤따랐다. 적당한 안보 독트린 아래에서는 더 많은 무기를 보유하는 것이 무기를 사용할 필요성을 줄여줄 것이라는 논리로 합리화될 수 있었다. 미국 전투기와 같은 무기들은 1960년대 들어 기술적으로 매우 정교해져서 한 대에 1000만 달러가 넘기도 했다. 이는 달러 리사이클링dollar recycling[33]에 안성맞춤이었다. 결국 무기는 실제 필요나 소비 가능성 따위에 제한받지 않고 대량으로 구매할 수 있었다. 석유 달러petrodollars가 점점 더 많이 중동으로 흘러들면서, 고가의 무기 판매는 이러한 달러 리사이클링에 특별한 장치를 제공했다. 그것은 여느 상업적 제약과 무관하게 확장 가능한 것이었다.

1945년 이후로 미국은 잉여 자본을 흡수하고 가장 큰 몇몇 제조 기업들의 이윤을 유지하기 위해 평시 국내 군비 지출이라는 '제도화된 낭비'에 의존해왔다.[34] 미국은 한국 전쟁과 베트남 전쟁에 대한 전비 지출로 이 낭비의 메커니즘을 강화했다. 아시아 지역 전쟁에 대한 전비 지출 전망이 1960년대 말 하락하기 시작하자 미국의 스무 개 남짓한 거대 군수업체들은 자신들의 하드웨어를 팔아치울 새로운 출구가 긴급히 필요했다. 미국 정부의 구매 증대에 더 이상 기댈 수 없게 된 그들은 외국 정부와 무기 거래를 시도했다. 이전까지는 대부분 미국의 해외 개발 원조를 통해 재정을 조달하는 방식으로 진행되었던 상대적으로 작은 거래가 이제는 상업적인 수출 사업이 된 것이었다.[35] 달러 리사이클링을 고민하는 금융가들이 강력한 동맹군이 되었다.

한편 중동의 독재자와 군사 정권에게 무기 구매는 상대적으로 매우 적은 노력을 들이고도 국가의 기술적 우월성을 확인해주는 길을 열어줬다. 더욱 중요한 점은, 서구가 무기 공급을 정부 대 정부 형태의 원조에서 상업적 사업으로 전환하면서 현지 국가와 외국 기업 사이에서 활동하는 브로커를 위한 공간이 열렸다는 점이다. 통치자의 가족과 인척, 정치적 동맹자들은 이런 역할을 하기에 좋은 위치에 있었고, 석유로부터 나오는 수입의 일부가 무기 구매로 환류되어 개인 재산을 엄청난 수준으로 축적할 수 있었다.

1967년 이후 이라크는 무기 구매처를 프랑스와 소련으로 돌렸는데, 이는 국영 석유 산업 개발을 도와주고 있던 나라들에 대한 보답이었다. 영국과 미국에 있어 달러 리사이클링의 중심점은 1967년 이후 10년간 이라크보다 거의 세 배의 무기를 수입한 이란이었다.[36] 1966년에 이란의 샤는 제너럴 다이내믹스General Dynamics로부터 신형 전폭기 F-111의 대량 구매에 합의했는데, 이 비행기는 예산을 초과했고, 목표 성능에 미달했으며, 시험 비행에서 종종 충돌을 일으켰던 기종이었다.[37] 곧 그는 서구 석유 컨소시엄에 이 비용은 물론 앞으로의 군비 지출을 위한 재정을 확보하기 위해 매년 12퍼센트씩 생산량을 늘리도록 요청했다. 이듬해 석유 기업들은 1967년 6월 아랍-이스라엘 전쟁 동안의 아랍 석유 금수 조치 덕분에 생산량을 그 두 배로 늘릴 수 있었지만, 1968년과 1969년에 이란은 수익의 더 큰 증대를 요구했다.

무기와 장비 공급이 가속화되자 더 많은 수의 무기 거래상, 은행가, 건설 회사, 컨설턴트, 광고 회사, 장교들이 금융 흐름으로부터 이윤을 얻기 시작했고, 그것이 흐르는 동맥과 모세혈관의 역할을 맡았다. 미국의 은행과 무기 제조업자들은 영국, 프랑스, 이탈리아 경쟁사들에 힘입어 무기 수출을 서구에서 이윤이 가장 많이 남는 수출 산업 중 하나로 탈바꿈시켰다.[38]

괌 독트린

무기 판매는 무기의 쓸모없음으로 인해 역설적으로 유용한 것이 되었고, 그만큼의 무기가 판매된 것은 전례 없는 일이었기 때문에 정당화를 위한 특별 장치가 필요했다. 엄청난 규모의 무기에 대한 불필요한 소비를 필수적인 것으로 탈바꿈하는 작업은 불안에 대한 새로운 수사적 표현, 그리고 그에 요구되는 불안정성과 불확실성을 경험하게 만들고 지속시키는 미국의 일련의 활동을 통해 이루어졌다.

중동에서 미국의 이익에 해가 되는 공산주의의 위협에 관한 전후의 낡은 수사는 더 이상 존속하기 어려운 것으로 드러났다. 걸프의 유전에서 마침내 거점을 발견한 소련은 냉전 전문가들의 경고에도 불구하고 서구로 가는 석유 공급을 위협하지 못했다. 1968년에 제공되어 북부 루마일라의 방대한 매장량을 개발하는 데 투여된 소련의 원조는 이라크로 하여금 서구 기업들이 40년간(바그다드 철도 시기까지 거슬러 올라간다면 70년간)을 보내며 개발을 지연했던 유전으로부터 석유를 생산할 수 있도록 했다. 소련은 서구의 석유 공급 안정을 위협하는 대신 이라크 석유 생산을 증가시키겠다고 위협했던 셈이다.

1967년 6월 전쟁에서 아랍의 패배는 아랍 민족주의자들을 약화시켰고 걸프 지역에서 서구의 지원을 받는 보수 정권을 강화시켰다. 이 패배로 영국의 금융 위기도 가속화되었다. 짧은 아랍 석유 금수 조치와 수에즈 운하 폐쇄로 걸프에서 영국의 스털링 오일을 공급하는 것이 어려워졌다. 이는 국제수지 균형의 위기를 초래하여 노동당 정부가 파운드화를 평가 절하하고 파운드화를 국제 교역 및 준비 통화로 유지하고자 한 전후의 노력을 포기하게 만들었다. 이러한 금융 위기에 대응하기 위해 영국은 1968년 1월 중동에서 제국 열강으로서의 역할을 중단하고 모든 군대를 4년 내에 걸프의 부족장 관할지sheikdoms에서 철수하겠다고 발표했다.[39]

워싱턴의 우익 싱크탱크 군사주의자들, 특히 새로 설립된 국제전략문제연구소Center for Strategic and International Studies는 영국이 철수하면 이 지역에 '권력 공백'이 생길 것이라고 경고하기 시작했다. 실제로 영국이 걸프에서의 군사 활동 중단을 정당화할 수 있었던 것은 공백이 만들어졌다는 점, 적어도 현지 권력의 '바람 빠짐' 덕분이었다. 외무성이 밝힌 바와 같이 "혁명적 아랍인들"은 1967년의 패배로 "완전히 김이 새버렸기" 때문에 걸프의 부족장 관할지들은 영국군의 주둔 없이 존속할 수 있었다.[40] 아라비아 반도를 책임지고 있던 국무부 관리는 이에 동의하면서, 영국의 철수로 생기는 걸프의 "공백"을 적대 세력들이 기다렸다는 듯이 채울 것이라는 테헤란 주재 미국 대사의 주장은 "부정확한 것까지는 아니지만 과도한 것"이라고 일축했다. 그는 주요 아랍 세력인 이집트와 시리아, 이라크는 "이스라엘인들과 쿠르드인들에 의해 다른 곳에 붙들려 있고"(이스라엘은 이라크 북부 쿠르드인들의 반란에 자금을 댔다) 보수적 아랍 국가들은 무장한 이란을 "안도라기보다는 위협으로" 본다고 지적했다.[41]

이란의 샤는 영국의 철수라는 기회를 포착하여 이미 진행 중이던 대규모 무기 구입을 이란을 중동의 경찰로 만들기 위한 계획으로 포장하고자 했다. 샤가 맞닥뜨리고 있던 중대한 위협은 체포한 국내 정치 반대파의 수가 증가하고 있다는 점이었는데, 이와 관련한 치안 활동에서는 그가 구입하고자 하는 무기 대부분이 불필요했다. 그럼에도 그는 더욱 정교하고 값비싼 무기를 사들일 것을 요구했고, 이 비용을 대기 위해 더 많은 석유 수익과 미국 정부의 차관을 요청했다. 미국 대사는 샤가 미국인 무기 제조업자들로부터 들은 주장을 워싱턴에 전달하면서 무기 판매의 증대가 "미국 산업에 이익이 되고(그는 국방부가 록히드Lockheed를 긴급 구제해야만 한다고 언급했다), 실제로 미국의 어려운 국제수지 균형 상황에 도움이 되며, 걸프와 중동에서 우리 자신의 중요한 전략적 이해에 봉사할 것"이라는 자신의 의견을 보고했다.[42]

무기 제조업자들은 지역적 불안정성과 국방력이라는 독트린을 고취하는 것을 도왔고, 그들의 중개인들에게 상업적 관계가 아니라 전략적 목표라는 견지에서 무기 판매에 접근하라고 가르쳤다. 1968년 9월 노드롭Northrop Corporation의 대표 톰 존스Tom Jones는 킴 루스벨트Kim Roosevelt(1953년 모사데크 축출을 진행한 전직 중앙정보국 요원으로, 샤에게 무기 판촉 활동을 벌이는 회사를 경영하고 있었다)에게 편지를 보내 구매자를 찾을 수 없어서 자기 회사의 P530 경량급 전투기를 이란에 판매하려 하고 있다고 전했다. 존스는 "샤와의 어떤 논의에서든 판매 계획이라는 외양을 띠지 않고, 근본적인 국가적 목표에 기초하는 것

으로 만드는 게 중요하다"라고 설명했다.[43]

1969년 새로 선출된 리처드 닉슨Richard Nixon 행정부는 이 "근본적인 국가적 목표"라는 새로운 의미—이른바 닉슨 독트린—를 무기 제조업자들과 그들의 고객에게 무심코 전하게 되었다. 그해 7월 동남아시아 순방 길에서 닉슨 대통령은 괌에 들러 기자들 앞에서 비공식 발언으로 몇 마디 언급했는데, 이 지역에서 미국이 뒤를 봐주고 있는 군부 독재 국가들에게 베트남으로부터 철군을 시작하겠다는 자신의 약속은 미국 정책의 전반적 변화를 의미하는 것이 아님을 확인해주고, 민중 운동과 민주화 운동들—또는 워싱턴이 "전복"이라 지칭한 것—의 위협에 맞서고 있는 후견국들에 대한 무기 제공과 지원이 계속될 것이며, 지역의 반란 진압counterinsurgency 프로그램이 실패할 때에만 미국의 분명한 개입이 있을 것이라는 내용을 전달했다. 직접 개입의 제한된 역할에 대한 언급은 닉슨 행정부가 공약과 달리 비밀스럽게 착수한 행동들—베트남에 대한 전쟁의 급격한 확대와 캄보디아와 라오스로의 확전—에 외피를 제공하기도 했다. 후견국들의 무장을 계속해서 보장하겠다는 내용은 비공식 발언이었고 직접 인용할 수 없었기 때문에 미국 언론들은 이를 괌 독트린이라는 약칭으로 표현했다. 이는 곧 닉슨 독트린이 되었는데, 나중에 닉슨의 외교 정책 팀이 이 용어를 채택했다. 미국이 후견국들과 맺은 오랜 군사적 관계를 이렇게 지속한다는 것은 미국 정책의 새로운 방향을 나타내는 것으로 미국 매체에 보도되었고, 결과적으로 미국의 대외 정책과 중동을 다루는 거의 모든 학자들 사이에서 반향을 불러일으켰다.[44]

미국이 기존의 반란 진압 정책을 '독트린'으로 전환시키자 샤와 같은 지도자들과 미국 군수 기업, 싱크탱크에 있던 샤의 동맹자들이 이제는 그 독트린에 기대어 동남아시아의 독재자들과 동일한 역할을 부여해줄 것을 미국에 요구할 수 있게 되었다. 샤는 미국 대사에게 워싱턴이 의회의 신용 공여를 통해 자신의 무기 구매를 보조해주거나 무기 대금 지불을 위해 미국 석유 기업들이 이란의 석유를 더 많이 퍼올리도록 압력을 가하라고 주문하면서 "왜 미국과 그들의 동맹자들의 이익 역시 위협받고 있는 걸프 지역에서 닉슨 독트린을 실시하여 우리를 도우려 하지 않는지 이해할 수 없다"라고 말했다.[45]

샤와 그 지지자들은 닉슨 독트린을 적절히 활용하여 국무부 및 미국 정부의 다른 부서들의 반대를 극복할 수 있었다. 1972년에 테헤란 주재 미국 대사는 국가안보 보좌관 헨리 키신저Henry Kissinger에게 편지를 보내어 미국은 "이란이, 우리가 배운 바대로, 과잉 구매를 하지 못하도록" 해야 한다고 주장하는 워싱턴 인사들을 비판했다. 국무부를 우회하는 비공식 채널을 통해 그는 영국과 프랑스, 이탈리아가 무기 계약을 위해 경쟁하고 있다고 경고하면서 "특히나 우리 국제수지 장부의 붉은 잉크로 볼 때 우리가 시장을 잃을 이유가 없다"라고 주장했다. 메시지의 여백에 키신저는 다음과 같은 메모를 덧붙였다. "요컨대 이란의 무기 구매 의사를 꺾는 게 우리의 정책이 아니라는 점은 두말할 나위가 없다."[46]

달러 가치의 붕괴와 군수 기업의 로비 증가에 직면하여 닉슨 행정부는 샤와 그의 미국인 로비스트들이 요구하는 모든 무기를 샤에게 팔기로 결정했는데, 통상적인 정부의 검토 없이 무기 판매를 가능하게 했으며 상원의 보고서가 "미국 무기 제조업자들, 육해공군의 조달 부서, 그리고 방위지원국에게 떨어진 노다지"라 칭한 것을 만들어냈다.[47] 의회는 추가적인 무기 판매 신용 공여를 꺼렸고, 뉴욕의 대형 은행들은 그들이 무기 구매를 위해 빌려준 돈을 갚을 능력이 샤에게 있는지 염려하는 목소리를 내기 시작했기 때문에 미국 정부 또한 대금을 상환할 수 있도록 유가의 상승을 밀어붙이기 시작했다.[48] 이란과의, 그리고 이후 다른 산유국들과의 석유 교역을 무기화하는 결정은 '닉슨 독트린'을 걸프 지역으로 확장하는 안으로 발표되었고, 이를 실행하기 위해 엄청난 수준의 무기와 장비 이전이 있었다. 이 사건 이후에 일어난 역사들은 이러한 정당화 장치를 충실히 복제한다.

다음 장들에서 살펴보겠지만, 닉슨 행정부는 유엔과 아랍 국가들, 그리고 때때로 미 국무부가 팔레스타인 문제를 해결하려는 노력을 봉쇄했으며, 이로써 미국의 '안보' 정책이 점점 더 의존하게 된 불안정성과 분쟁의 형태들이 지속되었다. 아랍 국가들이 계속 "발목 잡혀 있던" 다른 분쟁 지역인 쿠르디스탄에서 워싱턴은 1970년 이라크와 쿠르드족의 협정을 막을 수 없었지만, 2년 뒤 이스라엘과 이란이 쿠르드족의 한 분파에 군사적 지원을 재개해 분쟁이 재발되도록 하는 데 동의함으로써 걸프의 안정이라는 위협에 대응했다. 이후 수행된 의회 조사에 따르면, 그 목적은 쿠르드인들이 정치적 권리를 획득할 수 있게 하는 것이 아니라 그저 "우리 동맹의 이웃 나라(이라크)의 자원을 조금씩 약화시키는 데 충분한 정도의 적대를 지속시키는 것"이었다.[49]

이란에 대한 무기 판매와 그것을 지지하는 독트린은 걸프를 지키거나 이 지역 석유에 대한 미국의 통제권을 방어하는 데 그 어떤 중요한 역할도 하지 못했다. 사실상 미국의 주요 석유 기업들은 이란에 대한 무기 공급 증가와 이를 정당화하는 독트린에 반대하는 로비를 펼쳤다. 그들은 걸프에서의 정치적 안정은 미국이 이스라엘의 아랍 영토 점령에 대한 지원을 중단하고 팔레스타인 문제의 해결을 허용하는 것을 통해 보다 잘 보장될 수 있다고 주장했다. 닉슨 행정부는 이스라엘에 대한 무기 판매도 크게 늘리기 시작했는데, 이스라엘로 보내진 무기들은 그 지역의 석유 수익이 아니라 미국 납세자들의 세금으로 지불되었다. 석유 기업들은 이스라엘의 동맹국인 이란의 무장은 미국 중동 정책의 일방성을 악화시킬 뿐이라고 주장했다. 또한 석유 기업들은 이란에 대한 지나치게 높은 수준의 무기 판매에도 반대했는데, 무기 대금 지급을 위해 테헤란이 요구할 더 높은 석유 수익은 그들로 하여금 아랍 국가 바깥에서 더 많은 석유를 생산하도록 만들 것이며, 이는 이들 국가들과 기업들 사이의 관계를 약화시키고 이란에서 생산을 공유하는 유럽 기업들과 독립적인 미국 기업들에 이익을 주게 될 것이기 때문이었다. 또한 이란이 이윤에서 더 많은 몫을 요구하게 될 수도 있었다.[50]

산유국들에 대한 무기 판매 규모의 비합리성은 이후 고도로 무장한 이란이 1979년 혁명에서 거리 시위대와 석유 노동자들이 이끈 총파업으로 붕괴되었을 때, 그리고 사우디아라비아가 100억 달러를 무기에 지출하고도 1990년 이라크의 쿠웨이트 점령에 대해 아무것도 할 수 없었을 때 분명히 드러났다. 또한 무기 판매는 산유국들을 군국화시켰고, 현지의 민중에게 지속적으로 영향을 미쳤다. 이라크의 쿠르드족은 이미 1960년대에 정부가 영국이 공급한 무기를 가지고 그들에 맞설 때 이를 알아차렸으며, 1975년 이란과 미국이 쿠르드 봉기에 대한 지원을 돌연 중단할 때 다시 깨닫게 되었다. 이란의 반대파들은 정부가 1978~1979년의 정치 시위에 미국이 공급한 헬리콥터를 동원해서 사격을 가했을 때, 그리고 다른 수많은 사건들에서 그 영향을 느꼈다. 또한 군사화는 지역의 위기들이 해결되지 않고 중동의 전쟁들이 지속되기를 선호하는 미국의 수많은 이해관계들을 줄 세웠다.[51]

사보타주 힘의 재조직

이라크는 유전과 송유관, 정유 시설을 개발함으로써 석유에 대한 통제력을 가질 수 있는 정치력을 축적했다. 석유에 대한 완전한 통제권은 그 이상을 필요로 했다. 미국과 영국의 주요 석유 기업으로부터 독립적으로 석유를 생산하는 능력뿐 아니라 이 기업들에 압력을 가하는 수단으로 생산을 감축할 수 있는 조정 능력 또한 필요했다. 이 시점까지 산유국들은 생산량 증가와 생산에서 발생하는 몫에 대해 각각 개별적으로 요구해왔으나 이제 생산을 제한할 수 있는 집합적 능력을 구축하고자 시도했다. 리비아가 이를 성취한 첫 산유국이었지만, 감산 능력은 보다 넓은 범위의 사보타주 행동들이 모여 만들어졌다.

중동의 석유는 그 대부분이 소비되는 유럽의 정유 시설과 시장에 도달하기 위해 이라크와 걸프에서 지중해로 이어지는 송유관과 함께 또 하나의 좁은 관로, 즉 수에즈 운하를 따라 유조선으로 운반되었다. 이러한 관로들과 그것이 분기되고 좁아지거나 종결되는 지점들은 에너지 시스템에서 매우 중요한 부분에 속했다. 이에 대한 통제는 1970년대까지 여전히 중동의 석유 생산을 지배하던 한 줌의 초국적 석유 기업들의 주된 관심사였다. 이 통제력은 관로를 유지하는 문제로 국한되지 않았다. 주요 석유 기업들은 과잉 공급과 이로 인한 가격 및 이윤 하락이라는 지속적 위협을 해결하기 위해 석유의 흐름을 제한할 수 있는 힘도 원했다. 그들은 생산 쿼터와 고정 가격에 대한 합의를 무력하게 하는, 그들 통제 밖의 독립적 관로 개발을 제한하고자 했다. 그리고 그들은 대안적 공급 경로와 공급원의 그리드를 유지할 필요가 있었다. 이는 장애가 발생하거나 분쟁의 영향을 받을 경우 특정 생산 지점이나 송전선로를 차단하거나 우회할 수 있는 전력 그리드와 같이 기능할 것이었다.

1960년대 후반까지 석유의 흐름은 1950~1960년대 일련의 위기들에도 불구하고 그다지 방해받지 않았다. 소비에트의 위협조차 견뎌냈다. 이는 소비에트가 미국 석유 기업들을 북부 이란에서 몰아내려 한 시도가 1946년 냉전의 형성에 이용되었던 이래 공공연하게 회자되던 가상의 위협—2장에서 살펴본 러시아의 '그레이트 게임'의 연속으로서 소련이 중동의 유전을 장악하려 들 수도 있다는 상상—이 아니었다. 더 심각한 우려는 소련이 자신의 카스피해 유전, 그리고 볼가 지역과 서부 시베리아의 광대한 새 유전을 서유럽의 소비자들에게 연결하는 방법을 찾음으로써 다국적 석유 기업들을 가격 경쟁의 위협에 복속시킬 수 있다는 점이었다. 1950년대에, 전쟁으로 파괴된 카스피해 유전의 복구를 마치고 소련은 유럽으로의 석유 수출을 시도했다. 다국적 석유 기업들은 자신들의 유통 경로에 대한 통제력과 미국 정부에 의지하여 소련의 판매 시도를 봉쇄했고, 북대서양조약기구 NATO 회원국들에게 소비에트의 석유가 서유럽으로 가는 것을 허용치 말도록 '안보'를 근거로 압력을 가했다.[52] 소비에트의 위협이 봉쇄되자 1960년대의 주요 석유 기업들에게는 더 작고 독립적인 석유 생산 기업, 정유사 그리고 유통사의 등장이 주요한 도전이 되었다. 이들은 주요 석유 기업들의 카르텔이 설정한 고정 가격을 인하함으로써 석유 교역에서 작게나마 지분을 얻어가기 시작했고, 주요 기업들이 (정유와 송유의) 하류 부문의 가격을 인하하고 중동 생산에서 발생하는 엄청난 이윤 폭에 더 의존하도록 만들었다.[53]

1960년대 후반에 상황은 변하기 시작했다. 1967년 6월 아랍-이스라엘 전쟁에서 이라크-시리아 송유관이 다시 끊겼고 수에즈 운하가 막혔으며 바레인의 석유 노동자들은 정유소 두 곳을 폐쇄했다. 그리고 리비아에서는 석유 노동자들의 총파업이 트리폴리에서의 수출을 중단시켰다. 아랍 국가들은 미국, 영국, 독일 등 이스라엘의 공격을 지원한 국가들에 석유 수출을 금지했다. 이라크는 겨울 동안만 공급을 제한해도 금수 조치가 효과를 거둘 수 있다며 9월 1일부터 석 달간 금수 조치를 연장할 것을 제안했다. 또한 이라크는 지역 석유 생산 기업들의 국유화를 요청했다. 그러나 사우디아라비아는 금수 조치 해제에 성공했고, 리비아 정부는 석유 파업을 종식하고 지도자들을 투옥했다.[54]

1969년 5월 한 팔레스타인 저항 그룹이 사우디아라비아에서 지중해로 석유를 나르는 트랜스아라비안 파이프라인을 파괴했는데, 이 송유관은 당시 이스라엘이 점령하고 있던 시리아의 일부를 통과했다. 이러한 사보타주 행동은 대개 몇 시간 안에 복구되었지만, 이스라엘은 아람코가 이스라엘에 보호 비용을 지급하는 데 동의하지 않는 한 송유관의 보수를 허락하지 않겠다는 뜻을 밝혔다. 이 분쟁으로 송유관은 넉 달간 닫혀 있게 되었다.[55] 동시에 이스라엘은 유럽으로 석유를 나르는 또 하나의 주요 관로인 수에즈 운하도 계속 봉쇄하고 있었다. 1967년 이스라엘의 이집트 침공으로 운하가 봉쇄되었는데, 1967년 이전의 국경으로 복귀하는 것을 내용으로 하는 유엔과 미국의 평화 협상 제안을 이스라엘이 거부하면서 수로는 계속 닫혀 있게 되었다.

이 이야기는 거의 알려지지 않았지만, 운하의 봉쇄는 이스라엘 자체가 석유 관로가 되도록 해주었다. 이스라엘 정부는 이란과 협력하여 서독이 비밀리에 제공한 자금으로 에일라트에서 아슈켈론까지 송유관을 건설했다. 이 송유관은 이란의 석유를 수에즈 운하를 우회하여 홍해에서 지중해로 날랐고, 이란이 자신의 석유 산업에 대한 주요 석유 기업들의 통제력을 완화할 수 있게 해주었다. 이는 또한 이스라엘이 전쟁 중에 무력으로 장악한 시나이반도의 이집트 유전에서 뽑은 석유를 수출할 수 있게 해주었다.[56] 주요 석유 기업들의 판매 통제를 피하기 위해 이란과 이스라엘은 석유를 스위스에 등록된 합작 투자 회사인 트랜스-아시아틱 오일Trans-Asiatic Oil Ltd을 통해서 대부분 루마니아를 거쳐 스페인으로 선박 운송하여 판매했다. 스페인은 프랑코 치하의 파시스트 정부가 국제 석유 기업의 활동을 성공적으로 배제하고 있었다.[57] 한편 이집트는 다른 쪽에서 수에즈만을 지중해로 이어 수에즈 운하를 우회하는 송유관을 건설하려 했지만, 주요 석유 기업들의 통제권 밖에서 도관을 개통하려는 노력은 영국 정부에 의해 가로막혔다.[58]

수에즈 운하의 봉쇄는 공급 경로에 대한 주요 석유 기업들의 통제력 약화를 다른 측면에서 가속화했다. 서유럽은 제2차 세계대전 이래 초국적 기업들이 강제하려 한 금수 조치를 피해 소련으로부터 상당량의 석유를 공급받기 시작했다. 1956년 첫 수에즈 운하 봉쇄 이후 엔리코 마테이Enrico Mattei가 이끄는 이탈리아 국영 석유 기업 ENI는 러시아로부터 석유를 받기 시작했다. 1968년에 소련은 라트비아 해안의 벤츠필스Ventspils에서 끝나는, 발트해로 이어지는 송유관을 완공했다. 이제 소비에트의 석유를 북유럽으로 저렴하게 운송할 수 있었다.[59]

이러한 혼란 상황과 중동 석유 흐름의 경로 변화는 더 중대한 영향을 끼쳤다. 1901년 남부 이란에서의 석유 채굴권을 최초로 부여받은 (2장에서 봤듯이 이는 러시아의 석유 수출을 막으려는 시도의 일환이었다) 이래 서구의 석유 기업들은 전 세계 유가를 관리하는 통제력을 이용하여 중동으로부터의 석유 흐름을 통제해왔다. 70년이 흐른 뒤, 그리고 1967년 전쟁의 격변 3년 만에 이 능력은 파괴되었다.

1969년 9월 1일 일군의 장교들이 리비아의 통제권을 장악하고 국왕을 권좌에서 몰아냈다. 그들은 1967년 석유 파업을 이끌었던 36세의 지도자 마흐무드 술라이만 알 마그리비를 석방했다. 처음에는 그를 수상으로 지명했다가 다음 해 4월 무아마르 카다피 대위가 쿠데타의 지도자로 떠올라 알 마그리비의 자리를 넘겨받은 뒤 알 마그리비를 외국 석유 기업들과 이 나라의 계약 조건을 재협상하는 팀의 책임자로 지명했다.[60] 엑손 및 옥시덴탈 페트롤리엄Occidental Petroleum과의 대화는 시리아의 불도저로 인해 리비아의 입지가 강화되기 전까지는 아무런 진전이 없었다. 1970년 5월 3일 요르단 국경 근처 남부 시리아에서 전화선을 설치하던 굴삭기가 트랜스아라비안 파이프라인을 파손했다. 사우디아라비아는 이 사건을 "계획된 사보타주"라 불렀다.[61] 보다 높은 통행료를 협상하기 위해 공급 교란 상황을 활용하면서 다마스쿠스는 송유관의 보수를 거부하며 9개월간 송유관을 막아두었다.[62] 송유관이 파손된 지 2주가 지난 후 시리아의 석유부 장관은 리비아와 알제리의 장관을 만나(알제리는 프랑스에 석유 협정의 개정을 요구하고 있었다) 석유 기업과의 "늘어지고 소득 없는 협상에 한계선을 설정"하고, 필요할 경우 일방적 행동을 통해 보다 높은 석유 수익의 지분 요구를 이행하며, 석유 기업들과 대립하게 될 경우 서로 도울 수 있도록 기금을 설치하는 데 합의했다.[63] 리비아는 매일 50만 배럴씩 유럽으로 가던 사우디아라비아의 석유 공급을 가로막고서, 다른 석유 공급원을 갖지 못한 상대적으로 소규모인 캘리포니아의 기업 옥시덴탈 페트롤리엄을 압박해 석유 기업들 사이의 공동 전선을 깨고 새로운 세율에 합의했다. 리비아는 공급에 대한 금수 조치를 활용해 석유 생산에 대한 과세 증대를 얻어낸 최초의 산유국이 되었다.

공시 가격

걸프에서의 공급 교란 상황으로 촉발된 리비아의 금수 조치는 석유 기업들이 석유 생산으로부터 얻는 이윤에 대해 산유국에 지불하는 세금을 마음대로 좌우할 수 있는 능력을 분쇄했다.

1930년대 이래로 국제 유가는 국제 석유 기업들에 의해 지배되었는데, 이들은 미국의 정부 생산 쿼터와 수입 통제 시스템과 협력하여 중동으로부터의 석유 공급을 제한하고자 했다. 해외에서는 이라크에서의 대규모 유전 발견과 소련의 '석유 공세'에 대한 대응으로 1928년 7개 주요 국제 석유 기업이 카르텔을 결성하여 각 기업에 배타적 영토를 지정하고 미국의 유가 수준에 맞춰 국제 유가를 유지하기 위해 쿼터를 설정했다.[64] 1932년부터 텍사스 철도위원회Texas Railroad Commission는 미국의 국내 생산을 규제하기 위해 쿼터를 설정했다.[65] 제2차 세계대전 이후 중동에서의 생산이 증가하기 시작해 유가를 하락시킬 위협이 되자 의회는 중동으로부터의 수입을 제한함으로써 미국 유가를 보호하도록 주요 석유 기업들을 압박했다. 1954년에는 산업계와 정부의 공동 기구인 석유정책위원회Oil Policy Committee가 미국의 공식 수입 쿼터를 설정했고, 이는 1959년 수입을 국내 수요의 9퍼센트로 제한하는 아이젠하워Dwight Eisenhower 대통령의 훈령 공표로 정식화되었다.[66] 수입 봉쇄는 중동에서 훨씬 낮은 비용으로 석유를 생산할 수 있음에도 불구하고 미국 내 생산이 계속 확대될 수 있게 해주었다. 결과적으로 미국의 석유 매장량은 다른 지역보다 훨씬 빨리 고갈되었다. 1971년이 되자 미국의 석유 생산은 감소하기 시작했고, 미국 본토 48개 주의 매장량은 정점을 지났다. 수요의 지속적인 상승과 결합된 생산 감소는 미국이 더 이상 가격을 조절하는 데 필요한 잉여 생산 능력이 없음을 의미했다.

1960년, 아이젠하워의 수입 쿼터가 초래한 미국의 해외 석유 수요 감소에 대한 대응으로 베네수엘라와 사우디아라비아는 (걸프의 또 다른 거대 산유국인 이라크, 쿠웨이트, 이란과 더불어) 석유수출국기구OPEC를 창설했다. 혁명으로 군사 정부가 전복되고 선거로 새 정부가 들어선 베네수엘라로서는 생산 제한에 관한 미국 주들 간의 합의를 모방하여 석유 수익의 지분을 늘리고 공급량을 유지하도록 협상하고, 이를 통해 질서 있는 경제 성장 과정을 만들고 자원의 조기 고갈을 막을 목적이었다. 원래 중동 산유국들은 생산량을 증가시킴으로써 석유로부터 얻는 세수를 유지하려 했다. 그러나 겨우 10년 뒤 그들은 생산량을 제한하는 미국의 방법을 채택하여 수입을 늘리는 입장에 서게 되었다.[67]

석유 생산 기업이 지불하는 세수를 협상하는 과정에서 산유국들이 직면한 난관 중 일부는 1960년대 중반 이전까지 원유에 대한 '시장' 가격이 존재하지 않았던 데 기인했다. 미국의 유가는 정부의 생산과 수입 쿼터에 의해 결정되었지만, 다른 곳에서 대부분의 원유는 대기업에 의해 그들의 정유 계열사로 운반되거나 한 주요 석유 기업에서 다른 주요 석유 기업으로 장기 계약 조건하에서 낮은 가격으로 거래되었다. 산유국에 지불되는 조세의 수준은 '공시 가격'이라 불리는 인위적 숫자를 참조하여 계산되었다. 공시 가격은 석유 기업들이 설정한 기준선으로, 배럴당 세금은 이 숫자의 50퍼센트로 부과되었다. 아이젠하워가 수입 쿼터를 도입함에 따라 기업들은 공시 가격을 인하했고, 이로써 산유국에 지불해야 할 조세를 줄였다. 산유국들이 석유수출국기구의 창설로 대응하자 기업들은 1960년 이후 기준선을 고정된 수준으로 두기로 합의했다. 이는 독립 석유 기업들이나 소련과의 경쟁으로 미국 외부에서의 가격이 하락하는 경우에도 산유국들이 생산된 석유의 배럴당 세수를 설정할 수 있도록 보장해주었다. 하지만 공시 가격은 인플레이션에 따라 보정되지 않는 탓에, 특히 달러의 가치가 급락하기 시작한 1960년대 후반에 배럴당 실제 세율은 떨어졌다.

한편 대부분 독일 석유 거래상으로 이루어진 일군의 독립 딜러들은 유럽의 정유 제품 가격에 대한 수치를 정기적으로 발표하기 시작했다. 미국의 석유 경제학자 모리스 에이들먼Morris Adelman은 이 수치에 정유와 항운 비용의 알려진 가격을 공제하여 중동 석유의 대략적인 '시장 가격'을 최초로 추론했다(전 지구적 석유 시장이 형성되는 데는 10년이 더 걸렸다). 그의 수치는 1960년에 석유 기업들이 배럴당 10센트의 비용으로 석유를 생산했고, 여기에 투자 자본 수익률 20퍼센트를 포함시켰으며, 배럴당 68센트가 넘는 수익을 벌어들이고 있음을 보여주었다. 훗날 에이들먼은 주요 석유 기업들에게 "시장 가격은 초대받지 않은 손님이었다"라고 말했다.[68]

일반 대중은 이 불청객을 거의 10년 동안 알아차리지 못했고, 석유 기업들이 계속 이익을 챙기는 것도 알지 못했다. 국제 석유 기업들이 중동에서 벌어들이는 엄청난 이윤에 대한 과세율 협상은 공시 가격 인상 시도의 형태를 띠었다. '공시 가격'이 단지 세율을 계산하는 도구라는 사실을 알지 못한 언론 매체와 대중은 이러한 협상을 유가에 대한 협상이라고 보았다. 그리하여 기업들은 석유로부터 그들이 벌어들이는 막대한 이윤에 대한 증세를 석유 '가격'의 인상—그들이 소비자에게 전가하게 될 인상액—으로 포장할 수 있었다.

리비아가 1970년에 새로운 과세율 싸움에서 승리한 이후 석유수출국기구는 미국 및 유럽의 주요 석유 기업들이 설정한 과세율에 도전하는 지위에 서게 되었다. 이란은 공시 가격의 전반적 인상과 함께 이 가격에 기반을 두는 과세율을 50퍼센트에서 55퍼센트로 인상할 것을 요구하며 석유수출국기구를 선도했다. 이는 산유국들이 유가를 올리는 것이 아니라 인플레이션과 이스라엘의 수에즈 운하 봉쇄 그리고 1960년대 후반 유가를 밀어 올렸던 다른 요소들 때문에 이전에 누렸던 수준으로 실제 과세율을 복귀시키려는 시도였다.

법무부가 독점금지법 규제의 적용을 중단하도록 국무부가 지원하자 기업들은 기준선 인상을 받아들이기로 결정했다. 국무부 차관 존 어윈John Irwin은 리비아와의 협상 뒤, 수입 쿼터가 유가를 유럽보다 미국에서 훨씬 높게 만든다는 점을 감안하면 중동에서의 가격 인상은 미국에게 이익이 될 것임을 지적하는 메모를 돌렸다.

많은 사람이 더 저렴한 에너지원에 대한 접근성 덕분에, 특히 석유화학 같은 특정 사업에서 유럽 생산자들이 미국에서 생산된 상품과 경쟁해 이득을 봤다고 주장한다. 리비아의 해법은 유럽에서(그리고 아마도 일본에서) 에너지 비용을 증가시킬 것이며 미국이 더 저렴한 비용의 석유에 접근하게 되어 이들 지역이 미국에 대해 누렸던 경쟁 우위를 줄일 수 있을 것이다.[69]

1971년 4월 기업들은 석유수출국기구와 공시 가격을 배럴당 2달러 이하에서 3달러 이상으로 올리는 데 합의했다. 걸프에서 나오는 석유가 실제로 거래되는 가격은 배럴당 1.3달러에서 1.7달러로 올랐지만, 여전히 공시 가격의 절반이 조금 넘는 수준이었다. 이는 여전히 1950년대 중반보다 낮은 수준이었는데, 인플레이션 영향을 보정하면 그보다도 낮았다. 반면, 정유 제품들은 배럴당 13달러가 넘는 가격으로 유럽에서 팔렸는데, 이 중 60퍼센트가 소비국에서의 국세에 해당했다. 다시 말해 1971년 석유수출국기구의 과세율 인상 이후 유럽 국가들은 석유수출국기구 국가들이 배럴당 얻는 수입의 거의 네 배를 벌어들이고 있었다.[70]

과세율 50퍼센트 인상은 단기적인 수단일 뿐이었다. 이는 석유수출국기구 국가들이 석유 이익에서 더 많은 몫을 갖도록 보장했지만, 국제적 기업들이 석유에서 나오는 모든 이윤을 얻도록 한 다음에 그 이윤에 과세하는 시스템 자체는 종말에 다가갔다. 이라크를 필두로 거대 산유국들은 점차 스스로 생산을 통제하기 위한 인프라와 전문 지식을 확립해갔다. 이라크는 1972년 영국이 통제하던 이라크석유회사의 국유화를 선포했다. 이란은 1954년의 컨소시엄 협정이 1979년에 만료되면 완전히 다른 질서가 생길 것이라고 경고하고 있었다.[71] 사우디아라비아는 아람코의 소유권을 점차 국가로 이양하는 내용을 협상하면서, 만약 협상을 거부한다면 이라크석유회사와 동일한 운명을 겪게 될 것이라며 기업들을 위협했다. 1972년 말이 되자 쿠웨이트와 이란 같은 걸프의 다른 거대 산유국도 유사한 시도를 취했다.

황금의 끝

중동 유전에 대한 통제력 상실에 직면한 국제 석유 기업들은 이제 유가의 대폭 상승을 위한 수단이 필요해졌다. 훨씬 높은 가격은 북해와 알래스카처럼 접근이 어려웠던 새로운 생산지를 개척할 수 있게 해줄 것이었다. 또한 이는 정유와 판매의 하류 부문으로부터 더 많은 이윤을 실현하여 중동 석유 생산에서의 이윤 손실을 벌충해줄 것이었다.

유가를 결정하는 메커니즘의 재조직화를 가능하게 할 세 가지 변화가 있었다. 첫째, 리비아의 유가를 인상한 성공적인 협력에 뒤이어 산유국들은 석유 과잉으로 가격이 하락하지 않도록 석유 기업들로부터 생산 제한 시스템을 넘겨받았다. 이는 가격을 강제로 올릴 경우 반독점 조사를 받게 될 석유 기업 카르텔에 비해 주권국 집단이 수행하기 더 용이한 방법이었다.

둘째, 새로운 국영 석유 생산 기업의 석유를 정제하고 판매하게 될 국제 석유 기업들은 더 많은 석유를 팔면서 경쟁 에너지원으로부터 석유를 보호할 방법을 찾아내야 했다. 생산자들이 공급 부족을 만드는 것만으로는 유가를 인상할 수 없었다. 높아진 유가는 소비자들이 더 저렴한 에너지원으로 방향을 돌리게 만들 수 있었다. 석유 기업들은 석유뿐 아니라 석탄, 천연가스 그리고 핵발전의 공급을 '사보타주' 할 수 있는 방법이 필요했다. 이 때문에 오늘날 1973~1974년 석유 위기라고 기억하는 사건은 원래 석유의 문제가 아니라 '에너지 위기'의 문제로 논의되었다. 석유가 세계에서 교역이 가장 많은 상품이었고 달러의 국제적 흐름을 형성했기 때문에 새로운 석유 질서로의 이행은 또한 금융 위기로서 시작되었다.

셋째, 가격 상승에도 석유 수요를 유지하기 위해 국제 석유 기업들은 새로운 시장을 열어야 했다. 그들의 접근이 제한된 가장 큰 시장은 미국이었다. 미국의 수입 쿼터는 가격이 저렴한 중동 석유가 미국 내 생산 석유와 경쟁하지 않을 수 있도록 도와주었다. 1971년 상반기에 미국 내 생산 석유는 배럴당 3.27달러에 팔렸는데, 이는 페르시아만에서 오는 석유 가격의 거의 두 배였다. 그러나 수입 통제는 달러 가치의 방어라는 전후 국제 금융 시스템의 한 메커니즘이 되었다. 미국으로의 석유 수입을 억제함으로써 워싱턴은 외국으로의 달러 흐름을 줄였고 해외의 달러 보유고 축적을 제한했다. 나중에는 런던 금시장에 개입하여 달러의 가치를 한층 더 지탱하고자 했다. 이들 두 메커니즘이 충분치 않은 것으로 드러나자 세 번째 기법이 더해졌는데, 바로 산유국, 특히 이란에 대한 무기 수출의 급격한 증가였다.

석유 기업들은 달러의 흐름을 통제하기 위해 석유(그리고 무기 판매의 증가)를 활용하는 방식에 대한 대안이 필요했다. 미국의 석유 수입에 대한 쿼터는 그들이 세계에서 가장 큰 석유 시장에 대한 접근하는 것을 막았고, 이란에 대한 무기 판매 증가는 그들이 중동에서의 석유 생산을 늘리게 하는 압력으로 작용했다. 석유 기업들이 주장하기 시작한 해법은 브레턴우즈 체제의 포기였다.[72]

1967년 3월 뉴저지 스탠더드 오일(엑손)과 긴밀한 관계인 록펠러 가문의 금융 기관 체이스 맨해튼 은행Chase Manhattan Bank은 미국의 금본위제 포기를 제안했다. 미국은행협회American Bankers Association는 이 제안을 비난했고, 체이스 맨해튼 은행은 재빨리 그 제안을 철회했다. 달러의 금으로의 자동 태환에 의문을 제기하는 것은 전후 국제 금융 시스템의 안정성과 미국의 정치적, 금융적 권위에 대한 위협으로 간주되었다. 그러나 8개월 뒤 스탠더드 오일의 수석 경제학자 유진 번범Eugene Birnbaum은《금에 대한 미국의 역할 변화》라는 제목의 보고서를 발표했는데, 이 보고서는 미국이 달러를 금으로 바꾸어줄 의무를 거절함으로써 브레턴우즈 체제를 일방적으로 종결할 것을 요청했다. 번범의 주장은 브레턴우즈를 폐기한다는 아이디어를 받아들일 수 있도록 하는 데 결정적 역할을 했다.[73]

번범의 보고서가 발표되고 1년이 지난 1968년 11월에 달러의 가치를 지탱하고자 했던 미국의 10여 년에 걸친 노력은 무너졌다. 미국은 브레턴우즈를 골드 페그gold peg[74]가 고정되지 않도록 허용하는 메커니즘으로 전환하려 했다. 국내 유가 하락으로 인한 인플레이션과 싸우면서 워싱턴은 1970년 석유 수입 통제를 제거하기 시작했지만, 이는 더욱 많은 달러가 해외로 흘러나가게 만들었다. 다음 해가 되자 미국은 자신의 비금non-gold 보유고를 거의 소진했고, 통화 보유고의 22퍼센트만이 금에 의해 지탱되는 상태가 되었다. 유럽 은행들이 자신들의 달러를 금으로 지불해줄 것을 요청했을 때 미국은 채무불이행 상태가 되었다. 1971년 8월의 금본위제 포기는 미국 정부의 파산 선

언이나 마찬가지였다.[75]

　석유와 금융 흐름의 통제 방법의 변화는 1973~1974년 위기에서 완결되었는데, 이에 대해서는 다음 장들에서 살펴볼 것이다. 이러한 변화가 어디까지 석유 기업들이 계획한 것인지, 어디까지 그들 사이의 경쟁 관계, 산유국과의 갈등, 그리고 미국 정부의 의제 변화에서 비롯된 것인지는 확실히 알 수 없다. 그러나 이러한 위기의 형성이 급격한 변화를 외부 세력 탓으로 돌리기 더 쉽게 만들었다는 사실에는 의심의 여지가 없다.

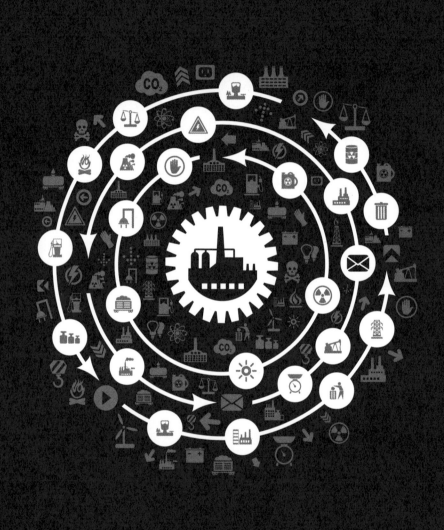

CARBON 🦟 DEMOCRACY

7장

결코 일어나지 않은 위기

전후 석유 질서와 그것이 가져온 번영은 너무 쉽게 무너질 듯 보였다. 유명한 1973~1974년의 석유 위기는 세계 곳곳에서, 생활을 전반적으로 향상시켰던 시대를 돌연히 그리고 오래도록 중단시켰다. 이 위기는 제2차 세계대전 이후 국제 금융 관리 시스템의 붕괴와 함께 유가에 대한 조정 권한이 석유 생산으로 급격히 수입이 증가하기 시작한 산유국들의 손으로 넘어갔음을 확인해주었다. 선진국에서는 더 평등하고 민주적인 사회 질서를 담보했던 노동자들의 힘이 약화되었고, 시장의 신자유주의 법칙이라는 새로운 지배 수단에 맞닥뜨리게 되었다. 석유 수입을 갖게 된 남반구의 정부들은 군사화된 국가를 건설했다. 반면 석유 수입이 없는 정부들은 빚더미에 올라앉게 되었는데, 석유 달러가 넘쳐나는 서구 은행들이 자금을 재정이 취약한 정부에 위험성 높은 대출로 재활용했기 때문이었다.

사건들의 연속을 하나의 '위기'로 설명하는 것은 다양한 행위자들이 관여된 다층적 영역에서 일어난 변화들을 하나의 특별한 사건으로 단순화한다. 그리하여 단 하나의 계기, 단 하나의 행위자가 낡은 질서의 붕괴에 책임이 있는 것처럼 보인다. 민주 정치의 후퇴를 이해하려면 석유 질서의 다차원적 변화를 추적하는 작업과 더불어 사건들을 하나의 위기로 단순화하여 외부 세력—아랍 산유국들—에 책임을 돌릴 수 있게 한 과정 또한 추적해봐야 한다.

단순한 수요와 공급

1973~1974년의 석유 위기로 서유럽과 북미 사람들은 시장 법칙과의 대면이라는 잊을 수 없는 경험을 하게 되었다. 중산층 시민들은 늘 풍족했던 것들이 부족해지고 미래에는 필수품을 사용하지 못할 수도 있다는 불안감을 갖게 되었고, 다른 소비자들과의 경쟁, 하루가 다르게 인상되는 가격 등 익숙하지 않은 경험들을 마주해야 했다. 아랍 국가와 이스라엘 사이에 또 한 번의 전쟁이 발발한 뒤로 11일이 지난 1973년 10월 17일 아랍의 6개 산유국은 석유 공급의 5퍼센트를 줄이겠다고 발표했다. 그리고 그들은 미국이 이스라엘과 팔레스타인 간 분쟁 해결에 대한 간섭을 멈출 때까지 매월 5퍼센트씩 추가로 공급을 줄이겠다고 공언했다. 공급 감축이 발표될 때마다 연료 가격은 올랐다. 이 경험은 서구의 모든 국민들에게 신고전파 경제학 법칙에 대한 결코 달갑지 않은 학습의 기회가 되었다.

이 사례는 수요와 공급이라는 단순한 이론의 가장 유명한 예로 경제학 강의와 교재에 끊임없이 등장했다. 10년이 지난 뒤에도 석유 위기는 여전히 시장의 기본 원칙을 재확인할 수 있는 좋은 수단이었다. 2002년 경제학자 디어드리 맥클로스키Deirdre McCloskey는 표준 경제 이론에서 고수할 만한 무언가가 있느냐는 비평가의 질문에 이 이론을 들었다. 이 비평가는 미시경제학의 가정들이 "우리가 주변에서 관찰하고 있는 모든 것과 상충"하고 있기 때문에 "대부분이 신고전파 경제학자들인 미시경제학자들과 현실 사회의 경제 문제들에 대해 논의하는 것은 점점 더 불가능해졌다. 그들은 시스템의 덫에 걸려 더 이상 바깥세상을 고려하지 않는다"라고 비판했다. 맥클로스키는 한 가지 사례를 가지고 경제 이론을 방어했다. 1973년 아랍 국가들이 석유 공급을 줄였을 때 "수요-공급 모델이 제시하는 것처럼 유가도 상대적으로 오르지 않았는가?" 맥클로스키는 훌륭한 경제학 교과서들은 이처럼 현실의 예로 가득하며, 단순화된 경제 이론의 개념들은 "당신이 원하는 만큼의 실례를 통해 입증될 수 있다. 그것들은 실로 과학적인 개념이다"라고 이야기했다.[1]

경제학자들이 현실 세계를 고려한다는 증거로 1973~1974년 석유 위기를 제시하는 것은 유감스러운 반응이다. 이 위기는 많은 경제학자에게 뜻밖의 일로 받아들여졌으며, 그 위기가 유발한 사건들은 기존의 케인스주의적 사고를 버리게 만들었다. 그러나 경제학자들이 자신들의 사고 체계의 덫에 걸려 있다는 보다 폭넓은 비판은 초점이 빗나간 비판이다. 그들은 현실 사회를 고려하고 있지만 다만 다른 방식으로 고려한다는 점이 문제다. 그들은 자신들의 사고를 현실 세계와 같이 바꾸기를 원치 않으며, 현실 세계를 자신들의 사고에 따라 작동하도록 만들고자 한다.[2] 1973~1974년 석유 위기에서 수요와 공급의 법칙은 허구가 아니라 가공물fabrication이었다. 그것은 논박을 위해 특정한 편에서 주의 깊게 만들어낸 장치의 일부였다. 이러한 목적을 달성하기 위해, 여기에 참여한 이들은 경제학 법칙이 작동하는 방식으로 조합되고 기능하는 하나의 사건을 구성하고자 했다.

표준화된 경제 이론에 대한 비판은 석유 위기를 수요 공급 모델로 설명하는 것에 문제를 제기한다. 이 부분이 우리의 주된 관심사는 아니지만, 다음과 같이 간략히 설명할 수 있다. 첫째, 1973~1974년 겨울의 유가 인상이 얼마만큼 공급 감축과 연관되었는지, 심지어는 얼마나 공급이 감축되었는지조차 알기 어렵다. 사우디아라비아와 쿠웨이트가 석유 수출을 줄이는 동안 이란을 필두로 하는 다른 중동 산유국들은 생산을 늘렸다. 사담 후세인 정부가 이끈 이라크의 경우 미국을 대상으로 하는 석유 금수 조치는 지지했지만 유럽과 일본에 공급을 줄이는 결정—미국의 정치적 고립은 제한하고 경제적 곤경은 확산하는 데 기여했을 결정—에는 반대했다. 이라크는 "미국과 미국의 독점적 이익과 관계가 있는 것으로 잘 알려진" 사우디아라비아와 쿠웨이트의 전반적인 생산 감축을 비난하고, 유럽에 대한 공급을 늘렸다.[3] 12월에 이라크는 금수 조치 한 달 전보다 7퍼센트 더 많은 석유를 생산했다. 리비아, 알제리 그리고 아부다비 역시 단기간의 생산 감축 이후 전반적인 공급 수준을 유지하면서 높은 가격에 따른 소득을 챙겼다. 이들 국가 중 어디도 얼마만큼의 석유를 생산하고 있는지에 관한 정보를 제공하지 않았기 때문에 세계 석유 공급 총량이 얼마나 줄었는지 확인하기는 불가능했다. 중동의 6개 주요 석유 터미널에서 떠나는 유조선의 관측 수치(세계 석유 공급량을 추정하는 데 표준적으로 쓰이는 방식)조차 몇몇 보고에서 선적량의 순증가를 보이기까지 해 논란이 되었다. 마찬가지로 유가에 대해서도 불확실성이 있었다. 석유 기업들은 원유에 대한 '시장 가격' 형성을 막기 위해 50년 동안 노력했다(6장 참조). 그 결과, 시장 가격을 결정하기 위한 장소, 발표, 또는 정규적 교환 메커니즘이 존재하지 않았고, 따라서 위기가 전개되면서도 "아무도 무엇이 '시장'인지를 알지 못했다."[4]

둘째, 하나의 공급원에서 석유 공급을 중단하더라도 다른 공급원으로부터 채울 수 있기 때문에 미국을 대상으로 한 금수 조치는 "결코 일어나지 않았다."[5] 오히려 다른 요소들이 유가를 급격히 상승시키는 데 기여했다. 미국 의회에서 중동의 강화 협정을 원하지 않았던 민주당의 주전파 지도부는 정부가 나라의 석유 소비를 줄이는 프로그램과 연료 배급제를 위한 방안을 준비하도록 하는 긴급 법안을 상정했다.[6] 석유 제품을 사용하고 자가용을 몰던 사람들은 공황 상태에 빠졌고, 서구에 대항하는 아랍의 '석유 무기oil weapon'에 관한 대중적 토론에 불안해했다. 미래의 공급에 대한 불확실성으로 소비자들은 실제 필요한 양보다 더 많은 석유를 구매했다. 정부는 배급을 지연시키고 부족한 상황을 더 심각하게 만드는 긴급 조치를 취함으로써 위기관리에 실패하고 문제를 악화시켰다.[7] 대중적 토론은 석유 금수 조치를 보다 넓은 '에너지 위기', '성장의 한계' 문제 그리고 '환경the environment'의 취약성과 결부시켜 위협감을 더했다(환경이라는 말은 이전에는 사회적 환경milieu 혹은 주위 환경surroundings을 의미했으나 최근에는, 20여 년 전 '경제'라는 용어가 그랬듯이, 정관사를 붙여 광범위한 정치적 관심의 대상을 지칭하게 되었다).

석유를 수요 공급 모델에 따르도록 하는 것의 또 다른 문제는 석유 자체의 독특한 성격에 있다. 대부분의 사용자들이 에너지원을 쉽게 바꿀 수 없기 때문에, 석유는 수요 탄력성이 매우 낮다고 알려져 있다. 따라서 적은 양의 부족분이라도 대규모 가격 상승을 초래할 수 있다. 그러나 많은 경우에 있어서 석유는 역選 수요 탄력성을 갖는데, 즉 유가가 올라감에 따라 사람들이 더 많은 석유를 사들인다는 것이다. 연간 세계 석유 수요의 변화는 에너지 인프라, 산업과 사회 구조, 소득의 증가, 소비세 등의 요소들의 변화와 연관되어 있다. 석유 수요는 대체로 가격과 연관성이 없다. 매우 짧은 시기에 매우 큰 가격 상승이 일어날 때에는 이러한 패턴에 예외가 발생한다. 석유 위기가 그러한 예외였다. 이 사건을 설명하는 데 이용되는 단순한 수요 공급 모델이 이러한 예외적인 사건에 의해 뒷받침되지만, 그것은 석유 시장의 보다 일상적인 가격 변동과는 상충한다.[8] 경제학자들의 모델은 이 예외적인 에피소드를 형성하는 데 자신의 역할을 했다.

이러한 석유의 흐름, 군사 행동, 산업 관련 루머, 공급 수치, 정치적 계산과 소비자의 반응이 경제학 교과서의 사례가 되기 위해서는 이러한 사건들을 하나로 묶어줄 새로운 사회-기술적 세계가 구성되어야 했다. 위기의 시기는 그러한 세계가 어떻게 조합되고 재배치되는지를 이해할 수 있는 좋은 기회가 된다. 위기를 선언하는 행위는 곧 새로운 세력을 소개하거나, 결정적 행동을 취해야 하는 위협을 확인하려는 시도를 의미한다. 또한 위협받고 있는 대상이나 집단을 규정할 것을 요구하기도 한다. 위기 선언을 통해 새로 소개된 세력과 확인된 위협, 정의된 집단은 모두 그들을 동원하거나 지배하려는 이들의 통제에서 벗어날 수도 있다.

1970년대 초에 세 가지 중요한 문제가 부상하고 서로 교차되었다. 첫 번째는 특히 미국의 입장에서 문제가 되는 것이었는데, 그것은 바로 상호 연결되어 있는 취약한 시스템으로서의 에너지였다. 두 번째는 중동 석유의 생산과 분배 문제였는데, 이 에너지의 흐름은 단일한 행위자 집단에 조정될 수 있고, 심지어는 팔레스타인 정착 문제와 같은 정치적 목적에 활용되는 수단이 될 수 있었다. 세 번째는 정치의 중심 대상으로 '환경'이 '경제'의 경쟁 상대로서 등장한 것으로, 이제 그 대상은 국내 총생산의 무한한 팽창이 아니라 성장의 물리적 한계에 의해 규정되었다.

나는 5장에서 20세기 중반에 등장하여 점차 석유에 대한 의존이 높아지게 된 새로운 통치 양식이 탄소 기반의 산업 민주주의라고 주장했다. 값싸고 풍부한 에너지에 힘입어 형성된 경제는 보다 평등한 삶에 대한 요구들을 측정하고 조율할 수 있는 대상으로 만들었으며, 공동의 관심사는 전문가들이 관리하는 행정의 영역으로 넘길 수 있게 만들었다. 6장에서 살펴보았듯이 낮은 가격의 에너지를 공급하기 위한 메커니즘들은 대규모 금융 투기가 초래하는 민주주의에 대한 지속적인 위협을 통제하기 위한 수단들과 함께 해체되고 있었다. 그 결과, 경제를 통해서 국민을 통치하는 것이 점점 더 어려워졌다. 이러한 민주 정치의 관리 방식이 약화되면서 1973~1974년의 위기는 새로운 통치 양식을 정교화하기 시작했다. 바로 '시장the market'이라는 새로운 기제를 이용하는 것이었다. 이러한 새로운 통치 기술에 따라 석유 위기만이 아니라 경합하는 정치적 요구들 사이의 거의 모든 갈등이 단순한 수요 공급의 문제로 포착되고 또 다스려지게 되었다.

에너지는 어떻게
시스템이 되었나

미국의 《사이언스 저널_Science Journal_》은 1967년 10월 호에 새로운 영역의 기술적 예측에 관한 내용을 실었다. 여기에는 과학, 자동화, 통신, 우주에 대한 기사와 함께 에너지에 관한 논문 한 편이 수록되었다. 국방분석연구소_Institute for Defense Analysis_의 과학기술 부서 담당이 작성한 이 글은 "에너지는 어디서나 흔히 볼 수 있기에 당연한 것으로 여긴다"라고 단언했다.[9] 자동차에 의한 대기 오염이나 탄전에서의 경제적 어려움에 대한 언급이 있긴 했지만, 위협에 처한 시스템이나 임박한 위기에 대한 암시는 없었다.

'에너지 위기'라는 용어는 그로부터 3년 후인 1970년 여름까지 미국의 정치적 논쟁에 등장하지 않았다.[10] 그 이후 벌어진 사건들이 지금은 중동의 석유 금수 조치에 의해 발생한 문제처럼 기억되고 있다.[11] 그러나 미국 언론이 처음 그 위기를 보도했을 때에는 거의 그 문제를 중동이나 석유와 연관 지어 다루지 않았다.

1970년 8월 10일 연방전력위원회_Federal Power Commission_의 수장인 존 나시카스_John Nassikas_는 전미신문기자협회에서 "국가적 에너지 위기"에 관해 연설하며 새로운 위협을 공표했다. 2년 연속으로 뉴욕과 미국의 다른 대도시들은 여름마다 전력 부족에 시달렸다. 이는 발전과 배전 시설의 건설 지연 때문이기도 했으나 연방전력위원회 의장은 기자들이 모인 자리에서 "우리 에너지 개발의 위기"의 주요 문제는 연료, 특히 산업용 천연가스의 부족이라고 이야기했다. 연료가 배급되어야 할 수도 있고, 제조업 공장들이 문을 닫아야 할지도 모르는 상황이었다. 그는 에너지 위기의 장기적 해결책은 핵발전에 달려 있다고 했다. 그러나 당장의 처방은 전력 산업이 "규모의 경제"를 택하도록 독점금지법의 완화를 포함한 정부의 규제를 줄이는 것이었다.[12]

이전에도 연료의 분배, 원료에 대한 접근과 채굴, 전력 생산에서 위기는 있었다. 그러나 문제가 에너지 위기로 묘사된 것은 처음이었다. 전력의 생산과 분배에는 매우 다양한 산업, 물질, 전달 시스템과 다양한 형태의 에너지가 연관되어 있었다. 이를 생산하는 석탄과 광부, 광업 회사가 있고, 그것을 수송하는 철도가 있으며, 석유와 천연가스 유전, 송유관 회사, 주유소, 공익 사업, 발전과 배전 시설 그리고 이를 제작하는 제조사, 핵발전소 건설 회사, 우라늄 채굴 회사, 유조선 선주, 그리고 크고 작은 석유 기업들이 있었다. 이러한 각각의 설비, 네트워크 또는 물질들은 서로 다른 시간에 특정한 문제를 마주하게 되었다. 살쾡이 파업wildcat strike(노동조합 지도부의 의사와 무관하게 일부 조합원들이 무정형적으로 벌이는 파업—옮긴이)의 물결이 애팔래치아 석탄 회사에 밀려왔고, 핵발전소를 가동하는 데 기술적 차질이 발생했으며, 수에즈 운하가 봉쇄되어 유조선이 부족해졌고, 저황 연료의 부족으로 발전소 건설이 지연되었다. 그리고 솔 앨린스키Saul Alinsky의 유명한 저서 《급진주의자를 위한 규칙》에 나오는 말처럼, 공동체를 조직화하는 기술이 발전해 "현실주의적 급진파realistic radicals"가 나타나면서 전력 기업들이 공동체와 환경에 끼친 피해에 도전하기 시작했다.[13] 1970년대 초반, 이 모든 이슈들이 하나의 '에너지 위기'라는 양상으로 갑작스레 서로 연결되었다.

6장에서 검토한 바와 같이 석유수출국기구 국가들이 석유 생산에 대한 통제력을 갖기 시작하자 국제 석유 기업들은 유가를 50퍼센트 또는 그 이상 올리길 원했다. 산유국들의 소득 증가분은 소비자들에게 전가되었고 거대 석유 기업들의 소득 감소로 이어지지는 않았다. 이러한 가격 인상의 주된 걸림돌은 석유 이용자가 연료를 천연가스, 석탄 혹은 핵과 같은 대체 연료로 바꿀 수 있다는 점이었다. 석유 공급을 제한하기 위한 협력으로는 충분하지 않았다. 석유 기업들은 닉슨 백악관의 도움을 받아 다른 형태의 연료에 대한 '사보타주' 시스템을 확대해야 했다. 에너지 위기라는 단일한 이슈에 집단 전체가 곤경에 처한 상황에서 기업의 소유권, 정부의 행정, 언론 보도 그리고 학자들은 서로 연결될 것이었다.

거대 석유 기업들은 자본을 미국으로 유입해왔으며, 초과 소득의 대부분은 유럽과 세계 전역에 판매된 중동 석유에 대한 독점권을 통해 얻은 것이었다. 유입된 자본의 상당 부분은 배당금으로 미국의 주주들에게 지불되었으나 매년 수십억 달러에 달하는 자금은 미국 내에서 석유와 경쟁하는 다른 에너지원들을 사들이는 데 쓰였다. 석유 기업들은 천연가스 생산에 대한 지배력을 강화해나갔으며, 1960년대 말에는 24개의 미국 석유 기업이 미국 내 천연가스의 4분의 3을 생산하게 되었다. 이들은 미국의 석탄 기업도 사들였는데, 이는 미국의 석탄 산업이 카르텔화된 석탄 생산자 집단에서 벗어나 석탄을 사용하거나 다른 연료를 생산하는 더 큰 산업의 사업 부문으로 탈바꿈하는 데 일조했다. 또한 그들은 핵발전 산업, 특히 우라늄 채굴에도 진출하여 1970년에는 미국 우라늄 매장량의 40퍼센트를 통제하게 되었다.[14] 미국 내무부 관료들은 우라늄 채굴을 위해 연방 토지인 우라늄 광산을 임대하고는 그냥 깔고 앉아서 가격을 상승시키고 '에너지 위기'를 양산한 석유 기업들을 비난했다.[15]

석유 기업들은 유가를 올리기 위해 천연가스 가격을 더 높게 밀어 붙였다. 1968년에 연방전력위원회가 요율 인상을 거부하자 생산자들은 갑작스럽게 공급 감축을 발표했다. 그 후 신규 가스전의 탐사율이 감소하기 시작했다.[16] 이듬해 닉슨 대통령은 존 나시카스를 연방전력위원회의 수장으로 임명했는데, 그는 곧 에너지 위기를 선언하고는 가스 가격의 전례 없는 인상을 승인하면서, 이것이 신규 생산 투자를 촉진할 것이라고 주장했다.[17] 약속했던 투자는 뒤따르지 않았고, 이어진 의회 조사보고서는 나시카스가 연방전력위원회 자체 직원들이 작성한 보고서의 수치보다 훨씬 적었던 산업계의 수치에 더 의존했다는 사실을 밝혀냈다. 또한 그는 의회에서 규제 완화가 생산성을 증가시킬 것이라는 어떠한 증거도 갖고 있지 않았음을 인정했다.[18]

또한 석유 기업들은 미래 수요에 대한 추정치를 높이고 가채 매장량을 낮춤으로써 불충분한 석유 공급에 대한 우려를 조성했다. 1972년 미국석유위원회US National Petroleum Council는 미국의 1차 에너지 소비가 1985년 12경 5000조 BTU에 이를 것이라 예측했다. 같은 해 실제 수요는 7경 4000조 BTU로 추정치의 60퍼센트에 못 미쳤다. 1973~1974년의 석유 금수 조치 이후 연방에너지청Federal Energy Administration은 에너지 독립 계획Project Independence을 마련했는데, 이 역시 미래 수요를 과대평가했다. 이러한 계산들은 1978년 신규 발전소와 산업용 보일러에 천연가스의 사용을 금지하고, 석유 기업들이 가스 가격을 여덟 배 높게 책정하는 것(신규 가스전에서 나오는 가스에 대해서 1973년 100만 BTU당 22센트에서 1.75달러로 인상)을 허용하는 국가에너지법National Energy Act의 기본 틀을 마련하는 데 일조했다. 아랍의 석유 무기에 대항하여 국가 매장량을 보호하는 방어 수단으로 묘사된 이러한 제한 조치들로 1973년부터 1986년까지 천연가스의 소비는 26퍼센트 감소했다. 그러나 이는 미국의 소비자들을 보호하는 것이 아니라 중동 석유에 대한 수요를 보호하는 데 기여한 것이었다. 과장된 예측이 만들어지는 데 도움을 주었던 가스기술협회Institute of Gas Technology의 회장 헨리 린든Henry Linden은 은퇴 후 "나는 확실히 자기 잇속을 차리는 이러한 일들에 가담했고 … 지금은 그러한 사실에 괴롭다"라고 적었다. "나 또한 결국 허구로 밝혀진 '에너지 위기'의 다른 많은 교의들을 받아들였던 것이다."[19]

백악관은 전력 생산과 자원 추출을 '에너지'라는 하나의 분야로 전환하는 데 앞장섰다. 다른 형태의 연료와 전력에 대한 책임이 미국 정부의 다양한 부서로 퍼져나갔다. 1973년 6월 의회가 에너지천연자원부Department of Energy and National Resources 설립 제안을 계속 거부하자 리처드 닉슨은 백악관 내에 국가에너지국National Energy Office을 신설했다.[20] 연료와 전력에 관한 다양한 문제들을 하나의 기관으로 통합하자 에너지와 에너지 정책에 관한 새로운 학문 영역이 출현하게 되었다. 1970년대 초 이전까지 역사학, 경제학, 정책 결정에서 이 주제들에 관한 연구는 대부분 하나의 연료에만 초점을 맞췄다. 1970년대 초반 이후에는 에너지 문제를 단일한 관심 주제로 삼는 학문적 관심이 확산되었다.[21]

미국에서 에너지 위기는 처음에는 다양한 천연자원과 전력 생산 방식이 연관된 복잡한 상호 작용으로서 논의되었으나 돌연히 '석유 위기'라는 문제가 그 한가운데서 부상했다. 석유 위기는 제임스 에이킨스에 의해 공표되었는데, 그는 10년 전 이라크에서 바트당의 카심 정권 전복을 환영하고(6장 참조) 정치적 반대자들의 제거를 승인했던 외교관이었고, 이제는 국무부의 연료에너지국Office of Fuels and Energy 국장을 역임하고 있었다. 《포린어페어스Foreign Affairs》 1973년 4월 호에 게재된 글을 통해 에이킨스는 아랍 국가들의 미국에 대한 석유 보이콧이라는 거듭되는 경고가 이제는 실제 위협이 되고 있다고 주장했다.[22] 석유수출국기구는 높은 세율을 성공적으로 협상했으며, 이라크는 자국의 석유 생산을 국유화했고, 다른 거대 산유국들도 동일한 위협을 가하고 있었다. 이러한 이유로 유가의 대폭 인상이 불가피했고, 이는 석유 생산자들로의 전례 없는 자본 이동이라는 결과를 낳게 될 터였다. 과제는 페르시아만으로 향하는 자본이 미국 내의 투자로 재순환하도록 만드는 것이었다.

석유 경제학자 모리스 에이들먼은 "세계 '에너지 위기' 혹은 '에너지 부족'"은 허구라고 주장했다. "하지만 그 허구에 대한 믿음은 사실이다. 이러한 믿음은 사람들이 유가의 인상이 자연스럽게 정해진다고 받아들이게 만드는데, 실제로 유가는 담합에 의해 결정된다."[23] 에이들먼은 세계 석유 공급에 잉여분이 있었고, 수요가 1960년대만큼 빠르게 증가하지 않았으며, 미국 국무부와 석유 기업들이 유가의 대폭 인상에서 함께 이익을 취하기 위해 실제로 산유국들과 공모했다는 증거를 제시했다.[24]

팔레스타인 방정식

유가 상승이 어떻게 발생하는지 면밀하게 생각해보자. 1973년 10월의 석유 금수 조치는 석유 공급이 아랍-이스라엘 분쟁 해결과 연계될 것이라는 아랍 국가들의 발표로 촉발되었다. 따라서 이제 석유의 수요는 다른 요구와 결합되었기 때문에 유가는 단순한 수요와 공급의 문제일 수 없었다. 그 요구는 미국이 팔레스타인 문제에 대한 결의안에 그만 반대해야 한다는 것이었다. 안와르 사다트 이집트 대통령은 1948년의 추방과 몰수를 다루는 팔레스타인의 권리 문제에 대한 포괄적 합의에 이스라엘이 동의해야 한다는 원칙을 포기하고, 그 대신 1967년에 이스라엘이 점령한 이집트 영토에 대한 잠정적 양자 협정을 위한 협상을 제안했다. 그러자 미국은 이집트의 1971년 평화 제안을 지지하지 않기로 했다. 1972년 7월 방공 시스템 운영을 돕던 소련 군사고문을 추방하기로 한 이집트의 결정은 아무런 반응이 없는 워싱턴과의 관계 개선을 기대한 것이었다.[25] 닉슨의 국가안보 보좌관이었던 헨리 키신저는 사다트가 요청한 이집트의 국가안보 보좌관 하피즈 이스마일과의 회동을 연기했다. 결국 그는 비밀 회동을 조건으로 돌아오는 2월과 5월에 논의를 진행하는 데 합의했고, 이스라엘과의 단독 강화를 위한 이집트의 제안은 거절했다.[26] 소련의 지도자 레오니트 브레즈네프는 1973년 6월 닉슨을 만나 강화 협정의 원칙에 관한 공동 성명을 제안했지만, 닉슨은 이를 거부했다.[27] 미국의 후견국이었던 사우디아라비아는 미국의 비타협적 태도 때문에 점차 심한 압박감에 시달렸고, 그해 봄과 여름에 걸쳐 유엔 안전보장이사회 결의안 242호에 기초한 합의를 지지해줄 것을 워싱턴에 지속적으로 요청했지만 성공하지 못했다.[28] 그해 7월 결의안 242호를 시행하고자 한 유엔 조정관에 대한 이스라엘의 "협력 부족"에 우려를 표명한 안전보장이사회 결의안은 거부권을 행사한 미국을 제외한 14개 이사회 회원국에 의해 승인되었다.[29]

1973년 10월 6일 이집트와 시리아는 이러한 교착 상태를 타개하기 위해 그들의 영토 일부를 점령하고 있던 이스라엘군에 대한 공격을 감행했다. 이 전쟁은 예견되어 있었다. 2년 전이었던 1971년 8월 미국은 이집트가 이스라엘을 평화 협정에 참여시키려는 목적에서 수에즈 운하 건너편의 영토를 탈환하기 위해 "제한된 규모의 강력한 공격"을 준비하고 있다는 사실을 알았다.[30] 팔레스타인 문제 해결에 대한 미국의 거부에 뒤따른 반복된 경고가 이집트의 군사 행동으로 이어지게 된 것이었다.

전쟁이 시작된 지 10일이 지나고 교전이 계속되자 사다트는 이집트-이스라엘 단독 강화 협정을 다시금 제안했다. 다음 날 아랍 8개국을 대표하는 네 명의 외교부 장관이 닉슨과 키신저를 만나 미국이 "유엔 결의안에 따라 이스라엘이 1967년 이전 경계선으로 철수하고 팔레스타인 사람들이 그들의 고향으로 돌아가거나 보상받게 하는 권리를 인정"하는 것을 바탕으로 위기를 해결하는 협정을 지지해줄 것을 요청했다.[31] 키신저는 협정에 대한 지지를 거절한 후 같은 날 백악관 위기관리 그룹을 만나 대표단의 수장인 사우디아라비아 외교부 장관이 "착한 아이처럼 들어와서는 우리와 매우 유익한 이야기를 나눴다"라고 전했다. 사우디아라비아가 미국에 대한 석유 공급을 중단할지 모른다는 언론 보도에 대해서는 "엄청난 오류가 있는 기록을 가지고 있는" 미국 국무부 관료들 혹은 석유 기업들 탓이라고 언급하면서 "현재 우리는 석유 감축을 예상하지 않는다"라고 백악관 위기관리 그룹을 안심시켰다.[32] 다음 날 아랍 국가들은 첫 번째 공급 감축을 발표했다.

이스라엘에 대한 협상의 압박을 줄이기 위해 닉슨은 이스라엘에 항공기, 탱크, 대포, 탄약 등을 추가 지원하기로 결정했다. 백악관은 이 전쟁을 중동에서 분쟁의 원인을 해결하기 위한 것이 아니라 베트남전 패배를 위로하는 것으로 활용하길 원했다. 닉슨은 "이것은 중동보다 더 큰 성격의 문제"라고 관료들에게 이야기했다. "우리는 미국이 지원하는 작전에 맞서 소비에트가 지원하는 작전이 성공하도록 봐둘 수 없습니다." 그는 이스라엘에 협상을 강제하는 것의 어려움을 논의하면서 이스라엘의 재무장이 "싫다고 난리를 떠는 이스라엘을 협상 테이블로 불러들이기" 위한 유일한 방법이라고 고집스럽게 주장했다.[33] 미국은 팔레스타인 문제를 협상을 통해 해결하는 것에 반대한다는 사실을 유럽과 아랍 국가들에게 숨기기 위해 무기 공급을 비밀에 부칠 생각이었다. 비밀 유지를 위해 신형 록히드 C-5A 수송기가 야간에 미국에서 이스라엘까지 무기를 수송하기로 했다. C-5A 수송기는 일반적으로 바다를 통해 수송하던 탱크와 다른 중장비들을 공수할 수 있었고, 미국의 동부 해안에서 중동까지 논스톱으로 운항할 수 있었다(유럽 국가들은 그들의 비행장 사용을 거부했다). 그러나 날개의 설계 결함 탓에 수송기는 최대 적재량을 싣고서 그만한 항속 거리를 비행할 수 없었다. 이스라엘에 닿기 위해 수송기는 아조레스Azores 제도에 착륙하여 재급유를 해야만 했다. 그런데 아조레스의 강한 측풍 탓에 새로운 크기의 항공기가 착륙하기 어려워 미국에서 수송기 출발이 지연되었고 이스라엘 도착 시간은 오후로 미뤄졌다. 결국 비밀 유지는 실패했고 공수 작전과 미국의 평화 협상 거부도 세상에 알려졌다.[34]

그때 쿠웨이트에서는 (비아랍 국가 회원국을 포함하는) 석유수출국기구와 석유 기업들 사이에 한 달 동안 진행된 협상의 일환으로, 1971년의 세율 합의를 개정하기 위해 걸프 국가의 석유 장관들이 회의를 하고 있었다. 명목상의 '공시 가격'을 당시 거래되던 가격의 40퍼센트 이상으로 잡았기 때문에 1971년의 합의는 그사이 2년간의 유가 상승으로 현실성을 상실한 상태였다. 석유 기업들의 수익은 두 배가 되었지만, 그 와중에 산유국들의 몫은 작아졌고, 계속되는 인플레이션으로 실제 가치는 더욱 하락했다. 새로운 합의에 도달하는 데 실패한 후 10월 16일 석유수출국기구 국가들은 (세율 계산의 근거인) 공시 가격을 70퍼센트 인상하겠다고 일방적으로 발표했는데, 이는 석유가 거래되는 가격의 40퍼센트 이상으로 기준선을 회복시키겠다는 것이었다.[35]

아랍 걸프 국가의 석유 장관들은 다음 날까지 쿠웨이트에 머무르면서 다른 아랍 국가에서 온 석유 장관들과 함께 전쟁 상황에 대해 논의했다. 이들은 완강한 미국에 대응하여 석유 생산을 일단 5퍼센트 감축하고, 이스라엘이 1967년 전쟁으로 점령한 영토에서 철수할 때까지 매월 5퍼센트씩 추가로 감축한다는 데 합의했다. 미국과 동맹을 맺은 산유국들은 더 강력한 수단은 반대했으며, 쿠웨이트의 미국 대사관이 보고했듯 공급 감축은 단지 이스라엘에 "그들이 점령한 아랍의 영토를 반드시 포기해야 한다"라는 심각한 경고를 보내기 위한 것일 뿐임을 워싱턴에 알렸다. 압둘 라만 알 아티키 쿠웨이트 석유 장관은 "이스라엘과의 보다 장기적이고 만족스러운 합의가 지연되고 있으며 … 석유 공급 감축은 모두를 위한 일이 되었다"라고 설명했다.[36] 닉슨은 이틀 후 이스라엘에 대한 22억 달러의 군사 원조 요청안을 의회에 제출하는 것으로 응수했다. 키신저는 직원들에게 "우리는 물자를 계속 이스라엘로 보내야 한다"라고 말했다.[37] 사우디아라비아가 미국으로의 석유 선적을 금지하겠다고 발표하자 곧 다른 아랍 국가들도 동참했는데, 이로써 석유의 이용 가능성을 팔레스타인 문제 해결을 위한 협상을 지지하지 않는 미국의 태도와 연결시켰던 것이다.

서구의 평론가들은 10월 17일 아랍 국가들이 석유 공급을 감축하기로 한 결정과 이후 미국에 대한 금수 조치를, 그 전날 있었던 석유수출국기구가 석유 생산에 대한 세율을 70퍼센트 인상하기로 한 결정과 연결시켰다. 실제로 평론가들은 이 두 결정을 뭉뚱그려 하나의 사건으로 묘사하는 경향이 있었는데, 이 결정들이 수요 공급 모델로 연결된다고 본 것이었다. 오늘날까지도 이 두 사건은 오해를 살 만한 표현인 '석유수출국기구의 금수 조치'라고 일컬어진다. 석유 기업의 이윤에 대한 세율 인상이 '석유수출국기구의 가격 인상'이라고 곧잘 언급되는 것 역시 오해를 불러일으킨다. 이 우연의 일치에 아랍 국가들이 가담한 것은 우연한 일이었고, 유가를 올리기 위해 내려진 결정도 아니었다. 게다가 석유수출국기구는 금수 조치에 어떤 역할도 하지 않았다. 첫 번째 결정은 석유수출국기구와 석유 기업들 간의 석유 이윤에 대한 과세율을 둘러싼 협상이 한 달을 끈 끝에 나온 것이었다. 다음날 아랍 국가들이 발표한 석유 공급 감축은 미국이 10월 전쟁에서 이스라엘 편에 섰기 때문에, 그리고 점령지 포기를 골자로 하는 강화 협정을 수용하도록 이스라엘을 몰아붙이려던 그들의 시도를 봉쇄했기 때문에 취한 대응이었다. 알리 아티가에 따르면, 감축은 "유가를 올리려는 의도와 아무 상관이 없었다." 해결되지 않는 팔레스타인 문제에 대해 서구 대중의 관심을 이끌어내는 것이 목적이었다.[38]

공급 감축과 금수 조치에 대한 설명들은 아랍 국가들의 목적이 무엇이었는지에 대해서는 좀처럼 언급하지 않는다. 예컨대 대니얼 예긴은 "아랍 석유 장관들은 금수 조치, 9월 생산 수준에서 5퍼센트 감산, 그리고 그들의 목표가 달성될 때까지 매월 5퍼센트 추가 감산에 합의했다"라고 기록했다.[39] 하지만 이 결정의 목표가 무엇이었는지는 어디에서도 언급하지 않았다. 아랍 산유국들은 석유의 이용 가능성과 팔레스타인 문제에 대한 미국의 정책 사이의 방정식을 세우기 위해 이 둘을 연결시키고자 했다. 그러나 이 사건을 다루는 역사가들은 이 연계성을 절단해버렸다. 석유를 얻기 위해 줄을 서기 바빴고 오로지 시장 법칙만을 생각했던 일반 대중도 마찬가지 입장이었다. 한편 미국 의회에서는 평화 협상 반대파들이 시장 법칙을 작동하게 해줄 배급 체계 등의 장치를 만들어내고 있었는데, 이를 주도한 이는 '보잉이 보낸 상원의원'으로 알려진 워싱턴주(보잉은 워싱턴주 시애틀에 기반을 둔 미국의 가장 큰 무기상이다) 출신 민주당 의원 헨리 잭슨Henry Jackson으로, 미국 외교 정책의 군사주의적 경향을 강화시킨 인물이었다.

전쟁 두 달 후 석유수출국기구 국가들은 다시 모여 세율 재조정에 들어갔다. 그 시점에서 석유는 그들이 만났던 10월의 네 배가 넘는 가격인 배럴당 17달러의 높은 가격에 거래되기도 했다. 회의 전날 키신저는 연설을 통해 "우리는 반드시 이 에너지 위기의 더 깊은 원인을 유념해야 한다"라고 말했다. 10월 전쟁으로 심화되기는 했지만, 이 위기는 "공급 유인을 넘어서는 전 세계 수요의 폭발적 성장이 낳은 불가피한 결과"였다는 것이다. 만약 가격 상승이 이러한 장기적 시장 움직임의 결과였고, 워싱턴의 시각에서처럼 불가피한 것이었다면, 석유수출국기구 국가들은 이에 맞추어 세율을 조정하지 않을 이유가 없었다. 회원국 중 미국과 가장 가까운 동맹국이었던 이란의 주도로 석유수출국기구는 공시 가격을 11.65달러로 인상했다. 이로써 세율은 배럴당 7달러로 인상되었는데, 이는 판매 가격을 (생산 비용과 회사 이윤을 고려할 때) 배럴당 9달러 이하 혹은 최근까지 거래되던 석유 가격의 절반 정도로 상정한 것이었다.[40]

높은 유가가 유지되는 데 도움을 준 키신저는 이익을 거두고자 했다. 유럽과 일본은 높아진 에너지 비용으로 고통을 겪게 될 것이고, 달러에 대한 압력은 경감될 것이며, 미국은 이제 알래스카의 매장지를 이용할 수 있게 될 것이었다.[41] 전쟁이 계속되고 있는 상황에서도 키신저는 닉슨으로 하여금 "석유가 끊긴 지 2주 만에" 벌어진 사건들이 "우리의 취약성을 뼈저리게 깨닫게 해주었다"라는 내용의 교서를 의회에 보내게 했으며, 의회의 알래스카 송유관 반대를 철회시킬 작전을 짰다. 수에즈 운하에서의 전투가 고조되었을 때 한 열정적인 백악관 에너지 고문은 키신저의 전략 그룹에 "알래스카 석유의 최대치는 아랍 국가로부터 얻는 총량과 같을 것"이라고 전했다. 그의 보좌관은 "우리는 두 개의 송유관이 필요하다"라고 거들었다. 그러나 알래스카의 노다지에 대한 이러한 예측은 지나치게 과장되었던 것으로 드러났다.[42]

운 좋은 현장 실험

1973년 10월 전쟁은 워싱턴과 석유 기업들이 높은 에너지 가격 시스템으로 이동할 수 있게 해주었다. 또한 점점 더 유가와 연관성을 높여가는 군사주의에도 성황을 안겨주었다. 이 분쟁에서 제2차 세계대전 이래 가장 큰 전차 전투가 벌어졌다. C-5A의 설계 결함 탓에 미국의 은밀한 공수 작전이 폭로되긴 했지만, 중동으로 공수된 전차는 이스라엘뿐 아니라 궁지에 몰린 미군에게도 승리를 보장해주었다.

베트남전의 패배를 인정하고 마지막 병력을 철수한 그해 초, 펜타곤은 이 작은 국가를 상대로 한 전쟁의 손실과 예산 삭감을 예측하여 군사 전략 재검토에 착수했다. 이 패배는 제2차 세계대전에 투입되었던 전차를 기반으로 중무장한 대규모 재래식 군대가 무용지물임을 입증하는 듯 보였다. 대량 파괴가 벌어진 1973년 전쟁의 18일간 전투에서 시리아와 이집트는 같은 시기 유럽에 배치되어 있던 미국 전차의 수와 맞먹는 전차를 손실했는데, 이는 위의 결론을 더욱 확고히 해주는 듯했다. 그러나 미국이 신형 전차와 여타 중화기로 재무장하는 것을 지지했던 이들은 10월 전쟁을 "운 좋은 현장 실험"으로 활용했다. 점령된 시리아와 이집트의 전장을 이스라엘 파트너와 함께 둘러본 뒤 미국 장성들은 대대적인 파괴와 이스라엘의 최종 승리를 (베트남전에서 얻은 교훈과는 반대로) 적절한 장비와 전술, 훈련을 통해 대규모 재래식 무기로 전투에서 싸워 이길 수 있다는 증거로 제시했다.

　미군은 베트남전의 실패를 민주주의 탓으로 돌리고 싶어 했다. 즉 군이 약했던 것이 아니라 미국 내 국민들의 반대가 패배의 원인이었다는 것이다. 1973년 이스라엘에서의 성공은 민주주의의 문제에 대한 답을 제공해주었다. 전차 등 중화기의 파괴적인 힘 덕분에 그러한 무기들이 민주주의 국가가 수행하는 전쟁에 더 적합하다고 이야기되었는데, 왜냐하면 그 파괴성이, 여론이나 국제적 비난이 문민 지도자들에게 전쟁을 중단하도록 압박을 가하기도 전에 신속한 결과를 가져왔기 때문이라는 것이다.[43] 1973년 전쟁에서 얻은 이러한 결론은 현장 실험장에 빈번히 재방문하면서 강화되었고, 훈련 매뉴얼과 의회 발표에 포함되었으며, 펜타곤이 더 작고 기동력 높은 군대에 대한 지지를 물리치고 중무장한 군대를 재건할 수 있게 해주었다.

팔레스타인 문제를 해결하기 위한 노력을 좌절시키는 과정에서 전쟁은 중동이 불안 지역으로 유지되는 데 일조했다. 앞 장에서 살펴보았듯이 이스라엘과 이란으로 대량의 무기를 이전하자 이제는 사우디아라비아와 걸프 국가들, 이집트에서 무기 판매가 증가했다. 이 위기는 무기 판매를 기반으로 산유국들과 미국 간의 새로운 관계를 돈독히 했다.[44] 미국 무기 수출의 실제 가치는 1967년과 1975년 사이에 두 배 이상 증가했는데, 대부분이 중동이라는 새로운 시장에서 거래되었다.[45] 무기의 흐름과 이와 관련된 건설, 컨설팅, 군사 원조 그리고 금융의 기회는 이제 새로운 차원의 군사주의에 의존하게 되었다. 이는 또한 중동에서의 지역 갈등을 연장하고 심화하는 미국의 정책에, 그리고 이 지역의 민족주의와 민중의 압력으로부터 20세기 중반의 석유 질서를 지켜내는 데 도움을 준 이슬람 근본주의 세력 살라피스트Salafist와의 분절적 관계에 의존했다. 8장에서 더 살펴보겠지만, 군사주의, 살라피즘 그리고 무력 출동 사이의 긴장은 1974년 이후 석유 생산의 보다 민주적인 정치에 대한 전망을 오히려 더욱 약화시켰다.

성장의 한계

1973~1974년의 위기로 유가에 또 다른 계산 방식이 추가되었다. 네 배가 인상된 가격은 석유 기업들이 의도했던 것보다 높은 수준이었는지 모른다. 이제 그들에게는 천연가스나 핵발전의 가격을 확실하게 높이는 것과 같은, 석유 수요의 붕괴를 막는 비상한 방법이 필요했다. 한 가지 방법은 석유 기업들이 환경 보호와 보

전에 앞장서는 것이었다.

주요 석유 경제학자들은 (경제적 계산의 실천적인 목적에서) 석유 공급은 무한하다고 주장했다. 비록 매장량은 채굴로 인해 감소하지만 탐사, 발견 그리고 새로운 기술로 다시 보충되었다. 석유 고갈은 매우 먼 미래의 이야기로, 유가에는 아무런 영향을 끼치지 않을 것이라고 주장했다. 석유 매장량은 소모되어 없어지는 다른 천연자원과 달리 줄어들면 곧 다시 채워지는 재고량이었다. 1972년 모리스 에이들먼은 "광물은 소진될 수 없으며 결코 고갈되지 않을 것"이라고 주장했다. "투자의 흐름이 땅속의 거대한 재고로부터 확인 매장량의 추가분을 만들어낸다. 매장량은 추출되면 끊임없이 갱신된다. 처음에 얼마나 땅속에 있었고 마지막에 얼마나 남을 것인지는 알 수 없으며 알 필요도 없다."[46]

석유 매장량의 특성에 대한 이러한 낙관적 시각은 석유의 성격과 이용 가능성에 대하여 생각이 다른 많은 석유 지질학자들의 비판을 받았다. 1956년 셸 오일의 지질학자인 매리언 킹 허버트Marrion King Hubbert는 미국석유협회American Petroleum Institute 연례회의에서 미국 석유 생산이 10~15년 안(1966~1971년)에 정점에 달할 것이며, 이후 지속적으로 감소하는 시기에 진입할 것이라는 보고서를 발표했다.[47] 허버트의 예측은 당시 업계에서 통상적으로 사용하던 가채 매장량 측정 방식에 기초했지만, 석유 생산율과 탐사율 사이의 관계에 새로운 가정을 활용함으로써 미래의 그림을 바꾸어놓았다.[48]

1971년 이전, 미국 석유 산업은 허버트의 예측에 위협을 느꼈다. 석유 기업들은 그의 방법론을 공격했고, 가채 매장량이 갑자기 두 배나 세 배로 증가한 수치들을 만들어냈다. 만약 석유 공급이 오래지 않아 부족해진다면, 생산을 장려하기 위한 정부의 쿼터와 가격 보호는 정당성을 잃게 될 터였다.

1971년 이후, 석유수출국기구 산유국들이 석유의 희소성이 유지되는 과정을 관리하고 미국 국내 가격 수준까지 세계 유가를 높이면서 석유 기업들은 더 이상 쿼터와 가격 보호 시스템이 필요 없어졌다. 그들은 허버트가 추정한 선에 맞춰 예측치를 조정했고, 미국의 석유 생산이 정점에 도달하고 있으며 감소하기 시작할 것이라는 점에 동의했다. 1971년 BP의 수석 지질학자는 현재 세계의 확인 매장량이 1980년대에 고갈될 수 있고, 예상된 수요 증가로 볼 때 30년 안에 미발견 매장량은 더 이상 수요의 증가를 따라갈 수 없을 것이라고 주장했다.[49] 그러나 석유 위기가 지나자 석유 기업의 지질학자들은 낙관적인 입장으로 되돌아갔다.

석유 매장량의 고갈에 대한 우려는 "성장의 한계"의 정치 그리고 '경제'에 대한 대안적 프로젝트로서 '환경' 보호의 등장과 때를 같이했다.[50] 묘하게도 석유 기업들 스스로가 환경을 정치의 경쟁 대상으로 만들도록 촉발했다. 의도한 바는 아니었지만, 석유 기업들은 석유의 대량 유출을 초래한 석유 시추와 운송 방식을 택하여 이를 둘러싼 환경주의자들의 운동이 조직될 수 있게 함으로써 이에 일조했다. 또한 석유 기업들은 세계 석유 매장량에 대한 계산 방식을 바꿈으로써 환경이 정치적 관심사가 되는 데 공헌했다. 1971년 석유 기업들은 석유를 거의 무한한 자원으로 낙관적으로 보았던 계산 방식(경제의 무한한 성장이 가능하다는 전후 경제 이론들을 뒷받침했던 계산 방식)을 돌연 포기하고, 석유의 종말을 예측하기 시작했다.[51]

1970년대 초, 지질학자들의 석유 매장량 고갈에 대한 논쟁은 더욱

광범위하게 회자되었다. 1973년 영국 국가석탄위원회National Coal Board
의 경제 자문이자 전후 미국이 주도한 석탄에서 석유로의 전환을 꾸
준히 비판해온 슈마허E. F. Schumacher는《작은 것이 아름답다》라는 책을
출간했다.[52] 이보다 몇 개월 앞서 로마클럽Club of Rome은《성장의 한
계》를 발간했는데, 이는 "인류의 위기"에 관한 로마클럽의 프로젝트
보고서였다. 이 보고서는 매사추세츠 공과대학이 구축한 컴퓨터 모델
링을 통해 만약 에너지 소비, 자원 소모, 산업화, 오염, 식량 생산, 인
구 증가가 지금 추세대로 계속된다면 "향후 100년 안에 이 행성은 성
장의 한계에 도달하게 될 것"이라고 주장했다.[53] 탄화수소의 연소로
발생하는 대기 중 이산화탄소 누적과 그 결과로 유발되는 지구 온난
화의 위협과 더불어, 보고서의 경고는 석유 산업 그리고 에너지의 한
계를 고려하지 않는 시장 모델을 이용해온 경제학자들에게 심각한 도
전이 되었고, 그들은 자원의 고갈과 성장의 한계에 대한 질문에 답할
길이 없어 보였다.

환경 프레임을 만드는
석유 기업들

        미 국무부가 고유가를 지원할 명분을 만들고
자 분투하면서 석유가 보다 큰 '에너지' 시스템의 일부라는 개념이 점
점 더 중요해졌다. 닉슨이 의회에 에너지에 관한 교서를 보내기 한 주
전인 1973년 4월 10일 제임스 에이킨스는 콜로라도의 덴버에서 석
유 산업의 연합 단체인 미국석유협회의 회의에 앞서 발표를 했다. 에

이킨스는 높은 유가의 불가피성에 대한 자신의 주장을 반복했다. 그러나 그는 "모든 생산자들 마음에 하나의 유령 같은 불안이 도사리고 있다. 바로 석유를 쓸모없는 것으로 만들 새로운 에너지원의 개발이다. 단기간에는 불가능할지 모르지만, 어떤 극적이고 갑작스러운 기술 개발이 석유를 남아도는 자원으로 만드는 일은 언제든 가능하다"라고 경고했다.[54] 그는 다음과 같이 제안했다.

탄화수소 가격은 석탄, 셰일, 타르 샌드tar sand, 혹은 심지어 폐기물로부터 대체에너지를 생산하는 비용에 달할 때까지 지속적으로 올라야 한다. 탄화수소로부터 얻는 에너지의 가격이 대체에너지원의 비용과 대략적으로 같아지고, 금세기 말에는 대체 자원들이 증가된 수요에 대한 공급을 담당하게 될 것이다. 그때에는 탄화수소가 플라스틱, 건물 자재, 의약품, 그리고 심지어는 식량 등 더 고차원적인 용도로 사용될 것으로 예상된다.

에이킨스는 탄화수소가 "에너지 믹스에서 상당한 정도로" 존재하는 한 "탄화수소가 최소한 대체에너지의 비용으로 팔릴 것이라고 전제되어야 한다"라고 주장했다. 그는 미래 세대는 어쩌면 "이 대체할 수 없는 상품을 다 태워버린 우리를 욕할지도 모른다"라고 덧붙였다.[55]

탄화수소가 '에너지 믹스'에서 비교적 희귀하고 대체 불가능한 부분이라는 주장은 새로운 에너지 정치의 중요한 측면을 보여준다. 유가를 다른 형태의 연료 및 전력 가격과 연결할 수 있게 되면서 에너지 시스템에 대한 논의는 유가가 새로운 환경 정치와 연계될 수 있도록 했다.

닉슨 행정부에게 에너지 정치는 곧 환경 정치였다. 첫 교서인 "천연 자원과 환경에 관하여 의회에 보내는 교서"를 비롯해 닉슨이 1973년 발표한 연두교서는 그저 한 번의 구두 연설이 아니라 몇 주에 걸쳐 서면으로 이루어졌는데,[56] 다음과 같은 닉슨의 발언을 통해 그 의미를 알 수 있다.

천연자원은 불안정하고 유한하며, 이미 많은 자원이 파괴되고 손상되었습니다. 1969년 집권하면서부터 우리는 모든 힘을 다해 이 문제와 씨름했습니다. 이제 미국이 환경 위기로부터 벗어났고 새로운 복원과 갱신으로 향해 갈 수 있다는 고무적인 증거가 존재합니다.

닉슨의 연설에서 '다가오는 에너지 위기' '이미 위기에 빠졌을 환경' 등 이러한 주제는 계속해서 연결되었다.

닉슨이 취임하고 일주일이 지난 1969년 1월 28일 화요일, 유니언 오일이 원유를 시추하던 캘리포니아 산타바바라의 해안에서 10킬로미터쯤 떨어진 곳의 해저 유전이 폭발했고 바다에 있던 20만 갤런의 석유가 수면 위로 흘러나왔다. 이 석유 유출을 막는 데 11일이 소요됐다.[57] 부실한 파이프 케이싱pipe casing이 원인이었던 이 재난은 환경 운동가들이 알래스카 노스슬로프North Slope 지역의 석유 생산 계획과 알래스카 횡단 송유관 건설뿐 아니라 해양 굴착을 통한 석유 생산의 위협에도 주목하게 만들었다. 그해 말 자신의 정치 캠페인으로 인해 시에라 클럽Sierra Club이 자선 단체의 지위를 상실하게 된 뒤 사무총장 자리에서 사퇴했던 데이비드 브로워David Brower는 "미디어 활용에 능하고 정치적으로 역동적인 세계적 활동가 단체"인 지구의 벗Friends of the

Earth을 창립했다. 지구의 벗은 다른 서구 산업 국가에서도 가맹단체들을 창설하면서 최초의 국제적 환경 단체가 되었다.[58] 지구의 벗을 비롯해 유사한 단체들이 석유 채굴, 핵발전, 석탄 화력 발전으로 인한 탄소 배출 등의 이슈에 압박을 가하기 시작했고, 알래스카 송유관은 여러 연료·전력 산업에 중대한 도전이 되었다.

석유 산업과 백악관은 '에너지 위기'를 이용해 이 도전에 대응하고자 했다. 한편으로 더 높은 유가는 희소하고 고갈될 수 있는 에너지원인 화석연료를 보존해야 한다는 필요성에 의해 정당화되었다. 다른한편으로는 환경 운동이 핵발전 산업으로 대표되는 더 심각한 위협에 집중하게 만들었다. 대부분의 경제학자들은 핵발전 개발을 높은 에너지 비용과 화석연료 고갈 문제의 해결책으로 보았다.[59] 이는 또한 닉슨 행정부가 제시한 에너지 위기의 해결책이기도 했다. 1950년대에 존 폰 노이만John von Neumann은 핵융합의 발전으로 "몇 십 년 안에 에너지를 무한한 공기처럼 자유롭게 사용할 수 있게 되고, 석탄과 석유는 그 특성에 가장 잘 맞게 유기 화학 합성을 위한 원자재로 주로 사용될 것이다"라는 유명한 글을 남겼다.[60] 1970년대까지 그 비용에 대한 예측은 덜 낙관적이었으나 정부가 새로운 고속증식로 개발을 위해 대규모 재원을 쏟아부었기 때문에 당시 석유 산업이 향유하고 있는 높은 수익을 위협할 만한 가격으로 에너지가 생산될 위험이 있었다. 환경 운동은 석유에 대한 이러한 위협을 줄이는 데 일조할 수 있었다. 핵발전은 사고 위험과 사용 후 핵연료 처리 비용이 고려되어야 한다고 주장하면서 환경 운동은 핵에너지의 비용을 만만치 않게 만드는 데 도움을 주었고, 핵발전이 화석연료의 저렴한 대체제가 되기 어렵게 했다.

큰 폭의 유가 상승은 석유 기업들에게 위험 부담을 안겨주었다. 그 것은 핵발전과 같은 경쟁 에너지원의 가격을 지불할 만한 수준으로 만들 염려가 있었다. 그러나 만약 석유 기업들이 핵발전소들에 그 장기적 환경 영향을 복구하는 비용—핵발전이 끝난 후 원자로의 오염을 제거하고 1000년 동안 사용 후 핵연료를 저장하는 비용—을 에너지 가격에 포함해 판매하도록 강제할 수 있다면, 핵발전은 석유보다 더 비싼 채로 남게 될 것이었다. 그러한 계산을 촉진하려고 석유 기업들은 환경을 정치의 새로운 대상으로 삼는 프레임을 짜는 노력에 동참했고, 특정한 방식으로 그것을 정의하고 보정했다. 경제와 마찬가지로, 환경은 석유 산업의 주장과 달리 단순히 외부적 실재가 아니었다. 그것은 경쟁하는 집단들이 동원하려 하는 힘과 계산들의 조합이었다.

환경 정치의 프레임을 만드는 데 있어서 석유 기업들의 역할은 우리가 지금껏 고려하지 못했던 석유와 민주주의의 관계의 또 다른 차원을 제시한다. 석탄 생산과 비교할 때 석유 생산은 전문 지식이 다른 방식으로 투입되고 배분되었다. 나는 앞서 석탄 광부들의 민주적 투쟁성은 (대규모로 기계화되기 이전에) 광부들이 탄광 막장에서 행사하는 자율성에서 그 원인을 찾을 수 있다고 주장했다. 광석을 캐는 사람들의 자율성은 그들의 손에 상당량의 전문 기술을 가져다주었다. 이와 대조적으로 석유는 노동자들을 땅 위에 남겨두며 생산 관련 전문 지식 중 많은 양을 기술자와 관리자의 사무실에 넘겨준다.

이러한 차이점은 광물 채굴 이전의 시점에서도, 그리고 채굴 이후의 상황에서도 극명하게 나타난다. 석탄 산업에서 접근 가능한 탄광은 지질학적으로 손쉽게 찾을 수 있는 곳에 위치해 있었고, 멀리 떨어진 곳에서의 채굴은 경제적이지 않았기 때문에 탐사를 위해 대규모 재원을 투자하지 않았다. 석유 산업에서 탐사는 규모가 크고 자본 집약적인 부분으로, 기업들은 여기에서 많은 수익을 얻는다. 대기업들은 신규 유전 발견을 기술적, 정치적, 경제적 전문 지식을 갖춘 광범위한 조직에 의존한다.[61]

게다가 한번 캔 석탄은 바로 사용할 수 있다. 세정과 분류 작업이 필요하겠지만, 화학적 변형은 필요치 않다. 한편 석유는 원유라 불리는 사용 불가능한 형태로 땅 밖으로 나온다. 원유는 반드시 가열로에서 달궈지고, 분별 증류를 통해 다른 성질의 탄화수소들로 분리되고, 사용 가능하고 균일한 생산품이 되기 위한 추가 공정을 거쳐야 한다. 1장에서 보았듯이 애초에 석유는 주로 조명용 등유로 사용되었고, 이보다 무거운 석유는 증기 보일러의 연료로, 그리고 나머지 광유mineral oil는 윤활유로 사용되었다. 정제 과정에서 나오는 휘발유와 더 가벼운 부산물은 폐기물로 간주되었다. 석유 기업들은 수익률을 높이기 위해 대규모 연구개발 부서를 꾸려서 이 사용되지 않는 부산물의 이용법을 찾아냈고, 유통·판매 부서는 그 사용을 촉진하도록 했으며, 정치·홍보 부서는 그것들이 필요한 사회를 건설하도록 도왔다.[62] 주요 석유 기업들은 석탄 산업을 포함해 다른 산업들의 전문 지식을 가로막기 위해서도 협력했다. 주요 석유 기업들이 1928년에 형성한 카르텔은 단순히 석유 생산을 조절하는 것뿐 아니라 석탄 기업들이 합성 오일synthetic oils 생산으로 전환할 수 있도록 해주는 특허의 사용을 막기 위한 것이었기 때문에 실제로는 보다 광범위한 탄화수소 카르텔이었다.[63]

석탄 기업들에 비해 석유 기업들은 더 크고 확장된 전문 지식 생산 네트워크를 발전시켰고, 이 네트워크는 그들의 생산품이 더 넓은 세상으로 퍼져나갈 수 있도록 만드는 과정에 더 깊숙이 관여했다. 이러한 이유로 세계 석유 산업은 1967~1974년 위기에 대응할 준비를 잘 갖추고 있었다. 석유 수익에서 더 많은 몫을 요구하는 산유국들과 탄소 민주주의에 대한 환경주의자들의 도전에 직면하여 주요 석유 기업들은 대중 홍보, 판매, 계획, 에너지 연구, 국제 금융, 대정부 관계 등 폭넓은 자원을 끌어올 수 있었으며, 이 모든 것은 위기의 성격을 규정하고 특정 해법을 도모하는 데 유용하게 활용될 수 있었다.

경제학의 자원들

고려해야 할 문제는 천연자원의 고갈, 환경 파괴, 화석연료의 연소에 따른 대기 온난화, 에너지 가격의 상승, 달러화의 평가 절하, 제조업의 하락과 전후 경제 성장의 종료, 계속되는 반전 운동, 중동의 분쟁, 그리고 (석유 기업들로부터의 대규모 불법 자금이 포함된) 워터게이트 위기로 절정에 달한 미국 정치권의 부패 등 복합적이었다. 저명한 정치학자 새뮤얼 헌팅턴Samuel Huntington이 "민주주의의 과잉"으로 이 나라가 고통받고 있다고 선언했을 때, 이는 미국 정치 엘리트들의 일반적 견해를 반영하는 것이었다.[64]

더 이상 이러한 과잉은 '경제'의 원칙에 따라 가능했던 계산들에 정치적 요구들을 종속시킴으로써 봉쇄할 수 있는 것이 아니었다. 국가 경제 발전은 고갈되는 재생 불가능한 자원의 비용, 전쟁의 낭비성, 지구 기후의 변화 혹은 환경의 파괴에 대한 고려 없이 계산되었다. 국가 단위로 세계를 보는 거시경제학은 석유 위기를 외재적 '공급 충격' 말고는 달리 설명을 못 하거나 군사주의, 달러 가치, 석유 통제력의 변화 사이의 초국적 관계들을 계산할 수 없었다.

경제 활동을 정부가 규제해야 한다는 입장에 반대하는 많은 경제학자들에게 석유 위기를 설명하지 못한다는 점은 도전이자 기회였다. 1973년 12월 전미경제학회American Economic Association의 제86회 연례회의에서 기회가 생겼다. 경제학계가 다 모인 대회의 기조연설Richard T. Ely Lecture에서 로버트 솔로Robert Solow는 광물 자원의 고갈을 통제하는 문제가 갑자기 정치적 관심사가 된 상황을 논의했다. 에너지 소비에 대한 정부의 규제 계획에 반대하면서 그는 광물 자원의 보전은 시장 법칙에 의해 관리될 수 있음을 논증하고자 했다.

솔로는 경제학계가 당시의 보다 넓은 사회적이고 정치적인 위기를 심대한 불일치와 불확실성으로 맞이하고 있다고 역설했다. 두 해 전 회의의 기조연설은 좌파 성향의 신케인스주의자 (그리고 학회의 50년 역사에서 기조연설을 한 세 명의 여성 중 한 명인) 조앤 로빈슨Joan Robinson이 맡았다. 그녀는 '경제 이론의 두 번째 위기'라는 제목의 연설에서 "경제학계가 현실과 아무런 접점이 없는 허공에서 복잡한 이론을 세우는" 현재의 혼란상을 케인스의 《일반 이론》 이전에 대공황을 설명하거나 처방을 제시할 수 없었던 1930년대 경제학계의 상황과 비교했다. 그녀는 "가장 간절히 대답이 필요해 보이는 질문—특히 부의 불평등한 분배를 설명해달라는 질문—에 대해 (경제학자들 말고는 누구에게도) 아무 할 말이 없는 두 번째 시기를 맞이했다는 점에서 경제학 이론의 명백한 파산"이라고 말했다.[65]

솔로는 "경제 이론가들은 신문을 읽습니다"라는 사실을 확인하는 것으로 이야기를 시작했다. 광물의 희소성 증대와 관련한 다양한 최근의 보고서들을 읽고 "다른 모든 이들처럼 《성장의 한계》를 몰두해 읽은" 다음, 그는 고갈 가능한 자원과 관련한 문제들에 대해 경제학이 말해야 했던 것이 무엇인지 알아보기로 했다. 그는 문헌들이 그리 방대하지 않음을 알게 되었다. 그러나 그가 초고를 작성하는 동안 "우편물이 도착할 때마다 그 안에 고갈 가능한 자원의 경제학에 대한 또 다른 경제 이론가들의 보고서가 담겨 있는 그러한 형국이었습니다. 그것은 마치 영리하고 독립적인 존재인 양 자신의 일을 고민한다지만, 바다로 뛰어들면서 주변을 살펴보고는 갑자기 자신이 한 마리 레밍lemming(먹이를 찾아 집단으로 이동해 다니다가 더러 한꺼번에 죽는 경우도 있다—옮긴이)이라는 사실을 발견하는 것과 같았습니다."[66]

솔로는 이전 세대의 저명한 경제학자 해럴드 호텔링Harold Hotelling의 잊혀버린 연구를 재발견했다. 1931년 발표된 "고갈 가능한 자원의 경제학"이라는 논문에서, 호텔링은 균형 가격 경로equilibrium price path가 있는 경쟁 시장이라면, 유가는 투자 위험이 비슷한 사업에 투자된 자본에 대한 현행 이율만큼 오르게 된다고 주장했다. 땅속에 있는 자원은 그 시장 가격이 상승하면 가치가 커지기 때문에 이론상으로 볼 때 소유자들은 가격이 오를수록 자원을 덜 추출하고, 축적된 자원의 가치가 커지도록 내버려두고, 자본을 다른 곳에 투자하기를 선호할 것이다. 가격이 더 높아지면 수요가 줄어들게 되어 자원의 가격은 떨어지게 될 것이다. 호텔링은 언젠가 가격이 현행 이율 이하로 떨어지면 자원 소유자들은 미래를 위해 자원을 저장해두면 돈을 잃을 것이므로, 결국 생산 증대에 투자할 것이라고 주장했다. 따라서 시장 법칙은 천연자원의 추출 속도를 조절하는 메커니즘을 제공해 이율을 복리

수준으로 끌어올린다는 것이다.

호텔링의 이러한 연구가 잊히게 된 것은 우연이 아니었다. 그는 천연자원의 개발, 특히 삼림 벌목과 석유 시추의 공적 규제에 대한 요구가 증가하고 유가가 매우 불규칙하게 변동하는 초기에 이 글을 썼다. 40년 후 솔로의 주장과 마찬가지로, 시장 메커니즘이 석유와 여타 천연자원 산업을 규제할 수 있다는 점을 증명하려는 호텔링의 시도는 정부 개입을 반대하기 위함이었다. 하지만 호텔링의 논문이 인쇄소로 가고 있을 때 이스트 텍사스East Texas의 시추자들은 당시 가장 큰 유전을 시추했다. 유전에서 솟아난 석유는 유가의 붕괴를 가져왔다. 4개월 후 오클라호마와 텍사스 주지사는 가격을 상승시킬 목적으로 계엄령을 선포하고 주방위군을 보내 신규 유전을 점령하고 폐쇄했다.[67] 시장을 통한 규제라는 호텔링의 주장은 무시됐다. 그가 논문을 출간한 다음 해, 미국은 텍사스 철도위원회가 관리하는 생산 쿼터와 가격 규제 시스템을 도입했다.

40년 후, 유전에 대한 군사적 지배가 중동으로 무대를 옮기고 텍사스 철도위원회라는 규제 기구의 역할이 석유수출국기구로 넘어감에 따라 솔로는 호텔링의 연구를 재발견하여 시장 법칙을 통해 천연자원의 추출을 규제할 것을 다시 한번 제안한 것이었다. 솔로의 기조연설에 뒤이어 이 주제에 관한 많은 글과 학위 논문이 쏟아져 나왔고, 이는 자원경제학이라는 새로운 분야를 만들어냈다. 그런데 호텔링의 연구가 유가를 결정하거나 생산을 지배하는 힘을 설명하는 데 기여한 바는 거의 없었다.[68] 솔로는 연설에서 이를 인정했다. 그는 "현재의 문제들을 염두에 두고 쓴 것은 아닙니다. 결국 국제적인 석유 카르텔과 중동의 통치자들의 정치적이고 경제적인 야망, 석유 공급의 급변에 대한 조정 속도, 또는 우리와 절친한 독과점자들의 행위에 대해 제가 할 수 있는 이야기는 없었습니다"라고 주장했다.[69] 오히려 그의 목적은 다른 방식으로 가격을 지배할 수 있는 계산 장치를 개발하는 것이었다.

솔로와 그의 동료 경제학자들에게 시장 장치는 공적 관심사를 민주적으로 관리하는 방식에 대한 대안으로 의도된 것이었는데, 공적 문제를 사적 규제의 문제로 전환시켜 자원을 소유한 이들을 시장의 대리인으로 상정했다. 설령 시장을 통한 해법이 석유나 다른 천연자원의 안정적이고 변덕 없는 가격을 형성한다 하더라도 솔로는 이 메커니즘에서 가격이 미래 세대의 필요—자원 고갈과 환경 보호라는 새로운 쟁점에 관한 다수의 관심—를 고려할지는 보장할 수 없다고 인정했다. 사실상 그는 시장 가격이 미래 세대의 이익을 평가 절하할 가능성이 크다는 점을 시인했다. 하지만 그는 민주 정부의 조치로 현재의 소비를 억제하고 미래의 필요를 고려하는 어떠한 시도에도 반대했다. 솔로는 정치인들은 그저 다음 선거만 바라보기 때문에 정치 프로세스가 에너지 기업들보다 더 미래 지향적이라고 "신뢰할" 수 없다고 말했다. 석유 기업 중역을 정부 관료로 보낸다고 해서 "그가 먼 미래의 이익을 위한 수호자로 바뀌지는 않는다."[70] 정치인이 긴 안목으로 신경을 써줄 것을 믿느니 기술이 화석연료를 대체할 새로운 에너지 자원을 고안해줄 것을 믿는 편이 나았다. 가까운 미래를 위해 정부는 자신의 역할을 시장의 계산 방식을 개선하는 것으로 한정해야 했다. 두 가지 특별 조치가 시장 기구가 석유 산업을 더 잘 조절하도록 해줄 터인데, 더 가까운 미래를 계산할 수 있는 수단으로서 선물 시장을 창출하는 것, 그리고 선물 시장이 더 효과적으로 작동하게끔 미래

의 기술 동향, 석유 매장량, 에너지 수요에 대한 정보를 수집하고 제공하는 것이다.[71]

이러한 기술은 석유와 관련해 두 가지 형태로 발전했다. 하나는 석유 관련 지식에 대한 국가와 정부 간 협력이다. 미국 정부는 에너지부Department of Energy를 설립하고 산하에 석유 및 기타 자원에 대한 통계와 분석 작업을 한곳에 집중시키는 에너지정보국Energy Information Administration을 만들었다. 같은 시기 산업 국가들은 경제협력개발기구OECD를 통해 파리에 국제에너지기구International Energy Agency를 신속하게 설립하여 석유 비축량을 계획하고 에너지 수요에 대한 보고서와 자료를 생산함으로써 또 다른 석유 금수 조치 위협에 대처하도록 했다. 다른 하나는 석유가 이전까지 거래되어왔던 고정된 계약 시스템을 보완하기 위한 시장 구조의 기술적 장치를 만드는 것이었다. 1970년대 후반 석유 선물 시장이 뉴욕 상업거래소에 만들어졌는데, 솔로의 주장은 이곳에서 미래의 유가 변동을 예측하는 도구로 발전했다.

유가 인상의 성공은 경제에 대한 케인즈주의적 관리를 약화시켰고, 민주주의의 '과잉'과 민주 정부의 '실패'의 대안으로서 시장 기반의 장치들이 발전하도록 길을 터주었다. 1970년대를 지나 오늘날까지 석유 기업들은 정치적 연줄을 활용해 자신들의 영향력을 제한하거나 천연자원을 관리하려는 법률의 제정을 막기 위해 지난한 싸움을 전개해왔다. 시장 기반의 해결책은 규제를 위한 대안적 노력을 좌절시키는 데 필요한 주장과 수단을 제공했다. 1980년대 신자유주의 싱크탱크들은 탄소 거래라는 또 다른 도구를 획책하기 시작했다.[72] 증가하는 화석연료 연소에 대한 정부 규제를 제한하기 위해, 그리고 기업의 이윤에서 그러한 규제의 비용을 줄이기 위해 서구에서의 오염 감축이 남반구에서의 훨씬 저렴해 보이는 감축과 거래될 수 있는 다양한 방안이 고안되었다.

유가의 가파른 상승은 이러한 과정이 보다 직접적 방식으로 진행되도록 도왔다. 석유 기업들이 호황 가운데 번영을 누릴 때 미국의 석유 재벌 일가들은 석유로 벌어들인 재산으로 신자유주의 운동을 위한 횡재 기금windfall funds을 만들었다. 멜런 가의 걸프 오일 자산을 상속한 리처드 멜런 스카이프Richard Mellon Scaife는 이 기금을 활용하여 미국의 신자유주의적 자유 시장 정치 조직들의 가장 큰 후원자가 되었으며, 지난 40년 동안 헤리티지재단Heritage Foundation, 미국기업연구소American Enterprise Institute, 후버연구소Hoover Institution, 맨해튼연구소Manhattan Institute, 국제전략문제연구소 같은 조직들에 최소 3억 4000만 달러를 제공했다.[73] 미국의 최대 비상장 석유 기업인 코크 인더스트리Koch Industries를 소유한 찰스 코크Charles Koch와 데이비드 코크David Koch도 비슷한 역할을 했는데, 찰스 코크는 1977년 카토연구소Cato Institute를 공동 설립했다. 이러한 싱크탱크들과 정책 기구들은 1930년대 후반부터 경제를 규제하는 역할에서 정부를 배제하고 공적 규제를 시장에 의한 사적 규제로 대체하기 위해 기획된 프로그램을 통해 신자유주의의 흐름을 감독했다.[74]

"가장 간절히 대답이 필요해 보이는 질문에 대해 … 아무런 할 말이 없"던 경제학계는 신자유주의 운동으로 기운을 회복했고, 그들 중 다수가 이 운동에서 주도적 역할을 했다. 이 운동의 싱크탱크들과 긴밀히 결합함으로써 그들은 스스로 신자유주의의 시장 기술에 헌신하고 민주주의 과잉의 문제를 피력하게 되었다.

1973~1974년의 극적인 유가 인상은 수요 공급 법칙의 예로서 교과서에 실려왔다. 우리는 어떤 일이 발생했는지에 대해 매우 편협하게 설명한다는 이유로 이러한 설명을 거부하기보다는, 무엇이 그러한 설명을 가능하게 만들었는지 파악하기 위해서 그 과정을 추적했다. 미국에서 원자재 통제, 전력 생산, 에너지 노동자와 사회 공동체의 요구, 그리고 기업 이윤에 대한 규제와 관련한 일련의 갈등과 변화는 '에너지 위기'로 알려진, 단 하나의 정치적 관심사와 정부 개입의 영역으로 종합되었다. 그것은 또한 중동에서의 일련의 파업과 사보타주, 정치적 경쟁 및 대결들과 관련되어 주요 생산지로부터 서유럽의 소비지로 석유가 이동하는 네트워크들이 정치적 도구가 되도록 만들어주었다. 결국 이 도구는 석유 수익의 흐름을 바꾸고 팔레스타인 문제를 해결한다는 이중의 목적을 달성하는 데 활용되었다. 팔레스타인 문제의 해결을 막기 위한 노력은 시장 메커니즘을 특정 방식으로 활용했는데, 그 위기를 그럴듯한 원인과 가능한 해결책으로 프레이밍하면서 수요와 공급에 관한 주장과 소비를 할당하는 장치에 의지했던 것이다.

하지만 여러 측면에서 1973~1974년에 일어난 사건들은 시장의 힘이 미치는 영역 안으로 그 사건들을 제한하려는 시도를 넘어섰다. 공급의 문제는 석유 매장량의 한계에 대한 새로운 의심을 불러일으켰다. 미래의 수요와 가격에 대한 예측이 점차 어려워짐에 따라 미래를 전망하는 새로운 방식들이 등장하게 되었다. 또한 재앙적인 석유 유출을 방지하기 어렵다는 사실은 환경 보존과 같은 새로운 이슈에 대한 관심을 촉발시켰다. 하지만 1973~1974년의 사건들은 다시 생명력을 얻은 신자유주의 싱크탱크들이 1970년대 중반부터 발전시켜온 시장 기술들의 공격을 받아 케인스주의 경제학이 약화되는 계기가 되기도 했다. 이들 싱크탱크 중 다수는 1973~1974년 석유 위기로부터 엄청난 수익을 거둔 미국 석유 재벌 가문들로부터 자금을 지원받았다.

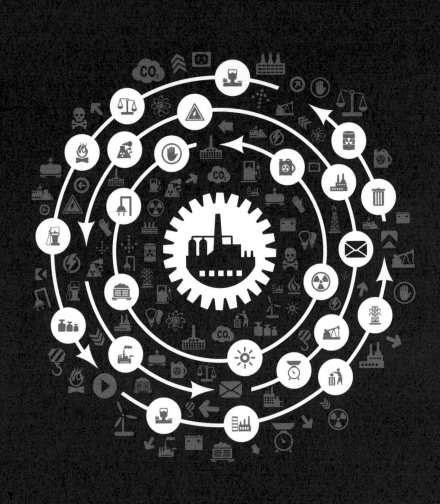

8장

맥지하드

1997년 2월 3일 아프가니스탄 탈레반 정부의
사절단이 워싱턴을 방문했다. 열흘 전 탈레반 무장 세력은 카불 지역
을 장악하는 데 성공했고, 아프가니스탄 남부와 동부를 이미 그들의
손아귀에 넣은 상태였다. 이제는 북부를 정복할 준비를 하고 있었다.
탈레반 사절단은 워싱턴에서 국무부 관계자와 만나 캘리포니아의 석
유 기업 유노칼Unocal(이후 셰브론에 인수된다)이 계획 중인 중앙아시아
에서 시작하여 아프가니스탄을 관통하는 송유관에 대해 논의했다. 미
국의 한 고위 외교관은 정부의 생각을 다음과 같이 설명했다. "탈레
반은 아마도 사우디아라비아처럼 발전해나갈 것이다. 그곳에 의회는
없고, 대신 아람코, 송유관, 에미르, 수많은 샤리아 법(이슬람법―옮긴
이)이 있을 것이다. 우리는 이들과 공존할 수 있다."[1]
미국은 워싱턴의 동의하에 파키스탄과 사우디아라비아로부터 무

기, 재정 원조, 병력 지원을 받고 있던 탈레반을 지지하고 있었다. 이에 대해 이슬라마바드 주재 미국 대사관은 "우리는 탈레반과 관계를 맺으면서도 동시에 그들의 문제를 비판해야 한다"는 점에서 "내적 긴장을 수반하는" 정책을 추진하고 있다고 이야기했다.[2] 그러나 아람코(60년 전 사우디아라비아의 국가 형성 과정에 자금을 지원했던 미국 석유 기업)에 대한 외교관의 언급은 미국이 이슬람 율법의 엄격한 해석에 따라 권력이 결정되는 에미르들과의 활동에 익숙하다는 점을 상기시켜 주었다. 1998년 동아프리카에서 미국 대사관에 대한 공격이 발생한 뒤 미국은 사우디아라비아 반체제 인사 오사마 빈 라덴를 체포해 인도할 것을 요청했으나 아프가니스탄 이슬람 에미리트가 이를 거절하자 불만이 커져갔다. 그러나 적어도 2000년 9월까지 미국은 공식적으로는 탈레반의 행위를 "비열하다"라고 표현하면서도, 비공식적으로는 미국의 정책이 "항상 탈레반과의 연계를 모색하고자 했다"라며 아프가니스탄 이슬람 에미리트의 고위 관료들을 안심시켰다.[3] 보수적 이슬람 정권들과 동맹을 형성한다는 '내적 긴장'은 미국의 정책에서 익숙한 일이었다.

최근 몇 십 년간 석유와 민주주의의 문제는 점차 이슬람 문제와 결부되었다. 정치학자들은 석유 수익에 크게 의존하는 국가들 모두가 보다 민주적인 정부 형태를 발전시키는 데 실패하는 것은 아니라고 지적한다. 예컨대 남반구 최대 산유국인 베네수엘라, 나이지리아, 인도네시아에서는 군부 정권, 그보다 민주적인 정권, 그리고 포퓰리스트 정권이 번갈아 등장했다. 이러한 패턴을 이해하기 위해 다양한 설명과 근거가 제시되었다.[4]

앞에서 우리는 왜 중동이 세계 석유 생산을 지배하려는 다국적 기업이나 제국주의 국가들에게 가장 중요하면서도 가장 어려운 곳이었는지 살펴보았다. 한편으로 이 지역은 석유가 가장 풍부하며 동시에 가장 싸게 석유를 생산할 수 있는 곳이었다. 다른 한편 많은 거대 산유국들이 한데 집중되어 있는 탓에 한 나라의 요구 사항을 받아들이면 이웃 여러 나라와의 관계가 쉽게 흐트러질 수 있었다. 그러므로 민주주의와 평등주의의 발전을 위해 싸웠던 사람들이 이 지역에서 마주했던 어려움의 이유를 찾기 위해 이슬람을 살펴볼 이유는 없다. 그러나 1970년대 이래로 정치적 이슬람은 중동의 정치 그리고 석유의 정치경제학에서 점차 큰 역할을 수행했다.

긍정적 측면

대체로 중동 지역에서 가장 세속적인 정권들이 미국으로부터 가장 독립적이었다. 워싱턴과 더 가깝게 지낸 정부일수록 정치는 더 이슬람적이었다. 나세르 치하의 이집트, 공화국이었던 이라크, 팔레스타인 민족 운동, 독립 이후의 알제리, 남예멘공화국, 바트당의 시리아 등은 모두 미국으로부터 독립적인 길을 걸었다. 이들 중 누구도 스스로를 이슬람 국가라고 선언하지 않았고, 이들 중 대다수가 지방의 이슬람 운동을 억압했다. 이와 대조적으로 미국에 의존한 정부들은 요르단, 북예멘, 모로코와 같이 예언자의 뒤를 이었다고 주장하는 군주에 의해 통치되든, 아니면 사우디아라비아처럼 신앙의 보호자로서 특별한 역할을 자임하든 간에 전형적으로 이슬람의 권위를 강조했다. 1970년대 안와르 사다트 치하의 이집트나 1980년대

지아 울 하크 치하의 파키스탄 같은 정부들은 미국과 더욱 가까워질 때 정치적 수사와 정당화의 방식이 한층 이슬람적으로 변했다.

이란은 이러한 패턴에서 예외로 보일지도 모른다. 샤의 친미 정부 하에서 이란은 세속 국가였고 1979년 혁명 이후에는 미국의 야욕에 반대하는 이슬람 공화국이 되었다. 하지만 실상을 들여다보면, 샤는 1953년 민족주의 정부를 전복하기 위해 미 중앙정보국의 재정 지원을 받는 성직자 지도부에 의존하면서 보수적 종교 세력을 자신의 지지 세력으로 동원했으며, 이 나라의 지도적 성직자들이 그에게 등을 돌리자 이내 권력을 상실했다. 그리고 이란의 학자들 다수는 미국에 대해 가장 독립적인 중동 국가인 이슬람 공화국에서 종교적 호소로 권력 행사를 정당화하는 일은 점점 더 어려워질 것이라고 주장했다. 특히 젊은이들 사이에서, 이 이슬람 공화국은 역내 가장 세속적인 사회를 이루었다.

이러한 패턴은 명료하기는 하지만 만족스럽지 못한 설명이었다. 미국은 보수적 정권들의 지지에 의지하고, 그러한 정권들은 권력을 정당화하기 위해 종교에 의존하는 경향이 있다는 사실은 종종 지적되는 바다. 반면에 포퓰리스트 혹은 민족주의 정권 다수는 토지 개혁, 여권 신장, 산업화, 무상 교육, 의료 서비스 등 독립 이후의 프로그램들을 수행했으며, 종교의 권위를 통해서라기보다는 이러한 평등주의적 사회 개혁을 통해서 정당성을 획득했다.

이러한 설명이 만족스럽지 못한 이유는 이슬람의 특정 형태가 제공하는 보수적 정치 윤리는 통치자들이 그들 편의대로 차용한 것으로, 이 종교의 어떤 영속적인 특징이 아니기 때문이다. 이러한 설명은 도덕적 보수주의가 강력한 사회적, 정치적 운동들의 시각을 표현한다는 사실을 보여주는 데 유용하다. 정권들은 이러한 운동들과 불안한 동맹을 맺으며, 그들이 직접 통제하지 않는 힘에 의존했다. 예를 들어 사우디아라비아에서 지배적인 이슬람 분파는 18세기 중반에 형성된 지적 전통을 대변했고 20세기 초에 정치적 운동으로 재탄생했다. 이 운동은 그들만의 법률가, 교사, 정치적 대변인, 투사들이 있다. 외부 인들이 18세기의 창시자 이름을 따서 부르는 와하비즘, 또는 무와히 둔(이슬람 유일신 신봉자들―옮긴이)이 선호하는 이름인 타우히드(이슬 람의 유일신인 알라를 의미―옮긴이)의 교의는 영국의 식민지 팽창 시대 에 발전했으며, 지역 공동체의 쇄신과 재도덕화를 목적으로 했다. (파 키스탄의 일부가 된 지역을 포함하는) 인도와 아프가니스탄의 데오반디 분파는 탈레반 운동이 뿌리를 두고 있는, 식민지 시대의 영향력 있는 사회적, 지적 세력이었다. 이집트에서는 무슬림형제단으로부터 영감 을 얻은, 살라피즘으로 알려진 지적 개혁 운동이 1929년에 창설되었 으며, 이는 영국의 군사 점령과 지배 계급의 부패에 저항하는 가장 큰 민중 세력이 되었다.

정부들은 서로 다른 시기에 서로 다른 성과를 낸 이러한 운동들의 지지에 의존했다. 유노칼과 미국 정부 관료들이 파키스탄 정부와 함 께 탈레반과 '공생'할 수 있다고 결정했을 때 그들은 1600킬로미터 송 유관 건설을 가능하게 해줄 도덕적 권위와 사회적 규율, 정치적 폭력 의 역량을 가진 운동과의 동맹을 공고히 하길 제안한 것이었다. 미국 은 "긍정적 측면"은 "탈레반이 그들의 통제 지역에서 치안과 거친 형 태의 법과 질서를 회복했다"라는 점이라고 기록했다.[5] 1970년대부터 지금까지 이집트(그리고 간접적으로는 미국 정부)는 세속적 진보파와 전 투적 이슬람 반대파를 억누르는 데 도움을 받기 위해 무슬림형제단과의 암묵적 동맹에 의존했다. 사우디아라비아에서 무와히둔은 사우디 통치의 이데올로그일 뿐만 아니라 사우디 국가의 건설을 가능케 하고, 그리하여 미국 석유 산업의 활동을 가능케 한 사회적 힘이었다. 이 모든 사례에서 지배 세력과 이슬람 운동들 간의 동맹은 상당한 긴장의 원천이었다.

이러한 종교 운동들은 전 지구적인 석유의 정치경제학에서 작지만 중요한 축을 형성했다. 만약 사우디아라비아의 무와히둔이나 이집트의 무슬림형제단과 같은 보수적 종교 개혁 운동들이 이들 나라의 권력과 권위를 유지하는 데 핵심적이었다면, 그리고 남반구의 다른 어떤 정부들보다 높을지 모르는 이집트와 사우디아라비아 정부의 안정성이 미국의 이해관계, 특히 석유에 대한 통제력을 보호하는 데 있어 중요하다면, 정치적 이슬람은 우리가 전 지구적 자본주의라고 부르는 것의 형성에 굉장히 중요한 역할을 했음에도 불구하고 이를 인정받지 못하고 있다고 결론 내릴 수 있을 것이다.

우리는 벤저민 바버Benjamin Barber가 "지하드 대 맥월드McWorld"라 명명한 시대에 살고 있다고 이야기하는 것이 점점 유행이 되어가고 있다. 자본주의의 지구화하는 권력("맥월드")은 바버가 "지하드"라고 부른 힘—자본의 균질화하는 힘에 반대하는 다양한 부족적 특수주의와 "협소한 신념"—과 대결하거나 그 힘의 저항을 받고 있다.[6] 심지어 미국 제국의 성장과 '세계 시장'이라고 잘못 이름 붙여진 것의 팽창에 비판적 시각을 견지하는 이들조차 대체로 이러한 해석을 받아들인다. 실제로 비평가들은 시장의 '보편적' 힘에 맞서는 이러한 저항의 지역적 형태들을 보다 잘 이해할 필요가 있다고 주장하곤 한다.

이러한 논쟁의 용어들은 대단한 오해를 불러일으킨다. 바버의 명명법을 따르자면, 우리는 "맥지하드McJihad"의 시대에 살고 있다. 결정적 순간에는 오직 보수적 이슬람 운동들의 사회적 힘과 도덕적 권위를 차용함으로써만 우리가 자본주의라 부르는 것의 메커니즘이 작동할 수 있는 그러한 시대다. 자본의 지구화에 반대하는 지역적 힘에 대한 더 나은 이해가 필요하다는 말도 맞지만, 그보다는 이른바 자본의 지구적 힘에 대한 보다 나은 이해가 필요하다.

미국 정부는 2001년 9월 11일의 공격에 뒤이어 시작된 아프가니스탄 전쟁을 서구에 대한 비합리적이고 반反근대적인 증오심으로부터 폭력성을 드러내는 '악의 세력'을 몰아내기 위한 싸움으로 표현했다. 좀 더 회의적인 분석들은 1970년대 중반부터 1990년대 초반까지 아프가니스탄에서 싸웠던 이슬람 세력들—오사마 빈 라덴이 이끌던 집단이자 9·11 공격에 책임이 있다고 여겨지는 알 카에다를 포함하여—을 지속시키고, 또 1994년부터 탈레반이 부상하도록 한 미국과 그 동맹 세력들의 역할을 지적했다. 이러한 설명들은 위기의 원인을 (적어도 부분적으로는) 이 지역에 대한 미국의 일관성 없고 모순적이며 근시안적인 정책에 돌렸다. 이러한 비판에는 동의하지만 더 다양한 측면을 살펴야 한다. 아프가니스탄의 위기는 다른 에너지, 방법과 목표를 담지하는 사회 세력들을 끌어들임으로써만 존재할 수 있는 제국의 형태와 자본의 권력이 갖는 취약성을 반영한다.

무와히둔과 시장

사우디아라비아의 통치자가 된 압드 알 아지

즈 이븐 사우드는 대공황 탓에 그가 5년 전에 정복한 메카를 찾아오는 순례자들이 줄어들자 1930년 재정 부족에 직면하게 되었다. 그는 아라비아의 석유 개발권을 팔기 위해 미국 석유 기업들과 협상을 시작했다. 이 협상의 중개인은 영국인 사업가 해리 세인트 존 필비였다. 영국령이었던 실론섬에서 태어난 그는 차 농장주의 아들로 펀자브와 카슈미르 지역의 영국 인도행정청 공무원이었다. 그는 제1차 세계대전 중에 인도 군대와 함께 이라크로 들어왔고, 영국의 통치하에 있던 인도 정부 요원으로 아라비아로 건너가 이븐 사우드에게 자금과 군대를 지원했다. 그는 인도행정청 일을 그만두고 이븐 사우드의 심복으로 그 지역에 머물렀고, 1925년 이븐 사우드의 통제하에 들어간 메카 인근의 무역항 지다에서 사업가로 변모해나갔다. 그는 포드 자동차 회사Ford Motor Company와 프랭클린 자동차 회사Franklin Motor Company, 싱어 공업사Singer Manufacturing Company의 지역 중개상이 되었고, 사우디아라비아 석유에 대한 캘리포니아 앵글로-페르시안 오일과의 협상을 도왔다. 또한 그는 이슬람으로 개종하면서 이븐 와하브의 교리를 따랐다. 그의 진정성을 의심하는 이들도 있었지만, 그는 런던과 카이로의 영자 신문 기고문에서 자신의 신념을 설명했다. 올리버 크롬웰Oliver Cromwell의 청교도주의가 영국이 가진 힘의 이유라고 논한 뒤 필비는 자신의 믿음에 대해 다음과 같이 설명했다.

현재 아라비아의 청교도 운동은 강력한 도덕적, 영성적 토대에 기초한 정치적 위대함의 시대를 예고한다. 또한 나는 이슬람의 윤리 체계를 실로 민주적 우애와 보편적 삶의 준칙으로 간주한다. ⋯ 이슬람의 윤리 체계는 국가의 도덕성의 기준을 고양시키고, 기독교에 기초한 유럽의 윤리 준칙보다 확실히 우월하다. … 나는 이러한 아라비아의 위대함을 발전시키는 최선의 방법으로서 아라비아의 종교와 정치사상에 대한 나의 공감을 공개적으로 선언하는 것을 고려하고 있다.[7]

필비의 개종에 진정성이 있었을 수도 있다. 비록 그가 "불가지론, 무신론, 반제국주의, 사회주의, 그리고 자신이 자라온 환경의 철학과 정치 규범에 대한 진보적 저항"의 신념을 계속해서 보였고, 훗날 이븐 사우드의 통치에 환멸을 느끼게 되었지만 말이다.[8] 그러나 캘리포니아 스탠더드 오일과 그 파트너들 역시 아라비아에서 사업을 벌이고 세계 석유 경제를 유지·성장시키는 방법과 수단으로서 그들이 '교리 없는unitarian' 이슬람이라고 부른 것에 의존하고 또 그것을 지원하게 되었다는 의미에서 와하비즘 개종자라 할 수 있었다.

국제정치경제학자들은 세계 석유 산업에 큰 관심을 기울였지만, 석유 경제에서 무와히둔의 역할에 대해서는 관심을 갖지 않았다. 이전에 살펴봤던 석유의 정치경제학의 네 가지 특징이 무와히둔의 역할에 대한 이해를 도와준다. 첫째, 산업화된 사회에서의 주요 에너지원으로서 석유는 생산 비용의 100배에 달하는 금액으로 팔 수 있었기 때문에 엄청난 지대 수익을 얻게 해준다. 둘째, 대중의 믿음과 다르게 20세기 전반에 걸쳐 석유는 넘쳐났다. 어떤 생산자든 다른 생산자가 더 낮은 금액으로 석유를 공급하면 언제든 위험에 처할 수 있었다. 만약 모두가 원하는 것이 석유가 필요한 사람들에게 석유를 공급하는 시장이었다면 문제가 없었을 것이다. 그러나 석유 산업은 시장이 아닌 이윤에 관심이 있었고, 경쟁적 상황에서 지속적으로 많은 이윤을 내기는 어려웠다. 잠재적 지대 수익 혹은 그들이 말하는 '희소성 프리

미엄'은 희소성이 생겨나는 곳에서만 실현될 수 있었다.

석유의 국제정치학은 대개 세계 석유 공급을 보호하고자 하는 미국의 열망이라는 측면에서 설명된다. 그러나 문제는 그것이 아니다. 무와히둔이 관련된 진짜 문제는 희소성 체제를 지켜내는 것이었다. 존 데이비슨 록펠러는 석유 산업이 처음 성장했던 1860년대에 독점을 통해 이 어려움을 해결했다. 그는 유전이 아닌 원유 정제와 수송의 독점을 구축했고, 이후 스탠더드 오일을 세워 정유, 수송, 판매 그리고 마지막으로 유전 자체까지 통합한 독점 체제를 만들어냈다. 20세기 들어 주요 석유 기업들은 미국 밖에서 많은 양의 석유를 생산하기 시작했고, 또 다른 희소성 체제를 만들어냈다. 그들은 서로 협력하여 세계의 자원을 분배했고, 가격을 유지하기 위해 생산을 제한했다. 1928년 이라크 석유 개발을 공유하고 중동 다른 지역의 석유 개발을 제한하려는 오래 연기된 합의에 도달하면서 (그리고 소련의 석유 수출을 막기 위한 노력이 실패함에 따라) 그들은 시장을 분점하고 가격을 유지하기 위해 생산을 제한하는 병행 협상을 맺었다. 이후 텍사스에서 생산·판매되는 석유의 상대적으로 높은 가격 수준으로 유가를 유지하도록 노력하기로 합의했다.

이러한 합의들은 시장 경쟁의 출현을 막았고, 값싸게 생산된 중동 석유를 통제하는 이들에게 엄청난 이윤을 보장해주었다. 제2차 세계대전 이후 석유 기업들은 석유 탐사, 펌핑, 저장과 감가상각을 포함하고도 배럴당 30센트 이하로 석유를 생산했다. 이후 생산 비용이 배럴당 10센트로 떨어졌음에도 석유 기업들은 정유소에 원유를 배럴당 2달러에 판매했다.[9] 1960년대에 남반구 산유국들은 더 독립적인 역할을 수행하기 시작했고, 1970년대에 그들이 창설한 조직인 석유수출국기구는 국제 석유 기업 및 석유수출국기구에 속하지 않은 주요 산유국과 협력하며 공급의 희소성을 유지하는 역할을 넘겨받았다.

석유의 세 번째 특징은 이러한 합의들을 통해 한 나라, 즉 사우디아라비아가 특별한 역할을 하게 되었다는 점이다. 1970년대 들어 사우디아라비아는 미국, 러시아와 함께 최대 산유국으로 발전했다. 1990년대까지 이 세 국가는 그들의 뒤를 잇는 산유국(캐나다, 노르웨이, 영국, 중국, 베네수엘라, 멕시코, 쿠웨이트, 아랍에미리트연합, 이라크)의 두세 배에 달하는 석유를 각각 생산했다.[10] 사우디아라비아의 중요성은 단지 이 나라에 석유가 풍부하다는 사실뿐 아니라 이 나라가 희소성 체제에서 중추적 역할을 한다는 데 있었다. 당시 인구가 러시아의 10분의 1, 미국의 16분의 1 수준이었던 사우디아라비아의 국내 석유 수요는 상대적으로 낮았고, 석유 생산 능력 일부를 가동하지 않아도 되는 상황이었다. 1990년대에 (하루 300만 배럴 정도로 추산된) 사우디아라비아의 미가동 생산 능력은 러시아와 미국을 제외한 다른 국가의 총생산량과 비슷하거나 이를 상회했다.[11] 이러한 초과 생산 능력은 사우디아라비아가 자신의 석유 잉여량을 조절해 생산 쿼터를 초과하여 생산하는 다른 산유국들을 규율함으로써 희소성 체제를 유지하는 (석유수출국기구 이전 시기에는 BP의 통제하에서 이라크, 그다음에는 쿠웨이트가 담당했던) '생산 조정국'의 역할을 할 수 있게 해주었다. 물론 이는 사우디아라비아가 군사적 보호를 의존하고 있던 미국과의 협력을 통해 진행되었다. 비탄력적 수요, 풍부한 매장량 그리고 사우디아라비아의 잉여량이라는 세 가지 요소로 인해 20세기 후반 세계 어디에서든 막대한 석유 지대를 거둘 가능성은 사우디아라비아에 대한 정치적 통제에 좌우되었다.

지구적 석유 경제와 관련한 네 번째 특징은 이러한 정치적 통제를 만들어내는 방법이다. 1930년에 '사우디아라비아'라는 국가는 존재하지 않았고, 단독으로 새로운 국가를 만들어낼 만큼 강력한 식민 권력도 없었다. 이것은 지구적 석유 경제가 출현한 역사적 계기를 보여준다(이는 석유의 정치경제학에 대한 문헌들이 천착하지 않는 부분이기도 하다). 거대 기업들이 시장의 위험을 회피하기 위하여 독과점이나 기업 활동을 위한 배타적 영토를 만드는 것은 특별한 일이 아니다. 사실 현대의 대규모 영리 기업들은 정확하게 이러한 목적을 위해 만들어졌다. 그 기원은 동인도회사East India Company, 허드슨베이사Hudson's Bay Company, 영국남아프리카회사British South African Company 등 17~19세기 척식 회사들에 있으며, 이들은 특정 지역과 특정 상품을 교역하는 데 있어서 독점권과 주권을 부여받았다. 그러나 20세기 최초·최대의 초국적 기업인 주요 석유 기업들은 원래 척식 회사들을 통해 구축되었던 제국의 낡은 체제가 마침내 붕괴되어가는 그 역사적 순간에 세계적으로 모습을 드러냈다.

석유 기업들이 석유에 대한 전 지구적 통제권을 공고히 했던 전간기는 300여 년간 세계 무역을 형성했던 제국의 형태가 패배하고 붕괴한 시기와 일치한다. 제국주의 권력의 다음 네 가지 특징은 이러한 붕괴 이후 이슬람 운동들의 중요성을 설명하는 데 도움을 준다. 첫째, 주권은 몇몇 유럽 국가뿐 아니라 척식 회사들의 손에도 쥐어져 있었다. 제국 권력의 붕괴는 (예컨대 1776년 미국에서의 반란, 1875년 인도의 봉기처럼) 일부 지역에서는 훨씬 이전에 발생했다. 이에 비해 아프리카 같은 다른 곳에서는 20세기까지 유럽의 척식 회사와 그들이 만든 독점 기업들이 지속되었다. 둘째, 과거의 제국 열강은 식민 권력에 대한 지역적 저항을 물리치거나 완전히 무력화하는 데 (척식 회사가 이용할 수 있거나 또는 척식 회사들이 확립하기도 한) 군사적 폭력이라는 커다란 이점을 누릴 수 있었다. 셋째, 제국주의는 ____에서 땅을 잃은 농민들을 세계 곳곳에 백인 정착민 공____를 퍼트리는 데 이용했는데, 백인 정착민 공동체는 비____ 형태의 법률이나 정치적 권위에 복속되는 경우가 극히 ____었다. 넷째, 제국주의는 사회 질서를 세우는 데 있어 폭넓게 받아들여지던 정치적, 도덕적, 지적 조직화의 원칙을 활용했다. 바로 인종주의였다.

1945년이 되자 제국주의 권력의 네 요소들은 모두 허물어졌다. 첫째, 새로운 초국적 석유 기업들은 제국의 칙령보다는 그들 간의 은밀한 모의를 통해 독과점과 배타적 영토를 만들어내야 했다. 그들은 무력보다는 현지 권력과의 협상을 통해 특정 영토에 대한 권리를 획득해야 했다. 이제 군대의 지원은 예외적인 상황에서만 가능했다.

둘째, 1945년경 미국은 압도적인 군사력을 누렸지만, 그 사용은 제한적이었다. 아랍 세계에서 일어난 1919~1920년의 민중 봉기(4장 참조), 1936~1939년의 보다 큰 규모의 팔레스타인 반란은 영국에게 무력으로 군사 점령을 유지하는 것이 어렵다는 점을 보여주었고, 미국 또한 얼마 후 동남아시아에서 같은 교훈을 얻었다. 남반구 국가들이 더 이상 다른 나라의 군사 기지를 받아들이려 하지 않는다는 점도 문제였다. 1945년에 미국은 자신들이 점령한 독일과 일본에 군사 기지를 두었지만 두 지역 사이의 다른 곳에는 군사 기지가 없다시피 했다. 같은 해 아람코의 석유 개발 중심지였던 사우디아라비아 다란에서 군사 기지에 대한 협상이 진행되었고, 건설이 시작되었다. 1950년대에 다란은 독일과 일본 사이에 있는 가장 큰 미군 기지가 되었다. 워싱턴은 겨우 1962년까지만 이 기지를 운영할 수 있었는데, 제국주의에 반대하는 민중 세력이 사우디아라비아 정부에 미군을 내보내도록 요구했기 때문이었다. 이후 30년이 지난 1990년 8월, 이라크가 쿠웨이트를 침공하자 미국은 이 기지를 다시 차지할 기회를 얻었다.

셋째, 1930년대가 되자 대부분 북유럽 국가에서 인구 증가가 급격하게 느려지거나 멈추어 더 이상 해외 기업체의 설립을 따라갈 수 있을 만큼의 백인 정착 인구가 없었다. 게다가 다란의 미국 식민지처럼 해외의 기업 확장과 함께한 소규모 백인 정착민들은 더 이상 지역 법률로부터 완전한 면책을 누릴 수 없었다.

마지막으로, 파시즘의 부상과 나치 독일의 유대인 대학살은 단숨에 유럽의 인종주의를 당혹스러운 정치적, 사회적 조직 체계로 만들어버렸다. 아람코와 같은 기업들은 노동자에 대한 미국의 인종 차별을 아라비아로 들여와 인종을 네 그룹(미국인, 이탈리아인, 인도인과 비사우디아라비아인, 사우디아라비아인)으로 나눠 주거 단지와 생활수준에 차등을 두었고, 영국 또한 유사한 방식을 인도에서 이라크와 이란으로 들여왔다. 그러나 기업의 인종주의는 곧잘 노동자들의 시위로 이어졌고, 석유 기업들의 지위를 점차 불안정하게 만들었다.[12]

이러한 역사적 맥락은 석유의 정치경제학의 네 가지 중요한 특징을 나타낸다. 주요 석유 기업들은 석유 생산에 대한 독점적 통제권과 생산량의 제한에 기초한 체제가 필요했고, 이러한 종류의 반시장적 질서만이 그들의 이윤을 보장해줄 수 있었다. 그러나 그들은 1930년대에 시작해 제2차 세계대전 이후 또다시 이러한 질서를 공고히 하고자 했는데, 그때는 해외 자원의 생산에 대한 배타적 통제를 확립하기 위한 낡은 방식, 즉 식민주의가 붕괴 과정에 있던 때였다. 이러한 요인들은 석유의 정치경제학에서 정치적 이슬람에 특별한 역할을 부여하게 되었다.

도덕적 동맹

장차 사우디아라비아의 국왕이 될 이븐 사우드는 영국의 보호령이었던 쿠웨이트로 망명하여 그곳에서 성장했다. 1902년 그는 자신의 일가의 과거 본거지였던 중앙 아라비아의 리야드를 탈환했고, 이후 25년간 아라비아반도를 지배하기 위해 여러 군사 지도자들과 경쟁했다. 그는 처음에는 영국령 인도의 자금에 의존했고, 다음에는 무와히둔과의 동맹에 의존했다. 비록 그 자신은 독실하지 않았지만, 그는 이크완(형제단)으로부터 강력한 군대를 동원했다. 이 평등주의 운동은 점점 위협받는 아라비아 부족들의 유목 생활을 정착과 농업으로 전환하고, 타락한 성인 숭배 관행과 예언자에 대한 광적인 존경을 타우히드의 엄격한 유일신 사상으로 바꾸고자 했다. 이크완은 (불신자들에 대항하여 투쟁해야 하는 의무를 의미하는) 지하드의 고전적 교리를 부활시켰고, 이를 확대하여 그들 동료 무슬림 중 진정한 이슬람 방식을 포기했다고 판단한 이들과의 전쟁을 정당화했다. 이크완은 부족 습격이나 쇠퇴하고 있는 아라비아 횡단 대상 무역으로부터 수입을 얻어내는 대신 이븐 사우드와 힘을 합쳐 광범위한 무슬림 공동체에서 그들이 다신교라고 간주한 것과 전쟁을 치렀다.

1913~1914년 이븐 사우드는 (무와히둔이 이단으로 간주하는 시아파 인구가 다수인) 아라비아 동부를 장악했다. 주 바레인 영국 요원은

1920년 알 하사 지역을 방문 조사한 후 "아크와니즘Akhwanism이 알려진 것처럼 아주 나쁜 운동은 아니다"라며 "이것은 중앙 아라비아 대중이 스스로 종교적, 정신적으로 개선하려는 시도로, 진정한 종교적 부흥 운동으로 보인다"라고 전했다. 그는 이븐 사우드가 "이 운동을 활용하여 그의 입지를 굳히려 하지만, 결국 자신이 침몰하지 않으려면 그 교리를 전파하고 그 지도자가 될 수밖에 없을 것이라는 점을 알고 있다"라고 보고했다. 그러나 이븐 사우드와 그의 부관들은 "이 운동을 잘 계획하고 있었다."[13] 아라비아 북서 지방을 쟁탈한 후 1925년 이븐 사우드는 메카와 메디나 같은 성스러운 도시들과 강력한 상인 가족들이 속해 있는 헤자즈의 왕국을 장악했고, 이곳의 지도자들에게 메카로 향하는 순례자로부터 오는 막대한 수입을 제공했다. 이크완은 헤자즈에서 그들의 정화된 이슬람 방식을 도입하기 시작했고, 예언자 무함마드의 출생지에 있는 기념비와 그들이 부적절하다고 생각하는 숭배 장소를 파괴했으며, 술과 담배 소비를 금지했다. 이븐 사우드는 이크완의 이런 지나친 열성을 제어하기 위해 공적 도덕성에 기초한 위원회를 만들어 악행을 막고 "해로운 사상들"의 확산과 반정부 모임의 참석을 감시하는 임무를 부여했다.[14]

이븐 사우드의 독재적 통치는 영국의 재정 지원과 무기에 의존하여 아라비아에서 경쟁 권력을 패퇴시켰다. 이크완은 개인적 부패와 부도덕을 아라비아에서 몰아내기 위해 분투했는데, 그들은 이를 식민주의의 존재 및 권력과 연관 지었다. 통치자가 필요로 하는 외국의 지원과 아라비아를 정복하고 통치하도록 도움을 주었던 엄숙주의 세력 사이에는 불가피하게 긴장이 발생했다. 헤자즈 정복 이후 이크완은 그들의 지하드를 이븐 사우드가 도전할 수 없었던 영국의 보호령인 요르단, 쿠웨이트, 이라크가 있는 북부로 확장하기 시작했다. 1927년 이크완은 자신들의 확장에 대한 이븐 사우드의 통제에 대항해 반란을 일으켰다. 이븐 사우드는 영국의 도움으로 이 봉기를 분쇄하고 1930년 이크완 운동을 무력화했다.

무와히둔은 여전히 아라비아의 정치에서 강력한 힘을 유지했으나 이븐 사우드가 자신을 재정적으로 지원하는 제국 열강을 용인하는 것을 막지는 못했다. 이븐 사우드는 이크완을 물리친 그해에 세인트 존 필비의 중재로 캘리포니아 스탠더드 오일(지금의 셰브론)과의 협상을 시작했고, 영국의 보호에서 미국의 보호로 방향을 바꾸기 시작했다. 또한 그는 이러한 외국의 지원을 받아들일 수 있도록 종교 질서와 타협했다. 무와히둔의 지도부는 외국 석유 기업들의 역할에 관용적 자세를 취하고, 그 대신 아라비아를 타우히드의 교리와 규율로 바꾸려는 그들의 계획을 위해 석유 수익의 지원을 받기로 했다.

결국 이븐 사우드의 성공은 아라비아에 새로운 정치 질서를 구축하려는 두 개의 다른 세력에 의존했다. 아람코는 기술적, 물적 지원과 더불어 자금을 지원했다.[15] 이 회사는 새로운 도시, 도로망, 철도, 전기 통신망, 항구, 공항을 건설했고, 특히 아라비아 동부에서 아람코의 필요를 충족시켜주는 지역 기업들과의 계약에서 사우디 기업의 투자자와 지도층 가문에 물주 역할을 했다. 아람코는 석유 로열티를 정부가 아닌 이븐 사우드 가문에 지불했으며, 이븐 사우드는 스스로를 왕이라 칭하고 헤자즈와 네지드 지역을 '사우디아라비아 왕국'이라고 부름으로써 세계 최초로 한 가문의 이름을 딴 국가를 만들었다. 이 기업과 협력한 결과, 매년 석유 채굴로 지불되는 수백만 달러, 이후에는 수십억 달러가 왕의 친족 집단의 사적 소득이 되었다(이븐 사우드의 친족은 자식을 굉장히 많이 낳아 3~4세대에 걸쳐 그 수가 약 7000명에 달했다).[16] 이러한 오일 머니의 '사유화'는 지역에서 평판이 좋지 않았고, 이를 지키려면 외부로부터의 지원이 필요했다. 1945년 미국 정부는 다란에 군사 기지를 세웠고, 이를 통해 이븐 사우드의 경호 부대가 양성되고 무장되었으며, 이들은 이후 지배 가문에 반대하는 사람들을 감금, 협박, 고문, 사형하거나 추방했다. 다른 한편, 종교 질서는 새로운 국가의 도덕적, 법적 질서를 창출했고, 피지배 인구를 규율하고 정치적 반대를 억압하는 엄격한 사회 체계를 부과했다.

제2차 세계대전 이후 아람코가 사업을 확장하기 시작했을 때 회사의 인종 차별과 불평등 방식에 대한 노동자들의 저항이 시작되었다. 1945년 인종 차별적인 불평등한 급여와 생활수준에 대항하여 일어난 일련의 파업에 대한 대응으로 아람코는 노동자들에 대한 정보를 취합하여 '파업 선동자'를 뿌리 뽑기 위해 아라비아 담당 부서를 설립했다.[17] 지속된 시위는 1956년 6월 총파업으로 절정에 달했다. 노동자들은 헌정 도입을 비롯하여 노동조합과 정당 등 전국적 조직의 결성에 대한 권리, 아람코의 내정 간섭 종식, 미군 기지 폐쇄, 그리고 수감된 노동자들의 석방을 요구했다. 아람코의 보안 부서는 이크완을 비롯한 사우디아라비아의 치안 부대에 노동 지도자들의 신원을 확인해주었다. 정부는 1950년대에 이크완 민병대를 재창설하여 국가방위군으로 이름을 바꾸고〔그 구성원들은 여전히 무자헤딘('지하드에 참여하는 이들')이라고 불렸다〕 중대한 반대 세력인 노동자들을 견제했다. 수백 명의 반대자들이 체포되어 고문당했으며, 징역형을 선고받거나 추방당했다. 이러한 일들이 벌어지는 동안, 늘 그랬듯이 미국 석유 기업 경영자들과 지하드 세력은 석유의 정치경제학이 제자리를 지키도록 긴밀히 협

력했다.[18]

　석유의 정치경제학에 대한 내부의 반대가 잠잠해짐에 따라 이제 주요 위협은 외국으로부터, 즉 이집트와 이라크 같은 민족주의 정부로부터 왔다. 이들은 1950년대 후반부터 사우디 왕정은 부패했으며, 그들이 '아랍 석유'라 부르는 것을 유용한다고 비난하기 시작했다. 이 위협에 대처하기 위해 사우디아라비아 정부는 오일 머니를 사용하여 종교 기관이 그들의 도덕적 권위와 사회적 보수주의를 해외로 확산하는 사업을 도왔다. 특히 그들은 이집트에서 1950년대 후반 가말 압델 나세르 정부가 억누르려고 했던 이슬람 정치 운동을 부흥시키기 위해 자금을 지원했다. 그들은 파키스탄 및 그 주변 지역에서도 유사한 운동들을 지원했다.

　아람코의 정치 관료들이 이러한 계획의 수립을 도왔다. 미국 중앙정보국 요원으로 아람코에서 근무한 윌리엄 에디는 "공산주의라는 공동의 위협에 대응하는 기독교와 이슬람 사이의 도덕적 동맹"을 요청했다. 보다 세속적인 레바논, 요르단, 이라크 정부의 대사들에게 이러한 생각을 전달했을 때 그들은 "냉랭한 답변"을 통지했고, 에디는 "이는 그들이 원하는 것도 아니고, 그들에게는 아무런 의미가 없다"라는 사실을 인정했다.[19] 1956년 아이젠하워는 이 지역에서 나세르와 경쟁하는 지도자이자 1953년 자신의 아버지 이븐 사우드로부터 왕위를 계승받은 사우드 왕을 이 동맹에 끌어들이기로 했다. 아이젠하워 대통령은 "사우디아라비아는 무슬림 세계의 성지들을 품고 있는 나라이며, 사우디아라비아 사람들은 모든 아랍 집단 중에 가장 신앙심이 깊다고 여겨진다. 그렇기에 왕이 정신적 지도자의 자리에 오를 수 있었을 것이다. 이것이 성취된 만큼 우리는 그가 정치적 지도자의 권리를 갖도록 설득하는 일을 시작할 수 있을 것이다"라고 메모하기도 했다.[20] 사우드 왕이 아랍 민족주의자들 및 개혁가들 편에 서길 선호하자 미국은 그의 경쟁자 파이살 왕자를 지원하는 방향으로 선회했고, 형의 수상으로 일했던 파이살은 1964년 형을 왕좌에서 축출했다. 파이살은 석유수출국기구의 설립을 도왔던 압둘라 타라키 석유부 장관을 포함한 개혁주의자들과 근대화론자들을 정부에서 제거했다. 압둘라 타라키는 사우디아라비아가 점진적으로 아람코를 인수하는 계획을 세우고 있었고, 성문법과 선출 의회 그리고 공업화 프로그램을 위한 계획을 작성하던 사우디아라비아 행정부와 지식인 그룹의 일원이었다. 미국에 의해 계몽 군주의 자리를 차지한 뒤 반동적인 파이살은 나세르주의에 반대하는 캠페인과 해외 이슬람주의 운동에 대한 지원을 재개했다.[21] 미국은 기꺼이 도울 준비가 된 듯이 보였다. 카이로 주재 영국 대사관에 따르면, 《뉴스위크Newsweek》의 전직 외신면 편집자 해리 컨Harry Kern은 "이 지역의 석유 기업들을 위해 정보 조직을 운용했고 이와 관련하여 중앙정보국과 협력했다." 또한 지방 소식통에 의하면 그는 "파이살 왕의 국외 활동을 위해 '이슬람'을 정치적 발판으로 사용하게 한 배후"로 지목되었다.[22]

한편 아람코에서 일했던 요원들은 이제는 토지 개혁, 여성의 권리, 보편적 교육 등 포퓰리즘적 프로그램을 도입한 이집트와 이라크의 대통령을 암살하는 음모를 꾸미는 중앙정보국을 돕고 있었다. 나세르는 살아남았지만, 1963년 이라크 정부는 미국의 지원을 받은 군부 쿠데타로 전복되었고 대통령은 사망했으며 권력은 사담 후세인의 바트당(6장 참조)으로 넘어갔다.[23] 1958년경부터 시작해 같은 시기에 미국의 중동 정책의 또 다른 기둥이 형성되었으니, 이슬람 보수주의와 더불어 또 하나의 대리자로서 이스라엘에 군대와 재정을 지원하여 아랍 민족주의의 기반을 허물도록 한다는 결정이었다.[24]

1930년 이후 오일 머니가 아라비아에서 무와히둔의 힘이 성장하는 데 도움을 주었고 1970년대 이슬람 정치 운동들의 부활을 가능하게 했다는 사실은 곧잘 언급된다. 그러나 같은 이유에서 석유 산업의 이윤을 가능케 한 것이 이슬람 운동이었다는 사실을 이해하는 것 또한 마찬가지로 중요하다. 석유의 정치경제학이 이슬람 정치 운동 세력에 자신의 권력을 빚지고 있는 사우디아라비아 정부에 의존한 것은 우연한 일이 아니었다. 많은 지대 수익, 그러나 공급의 과잉으로 인한 지대 확보의 어려움, 희소성을 유지하는 데 있어 사우디아라비아가 갖는 중추적 역할, 사우디아라비아 유전에 대한 반시장적 기업 통제와 같은 낡은 식민주의 방식의 붕괴 등과 같은 석유의 정치경제학의 특징을 고려할 때 석유 수익은 사우드 일가가 동맹을 맺은 무와히둔처럼 아라비아에 대한 정치적 통제를 보장할 수 있는 세력과의 협력에 달려 있었다. 이슬람 운동 세력은 부수적인 것이 아니라 석유의 정치경제학의 내재적 요소가 되었다. '지하드'는 단순히 '맥월드'의 발전에 대립하는 현지 세력이 아니었다. 맥월드는 실제로 다양한 사회적 논리와 세력의 필수적 결합인 맥지하드로 나타났다.

맥지하드라는 개념은 특정 이슬람 운동들의 역사적 역할뿐 아니라 우리가 지구적 자본주의라고 부르는 것의 성격에 대한 특수한 이해를 요구한다. 자본주의를 비판하는 이들 사이에서조차 자본주의를 그 자체의 논리와 힘의 측면으로만 이야기하는 경우가 많다. 이러한 시각에서 '지하드'는 자본주의의 동일화하는homoficient 역사적 논리에 대한 국지적 저항 그리고 외부의 저항을 의미한다.[25] 이에 반해 맥지하드의 역사는 어떤 부정합성과 취약성의 역사, "내적 긴장을 수반하는" 정치의 역사다. 이는 매우 역동적이지만 외견상 비자본주의적 사회 세력에 의존하는 질서를 통하지 않고서는 방대한 석유 이윤의 확보가 불가능하다는 점에 주의를 돌리는 개념이다. 그런데 이 세력들은 어떤 의미에서 비자본주의적인가? 그들은 자본주의 외부에서 자본주의에 저항하는 어떤 전前자본주의적인, '문화적'인 요소가 아니었다. 그들의 역사적 기원이 무엇이든 간에 그들은 석유의 개발에 따라 그 역할이 발전한, 20세기의 역동적 세력이었다. 그러나 석유 경제에서 그들의 역할은 분절적이었다. 석유 수익을 만드는 데 핵심적이기는 했으나 정치적 이슬람은 그 자체가 이러한 목표를 지향했던 것은 아니었다. 무와히둔과 여타의 이슬람 운동들은 그들만의 어젠다가 있었는데, 그것은 때로는 민중에게 고통을 주던 부정의와 불평등으로부터 또는 도덕적 생활 방식, 가족이나 젠더 관계에서의 남성 특권을 비롯한 현지의 위계질서에 대한 위협으로부터 도출된 것이었다. 맥지하드의 과정으로 보면, 석유 기반의 산업 자본주의는 더 이상 자족적으로 보이지 않는다. 이 자본주의의 성공 여부는 다른 세력들에 달려 있는데, 이들은 우리가 자본주의적 발전이라 부르는 과정에 필수적이면서 또한 분절적이다.

분쟁 유지

앞의 두 장에서 살펴본 바와 같이 1967~1974년에 산유국과 주요 석유 기업들 그리고 미국 사이의 관계가 변하게 되었다. 그러한 변화를 따라 군사주의, 위기, 전쟁이 맥지하드의 긴장을 관리하는 데 점차 중요한 역할을 하게 되었다. 1973년 이후 급격하게 증가한 산유국들의 석유 수익은 미국을 비롯한 다른 서구의 경제로 순환되었는데, 이는 사우디아라비아가 미국 재무부의 채권을 구매하고 서구에 투자함으로써 일부 이루어졌다. 또한 석유 수익은 미국과 유럽으로부터의 무기 대량 구매에 사용되었는데, 이는 석유 붐 이후 가속화되었다. 무기 제조업자들은 석유 기업들과 더불어 중동의 정치 질서에 자신들의 이윤을 점점 더 많이 의존하게 되었다. 한편 오일 달러로 뒤덮인 서구의 은행들은 남반구 국가들에 재앙적인 차관 제공을 시작했다. 차관이 회수되지 않자 서구 은행들은 남반구 정부나 은행가들이 아니라 국민들이 그 대가를 지불하도록 하는 '구조조정'이라고 알려진 프로그램을 고안하는 데 기여했다. 예를 들어, 특히 나쁜 차관이 제공된 이집트에서는 구조조정으로 학교, 의료, 공장, 농업에 대한 지출은 줄이면서 수익성이 좋은 건설 사업과 대규모 군비에 대한 예산은 그대로 두었다.[26] 미국은 석유의 정치경제학을 뒷받침하고 있는 독재 정부의 권력을 유지하는 것이 점점 어려워지고 있으며, 석유의 정치경제학에서 정치적 이슬람이 수행했던 핵심 역할이 점점 더 분절되고 있다는 점을 깨닫게 되었다.

이 일련의 위기는 잘 알려져 있다. 1975년부터 이란에서는 샤의 독재에 대한 반대파들이 세력을 키우고 있었으며, 종교 질서에 비판적인 분파들은 폭력과 억압에 기대었던 체제에 등을 돌리기 시작했고, 이는 국가를 전복한 1978~1979년의 혁명 운동으로 이어졌다. 이집트에서는 1970년대에 정부가 세속주의 정치 반대파를 약화시키기 위한 수단으로 이슬람주의 운동을 장려했으나 민중의 저항과 이반에 직면하게 되었고, 이는 1977년 1월 정부의 빵 값 두 배 인상에 반대하는 시위대가 카이로의 타흐리르 광장을 점거한 식량 폭동으로 고조되었다. 치안 부대가 수십, 아마도 수백 명의 시위대의 목숨을 빼앗은 뒤 시위는 전국으로 퍼져나갔다. 정부는 가격 인상을 철회하고 나서야 질서를 회복할 수 있었다.[27] 1981년 10월 과격 이슬람주의 조직원들은 이러한 민중의 분노를 이용하여 사다트 대통령을 암살하고 무장봉기를 시도했으나 군사 정권에 의해 신속히 진압되었다.

이후 10여 년 동안 워싱턴은 분쟁 당사자들을 무장시키고 외교적 해결책을 차단하면서 일련의 전쟁과 정치적 갈등을 유지하거나 연장시키기 위한 개입을 늘렸다. 다른 외부 세력들(주로 영국과 프랑스, 소련)도 역시 무기를 공급했으며, 몇몇 중동 국가들은 군사 폭력에 의지했고, 억압 수단으로서 군사 폭력을 지속적으로 사용하기도 했다. 그러나 미국은 이 지역에서 만연했던 폭력의 사용에 대한 개입의 범위가 넓었다는 점, 정치의 정상적 수단으로서 장기전에 대한 의존을 높였다는 점, 분쟁의 해결을 저지하고자 노력했다는 점에서 독보적이었다. 이란과 이라크, 아프가니스탄, 그리고 이스라엘과 팔레스타인은 이러한 미국의 정책이 적용된 대표적 사례였다.

이란 혁명은 미국을 걸프의 주요한 두 세력인 이란과 이라크 어디와도 동맹을 맺지 못하는 상태로 만들었다. 1980년 9월 이라크는 워싱턴의 반대 없이, 아마도 워싱턴의 독려에 힘입어, 이란을 침공했다.[28] 미국은 전쟁에 대한 결의안을 막음으로써 두 나라를 약화시킬 수 있는 기회를 잡았다. 워싱턴은 이라크가 패배하지 않을 정도로 자금과 군사를 지원했으나 분쟁을 스스로 해결하지는 못하도록 내버려두었다. 동시에 이란은 주로 이스라엘을 통해 미국의 무기를 공급받았고, 워싱턴은 평화 회담을 조직하려는 소련의 시도를 거절했다.[29] 1983~1984년 이라크는 전쟁을 끝내기 위해 처음에는 이란에 화학 무기를 사용했고, 그다음에는 걸프의 석유 시설과 선박을 공격하여 전쟁을 새로운 차원으로 확대했다. 1983년 12월 미국 특사로 파견된 도널드 럼스펠드Donald Rumsfeld는 사담 후세인과 확전에 대해 논의했는데, 이 자리에서 이라크 대통령은 "필요한 것은 전쟁을 중단하는 것 또는 걸프 지역을 두 교전국의 균형 상태로 두는 것"이라고 설명했다. 미국은 후자를 선택했고 이라크에 대한 지원을 늘렸다.[30] 또한 워싱턴은 전쟁 종식을 위해 이란이 내걸었던 조건, 즉 전쟁 발발에 대한 이라크의 처벌이나 그에 합당한 배상에 대한 유엔 결의를 가로막기 위해 노력했다. 미국은 8년간 전쟁이 지속될 수 있도록 도왔고, 두 나라에서 수백만 명이 죽거나 부상을 당했다.

전쟁 이후 미국은 전쟁 당시 미국의 지원에 대한 이라크의 의존이 장기적인 경제적, 정치적 관계로 전환되기를 희망했다. 그러나 1990년 8월 사담 후세인은 이전의 전쟁으로 초래된 재정 위기를 타개하기 위해 쿠웨이트를 침공했고, 미국이 희망했던 가능성은 사라졌다. 대신 워싱턴은 분쟁을 연장시켜 이라크를 약화시킬 수 있는 또 다른 기회를 얻었다. 이라크 군대가 쿠웨이트에서 철수한 후 미국과 영국은 공식적으로는 이라크를 무장 해제시키기 위하여 유엔 제재 조치를 취했지만, 실제로는 이라크의 경제를 지속적으로 마비시키고 경제적 회복을 막기 위해 이를 이용했다. 워싱턴은 이라크가 무장 해제되지 않았다는 주장을 내세워 이 정책을 정당화했지만, 이에 대해 어떠한 근거도 제시하지 않았다. 하지만 이라크가 1995년까지 금지 무기들과 무기 계획들을 해체했다는 사실을 말해주는 증거가 있었다. 미국과 영국은 제재 해제를 늦추기 위해 이 사실을 비밀에 부쳤다.[31] 1997년 3월 워싱턴은 이라크가 금지 무기들에 대한 제거 의무를 완수하더라도 경제 제재는 영구적으로 남을 것이라고 선언했고, 18개월 후에는 이라크 정부의 타도를 시도하는 '민주적' 그룹들에게 9900만 달러를 지원하는 법안을 통과시켰는데, 이 중 9700만 달러는 군사적 지원이었다.[32] 비행 금지 구역을 강화하기 위해 유엔의 승인 없이 시행되는 폭격이 주기적으로 확대되어 이라크 정권을 타격했고, 유엔의 무기 사찰을 통해 확보한 정보들은 이라크 지도자를 암살하려는 미국의 잇단 무용한 시도에 이용되었다.

1998년까지 20년간 걸프 지역에 대한 워싱턴의 무력 정책이 오랫동안 유지되었지만 지속되기는 어려운 것으로 드러났다. 이라크 경제 제재에 반대하는 시민운동은 이 제재가 이라크에서 50만 명의 영유아 사망을 초래했으며, 미국이 이를 통해 의약품, 정수 장비 그리고 식품 가공을 위한 기계의 공급을 막고 있다는 사실을 알렸다. 이라크가 수백만 달러의 빚을 지고 있던 프랑스와 러시아는 이라크에서 경제적 기회를 얻길 원했다. 1998년 워싱턴은 이에 대응하여 유엔 사찰단을 철수시키고 폭격을 확대했다. 사찰을 중단함으로써 미국은 사찰 종료와 경제 제재 해제를 지연시켰고, 이라크 정권의 타도에 더 많은 시간을 벌었다.

두 번째로, 이란의 또 다른 반대편에 있는 아프가니스탄에서 미국은 분쟁을 격화시키고 그것이 장기전이 되도록 힘썼다. 미국의 아프가니스탄에 대한 개입은 일반적으로 1979년 소련의 개입에 대한 대응으로 여겨진다. 사실 이러한 개입은 그 전에 시작되었는데, 그 목표는 소련군의 침공을 도발하고 철수를 막는 것이었는지도 모른다.

1973년 장교들은 아프간 왕정을 타도하고, 좌파 세력과 연대하여 토지 개혁과 사회 변혁 프로그램을 약속했다. 샤의 이란은 미국의 격려 속에 카불의 좌파 세력을 약화시키기 위한 원조와 개입을 시작했고, 이 나라를 소련의 지원에 대한 오랜 의존에서 벗어나게 하여 미국-이란 영향권으로 끌어들이려 했다. 미국이 지원한 다른 개입들과 마찬가지로 이 역시 실패로 끝났다. 1978년 4월 아프간 좌파는 정권을 잡고 낡은 사회 질서를 전복하기 위해 급진적 토지 개혁을 강제 실시했으며, 더 많은 지원을 위해 소련에 의지하게 되었다. 정치적 불안이 전국적으로 퍼져나가자 미국은 이 정부를 불안정하게 만들려는 파키스탄을 지원하기 시작했고, 1979년 3월 펜타곤의 전략가들은 아프가니스탄에서 "소련을 베트남의 수렁으로 끌어들이기"라고 부른 계획에 대해 논의하기 시작했다.

"미국의 많은 은밀한 지원 프로그램이 판돈을 키우고 소련이 더 직접적으로 개입하도록 유도할 수 있다"라는 소련 전문가의 정보에 따라 미국은 4월 국가안보보장회의에서 아프간 정부의 전복을 시도하는 반혁명 세력에 대한 비밀 지원 프로그램을 승인했다.[33] 6월에 워싱턴은 파키스탄의 지원을 받는, 무자헤딘으로 알려진 이슬람 당파를 무장시키기 시작했다. 이 지하드는 미국과 사우디아라비아로부터 재정 지원을 받고, 이집트, 중국, 이스라엘로부터 소련식 무기를 받아 장비를 갖추고, 이집트, 사우디아라비아, 예멘 그리고 다른 국가들의 이슬람 운동으로부터 추가 병력을 충원받았다.[34] 미국은 소련의 침공이 있기 약 6개월 전부터 파키스탄에 근거지를 둔 이슬람 군대를 지원하기 시작했으며, 그 목적은 소련의 침공 저지가 아니라 도발이었다. 미국의 국가안보 보좌관이었던 즈비그뉴 브레진스키Zbigniew

Brzezinski가 나중에 인정했듯이 미국은 소련이 "그 자신의 베트남"에 휘말리게 될 전쟁이 일어나길 바랐다.[35] 군대 철수를 위해 1983년에 소련이 시작한 협상 시도는 전쟁 연장을 선호했던 워싱턴에 의해 거부당했다. 미국 정부 내에서 리처드 펄Richard Perle이 이끄는 주전론자들의 정당은 소련의 철군을 늦추기 위해 이전의 두 배가 넘는 무기를 무자헤딘에게 지원하도록 했다.[36]

미국이 계속 유지하려고 애썼던 세 번째 주요 분쟁은 이스라엘과 팔레스타인 간의 분쟁이었다. 다른 두 사례와 마찬가지로 이 분쟁에서도 미국의 역할은 많은 부분에서 잘못 이해되고 있다. 1967년 6월 전쟁에 이어 이스라엘 정부는 새로 점령한 팔레스타인 땅을 점진적으로 식민지화하여 이스라엘에 병합하고, 그들이 점령한 주민들에게는 작은 영토만 주고 요르단이나 이스라엘에 부역하는 팔레스타인 자치 정부가 관리하도록 하는 프로그램인 알론Allon 계획을 채택했다. 이러한 구상에 반하여 유엔과 유럽연합, 아랍 국가들은 분쟁을 해결하기 위해 이스라엘의 점령 중단과 이스라엘 옆에 새로운 팔레스타인 국가를 형성하는 것을 골자로 하는 제안서들을 제출했다.[37] 미국은 이러한 제안들을 무시하거나 거부했으며 국제 평화 회담 요청에도 거부 의사를 밝혔다.[38] 대신 워싱턴은 이스라엘이 알론 계획을 실행하는 것을 도왔다. 이스라엘의 점령을 즉각 중단해야 한다는 국제적 요청의 대안으로 워싱턴은 1979년 캠프데이비드 협정, 1993년 오슬로 협정, 2003년 평화 로드맵 등과 같은 일련의 협정을 이끌어냈는데, 모두 이스라엘의 점령을 그대로 유지한다는 내용을 담고 있었다.[39] 2011년 4월 버락 오바마Barack Obama 대통령이 팔레스타인에 이스라엘과 "양측이 서로 나누기로 한 1967년의 경계선을 기반으로" 새 국가 건설을 위한 협상을 진행할 것을 요청했을 때 그는 과거 미국의 전략을 이어가고 있는 것이었다.[40] 점령당한 사람들에게 점령국과 종속의 조건에 대해 협상하도록 하는 그러한 정책은 다른 근대적 갈등에서는 전례가 없었다. 미국은 이스라엘의 팔레스타인 점령을 지속하고 팔레스타인의 저항을 저지하는 데 필요한 재정적, 군사적 지원을 제공하는 한편, 연이은 '평화 계획'으로 토지 몰수와 시온주의자 정착지 건설을 가속화했다.

위에서 논의한 세 가지 분쟁 중 어느 것도 미국에 의해 시작되지는 않았다. 각각의 사례에는 현지 당파들이 무력으로 해결하려는 갈등 혹은 국제 분쟁이 이미 존재했다. 다른 외부 세력들은 간접적인 방식으로 갈등의 당사자들에게 무기 등을 지원하거나 소련이 아프가니스탄에 개입했던 것처럼 직접적으로 관여했다. 이 지역의 정부 대부분은 특정 집단에 대해서든(쿠르드인에 대한 터키, 시골 민중에 대한 수단 정부, 팔레스타인에 대한 이스라엘의 태도처럼) 아니면 일반적인 억압 수단으로서든 군대와 경찰 폭력을 정상적인 정치 수단으로 사용했다. 하지만 미국의 역할은 달랐다. 미국은 중동의 전 지역에서 폭력 사용에 폭넓게 관여했고, 이러한 관여의 수단으로 막대한 재정 지원을 했으며, 정상적인 정치적 수단으로 분쟁의 장기화에 대한 의존을 증가시켰다는 점에서 다른 국가들의 개입과 차원을 달리한다. 이러한 정책들은 20세기의 마지막 25년을 중동 역사상 가장 폭력적인 시기로 만드는 데 기여했다.

미국의 제국주의적 야망을 감안한다면, 갈등의 영속화는 미국의 상대적 취약성을 드러내는 하나의 징후였다. 중동 지역의 여러 곳에서 헤게모니를 장악하지 못하고, 무력으로도 통제할 수 없게 된 탓에 미국의 권위를 받아들이기를 거부하는 현지 권력들을 약화시키는 차선책으로서 장기전에 의존하게 된 것이었다.

인력 수출

한편 사우디아라비아에서는 지배 왕조의 부패와 정치 활동 탄압에 대한 저항이 점차 증가했는데, 이는 무와히둔의 종교 학교와 모스크 성직자들―정권이 유일하게 억압하지 않았던 정치적 표현 방식―을 통해서 표출되었다. 이러한 불만은 1979년 11월 무장 반란군이 메카와 메디나 성지 주변의 넓은 지역에 대한 통제권을 손에 넣었을 때 잠시 가시화되었다. 다음 달에는 1000여 명의 반란군이 메카의 대사원을 장악하고 사우드 왕조의 통치로부터의 해방을 요구했다. 그들은 겉으로는 종교를 존중하는 척하면서 "탄압, 부패, 뇌물 수수"에 몰두하는 정부의 위선을 맹렬히 비난했다. 그들은 사우드 일가가 "사치스러운 궁전에서의 방종한 삶"을 살면서 국민의 영토를 탈취하고 국가 재정을 낭비한다고 비판했다. 정부의 군대가 수백 명의 반란군을 사살하며 사원을 되찾는 데는 일주일이 걸렸다. 그들의 지도자와 63명의 생존자는 이후 처형당했다.⁴¹

정치적 불만은 1980년대에, 특히 국가 재정의 위기, 국민 소득의 극감, 그리고 높은 실업률을 촉발한 1984~1985년 유가 붕괴 이후에 더욱 커졌다. 사우디아라비아 정부는 이렇게 국내에서 누적되고 있는 문제들에 대한 해결책을 아프가니스탄에서 찾았다. 사우디아라비아는 지배 가문의 부패에 점점 비판적으로 변해가는 젊은 종교 활동가

1200명을 아프가니스탄으로 보내 소련에 맞서 성전을 치르게 했다.[42] 오사마 빈 라덴은 반공산주의 성전의 조직가로 등장했다. 그는 사우디아라비아 정권과 밀접한 관계를 맺고 있던 가족의 덕을 봤다. 그리고 예멘 출신 이민자의 아들로서 이 나라의 강력한 친족 집단에 속하지 않는다는 그의 신분도 이점이 되었는데, 그 덕에 그는 친족의 경계를 넘어 추종자들을 이끌 수 있었다. 1990년대에 무자헤딘이 아프가니스탄에서 돌아오자 국가의 경제적 어려움은 더욱 심각해졌다. 이라크에 맞선 1990~1991년의 전쟁은 더욱 광범위한 저항을 촉발했다. 수년 동안 수십억 달러의 무기를 사들였음에도 정권은 갑작스럽게 무력한 모습을 보였고, 미군이 이라크의 위협으로부터 그들을 보호하기 위해 진입하는 것에 서둘러 동의했다. 정권의 권력 유지에 필요한 요소들―서구의 군사 자원과 현지에서의 무와히둔의 권위―의 조합은 서로 결합되기 점점 힘들어지고 있었다. 아프가니스탄에서 귀환하고 새로운 인원들을 충원한 지하디스트들은 그들이 아프가니스탄에서 했던 바와 같이 아라비아반도에서 외국군을 몰아내기 위한 작업에 착수했고, 또한 미국이 지원하는 이집트 정부를 흔들기 위한 작업에 들어갔다. 그들은 미국에 대한 직접 공격에도 관심을 돌렸는데, 2001년 9월 11일 뉴욕과 워싱턴에 대한 공격이 그 정점이었다.

다시 이라크로

9·11 공격 이후 10년 동안 두 사건이 중동의 정치를 바꿔놓았다. 첫 번째는 2003년 미국이 주도한 이라크 침공이고,

두 번째는 2011년 중동 지역 전체로 퍼진 혁명적 봉기의 물결이었다.

이라크 전쟁은 맥지하드의 약점을 극복하려는 시도였으나 결국 더 큰 어려움을 유발하고 분절적인 현지 세력들에 대한 더 큰 의존성을 만들어내는 것으로 막을 내렸다. 미국의 이라크 침공 결정은 20년 동안 전개한 전쟁과 제재, 은밀한 공작들이 이란의 이슬람 공화국, 이라크의 바트당 국가 어느 한쪽의 붕괴도 이끌어내지 못한 채 1990년대 말에 직면한 교착 상태에 대한 대응이었다. 사실 이라크에 대한 제재는 식량 배급이나 다른 생필품에 대한 정부 의존을 더 크게 만들었고, 이로 인해 국가와 집권당은 더욱 강력해졌다. 게다가 영국 정보원이 보고하듯 "사담은 거리에서 승리했고, 지역적으로 친서방 국가와 후견 국가들에 위협이 되었다."[43] 이 보고서의 작성자가 나중에 설명했듯이 이집트를 제외하면 "신실함, 인적 자원, 충분한 물, 그리고 훌륭한 관료주의적 전통이 있는" 유일한 아랍 국가인 이라크는 지역의 강대국으로 다시 부상했으며, 영국과 미국의 사우디아라비아 및 다른 산유국들과의 관계에 "실질적 위협"이 되었다. 당시 그는 "지역의 중요한 세력으로 이라크가 재부상하는 데 우리가 아무런 대응을 하지 못한 것은 마치 응접실에서 관계자들이 차를 마시다가 한쪽 구석의 상자에서 비단뱀이 빠져나가는 것을 알아차린 것과 같았다"라고 언급했다.[44]

미국의 입지를 약화시키는 두 요소가 추가되었다. 첫째, 러시아와 중국, 프랑스가 이라크와 상업적 관계를 추구하고, 유럽연합이 정치적 주도권을 잡기 시작했으며, 영국마저 이라크에 대한 제재 중단을 제안하고 있었다.[45] 공화당 전략가들이 "새로운 추축국new axis", 이후에는 "악의 축axis of evil"으로 지정한 이라크와 시리아 두 나라와 관계를 개선할 수 없게 된 미국은 점점 더 고립되었다.[46] 둘째, 세계적인 석유 부족 상황에 다가가고 있다는 증거가 늘고 있었고, 국제 석유 기업들은 더 이상 신규 유전의 발견으로는 자신들이 생산하는 석유 전체를 대체할 수 없게 되었다. 이란과 이라크는 사우디아라비아 다음으로 가장 많은 확인 매장량을 보유하고 있었기에 이 두 국가의 석유 산업 발전을 막고자 했던 미국의 정책은 스스로의 취약성을 가중할 뿐이었다.

미국의 군국주의 집단은 워싱턴의 곤란한 입지를 이용했는데, 미국 정치에서 그들의 영향력은 1968~1974년 정책 변화의 시기 수준으로 회복되었다. 당시는 리처드 펄 등이 헨리 잭슨 상원의원의 밑에서 일하며 중동과 미국의 관계를 군사화하고 팔레스타인 문제의 평화적 해결을 가로막는 노력을 돕던 때였다. 1980년대에 이들은 아프가니스탄 분쟁을 연장하고 확대하는 것을 도왔고, 1990~1991년 걸프 전쟁 이후에는 이라크 정부를 타도하기 위한 미국의 추가적 개입을 옹호했다. 이들은 공직에서 물러나면 신자유주의·신보수주의 운동의 싱크탱크에 자리를 잡았는데, 이들 싱크탱크는 앞서 살펴봤듯이 1973~1974년의 유가 인상으로 미국의 석유 부호들이 거둬들인 횡재 소득 덕분에 설립되었다.[47] 2000년 11월 선거로 조지 부시 대통령 밑에서 다시 공직으로 돌아오게 된 이들은 즉각 이라크에 맞서는 전쟁을 계획했고, 이라크와 상관없는 9·11 공격을 기회 삼아 2003년 3월 침공에 대한 지지를 얻어내었다.

전쟁의 명분은 충분했다. 런던의 MI6(영국의 비밀정보국—옮긴이)의 고위 임원은 2001년 12월 총리실로부터 이라크 정권의 전복을 정당화할 근거를 급히 작성해줄 것을 요청받고 다음의 목록을 들고 갔다.

"사담의 제거는 중요한 가치가 있는데, 석유 공급에 새로운 안정성을 가져다줄 수 있고, 강력한 세속 국가를 수니파 극단주의 테러를 진압하는 작전에 참여시킬 수 있으며, 걸프협력회의Gulf Cooperation Council 국가들(사우디아라비아, 쿠웨이트, 아랍에미리트, 카타르, 오만, 바레인—옮긴이)의 정치적 지평을 열 수 있고, 요르단과 이스라엘에 대한 위협을 제거할 수 있으며, 대량 살상 무기에 대한 지역의 논리를 약화시킬 수 있다."[48] 전쟁에 대한 대중의 지지를 얻기 위해서 미국과 영국은 테러리즘의 위협과 대량 살상 무기의 공포에 집중했다. 영국 비밀정보국의 책임자는 2002년 7월 미국에서 열린 회의 후 "부시는 군사 행동을 통해 사담을 제거하길 원했으며" 이를 "테러리즘과 대량 살상 무기를 결합시켜 정당화했다"라고 전했다. 침공에 대한 결정이 이미 내려진 상황이었으므로 "정보와 사실들이 정책에 맞게 맞추어졌다."[49]

연방준비제도이사회 의장이었던 앨런 그리스펀Alan Greenspan은 2006년 임기가 끝난 다음 "이라크 전쟁이 대체로 석유에 대한 것이라는, 모두가 아는 사실을 시인하는 것은 정치적으로는 불편한 일이다"라고 기록했다.[50] 그러나 바로 그 점에서 그러한 주장은 더 이상 불편한 일이 아니었다. 2003년 3월에 시작된 미국의 서투르고 조율되지 않은 이라크 침공과 점령이 거대한 지정학적 계획, 또는 중동의 "석유 꼭지"를 지배하겠다는 단순한 목적에 의해 추동되었다는 생각은 개연성이 떨어져 보였다.[51] 만약 이 전쟁에 연관된 상업적 동기가 있었다면, 그것은 석유의 '전략적' 중요성이 자신들의 사업 기회의 확장을 위한 논리와 장소를 계속 제공해줄 군수업체, 보안 회사, 무기상들의 이해관계에 있었다. 오히려 석유 기업들은 제국 권력과 다국적 기업으로는 더 이상 석유의 공급을 '통제'하지 못할 것이라는 점을 너무도 잘 알고 있었다. 어찌 되었든 맥지하드의 실패 뒤에 미국이 빠져든 궁지와 고립 상태, 그리고 여기에 9·11의 여파 속에서 전쟁에 우호적인 여론이 결합되면서 전쟁이 필요한 충분한 이유가 만들어졌다.

또한 이라크 전쟁의 주역들은 이 침공을 중동에 민주주의를 가져다줄 기회로 내세웠다. 미국의 엄청난 군사력의 잔혹성이 민주화의 수단이라고 믿기는 어려웠다. 특히 워싱턴은 전쟁을 규제 철폐와 시장 주도 경제 및 정치 질서를 강요하는 신자유주의 계획이라는 또 하나의 무자비한 형태와 결합시켰고, 이 중 대부분은 점령군이 재건 작업과 군사 점령 과정에서 하청을 주게 될 미국 민간 부문 계약자들에 의해 이루어질 것이었다.[52] 전쟁이 불러온 파괴와 죽음, 정치적 혼란은 구체제하에서 번영을 누렸던 혹은 광범위한 사회적 혁명에 두려움을 느꼈던 이들뿐 아니라 인명 피해와 혼란이 가중되면서 구체제의 몰락을 바랐던 많은 사람들 사이에서도 점령에 대한 반발을 급속하게 불러일으켰다. 워싱턴의 강경파들은 이라크 행정부에 신속하게 권력을 넘겨주는 계획을 가로막고, 미국의 점령 연장과 미국 민정국 설치를 지지했다. 이라크 정부와 군사력 대부분을 해체하고, 국영 산업을 폐쇄하고, 외국인의 산업과 수출 통제에 대한 규제를 모두 없애고, 석유 산업을 민영화하려는 민정국의 신자유주의 프로그램은 경제적 고통을 가중시키고 점령에 대한 반대를 더 확산시켰다. 신자유주의 정책은 항상 통제권을 공공의 대표자들로부터 시장의 사적 세력으로 옮겨서 민주주의적이고 평등주의적인 정치를 약화시키고자 했다.

미국은 선출되지 않은 통치 위원회를 통한 지배를 선호했으며, 그 구성원은 "이라크의 다양성을 대표"—시아파, 수니파, 쿠르드족, 투르크멘족, 아시리아 기독교인을 의미—하도록 지명되었다. 이에 따라 종족이나 신앙으로 가르는 종파적 형태의 정체성이 아니라 다양하고, 부분적으로 중첩되기도 하며, 종종 정치적 소속감이라는 세속적인 형태를 띠었던, 그리고 복지, 평등, 또는 개인적 열망이나 국가적 열망과 연관된 참여 방식들을 가졌던 이라크의 실질적인 다양성은 미국에 의해 고안된 종교와 종족이라는 단순한 정체성의 정치로 대체되었다.[53] 점령 당국의 인기가 점점 떨어지자 어쩔 수 없이 이라크 임시정부에 권력을 넘기기는 했지만, 건설 계약과 군대 그리고 다른 여러 정부 부처에서 미국인들은 통제권을 유지했다.

석유 산업의 즉각적인 민영화 계획은 거대 국제 석유 기업들에 의해 지연되었다. 그들은 소련의 몰락 이후 러시아에서 경험했던 것처럼 새로 부상하는 현지 석유 과점 세력과의 무질서한 경쟁에 직면하지 않고 하나의 단일한 국가 기관과 협상하길 선호했으며, 그렇게 민영화가 지연되는 동안 새 이라크 석유부와 관계를 쌓을 수 있었다.[54]

이라크의 주요 유전과 정유소 그리고 다른 산업에서 노동자들은 독립적인 노동조합을 조직하고자 노력했다. 그러나 점령 당국은 공공 부문에서 독립적인 노동조합을 금지하는 이전 정부의 법률 150호를 그대로 유지했고, 2006년 새로 정권을 잡은 이라크 정부는 이 금지 조치의 삭제를 거부했다. 석유 노동자들은 임금 지급, 계약직 노동자의 정규직화, 외국인 노동자의 고용 등의 문제를 제기하며 파업과 저항을 전개했다. 2010~2011년에 저항은 더욱 거세졌지만, 석유부는 조합 지도부를 색출하여 다른 곳으로 내쫓았다. 2010년 6월에는 항만 노동자들이 노동조합 금지에 저항하는 시위를 벌였고, 이번에도 지도자들은 다른 곳으로 전출되었다. 2010년 7월 하시미야 무흐신이라는 여성이 이끈 최초의 독립 전국 노동조합인 전력노동조합은 여전히 자주 정전을 일으키는 전력 공급 시스템의 재구축 비용으로 할당된 130억 달러의 유용을 규탄하며 바스라에서 집회를 조직했다. 이에 대해 석유부는 노동조합 폐쇄와 사무실 퇴거를 명령했다.[55]

석유 노동자를 위시하여 더 민주적인 이라크의 미래를 바랐던 이들에게는 불행하게도, 유엔 안전보장이사회는 미국에 맞서 버텨내지 못했다. 미국의 침공 당시만 해도 이라크의 석유 생산으로 얻는 모든 수익은 유엔의 통제하에 있었다. 1990년 이라크의 쿠웨이트 침공 이후 시행된 경제 제재는 1995년 식량을 위한 석유 프로그램으로 수정되었는데, 이는 이라크의 석유 판매 수입을 유엔의 계정으로 관리하고, 오로지 음식과 의약품을 구매하는 데만 사용하도록 한 것이었다. 이는 제재가 평범한 이라크 사람들에게 미치는 영향을 염려하는 국제 단체들의 압력에 따라 도입된 조치로, 이 프로그램은 영국의 노동 운동이 제1차 세계대전 중에 지지했던 국제연맹의 계획을 연상시킨다. 영국의 노동 운동은 원자재 개발이 국제연맹에 의해 관리되고, 이를 통한 이익이 투자자나 현지 통치자의 축재가 아니라 일반인들의 편익을 위해 사용되는 것을 보장하고자 했다(3장 참조).

이라크 공격을 시작한 지 두 달이 지나 유엔 안전보장이사회는 이라크의 석유 수익과 관련한 통제권을 미국에 넘겼는데, 이는 미국에 석유 통제에 대한 민주적 절차를 요구할 기회를 포기한 것이었다. 민주적 정부는 에너지 혹은 그 수익의 중요한 흐름을 차단할 수 있는 힘에 달려 있다. 인구 전반의 생산적 활동이 아니라 석유 수출이라는 단일 자원으로부터 국가의 수입이 발생하는 상황에서 어떻게 그 힘을 만드느냐 하는 것은 산유국 시민들에게 어려운 문제다. 워싱턴은 극히 제한적인 조건만 단 채 유엔으로부터 석유 수익에 대한 통제권을 가져왔고, 그 수익의 상당 부분을 미국 하청업자들에게 넘겨줬다. 이라크의 기술자와 석유 노동자들의 희생 속에서 그들은 석유 산업 인프라의 재건을 시작했다.[56]

미국은 이라크의 재건을 위한 계약들을, 그리고 점점 더 민영화되는 군사 점령을 관리하는 군사보안업체 계약조차 미국 기업들에게 주었다. 석유를 둘러싸고도 똑같은 일이 벌어졌는데, 석유 산업에서 노동권은 전혀 개선되지 못했다. 석유 산업을 민주화할 수 있는 다른 기회들—예컨대 민주적 소유 구조를 갖춘 기업만이 석유 입찰에 참여할 수 있도록 하는 것—도 무시되었다. (이러한 방법은 미국에서는 일반적인 것으로, 예컨대 공공 계약에서 소수자나 여성이 운영하는 기업을 우대하거나 이들만 입찰에 참여할 수 있도록 하기도 한다.) 이라크 석유법을 둘러싼 오랜 정치 투쟁의 결과로 국제 석유 기업들이 이 나라의 새로운 유전 개발에 다시 초대되었고, 처음에는 매우 빡빡한 금융 조건이 부과되는 듯 보였다. 그러나 그 조건은 허점과 예외로 가득했는데, 예를 들어 만약 이라크가 석유수출국기구의 쿼터를 맞추기 위해 생산량을 줄이면, 이라크가 석유 기업의 생산 손실을 보전해야만 했다.[57]

그러는 동안 미국의 이라크 점령은 90년 전 영국의 점령과 마찬가지로 '부족' 지도자들과 이슬람주의 정당들의 보수적 세력의 힘을 빌려 통제력을 유지하게 되었고, 수많은 점령군을 가장 적은 비용으로 철수시킬 방법을 찾기 시작했다. 그 최종 결과는 미국의 군사력과 국제 석유 기업들 그리고 보수적 이슬람주의 국내 정치의 혼종 복합체로, 또 다른 형태의 맥지하드였다. 10년 전 한 외교관이 탈레반과 관계를 맺기 위한 시도에 대해 언급했던 것처럼 "우리는 이들과 공존할 수 있다."

해방 광장

　　　　　미국의 이라크 침략을 반대한 사람들 중 많은 이들은 이 침략이 민중의 분노를 아랍 세계의 거리 곳곳에서 폭발시킬 것이고, 이집트 등 미국의 지원을 받는 국가들의 정부를 붕괴시킬 것이라고 주장했다. 이것이 이라크 공격의 긍정적 결과일지도 모른다고 기대했던 이들에게 카이로나 다른 아랍의 수도에서 나타난 반응이 당장 고무적이었던 것은 아니었다. 대중의 반응은 약 8년 동안이나 지연되었다. 2011년 1월 대규모 시위가 튀니지의 벤 알리 정권을 붕괴시킨 데 이어, 2월 11일에는 이집트의 무바라크 정권이 몰락했고, 예멘, 바레인, 리비아, 시리아 그리고 아랍 세계의 다른 국가들에서 혁명적인 봉기들이 이어졌다. 봉기의 물결에는 복합적인 이유가 있었다. 이라크에서의 사건들이 그 이유였다기보다는 전쟁이 이들 독재 정부의 붕괴를 지연시켰다고 하는 편이 그럴듯한 주장일지 모른다.

　2003년 2월 15일 눈앞에 닥친 미국의 이라크 침공에 반대하는 사람들이 세계 곳곳의 대도시에서 전쟁을 반대하는 대규모 행진을 조직했고, 카이로도 그중 한 곳이었다. 런던과 로마에서 100만 명이 넘는 사람들이, 뉴욕과 베를린에서 수십만 명이, 그리고 도쿄와 서울, 자카르타에서 수천 명이 행진을 했다. 카이로의 시위대는 600명이었다.[58] 카이로 중심부에 모인 시위대는 시의 주요 광장인 미단 알 타흐리르 바로 옆에 몇 에이커 크기의 삼각형 모양 블록을 차지하고 있는 미 대사관 주변을 인간 사슬로 둘러쌀 계획을 세웠다. 정부의 치안 부대는 시위대를 진압하고 해산시켰으며, 시위 지도부를 비상계엄법에 따라 대부분 재판 없이 수천 명의 정치범이 수감된 국가 교도소에 수용했다.

두 주 후 또 다른 시위가 조직되었다. 이번에는 도시 중심에서 몇 킬로미터 떨어진 외각 지역에 위치한, 미 대사관과도 상당히 떨어져 있는 카이로 국제 경기장이었다. 최소 12만 명의 시위대가 경기장을 메웠고, 수천 명이 문 앞에서 돌아갔다.[59] 이 행진은 무슬림형제단이 조직했는데 정권과 미국과의 관계에는 주의를 돌리지 않는 방식으로, 전쟁에 대한 대중의 반대를 수용하면서도 억제하는 수단으로서 정권의 동의를 얻어 진행되었다.

이 두 번의 시위는 이집트의 저항 정치의 동학을 보여주었다. 대체로 세속적인 좌파 반대 세력에게는 조직화의 공간이 허락되지 않았는데, 신자유주의적 경제 정책, 미국의 제국주의, 그리고 이러한 의제들을 받아들이는 국가의 부패에 대한 비판의 공간은 주어지지 않았다. 무슬림형제단 또한 정부에 반대했으나 이는 도덕적이고 문화적인 보수주의를 방어하는 훨씬 온건한 비판이었다. 이 도덕적 보수주의는 종종 대중적 반미주의의 형태를 차용했으며, 좌파를 약하게 만들고 억제하는 수단으로서 기능했다. 이는 체제에 아무런 실질적 위협도 가하지 않았다.[60]

8년 후 타흐리르에서의 또 다른 시위는 무바라크 체제의 전복을 이끌었다. 이라크 전쟁 전에도 저항은 커져갔고, 민간 통치의 주요 기구인 국민민주당의 중진이 권력 장악력의 약화와 지배 엘리트 내의 보다 젊은 기술관료 분파로부터의 도전에 대처하려고 정치 개혁을 향한 작은 움직임을 만들어내고 있었다. 새로운 야당들이 창당했지만, 중요한 도전은 정부의 공기업 민영화에 대해 반대하며 2000년대 초반 시작되어 2004년 이후 가속화된 파업의 물결을 만들어낸 산업 노동자들의 운동에서 나왔다. 독립 이후 단행한 농지 개혁, 지대와 가격 통제, 국가 주도 산업화 프로그램을 뒤바꾸려는 신자유주의 운동이 20년 넘게 진행 중이었다. 하지만 2004년 무바라크는 새로운 내각을 임명하면서 민영화를 가속화했고, 섬유 산업 등 이전 과정에서는 그냥 넘어갔던 다른 대규모 산업을 겨냥하기 시작했다. 실질 임금 감소에 반대하는 투쟁, 그리고 실업 증가와 여전히 낮은 임금 및 민영화와 함께 찾아온 노동권 축소에 반대하는 투쟁은 2004~2008년 1900차례의 시위와 파업으로 이어졌다. 170만 노동자가 참여한 시위와 파업은 1952년 왕정 전복으로 귀결된 전후의 사회 불안 이래 가장 지속적인 저항 운동이었다. 그중에는 2006년 12월과 2007년 9월 이집트 삼각주 마할라 알 쿠브라에 위치한 이 나라의 가장 큰 산업체 중 하나인 미즈르 방직회사에서의 파업과 2년 후에 새로 민영화된 탄타 리넨사의 파업도 있었다.[61]

과거에 정부는 영향력을 가질 만한 정치 조직화를 지속적으로 억압하면서 가격 보조금이나 낮은 상여금을 지급하는 등 경제 관련 저항에 약간의 양보를 보임으로써 사회 불안을 해소할 수 있었다. 2000년대 후반이 되자 이러한 정책을 시행하기가 더욱 어려워졌다. 경제적 구조조정 프로그램이 이제는 대규모 산업을 타깃으로 삼으면서 정권은 파업 등 노동쟁의에 더 취약해졌다. 또한 경제적 저항을 누그러뜨리기 위해 활용되었던 수입의 주된 원천이 사라지게 되었다. 1975년 이스라엘로부터 홍해의 유전을 되찾은 이래 이집트는 2010년 처음으로 석유 순수입국이 되었다. 1990년대 중반에 이집트는 일일 생산량의 거의 절반인 90만 배럴 이상을 수출할 수 있었고, 이는 국가의 수출 소득과 정부 세입의 주요 재원이 되었다. 그러나 유전에서의 생산량은 1996년 이후 줄기 시작했다. 반면 부유층 사이에서 자가용 소유

가 유행하면서 국내 석유 소비는 급증했다.[62]

무바라크 정권을 무너뜨린 이 저항들에 대한 설명들은 조직가와 지지자들이 저항을 계획하는 데 도움이 되었던 소셜미디어의 역할을 강조했다. 그러나 체제 전복을 촉발한 결정적인 사건은 1월 25일의 타흐리르 광장 점거였고, 그 상황에서 소셜미디어는 유인책으로 부분적으로 기능했다. 치안 부대가 광장 점거를 위한 어떤 시도든 폭력으로 봉쇄할 것을 예상한 조직가들은 소셜미디어에 노동자 지구 21곳에서의 시위 계획을 올려 치안 부대가 여러 지역으로 분산되길 바랐고, 반대로 모여드는 대규모 군중이 치안 유지선을 뚫고 타흐리르 광장으로 연결될 가능성을 높였다. 또한 그들은 가까운 담배 공장이나 철도 조차장에서 일하는 노동자들이 많은, 도심 근처 노동자 거주 지역 불락 알 다크루르에서 또 다른 집회를 계획했다. 그들은 이 집회 계획을 인터넷에 노출하지 않았고, 결국 치안 부대를 피해 수백 명의 군중이 모일 수 있었다. 바로 이들이 타흐리르를 향해 행진한 집단이었고, 길을 따라가며 수천 명으로 늘어난 시위대가 광장을 점거했다. 이미 이때는 무장한 경찰력으로도 봉쇄할 수 없을 만큼 규모가 커진 뒤였다.[63]

무슬림형제단은 초기의 시위에 대해서 지원을 거부하고, 일주일 동안 관망했다.[64] 이와 동시에 무슬림형제단은 무바라크와 그의 가족의 손에서 국방장관에게로 넘어간 권력을 두고 정부와 협상을 시작했다. 서둘러 조직된 헌법개정위원회는 집권당과 무슬림형제단에게 이로운 방향으로 헌법의 미세한 수정을 제안했다. 투쟁은 계속되었다.

중동의 정치는 국제 석유 산업의 힘의 의해 형성되었다고 이야기된다. 하지만 국제 석유 산업의 취약성에 의해 형성되었다고 하는 편이 더 정확한 설명이다. 석유의 생산과 분배의 통제는 놀라운 지대 수익을 가져다주었다. 다국적 석유 기업들은 유전을 통제하는 정부들과 경쟁하면서 협력하는 관계 속에서 이 수익의 안정과 확장을 모색했다. 무기의 생산과 분배의 통제를 통해서도 많은 수익이 발생했는데, 유전을 통제하는 정부들이 가장 큰 해외 고객이 되었다. 석유와 무기 산업은 자본주의 세계 경제라고 불리는 것을 형성하는 가장 강력한 두 가지 힘으로 부상했다. 그러나 그들의 힘은 이윤의 엄청난 잠재력을 항상적으로 위협하는 결함, 이 취약성을 극복해야 했다.

한편 20세기 내내 석유의 과잉이 있었고, 이는 석유 산업이 얻는 높은 수익을 붕괴시킬 영속적인 위험을 낳았다. 석유 산업은 이 위협이 다가오지 못하게 하려고 석유의 희소성을 끊임없이 지어내야 했다. 다른 한편, 이러한 목적에 도움이 되는 정치 구조들이 생겨났다. 석유 산업은 스스로 정치적 질서를 만들어낼 만큼 강력하지는 못했던 탓에 다른 정치 세력, 사회적 에너지, 폭력의 형태, 권력 장치들과 제휴하지 않을 수 없었다. 중동 전역에 걸쳐 이용 가능한 다양한 세력이 존재했다. 그러나 각각의 동맹은 그들 고유의 목적이 있었고, 그것이 석유의 희소성을 지켜낼 필요와 부합하는지는 결코 장담할 수 없었다. 우리가 살펴본 이유들로, 희소성을 유지하는 문제의 중심에는 아라비아에 대한 정치적 통제가 있었다. 지구의 석유 매장량이라는 지구물리학으로 인해 세계에서 가장 수익성 높은 상품에 대한 지대는 강력한 종교 운동의 에너지를 이용해야만 벌어들일 수 있었다.

'맥지하드'는 이러한 자본주의의 결함을 묘사하는 용어다. 이 용어는 자본주의의 논리와 그것이 조우하는 다른 세력과 사상 사이의 모순을 가리키는 것이 아니라 오히려 그 같은 논리의 부재를 지칭하는

것이다. 미국이 최근 수십 년간 중동의 그토록 많은 지역에 걸쳐, 비
록 혼자서만은 아니었지만 다른 어떤 행위자보다 더 많이 조장하고
지원하고 지속시켰던 정치적 폭력은 이러한 부재의 지속적인 징후다.

CARBON DEMOCRACY

결론

더 이상 석유에 의존해서는 안 된다

우리는 이제 화석연료 시대의 쇠퇴기에 접어들고 있다. 화석연료 시대라는 인류 역사의 짧은 기간 동안 석탄 광부들과 석유 노동자들은 석탄층과 탄화수소 지층에 묻혀 있는 엄청난 에너지를 추출해냈으며, 지상의 엔진, 보일러, 용광로와 터빈에서 연소되는 연료는 계속해서 증가했다. 이러한 동력으로 근대적 산업 생활, 거대 도시와 교외, 산업화된 농업, 화학 합성 물질의 세계, 전력과 통신, 세계 무역, 군사력으로 유지되는 제국들이 만들어졌고, 더 민주적인 정치 형태도 가능해졌다. 그러나 이 기묘한 시기가 지나가고 있음을 목도하면서도 이 시대에 생긴 기이한 관행, 즉 자연을 무한한 자원으로 취급하는 생활 양식이나 사고방식을 버리는 것은 불가능해 보인다.

화석연료의 고갈이 임박하지는 않았으나 두 가지 당혹스러운 상황이 벌어져 화석연료로 만들어진 세계에 예상치 못한 불안정을 초래하고 있다. 첫 번째 상황은 150년간 지속적으로 공급이 증가했던 풍요로운 석유의 시대가 끝난 것이다. 세계는 새로운 유전을 발견하고 개발하는 것보다 더 빠른 속도로 석유를 소비하고 있다. 전 세계에 존재하는 약 7만 개의 유전 중 단 110개의 대형 유전에서 전 세계 석유의 절반을 생산한다. 이 대형 유전 중 상당수는 반세기도 전인 1930년대에서 1960년대 초반에 발견된 것이다. 이 중 많은 유전에서 매년 석유 생산량이 줄고 있으며, 가장 규모가 큰 20개 유전 가운데 적어도 16곳이 그러한 상태에 놓여 있다.[1]

2008년 무렵 기존의 유전에서 나오는 석유의 양은 매년 4퍼센트 이상씩 줄어들고 있었다. 이러한 공급 부족분을 상쇄하려면 생산자들은 일일 300만 배럴 이상을 생산할 수 있는 유전을 매년 찾아내야만 했다.[2] 낙관론자들은 2006년과 2007년에 브라질의 해안에서 발견된 새로운 대형 유전에 대해 또 다른 사우디아라비아의 가능성이 도래했다고 이야기했다. 이 유전은 해안에서 250킬로미터 떨어진 수심 3킬로미터 바다의 해저 5~7킬로미터 깊이에 매장되어 있는 사우디아라비아인데도 말이다. 지난 수십 년 동안 발견된 유전 중에서는 브라질의 유전이 큰 발견이긴 하지만 사우디아라비아의 유전에 비하면 한 줌에 불과하다. 현재의 생산 감소를 상쇄하기 위해서는 4년마다 계속해서 새로운 사우디아라비아를 발견해야 한다. 생산 감소율이 해를 거듭할수록 기하급수적으로 증가하고, 새로운 유전일수록 더 빨리 채굴되어 기존의 유전보다 급격하게 소모되는 경향을 보임에 따라 생산자들이 현재와 같은 공급 수준을 유지하려면 새로운 사우디아라비아를 더 많이 발견해야만 하게 되었다.

유전이 고갈되는 속도에 맞춰 새로운 유전을 발견할 수 있을 것이라는 근거는 희박하다. 1995년에서 2005년까지 10년간 세계에서 소비된 석유의 40퍼센트 정도만이 추가적으로 개발된 유전으로 대체되었으며, 이후 5년 동안은 공급이 증가하지 않았다.[3] 기존 유전으로부터의 석유 생산은 정점은 아니더라도 적어도 길고 울퉁불퉁한 고원에 도달했고, 석유 생산 수준을 유지하기는 점차 힘들어질 것이다.

일부는 이 석유 고원을 두고, 이라크에 대한 제재와 전쟁처럼 지난 10년간 신규 유전을 개발하기 어려운 상황을 초래한 정치적 요인들로 인한 일시적 현상이라고 주장한다. 그들은 전 세계의 궁극 매장량이 석유 생산의 정점에 이미 도달했다고 주장하는 이들이 제시한 2.5조 배럴이 아니라 총 3조 배럴, 심지어는 4조 배럴이라고 추정한다. 그러나 이러한 높은 추정치도 기간으로 보면 별반 차이가 없다. 생산 정점의 시점은 2016년(3조 배럴로 추정할 경우) 또는 2028년(4조 배럴로 추정할 경우)으로 예측되어 길어야 고작 20년도 안 되게 지연될 뿐이며, 정점이 지나면 생산이 더 빨리 감소하게 되어 에너지 부족을 조정하는 데 더 큰 어려움을 겪게 될지 모른다.[4]

더욱이 많은 국가들에서 석유 공급이 이미 고원을 지나 감소하는 추세로 넘어가고 있는지도 모른다. 이는 석유를 소비하는 사람들이 변화했기 때문이다. 사우디아라비아와 이란을 비롯한 최대 석유 수출국 중 일부는 자국에서 사용하는 석유의 양이 늘어남에 따라 수출 가능한 양이 이전보다 감소하게 되었다.[5] 이와 함께 수출 가능한 양 중에서도 중국과 인도가 소비하는 양이 늘고 있다(중국과 인도의 석유 소비량은 2005~2010년 사이에 11퍼센트에서 19퍼센트로 증가했다). 이 두 국가에서 소비되는 석유를 제외한 전 세계 석유 순 수출량은 일일 4100만 배럴에서 3500만 배럴로 감소했다.[6] 이미 많은 국가들이 석유의 역사 150년 만에 처음으로 석유 공급이 더 이상 지속적으로 증가할 수 없는 시기를 경험하고 있다.

두 번째 당혹스러운 상황은 이렇게 공급된 석유가 연소되면서 땅속에 묻혀 있던 탄소를 대기 중으로 배출시켜 대기 중에 탄소가 확산되는 추세가 유례없이 점점 강해지고 있다는 점이다. 현대적 석유 산업이 생겨난 1860년대부터 2010년까지 150년 동안 소비된 석유의 절반 이상이 1980년 이후 30년 사이에 연소됐다. 연소 과정에서 발생한 이산화탄소는 지구 대기와 해양을 온난하게 만드는 데 기여했고 이제는 재앙적인 기후 변화를 낳는 위협이 되고 있다.

자연은 스스로 발언할 수 없다. 생태계는 동시에 두 가지 한계에 도달한 것으로 보이는데, 하나는 기계화되고 현대화된 삶으로 발전할 수 있게 해주었던 풍부한 화석연료를 더 이상 쉽게 구할 수 없게 되었다는 것이고, 다른 하나는 인류 사회가 그들이 발전해나갈 수 있는 범위 내로 지구의 온도를 조절할 수 있는 능력을 상실하게 되었다는 것이다. 그러나 이렇게 서로 연결된 곤란한 상황들은 스스로 정치적 논쟁의 장으로 들어오지 않는다. 자연적 사실들은 그것을 계산하는 측정 장치와 도구의 도움을 받아야만 말할 수 있다. 기상학자, 지질학자, 석유 기술자, 투자 자문가 그리고 경제학자는 과거를 평가하고 현재를 기록하고 미래를 예측하기 위해 사용되는 장치와 방법들을 조합한다. 한때 석탄 광부들과 철도 노동자들이 정치적 목소리를 효과적으로 전달하기 위해서 석탄 운반용으로 구축된 장치를 활용했듯이, 현재의 곤란한 상황에 대한 정치적 대응을 조직하는 능력도 마찬가지로 그러한 장치에 대한 통제력, 즉 자연을 대신하여 발언할 수 있는 힘에 달려 있다.

석유 생산 정점과 기후 붕괴의 문제는 탄소 에너지로 가능해진 민주적 정치 형태를 비롯한, 화석연료 사용이 낳은 사회생활 방식으로부터 발생하고 또한 그것을 위협한다는 측면에서 서로 연결되어 있다. 그러나 이 두 문제 사이에는 놀라운 차이가 있다. 지구의 기후와 생태적 균형의 불확실한 미래는 1960년대부터 기후과학자들 사이에서 폭넓게 논의되었고, 1992년 리우 지구정상회담으로 전 세계의 이목을 집중시켰다. 그리고 이후 20년 동안 과학적 조사, 정치적 논쟁, 매체를 통한 토론과 풀뿌리 민주주의 조직에서 중요한 의제가 되었다. 그러나 석유 생산의 감소와 석유 정점에 대한 불확실성은 그렇지 않았다. 이라크를 고립시키려는 정책이 실패한 뒤 미국 정부가 이라크를 공격하여 사담 후세인을 제거한 데에는 미래의 석유 통제력에 대한 우려가 작동했을 수 있다. 이라크에서 석유 생산을 재개하지 못한 것이 2005~2008년 석유 부족 상황의 원인 중 하나였는데, 이때 유가가 여섯 배나 상승하면서 1974년과 1979년 석유 위기의 세 배에 달하는 규모의 금융 충격을 초래했다. 치솟은 유가는 2008~2009년의 세계 금융 위기를 촉발했고, 이는 지금까지 기후 붕괴로 발생한 그 어떤 재앙보다도 더 널리 체감되었다. 기후 변화를 둘러싼 정치적 결집과 석유에 대해서는 상대적으로 조용한 논쟁, 이 둘의 차이는 점증하는 석유 부족의 위협에 기인한 군사적 폭력과 경제적 곤경의 규모를 볼 때 엄청나게 놀라운 일이다.

석유 생산 정점에 대한 의견 충돌이 보여주듯이 세계의 석유 자원은 쉽게 계산될 수 없는 것임에도 최근까지도 언제나 사용 가능한 매장량이 있다고 믿을 수 있었다. 간혹 발생하는 석유 부족은 제1차 세계대전 중 러시아와 멕시코의 혁명이나 1970년대 중동의 저항과 같은 정치적 격변으로 유발되었다. 석유 기업들은 이러한 상황을 이용해 공급 위협이 더욱 장기화될 것이라는 두려움을 증폭시켰고, 대중의 공포를 이용해 정부 보조와 면세를 늘리거나 높은 가격에 대한 정당성을 확보하려 했다. 그러나 20세기 내내 공급은 전반적으로 풍부했으며, 그리하여 산업화된 세계가 미래에도 석유를 이용할 수 있을 것이라고 확신하게 되었다.

이러한 이유에서 석유에 대한 믿음은 더욱 커졌다. 계속해서 양이 증가하고, 상대적으로 저렴하고 안정적인 가격으로 즉시 사용할 수 있다는 점은 석유는 계산할 필요 없이 확실한 것임을 의미했다. 석유는 그 저장량이 다시 채워지지 않는다는 사실을 고려할 필요가 없다는 듯이 소비되었다. (거의 200~300년 동안) 인류가 사용해버린 지구의 한정된 화석연료에 대한 비용을 계산할 필요가 없다는 점은 새로운 종류의 계산을 가능케 했다. 바로 경제적 계산이다. 경제는 18세기 후반의 정치경제학이나 19세기의 새로운 학술적 경제학이 아니라 20세기 중반의 경제학을 통해 계산의 대상과 국민 통치를 위한 수단이 되었다(5장 참조). 이는 석유에 의해 등장할 수 있었는데, 석유의 풍부한 양과 낮은 에너지 가격은 경제학자들로 하여금 천연자원의 고갈에 대한 우려를 떨쳐버리게 했고, 어떠한 물리적 한계도 없이 무한하게 확장될 수 있는 순환인 화폐적 순환 시스템으로서의 물질생활을 대변하게 만들었다. 경제학은 돈의 과학이 되었다. 경제학의 대상은 물질적 힘과 천연자원, 인간의 노동이 아니라 한편의 자연과 다른 한편의 인간 사회 및 문화 사이에 열린 새로운 공간이었다. '경제'로 불리게 된

이 공간은 완전한 자연 공간도 아니고 완전한 사회 공간도 아니었다.

20세기 중반 이전에는 정치 활동이 무한한 성장이라는 원칙에 따라 조직될 수 있다는 가정은 허황된 생각이었을지 모른다. 20세기 초반만 해도 자연의 한계들이 어디에나 존재했다. 영국에서는 영국 석탄 공급의 정점에 대한 윌리엄 제번스의 경고가 옳다고 증명되었고, 영국 광산들의 석탄 생산은 비가역적으로 감소하기 시작했다. 미국에서는 유럽인의 정착지가 서쪽으로 확장됨으로써 극한의 생태적 파괴를 불러왔고, 환경보호론자들은 마지막 남은 거대 삼림과 산을 지키기 위해 서부의 탄광업자와 벌목 기업에 맞서 싸웠다. 그러나 1920년대 말 미국 텍사스 동부의 석유 굴착업자들과 이라크에서 활동하던 영국 석유 굴착업자들은 이전에 본 적 없던 많은 양의 석유를 발견했다. 이러한 갑작스러운 석유의 풍요는 자원 분배에 관한 과학—경제학—의 출현을 촉진했고, 여기서 자원은 무한한 것으로 간주되었다. 발견된 석유의 양이 너무 많아 석유의 고갈을 계산할 현실적 방법도 없었고, 또 그럴 필요도 없었다. 세계에서 가장 귀한 이 재생 불가능한 자원은 대체 비용을 따질 필요 없이 소비될 수 있었다. 석유 산업은 플라스틱과 다른 합성 물질들의 생산을 낳았고 이 합성 물질들은 농업 비료와 농약으로 사용되었다. 거의 무한한 것으로 보였던 화석 연료의 공급을 통해 유기 화합물과 무기 화합물 모두 전례 없는 양으로 생산되었다. 자원의 통치는 더 이상 자연과 그 물질적 한계라는 문제로 나타나지 않았다. 석유를 기반으로 한 경제의 탄생은 탈물질화되고 탈자연화된 정치 형태를 가능케 했다.

석유 생산 정점과 기후 변화 간의 차이는 서로 다른 역사나 계산의 정치학에서만 발견되는 것은 아니다. 이러한 차이는 정치적 논쟁과 행동 수준의 차이와도 일치한다. 기후 붕괴 위협은 현재 국제협약과 의정서, (실제 조치는 부적절하지만) 정부의 지속적 행동, 관련 서적의 출간, 대규모 국내외 기구들이 조직한 시위와 정치적 압력의 주요 의제로 자리 잡았다.

반면 유가가 급증하기 시작한 2000년경부터 10년 동안 화석연료 공급 한계의 문제를 두고 국제적인 압력을 행사하는 단체나 활동가 조직의 결집은 없었다. 미국에서 석유 공급 문제는 환경 규제 완화가 국내 생산의 증가를 가능하게 할 것이라고 생각한 우파에 의해 의제화되었다. 환경에 대한 규제 완화가 미국의 '아랍 석유'에 대한 의존을 낮춰줄 것이라는, 아무런 입증도 되지 않은 주장은 반反아랍을 주창하는 포퓰리스트들의 지지를 받았다(2009년 미국이 아랍 국가들로부터 공급받은 석유는 미국 석유 소비량의 9퍼센트 이하였는데, 대부분이 미국 달러화의 가치를 부양하기 위해 미국에 우호적인 계약을 체결한 사우디아라비아에서 온 것이었다).[7] 영국에서도 석유 공급은 우파의 이슈였다. 네오파시스트 정당인 영국국민당British National Party은 석유 생산 정점의 문제를 핵심 정책 강령으로 삼은 유일한 정당이었다.[8] 2000년 9월 트럭 운전사들과 농부들이 서유럽 전역에서 주요 도로를 막고 정유소를 봉쇄했던 연료 시위는 2005년에도 일어났는데, 인간의 활동이 기후 변화를 일으켰다는 사실을 부정하는 주장에 동조하는 영국국민당은 다가오는 석유 생산 정점의 위기를 통해서 그들의 백인 우월주의와 반무슬림, 외국인 혐오 강령이 강화될 것이라고 계산했다. 연료 시위는 에너지 문제가 우파에게 좋은 기회를 제공했음을 보여주었는데, 정부의 과세 제도, 해외 산유국과 다국적기업에 대한 불만을 통해 국가를 마비시킬 방법을 찾았기 때문이었다. 2009년 1월 린지 정유사Lindsey Oil

Refinery에서는 부두 근처에 정착한 포르투갈, 이탈리아 노동자들에게 일자리가 넘어가는 것을 반대하는 파업이 일어나 영국에서 세 번째로 큰 정유사를 봉쇄했으며, 이 파업은 전국 각지의 정유사로 퍼져나갔다. 이러한 반이민자 시위는 우파의 활동 영역이 연료 공급과 관련한 정치에서 고용에 대한 정치로 전환되는 기회를 제공했다.[9] 그러나 주류 정당조차도 '해외 석유'를 맹렬히 비난하면서 아랍과 이슬람 국가에서 생산하는 석유에 대한 의존의 위험성을 언급하며 에너지 정치에서 외국인 혐오가 가지고 있는 잠재력을 활용했다.

연료 가격 상승과 미래의 석유 부족이 정유사의 파업, 트럭 운전사들의 시위, 연료 저장고와 송유관의 폐쇄, 새로운 외국인 혐오 민족주의의 촉발이라는 새로운 종류의 정치를 만들어내는 것일까? 이 질문에는 역사가 있다(1장 참조). 한 세기 전 석탄의 광범위한 사용은 노동자들에게 새로운 힘을 가져다주었다. 유례없는 양의 연료가 고정된 좁은 통로를 통해 탄광으로부터 나와 철도와 수로를 통해 공장과 발전소로 이동했는데, 이 좁은 통로는 노동자들의 파업이 모든 에너지 시스템을 마비시키는 취약한 통과 지점을 만들어냈다. 이 새로운 힘에 의해 약해진 서구의 정부들은 모든 시민에게 투표권 부여, 부자들에게 새로운 세금 부과, 의료 서비스 및 산업재해와 실업에 대한 보험 제공, 퇴직연금을 비롯한 기본적 복지 제공 등의 요구를 수용했다. 더 평등한 집합 생활을 위한 민주적 요구는 석탄 공급의 흐름과 중단을 통해 발전했다.

20세기 후반 각국 정부는 노동자들이 획득한 이 이례적인 힘을 약화시키기 위한 방법을 찾았는데, 그것은 석탄에서 석유나 가스 사용으로 전환하는 것이었다. 1940년대 초 워싱턴의 마셜 플랜 입안자들은 석탄 노동자들을 약화시키고 좌파 세력을 무너뜨리기 위해 중동에서 서유럽으로 들여오는 석유 수입 비용에 보조금을 지급하자고 주장했다. 몇 십 년 뒤 영국에서는 좌파의 힘을 강화시켰던 에너지 시스템에 대한 공격이 절정에 달했는데, 당시 수상이었던 마거릿 대처Margaret Thatcher가 "내부의 적"이라고 규정한 영국 내 가장 강력한 노동조합을 제거하기 위해 보수당 정부는 영국에 남아 있는 탄광 대부분을 파괴했다.[10] 전국광부노동조합National Union of Mineworkers은 석유 공급이 막힘으로써 발생한 파운드화의 붕괴로 초래된 1967년 금융 위기 상황에서 조직화된 노동자와 국가 사이의 투쟁을 이끌었고, 1974년 그들의 힘을 약화시키기 위해 또다시 에너지 공급 위기 상황을 이용하려는 보수당 정부의 시도를 무산시켰다. 10년 후 핵발전소의 발전과 북해의 유전 및 천연가스전의 발견은 국가가 석탄에 의존한 전력 생산을 끝낼 수 있는 방안을 정책 입안자들에게 제공했다. 1984년 보수당 정부는 광부들에 대항하는 전쟁을 재개할 수 있었고, 탄광 폐쇄의 새로운 라운드가 시작되었다. 이어진 파업은 1926년 총파업 이래 영국 역사상 가장 길고 격렬한 노동 쟁의였다. 정부는 전국광부노동조합을 파괴하는 데 실패했지만, 6년 후 국가 안보 기관인 MI5는 미국 정보기관의 협조를 받아 전국광부노동조합 지도부가 리비아 지도자인 무아마르 알 카다피의 자금을 유용했다는 거짓 정보를 언론에 흘렸다.[11] (독일 스파이에 대한 극심한 공포에 대응하기 위해 1916년 창설된 MI5는 3장에서 언급한 전쟁 시기에 파업을 조직한 이들, 그리고 제국에 대한 '민주적 통치'를 수립하고자 하는 좌파 지식인들에게로 재빨리 관심을 돌렸다.)[12] 리비아와 관련된 근거 없는 주장은 전국광부노동조합에 대한 대중의 지지를 무너뜨리고 약화시키는 효과적인 무기가 되었고, 이를 통해 정부는

1982~1983년에 200만 명이 넘는 노동자를 고용하고 있던 영국의 탄광업을 끝장내려는 계획을 완수할 수 있었다. 2009년에는 겨우 다섯 곳의 장벽식 탄광만이 가동되었다.

유럽이 석탄에서 석유로 전환하면서 다란, 아바단, 키르쿠크의 석유 노동자들이나 팔레스타인과 레바논 해안의 정유소 노동자, 송유관 터미널 노동자들이 광부들이나 철도 노동자들이 보여주었던 초기의 성공을 따라 하기는 매우 어려워졌다. 철로가 아닌 송유관을 통해 이동하는 석유는 바다를 가로지르기에 충분히 가벼웠으며, 훨씬 유연한 네트워크를 따라 이동했고, 무엇보다 에너지가 생산되는 장소와 사용되는 장소 사이의 분리를 만들어냈다. 석유 노동자들의 노동권과 정치적 자유에 대한 요구는 국유화 계획으로 대체되었고, 생산 카르텔이 공급을 제한할 수 있는 상황에서 20세기 내내 발생한 석유의 과잉 공급은 석유를 지키기 위한 제국의 군대와 속국을 필요로 하는 취약한 '전략 자원'으로 변화했다. 이외에도 석유 산업의 여러 사회-기술적 특성들이 석유의 생산으로부터 더 민주적인 정치 체제를 만드는 일을 더욱 어렵게 만들었다.

석유를 비롯한 화석연료의 흐름이 감소하면 어떤 정치가 뒤따르게 될까? 이 질문에 답하려는 많은 시도들이 에너지의 형태가 그에 상응하는 정치를 만들어낸다는 일종의 에너지 결정론에 빠지고 만다. 그린피스는 전력망을 나누고 모든 건물이 열과 전력을 생산하도록 전환하는 분산형 에너지 시스템의 구축을 제안한다. 그린피스는 대규모 발전과 에너지 기업들의 영향을 줄이는 것에 대해 "에너지를 탈집중화하는 것은 에너지를 민주화하는 것"이라고 주장한다. 반면 도이체방크와 유럽의 다른 투자자들의 지원으로 사하라 사막에 대규모 태양열발전소를 건설하는 프로젝트인 데저텍Desertec은 이 프로젝트가 구축하려는 환지중해 네트워크가 효과적인 시장 장치이고, 가격 경쟁과 재생 가능 에너지 자원 사용의 증가를 가져오며, '에너지의 민주화'로 가는 길을 열어준다고 주장한다.[13] 이러한 사업과 주장은 에너지의 형태가 정치적 형태를 결정하는 것은 아니며, 에너지가 결정론보다는 기술적 불확실성의 영역에 있고, 미래의 에너지 수요에 대한 해결책을 구축하는 것은 집합 생활의 새로운 형태를 구축하는 것과 마찬가지임을 보여준다.

한편 미래의 석유 정치에 대한 논쟁은 종종 맬서스주의자들과 과학기술자들이라는 대립하는 두 진영 사이의 논쟁으로 빠져들곤 한다. 맬서스주의자들은 증가하는 수요가 필연적으로 자연의 한계를 초과할 것이며, 정치는 이 자연의 한계에 의해 결정될 것이라고 주장한다. 과학기술자들은 과학의 진보가 이러한 한계를 극복할 방법과 자원 사용 방식을 계속해서 찾을 것이며, 기술 혁신의 특성상 이를 미리 예측하기 어렵다고 주장한다. 맬서스주의자들은 고정된 자연의 한계를 드러냄으로써, 과학기술자들은 과학의 무한한 잠재력을 신뢰함으로써, 모두 현재의 불확실성을 논의에서 배제한다.

두 입장에 대한 대안은 정치가 자연의 힘에 의해 결정되거나 반대로 과학과 기술의 지속적인 진보를 통해 자연의 제약으로부터 벗어나는 것이 아니라 점차 늘고 있는 사회-기술적 논쟁들 사이에서 우리 스스로 찾아야 한다는 점을 인정하는 것이다. 기술의 변화는 전통적 과학관이 제시하듯 불확실성을 제거해주는 것이 아니라 불확실성을 더 키운다.[14] 이러한 현상은 탄소 배출권 거래 시장 구축, 유전자 변형

농작물 재배, 인간 유전자의 분리와 특허, 3세대 가압경수로 건설, 표준화된 시험으로의 학교 교육 재편, 의료 연구를 위한 배아줄기세포 배양 등 갖가지 기술 혁신 분야에서 발생한다. 이와 같은 기술적 논쟁은 언제나 사회-기술적 논쟁이다. 이는 우리가 어떤 기술과 함께 살기를 원하는가에 대한 논쟁이자 살고 싶은 사회생활의 형태, 사회-기술적 생활의 형태에 대한 논쟁이기도 하다.

현대의 세속적이고 민주적인 사회는 현대 과학의 발전에 의해 형성된 역사적 단계로 묘사되곤 한다. 과학적 이해 방식은 우리가 처음으로 자연과 사회를 명확하게 구분할 수 있게 했다. 즉 한쪽에는 자연의 세계가 있고 다른 한쪽에는 열정, 믿음, 사회 세력과 정치권력이라는 인간의 세계가 있도록 집합 생활을 조직할 수 있게 했다.

브뤼노 라투르Bruno Latour는 만약 이것이 '근대성modernity'을 뜻한다면 "우리는 결코 근대인이었던 적이 없다"는 점을 인정해야 한다고 주장한다.[15] 우리는 늘 기술과 자연 그리고 인간이 복잡하게 얽힌 세상에서 살아왔다. 우리가 직면한 논쟁들이 분명하게 보여주듯이 세상은 기술적, 자연적, 인간적 요소들이 복잡하게 얽혀 있다. 어떠한 기술적 장치나 사회적 과정도 다른 종류의 물질, 힘과 결합하게 되는데, 여기에는 인간의 인지, 기계적인 힘, 기회, 저장된 기억, 자동 기계, 유기물질 등과의 다양한 결합이 포함된다. 기술적 혁신이나 새로운 방식의 에너지 사용, 또는 대체 동력 자원의 개발을 도입하면서, 우리는 '사회'를 어떤 새로운 외부 영향에 종속시키지 않으며, 반대로 사회적 힘을 '자연'이라고 부르는 외부 현실을 변화시키기 위해 사용하지 않는다. 우리는 사회-기술적 세계를 재조직하고 있는데, 여기서 우리가 사회적, 자연적, 기술적 과정이라고 일컫는 것이 모든 지점에서 나타난다.

그러나 이러한 복잡한 관계들은 집합 생활에 대한 기존 이론들에서는 인지되지 않는데, 기존 이론들은 전문 분야를 가르는 관습적 구별에 따라 계속해서 세상을 나눈다. 자연과학이 연구하는 자연 세계와 사회과학이 분석하는 사회 세계가 존재한다. 기후 변화가 인간에 의해 발생한 것인가에 대한 논쟁이나 재생 불가능한 자원의 고갈에 대한 논쟁 등은 정치적 불확실성을 낳는데, 논쟁이 기술적 한계나 과학적 지식의 한계에 도달하기 때문이 아니라 논쟁 방식이 사회와 자연 사이의 관습적 구별을 뛰어넘기 때문이다. 이러한 논쟁은 전문가만으로 해결할 수 없는데, 왜냐하면 세계의 본질—전통적으로 과학기술의 전문 지식이 장악해온 영역—에 대한 질문뿐 아니라 집합적인 것의 본질에 대한 질문을 포괄하기 때문이다.[16] 인간적인 것이든 비인간적인 것이든 우리는 어떤 힘과 동맹을 맺기를 원하는가? 우리를 어떤 힘 아래에 두고자 하는가?

또한 사회-기술적 논쟁은 첫 번째 구별이 낳은 두 번째 구별, 즉 전문가와 비전문가의 분리에도 문제를 제기한다. 기술적 전문 지식의 구성에 점점 더 많은 방식으로 일반 시민들이 참여하고 있다.[17] 새 의약품은 임상 실험을 거쳐야 하는데 참여자들은 자신들의 증상과 약의 부작용에 대한 경험을 보고하며, 때로는 환자 단체를 조직하여 추가적인 연구를 위해 재정 지원을 하거나 우선순위를 정하기도 한다. 새로운 시장 기술은 경제적 실험의 결과를 도출해줄 소비자들의 참여가 필요하다. 예컨대 군사 장비는 1973년 아랍-이스라엘 전쟁의 여파를 겪으며 전장에서 시험되었고(6장 참조), 살아남은 유인 전투 차량은 재래식 전쟁이 여전히 현실적이라는 점을 보여주는 증거가 되었다. 신용카드 사용자에 대한 신용 확대 수준을 결정하는 데 사용되는 알고리즘은 카드 사용자의 지출 습관에 대응하여 조정된다.[18] 표준화된 시험의 혁신은 교사들에 의해 구현되고, 그들이 가르치는 학생들에 의해 수행되어야 한다. 블루레이 디스크 플레이어 사용자는 비공식적인 베타테스터beta-tester가 되고, 그럼으로써 DVD 무단 복제 문제를 해결하려는 대형 미디어 기업이 바라는 복잡한 데이터 보호 방식의 개발자와 집행자가 된다. 경제학자들이 지구 온난화의 해결책으로 제시한 탄소 상쇄carbon offset 프로그램은 열대 우림에 사는 이들의 삶을 우리 자신의 에너지 소비 방식을 지속하기 위한 실험으로 만든다.

이러한 상황에서 정치적 주체는 사회-기술적 실험의 대상만이 아니라 그 실험의 참여자가 된다. 그러한 많은 실험 절차들이 처음에는 시민과 소비자의 권리, 또는 일반적인 인간 주체의 권리에 관한 위협으로 나타나고, 때로는 그러한 권리들을 지키려는 규약들 아래에 놓이게 된다. 그러나 석유 생산 정점이나 기후 붕괴와 같은 광범위한 위협에 대한 대응에서 경쟁하는 기술적 해결책들은 그 집합적 세계를 구성하는 실험이 된다. 심지어 보다 일상적인 문제에 대응하기 위해서도 전문가들의 지식은 사회-기술적 생활의 새로운 형태를 만들어내는 데 있어 인간 주체를 활용한다. 이러한 상황은 기존의 민주주의 권리를 보호하거나 그 권리를 다른 것에 확장할 기회뿐 아니라 민주주의의 형태를 재민주화할 기회가 된다.

민주 정치는 산업 사회라는 새로운 기구 속에서 평범한 사람들이 비판적이며 집합적인 구성 요소를 형성하면서부터 존재하게 되었다. 이러한 대중의 압력에 의해 발생한 대중 민주주의라는 방식은, 의사 결정에서 자신들의 역할을 통치자에게 위임할 것을 요구받은 일반 시민들로부터 정당을 통해 권한을 위임받고 활동이 규정되는 전문 정치인을 분리시키며 조직되었다. 20세기 중반부터 민주 정치는 기술-과학 전문가들과 비전문가들 사이의 구별을 통해 더욱 규제되었다. 과학, 기술, 복지, 산업 관리, 공중위생, 회계, 법, 그리고 특히 경제 계획 분야의 전문가들은 공적 관심사를 결정할 수 있는 책임을 부여받았다.

이 두 가지 구별—사회와 자연, 전문가와 일반 시민 사이의 구별—을 동요시키며 기술적 논쟁들은 민주주의의 보다 '기술적'인 형태를 재구축할 기회를 제공할 것이다.[19] 사회-기술적 세계를 재조합할 필요는 새로운 취약성의 지점들을 열어젖힐 수도 있는데, 이 지점에서 전문가들과 직업 정치인들은 새롭게 형성될 질서를 겪으면서 살아가는 사람들의 요구에 다시 한번 의지하게 될 것이다. 여기에 어떤 불가피성이란 없다. 그러나 그것으로 인해 생길지 모를 기회를 활용하기 위해 우리는 반드시 자연, 기술 그리고 전문 지식에 관한 질문들을 민주화의 발현을 위한 기회로 조망해야 한다.

석유의 정치를 생각하는 데에 이러한 사고방식이 도움을 줄 수 있지 않을까? 화석연료의 미래에 대한 불확실성은 우리가 자연과 사회의 분명한 구별을 고수한다면 대답할 수 없는 일련의 질문을 만들어낸다. 한쪽에는 천연자원이 있고, 다른 한쪽에는 지속될 수 있는 사회 질서가 따로 있을 수 있을까? 또 자연적 사실을 말하는 전문가들과 그들의 말을 받아들이라고 요구받는 그리고 이러한 사실에 근거하여 정책을 결정하는 전문 정치인들에게 권한을 위임하라고 요구받는 비전문가들 사이의 구별은 어떠한가? 만약 논쟁들이 이 구별을 넘어서게 된다면, 세계의 가능한 상태에 관한 질문들에서 집합적인 것의 구성이 중요해지는 하나의 포럼, 즉 새로운 종류의 정치 공간을 창출하게 될 것인가?

20세기에 자연과 사회 사이의 경계는, 자연을 정치와 구별하여 자신의 대상으로 확고히 한 자연과학의 부상에 따라 만들어진 취약한 경계선이 아니라 우리가 '경제'라고 부르는 더 광범위한 공간으로서 확립되었다. 정치로부터 자연의 분리는 자연에 대한 발언을 독점하던 거대과학과 공학의 권위에 의해서라기보다 정치와 자연 사이에 넓은 황무지를 펼쳐놓은 경제학자들의 작업에 의해서 더욱 잘 유지되었다. 에너지, 특히 석유의 생산은 비옥한 땅을 자연과 사회로, 혹은 석유 기업들이 부르는 것처럼 '지하'와 '지상'으로 나누어버렸다. 이러한 이유에서, 세계 에너지 시스템의 불확실한 미래 가운데 오늘날 가장 최근까지 그리고 가장 치열하게 전개된 노력은 자연을 사회에서 분리시키는 이러한 '경제화economization'를 옹호하는 것이다.

기후 변화의 정치와 석유 생산 정점의 정치 사이의 차이 중 하나는 지구의 기후에 대한 지식 체계를 만들어내는 측정 방식에 있다. 기후 변화의 과학은 있지만 석유 생산 정점의 과학은 없다. 이 차이는 석유 공급과 대기 구성을 측정하는 방식의 차이로 볼 수도 있다. 이러한 차이는 측정이 수행되는 양이 아니라 부정확성이 의도되는 정도에 달려 있다. 석유의 측정은 불확실성의 폭을 상당히 높이는 방식으로 체계화된다. 대기 측정에 있어서도 유사한 불확실성을 만들어내기 위한 노력이 있었지만 그 정확성을 생산하는 방식을 허물어뜨리기는 더 어려웠다.

처음에는 대기 중 온실가스 농도를 측정하는 것이 석유 매장량을 계산하는 것보다 쉬운 일이 아니었다. 1960년대 이전에 대기의 화학적 측정 방법이 보여준 이산화탄소의 양은 매우 변화가 컸다. 1950년대 말 처음으로 시도된 세계 이산화탄소 농도의 측정은 기후의 변화를 모니터링하기 위한 목적이 아니라 각 기단의 구성이 서로 다른 비율의 가스를 함유하고 있다는 기상학자들의 생각으로부터 시작되어 기단의 지구적 움직임을 추적하기 위한 수단으로 이루어졌다. 그러나 대기화학자 찰스 킬링Charles Keeling은 이산화탄소 농도를 화학적 분석이 아니라 기계적으로 측정하는 장비를 고안해냈다. 기상학자들이 "기계와 함께하는 사람"이라 불렀을 정도로, 그는 장비를 사용하여 세계 이산화탄소의 농도가 312ppm임을 보여주었다. 더 중요한 점은 그가 다른 기계들의 측정치를 보정하는 데 그의 기계식 장치를 사용할 수 있었다는 것이고, 따라서 세계 각 지역에서 측정 장치를 사용하던 그의 공동 연구자들은 지속적으로 그 결과를 비교할 수 있게 되었다. 1961년까지 킬링의 연구팀은 대기 중의 이산화탄소 농도가 증가하고 있고, 그 급격한 증가율의 유일하고 타당한 근거가 화석연료의 연소라는 점을 입증할 수 있었다.[20]

킬링의 대기 측정법은 측정 장치를 철거하려는 혹은 정확도를 떨어뜨리려는 많은 시도들을 이겨냈다. 대부분의 공격은 미국 의회나 정부 기관에 의한 것이었다. 1963년 미국 의회는 킬링의 연구 사업에 재정 지원을 하고 있던 기상국의 예산을 삭감하고, 기상국의 업무를 기상 예측으로 한정했다. 킬링은 미국국립과학재단National Science Foundation의 지원으로 측정을 계속해나갔고, 1970년에는 세계기상기구World Meteorological Organization의 후원하에 국제 기후 모니터링 프로그램의 착수를 도왔다.

킬링의 작업은 대중의 관심을 받았고, 미국철학회Americal
Philosophical Society의 초청을 받은 자리에서 그는 지구 역사 5억만 년
동안 식물과 땅속의 퇴적물로 천천히 흡수된 탄소가 다시 대기 중으
로 나오는 데 대한 우려를 나타냈다. 그러자 미국국립과학재단은 그
의 측정 장비가 '기초과학'이 아닌 '일상적인 모니터링'—이는 새로
운 분류였다—에 사용되고 있다고 통보하고, 1971년 지원을 끊어버
렸다. 1973~1974년 석유 위기 이후 이 모니터링 프로그램은 핵에너
지에 대한 반대에 직면하여 화석연료가 더 위험하다는 것을 보여주고
싶었던 미국의 핵에너지 기관, 오크리지 국립연구소Oak Ridge National
Laboratory의 지원으로 되살아났다.

킬링의 대기 중 이산화탄소 측정을 중단시키려는 '협동 작전'이
1990년대에 재개되었다. 미국 에너지부는 화석연료 연소가 식물의
높은 성장률을 촉진한다는 식의 우호적 결론이 나오는 연구에만 재정
을 지원하고자 했다. 마침내 이 싸움은 킬링이 남부 캘리포니아의 스
크립스 해양연구소Scripps Institution for Oceanography에서 이산화탄소 측
정기의 보정을 위해 사용한 가스 유리 플라스크에 대한 논쟁으로까
지 이어졌다. 미국 에너지부는 킬링 팀의 측정을 통제하기 위한 시도
가 실패하자 그들의 보정 기준이 "만족스럽지 못하다"라고 선언하고,
덜 정확한 새로운 표준을 만들어낼 것을 미국국립표준사무국National
Bureau of Standards에 지시하고는 세계기상기구에 이를 받아들이도록 했
다. 그 플라스크는 이러한 공격을 견뎌내고 증가하는 이산화탄소를
계속해서 정확히 측정할 수 있었으며, 화석연료의 사용이 대기에 미
치는 영향의 증가를 증명해냈다.[21]

석유에 관한 부정확성과 불확실성을 생산하는 것은 더 쉬웠다. 석유의 측정을 위한 측정 장치와 계산 장비는 기후 변화를 측정하는 장비들보다 더 오래전부터 그리고 더 널리 사용되어왔다. 석유 탐사와 생산 기업들은 지구물리학 자료(전망 지도와 탄성파 단면도)와 지구화학 자료(근원암source rocks의 종류, 매장 역사와 성숙 역사)를 수집한다. 또 그들은 석유 매장지에서 유공성porosity, 온도, 압력, 근원암의 수면 포화도water saturation에 관한 정보를 수집하고, 이를 토대로 근원암층에서 회수할 수 있을 것으로 예상되는 석유의 비율을 측정하며, 채굴한 유전에 대해서 그 위치와 깊이, 코어 분석, 산출 시험, 기계적 로그, 그리고 석유가 전혀 발견되지 않은 건공dry well의 역사와 위치를 기록하며 관련 데이터를 축적한다.[22]

기후 변화 측정과 석유 공급량 측정 사이에는 세 가지 중요한 차이가 있다. 첫 번째는 암석권의 표본을 통해 미래 석유 공급량의 예측을 시도한다는 점이다. 균열되고 접근이 어려운 공간에서 점성이 있거나 없는, 다공성이 있거나 부족한, 투과성이 있거나 없는, 고체와 액체와 기체가 불규칙한 혼합물의 표본이 추출되는데, 이 모든 요소들은 침투, 흐름, 균열, 습곡, 관수 등으로 이루어지는 역동적인 가압 시스템 속에서 상호 작용한다. 그러한 지식은 특정 지역에 국한되어 부분적인 것이고, 확실한 것이라기보다는 개연적인 것이므로, 전체를 종합하기란 어려운 일이다.[23]

두 번째는 기상학적 측정과 달리 석유 기업들이 이러한 방식으로 수행하는 측정은 대부분 전혀 공개되지 않는다는 점이다. 이 차이는 첫 번째로 언급한 차이와 연결된다. 석유 매장지는 강력한 태양 에너지의 저장고를 만드는 열, 압력, 유체 이동과 지질 운동으로 이루어진 장치, 즉 탄소 에너지 장치다. 측정을 매우 불확실하게 만드는 지질학적 과정은 석유 생산자들이 얻을 수 있는 엄청난 수익의 원천이다. 석유를 찾는 것이 더 어려워지고 더 비싸질수록 석유 탐사의 지질학적 복잡성은 더 많은 자본의 투자를 필요로 한다. 수익의 잠재성과 필요한 투자의 크기와 위험성의 증가는 기업들이 자신들의 측정치를 공개하기를 꺼리게 만든다. 과거에 기업들은 측정에 사용된 방법까지도 비밀로 유지하기 위해 엄청나게 애를 썼다.[24]

이 두 가지 차이와 관련하여 세 번째 차이를 하나 더 추가할 수 있다. 석유 매장량은 지질학적 축적물의 총량이 아니라 표면으로 가지고 나올 수 있는 부분과 관련된 것이다. 이것은 직접적으로 측정될 수 없는데, 왜냐하면 석유가 땅속에 묻혀 있기 때문만이 아니라 매장량은 미래의 가격과 수요에 관한 가정에 따른 계산이 필요한 미래 생산의 추정량이며, 자원 채굴 프로젝트의 기술적 타당성과 관련된 추정량이기 때문이다. 이는 지질적, 석유화학적, 경제적, 정치적 요소들이 고려된 추정이다. 점점 더 접근이 어렵고 균열된 지질에서 석유가 발견됨에 따라 매장량의 규모는 석유를 발견하고 채굴하는 장비가 고안될 가능성에 대한 측정 불가능한 예측에 의존하게 된다. 매장량은 땅속에서 대기로 탄소가 배출된다는 사실에도 영향을 받는데, 탄소 배출의 감축을 통해 기후 위기를 막기 위한 조치가 앞으로 그 비용에 영향을 주고, 따라서 석유가 채굴될 수 있는 비율에 점점 더 영향을 끼칠 것이기 때문이다.

결과적으로 세계기상기구나 기후 변화에 관한 정부 간 협의체Intergovernmental Panel on Climate Change(IPCC)에 견줄 만한, 세계 석유의 추정에 기초하여 석유 생산 정점의 과학을 형성하는 기구는 만들어지지 않았다. 1973~1974년 석유 위기에 이어 미국 정부는 미국지질조사국의 업무를 승계한 에너지정보국을 창설했고, 파리의 경제협력개발기구는 국제에너지기구를 설립했다. 이 기관들은 직접적으로 기업의 정보에 접근하지 않으며, 측정 기기를 설치, 운영하거나 조정하지 않는다. 대신 그들은 남은 석유가 얼마인지 측정하는 다른 방식들을 찾아야 한다.

냉전 시대의 연구 프로젝트는 델파이 기법Delphi method이라는, 세계 석유 매장량을 체계적으로 추정하는 최초의 방법론을 고안했다. 소련에 의한 미국 공격의 확률과 강도를 예측하기 위한 절차로, 랜드 연구소RAND Corporation가 그리스 신탁의 이름을 따서 만든 이 기법은 적군의 규모나 전투력, 무기의 화력에 대한 신뢰할 만한 자료가 없는 상황에서 전쟁 계획을 세우기 위한 기술이었다. 이 기법은 믿을 만한 측정자료가 없을 때 이를 보강하기 위해 전문가들에게 일어날 법한 결과를 예측하게 하고, 그에 대한 근거를 설명하도록 한다. 그다음 각 전문가는 자신의 예측과 이유에 대해 다른 패널들과 이야기를 나누고 예측을 수정하는데, 이 과정을 여러 차례 반복한다. 이러한 절차는 점점 좁혀진 예측 범주에 대한 합의로 이어지게 된다.

1990년대 미국지질조사국이 세계 석유 매장에 대한 예측을 발표하기 시작할 때 이러한 방식의 기법을 사용했다. 적국의 데이터—석유 기업의 정보 시스템—에 대한 신뢰할 만한 자료가 없는 상황에서 전문가들의 예측은 "석유 지질학의 원칙들, 기존 문헌, 그리고 (그들이 손에 넣을 수 있는 경우, 대부분 하나의 특정 석유 산업 컨설팅 회사로부터 얻은) 발표되지 않은 석유 산업 정보에 기반을 두었다."[25] 2000년 미국지질조사국은 이것을 '탄화수소 유체 시스템hydrocarbon fluid system'이라는 새로운 방법으로 대체했으나 여전히 유전 데이터나 지질 분석에 대한 접근은 없었다. 2000년의 평가 보고서는 국제에너지기구가 매년 발행하는 〈세계 에너지 전망〉과 미국 에너지정보국의 〈국제 에너지 전망〉을 비롯하여 세계 석유 매장량에 대한 모든 공식적 예측의 기초가 되고 있다.

석유공학자, 지질학자, 그리고 석유 산업에 종사하는 많은 이들이 지구의 기후를 모니터링하고 측정하기 위해 동원한 것보다 훨씬 많고 복잡한 측정과 계산 장치들을 동원했다. 그러나 유전에 대한 지식은 정치의 영역에 들어오지 못했고, 기후 변화 연구처럼 하나의 통일된 과학이 되지도 못했다. 측정은 민간에 의해 그리고 지역마다 개별적으로 경쟁사들 또는 민간 및 국영 석유 기업들과 계약을 맺은 석유 서비스 회사에 의해 행해졌다. 매장량을 굉장히 크게 추정하는 석유수출국기구는 믿을 만한 데이터가 부족하다는 비판을 받는데, 이는 석유수출국기구의 쿼터가 산유국이 보고한 매장량에 토대를 두며, 개별 유전의 생산율에 대한 아무런 동시대의 역사적 데이터가 제공되지 않기 때문이다. 그러나 사실 북해의 영국과 노르웨이 지역을 제외하고는, 공식적으로 확인할 수 있는 유전별 생산 데이터를 보유한 생산 지역은 없다.

파편화되고 사유화된 유전 데이터의 성격 탓에 하나의 대안적 공식 데이터—2000년 미국지질조사국이 평가한 매우 높은 추정치—만이 유통될 수 있었는데, 이는 다시 국제에너지기구와 미국 에너지정보국의 연례 전망의 기초가 되었다.

라투르는 '자연'이라는 용어가 "온당한 과정 없이" 공통 세계를 한

데 조합하는 방식인 탓에 반드시 버려야 할 용어라고 주장한다.[26] 자연에의 호소는 정치적 논쟁과 경합을 축소한다. 자연은 가치와 구별되는, 그리고 지저분하고 주관적인 정치 세계와 구별되는 사실의 영역으로 이해된다. 오직 전문가들만이 자연의 세계를 탐구하고, 그들의 발견을 반박의 여지가 없는 형태로 정치 세계에 전달할 완벽한 준비가 되어 있다. 많은 영역에서 우리는 이 자연 세계에 대한 순진한 개념을 기각했음에도 석유의 경우에서는 자연과 사회의 구별이 여전히 건재하다. 석유의 미래에 대한 기술적 불확실성의 통치는 계산 가능한 경제의 공간을 유지함으로써 이루어진다.

경제학자들은 어떻게 그들의 영토를 지속적으로 통제할 수 있을까? 그들은 주로 대기업의 데이터를 취합한 '확인된' 매장량, 그리고 미국지질조사국의 '총 석유 시스템' 예측과 이와 유사한 형태의 불확실성에 기반을 둔 미발견 석유 매장량 추계 사이의 엄청난 격차를 만들고 이를 활용한다.

경제학자들은 만약 지금 생산되는 석유가 앞으로 계속 발견될 매장량 전체의 일부분이라면, 미래의 공급 문제는 지질학적 문제가 아니라 경제학적이고 정치학적 계산의 문제라고 이야기한다. 우리는 잠재적으로 무한한 원천으로 남아 있는 자연의 실제가 아니라 확인 매장량의 형태로 자연의 재현representation을 논하고 있는 것이다. 경제학자들은 재현의 문제에서 전문가다. 모든 재현이 그렇듯, 그들은 우리에게 확인 매장량은 불완전하고 완벽하지 않으며 서로 다른 측정 방식, 보고 기준, 새로운 기술 개발에 따라 다양하게 변할 수 있다고 이야기한다. 경제학자들은 이러한 재현을 좌지우지함으로써 힘을 얻는다. 그들은 객관적이지만 설명하기에는 너무 큰 물질 세계는 다루지 않으며, 또한 주관적이고 하찮은 것으로 보이는 문화나 사회도 다루지 않는다. 그들은 이 둘 사이의 관계를 지배하도록 그들이 정립해놓은 재현의 체계를 꿰고 있다.

석유 공급과 관련된 재현의 문제는 석유 경제학자들이 말하는 것처럼 '지하가 아닌 지상의' 문제에 속한다. 다시 말해 이는 인간의 선택과 기술적 창의력의 문제이지 자연의 객관적 사실이 아니라는 것이다. 더 많은 석유를 생산함에 있어 장애물은 한편으로는 시추 비용, 수요 수준, 그리고 접근하기 더 어려운 지역에서의 석유 탐사와 생산이 타당할 정도로 인상되어야 할 가격에 있다. 다른 한편으로는 미국의 해안 지역의 탐사를 막는 환경 운동으로 인한 시추 지역 제한이나, 새로운 매장 자원에 대한 다국적 석유 기업의 접근을 제한하는 미국의 중동 제재나 현지의 정치 질서가 문제로 지적되기도 한다.

이 모든 것이 반드시 거짓은 아니다. 역사적으로 석유 기업들은 대규모의 정치, 정보, 경제 예측 부서를 발전시켜왔다. 상대적으로 풍부한 석유 시대의 투자 계획은 지질학이나 석유화학의 계산보다는 이러한 '지상의' 계산에 훨씬 많이 의존했다.

그러나 '지상'과 '지하' 사이―경제적 또는 정치적 계산과 지질학 사이―의 구별이 그렇게 간단한 것은 아니다. 다른 경우에서와 마찬가지로 정치와 자연 사이의 단순한 구별이 존재하지 않음에도 석유 산업은 자연과 정치 사이를 조정하는 불확실성의 공간, 경제적 가능성의 공간을 유지하기 위해 애써왔다. 예컨대 유가는 매장량을 얼마나 생산하는 것이 타당할지를 부분적으로 결정하며, 마찬가지로 석유 매장량의 지질학적 추정이 유가에 영향을 미치는 경우도 있다. 국제 에너지기구나 셸, 사우디 아람코가 풍부한 석유 매장량의 이용 가능성을 보고할 때 그들은 미래의 생산에 대한 대규모 투자를 촉진하고, 석유 사용자들이 다른 대안, 특히 재생 가능 에너지와 핵발전처럼 초기 투자가 많이 필요한 근본적으로 전혀 다른 대체에너지로 전환하지 못하도록 조장한다.

이러한 측정 장치와 현장 정보에 대한 접근성의 부재로 인해 기업과 그들의 컨설팅 업체가 개별 측정치와 데이터를 통제하고 국제기구들이 미발견 매장량에 대해 매우 높은 예측치를 발표하는 것이 일반화되었고, 이로써 지상과 지하 사이, 사회와 자연 사이의 분리를 관리하는 메커니즘이 형성되었다. 경제학이 사회와 자연 사이의 차이를 지배하고 유지한 것은 이러한 계산의 실제 작업을 통해서다.

이러한 재현의 방식에 통달한 경제학자들에게 어떻게 도전할 수 있을까? 오늘날의 주요한 도전들은 성공적이지 못했는데, 왜냐하면 자연에 대해 경쟁하는 재현을 만들어내는 것을 목적으로 했기 때문이다. 이들에 대한 보다 효과적인 도전은 다른 방식으로 발생했는데, 이는 조금 뒤에 살펴볼 것이다. 5장에서 살펴보았듯이 경제적 흐름에 대한 탈물질화된 개념으로서의 경제가 탄생한 것은 1930년대부터 굉장히 싸고 풍부한 에너지원인 석유가 출현하여 일반 경제의 계산 시스템에서 에너지의 가격이나 재생 불가능한 자원의 고갈 문제를 고려할 필요가 없어지면서 가능했다. 이로써 한계 없는 성장이라는 사상이 가능해졌다.

미국에서 신고전주의 경제학 및 '가격 체계'와 경쟁하던 학파—리처드 엘리와 소스타인 베블런의 작업에서 발전한 미국 제도주의 경제학파—는 패배하고 말았다. 그러나 그들의 사상은 뉴욕의 한 그룹,

경제학자와 기술자들의 이질적 집단인 테크노크라시 운동으로 살아 남았고, 그들은 당시 신고전파 경제학자들이 주장하듯이 부가 화폐의 유통에 의존하는 것이 아니라 에너지의 흐름과 그것의 물질 및 서비스로의 전환에 의존한다고 주장했다. 1920년대에 어빙 피셔가 롤로 덱스의 선구격인 '물가지수'를 취합하는 동안 이 그룹은 '북미 에너지 조사Energy Survey of North America'에 착수하여 천연자원 추출, 제조업과 에너지 사용에 대한 데이터를 수집했다. 컬럼비아 대학 산업공학과와 제휴하여 그들은 화폐의 흐름을 기반으로 하는 피셔의 국민 경제 측정 방법에 대항하는 프로젝트를 수행했다. 그것은 에너지 단위에 따라 북미의 생산과 고용을 분석하는 것이었다.

1930년대 이 운동의 지도자 중 한 명인 매리언 킹 허버트는 그의 석유 매장량 고갈에 대한 연구와 더불어 1970년에 미국이 석유 생산의 정점을 찍고 감소할 것이라는 1956년의 예측으로 잘 알려져 있다. 컬럼비아 대학의 교수로 있으면서 허버트는 지하 유체의 흐름에 대해 연구했다. 셸 오일 컴퍼니를 위한 연구를 시작한 이후 그는 이 연구를 석유의 흐름을 사고하는 데 응용했다. 이미 주요 관심사였던 석탄 매장량의 고갈 연구에서 개발한 분석 방법을 차용하여 자신의 연구 대상을 바꾼 것이다. 석유 공급의 미래 예측은 더 이상 석유 매장지의 총량이나 아직 묻혀 있는 석유 매장량의 문제가 아니었다. 쟁점은 지상으로 흘러나올 수 있는 석유의 비율이었다. 그는 이 유량에는 역사가 있고, 이 역사는 탐사 방법, 탐사율, 추출 기술, 근원암과 석유의 특질에 따라 형성되는 전형적 패턴을 따른다고 주장했다. 이로부터 미래의 석유 흐름을 예측하는 것이 가능해진다. 경제학자들에게 석유의 매장량은 자연의 실제이자 알기 어려울 만큼 거대한 것이었다

면, 석유 지질학자들에게 석유의 흐름은 측정 가능한 사회-기술적 과
정이었다.[27]

1990년대에 석유 기업에서 은퇴한 지질학자, 투자 은행의 은행
원, 독립적인 석유 굴착업자, 학자 그리고 관심 있는 비전문가들로
구성된 한 이질적인 석유 전문가 집단이 허버트의 작업을 되살리고
확장시켰다. 허버트의 방법을 사용하되 몇 가지를 수정하여 그들은
석유 생산이 정점에 도달하고 영구적으로 감소하기 시작하는 지점
에 대한 예측을 발전시켜나갔다. 답은 다양했지만 대부분이 정점을
2005~2010년으로 예측했다.[28]

미래 석유의 흐름을 예측하고 재현할 수 있음을 보여주는 창의적
인 노력들로 인해 경제학자들은 석유의 계산 불가능성을 유지하는
것 —(경제학자들이 우리에게 불안정하고, 불확실하고, 정치적이라고 장담했
던) 석유에 대한 재현과 (무한하고, 알 수 없고, 따라서 정치적이지 않은)
실제 사이의 구별을 고수하면서 자연을 무한한 자원으로 지속시키는
것 —이 어려워지는 상황에 봉착하게 된다. 이러한 식으로 자연에 대
해 경쟁하는 재현 사이의 다툼이 계속되는 한 경제학자들은 우위를
차지한다. 그러나 '경제'의 형성에서 보았듯이 세계를 재현하는 일은
재현할 수 있는 세계를 구축하는 일을 수반하기 마련이다. 여기에 경
제학자들이 취약한 지점이 있다.

(석유의 고갈은 아니지만 유량이 더 이상 지속적으로 증가하지 않는 것을
의미하는) 석유 생산 정점의 증거가 커져가는 데 대해 '낙관적 미래주
의자'라 부를 만한 이들의 대답은 두 가지였다. 첫째는 자연을 재정의
하거나 적어도 석유를 재정의하는 것이고, 둘째는 석유 공급의 문제

를 그저 정치적 관계의 문제로 재정의하는 것이었다.

지금까지 생산된 석유의 대부분은 이제 '재래식 석유conventional oil' 라고 다시 이름 붙여졌다. 이것은 새롭게 대규모로 발견되는 석유는 오직 연안의 수천 미터 깊은 곳에서만 나온다는 사실을 반영한다. 모두가 재래식 석유의 공급이 조만간 감소할 것이라는 혹은 이미 감소하기 시작했다는 점에 동의한다. 그러나 다른 것들을 '비재래식 석유unconventional oil'라고 이름 붙임으로써, 그리고 이제는 비재래식 천연가스의 매장량까지 더함으로써, 정치적 불확실성과 방향 전환으로부터의 구원을 약속한다.

비재래식 석유는 두 개의 광물을 지칭한다. 첫 번째는 가장 양이 많은 오일셰일oil shale이다. 이 암석은 유기 이회암organic marlstone으로 석유가 아닌 케로젠kerogen을 함유하고 있는데, 이 케로젠은 수만 혹은 수십만 년 동안 열과 압력에 의해 석유로 바뀌는 완전한 지질학적 과정을 거치지 않은 유기물이다. 그러나 기술에 힘입어 이 지질학적 과정은 인공적으로 진행될 수 있다. 이 암석은 분해 또는 열분해(나무로부터 숯을 만들거나 석탄으로 코크를 만드는 것과 유사하게 열에 의해 유기물질이 탄화되는 과정을 지칭하는 일반적 용어)를 통해 합성 석유로 바뀐다. 재래식 석유의 경우 땅 위로 퍼낸 중질유는 정유 시설의 분해 과정을 통해(열을 가해 긴 사슬의 탄화수소 분자를 더 짧은 사슬들로 분해함으로써) 가솔린 같은 더 가벼운 탄화수소 화합물로 분리된다. 셰일은 암석 자체가 열분해를 통해 합성 석유로 전환되어야 한다. 그러나 이 암석을 굴착하여 땅 위에서 석유로 전환하는 과정은 어마어마하게 비싸고 에너지 집약적이다. 시범 프로그램으로 '본래의 위치에' 있는 암석으로부터 합성 석유를 추출하는 실험이 진행되었는데, 이는 지하 매장 지역에 섭씨 350도가량의 열을 한 달 넘게 가한 후 액화된 케로젠을 퍼 올리는 것이었다. 또한 지하수의 흐름을 막기 위해 생산 지역 주변을 얼리는 '빙벽'의 건설도 포함되었다.[29]

다시 말해 경제적 타당성을 가지려면, 열분해 공정을 땅속으로 넣어서 광물을 그 자리에 두고 화학적 변환을 수행하도록 지구를 분해 장치로 바꾸어야 한다. 그러려면 먼저 1000년 동안 진행되어온 석유의 지질학적 과정을 인간과 기계의 과정으로 대체해야 하고, 그런 다음 합성 공정의 장소를 지하로 바꾸어 암석권 자체를 자연에서 기계로 전환시켜야 한다. 미국 정부가 수십 년 동안 재정 지원을 해왔음에도 불구하고 아직 어느 것도 타당성이 입증되지 않았다.

다른 형태의 비재래식 석유는 '오일샌드oil sands'라고 알려진 것으로, 특히 캐나다 앨버타의 애서배스카Athabasca와 베네수엘라 오리노코 유역Orinoco Basin의 오일샌드가 대표적이다. 이것은 가장 무겁고 끈적거리는 석유의 일종인 역청bitumen으로, 예로부터 도로 포장에 사용되었다. 애서배스카의 타르샌드tar sands는 1967년부터 상업적으로 채굴되어 왔으나 2002년에서야 캐나다 '석유 매장량'의 일부로 재분류되었고, 이로 인해 캐나다의 매장량은 500만 배럴에서 1억 8000만 배럴로 늘어났다(캐나다는 사우디아라비아에 이어 두 번째로 매장량이 많은 국가가 되었다).[30] 캐나다 석유는 지표면에 있는 노천광의 모래에서 생산된다.

오일셰일과 마찬가지로 역청 또한 인공적으로 합성 원유로 전환된다. 이 과정에서 모래를 제거하기 위해 많은 양의 물이 사용되는데, 1배럴의 석유를 생산하는 데 450리터 정도가 필요하다. 그러나 모래는 니켈, 바나듐, 납, 크롬, 수은, 비소 같은 유독성 물질도 함유하고 있다. 이 물질들은 딱히 처리 방법도 없이 저장소storage pond에 모이게 된다. 환경 운동가들은 이 저장소의 벽이 충분히 단단하지 않다면 범람할 위험이 있다고 경고한다. 범람이 강과 야생 생태계에 위협이 되므로 자연은 다시 정치의 영역으로 들어오게 되었다. 이것은 단순히 환경 운동이 강력하거나 (석탄 산업에서처럼) 노천광에 대한 논쟁 때문이 아니라 에너지 자체가 언제든 꺼내 쓸 수 있는 '자연'의 형태로, 더 이상 평평한 대지 아래 봉인된 채 편안히 땅속에서 잠자고 있는 것이 아니기 때문에 일어난 일이다.

오늘날 이와 비슷한 이야기가 셰일층에서의 천연가스와 석유 생산에서도 나오고 있다. 재래식 석유와 가스는 암석의 기공을 통해 유전으로 흘러들어가는 것이었다. (오일셰일과의 혼동을 피하기 위해 타이트오일tight oil로 알려진) 가스와 석유 또한 셰일층에서 생겨나지만, 상업적으로 채산성을 가질 만큼 투과성이 충분하지는 않다. 그러나 수직 갱도에 통제된 폭발을 일으켜 높은 압력으로 유체와 모래의 혼합물을 갱도에 밀어 넣음으로써 암석을 기계적으로 파쇄하여 길게 갈라진 틈을 만들고 투과성을 높일 수 있다. 재래식 석유 생산에서 높은 압력으로 탄화수소를 분해하는 크래킹cracking에 비유하여 셰일층의 고압 파쇄는 프래킹fracking(파쇄)으로 불린다. 이 생산 공정은 오일셰일에서처럼 지하로 옮겨야 하는데, 땅속에 프로판트proppant라고 불리는, 마치 수백만 명의 작은 광부의 역할을 하는 화학 약품을 집어넣어 암석에서 에너지를 추출할 수 있는 공간을 만든다.

광부와 마찬가지로 프로판트도 통제가 어렵다. 수압 파쇄hydraulic fracking에 이용되는 수백만 리터의 물은 산과 유해 화학 물질을 함유하는데, 미국에서는 이에 대해 일반적으로 적용되는 환경 규제가 없다.

80~2500미터 땅속에서 발견되는 셰일 매장지는 사람들이 사용하는 수자원 근처에 있을 수도 있는데, 사용되는 화약 약품이 식수로 공급되는 물을 오염시킬 수도 있다. 유럽에서는 지하에서의 파쇄 작업이 작은 지진을 일으키기도 했고, 이에 대한 우려로 셰일가스 시추를 금지하는 법이 제정되었다.[31] 요즘에는 석유가 주로 심해에서 발견되어 채굴이 더 어려워지고 추가적인 비용이 발생하지만, 자연과 정치의 분리를 더욱 강화하는 데 기여한다. 반면 셰일가스는 사람이 많이 거주하는 지역에 위치해 있어 에너지를 사용자에게 전달하는 비용을 줄일 수 있다. 그러나 이는 식수 공급원과 가깝다는 의미이기도 하다. 만약 프로판트가 가스층에서 식수원으로 유입되면, 자연과 정치는 뒤섞이게 된다.

20세기의 정치는 경제라는 새로운 대상을 둘러싸고 조성되었다. 경제의 정치는 탈자연화된 정치였다. 자연은 계산의 실행에 의해 정치로부터 배제되었다. 그렇게 된 데에는 두 가지 방식이 있었다. 첫째, 20세기 중반에 탈물질화된 화폐의 순환으로부터 형성된 경제를 개입의 공간으로 구성하는 것이었는데, 이는 부분적으로는 에너지 이용의 비용이나 에너지 소모의 비용에 대한 계산이 필요 없어짐에 따라 가능했다. 둘째, 1990년대부터 세계 에너지 매장량의 규모를 재현함에 있어 풍부한 기법들을 활용한 것이었다. 이 기법들은 서로 다른 계산 방식을 사용하여 석유를 측정하는 완전히 다른 두 기관이 만들어놓은 특이한 질서에 좌우되었다. 석유 기업들은 정교한 측정 방법으로 개별 유전과 매장량을 계산했다. 국제 연구 조직의 세계 매장량 계산은 지질학 이론의 개념과 모델에 의존했다. 이 두 방식은 각각 알려진 석유와 알려지지 않은 석유, 그리고 재현되는 것과 실재하는 것으로, 매우 다른 총량들을 산출했다. 알려진 석유의 감소량과 알려지지 않은 석유의 증가량 사이의 격차, 즉 아직 발견되지 않은 석유는 (새로운) 공간을 만들어냈다. 바로 경제적 계산이 지배하는 공간이다. 재현의 방법에 정통하다고 주장하는 이들은 경제학자들이기 때문이다.

하지만 경제학자들의 설명은 석유 생산 정점의 증거로 인해 도전을 받았고, 자연의 정치의 문을 새로 개방함으로써만 살아남을 수 있다. 케로젠을 함유하는 암석층과 역청을 함유한 모래를 유전으로 전환하는 것은, 우리가 자연이라고 부르는 것이 모든 종류의 새로운 주장과 정치 주체들이 형성될 수 있는 기계화되고 인공적인 영역임을 인정하는 것이다.

석유 생산 정점의 증거에 대한 낙관주의자들의 또 다른 반응은 재래식 석유의 이용 가능성이 대체로 정치적 문제라고 주장하는 것이다. 미래의 추가 공급의 대부분은 석유수출국기구 국가들, 특히 매장량이 많다고 보고되지만 전쟁과 제재 그리고 석유수출국기구의 정책으로 그 개발이 지연되어온 걸프의 세 대국, 사우디아라비아와 이란, 이라크로부터 나오게 될 것이다. 또한 내전과 정치적 부패가 석유 투자를 지연시켰다고 이야기되는 아프리카 국가들로부터 추가적인 공급도 있을 것이다. 석유의 부족에 대한 이러한 '정치적' 설명과 관련해 주의할 점이 세 가지 있다. 첫째, 매장량의 크기를 기초로 생산량을 할당하고 있기 때문에 석유수출국기구 국가들은 대부분 자신들의 매장량을 과장하고 있다고 의심받고 있다. 따라서 매장량의 추정은 실제의 불완전한 재현으로서가 아니라 채굴 비율을 통제하는 시스템의 일부로서 작동한다. 둘째, '정치적' 장애물은 지상이든 지하든 지질공학의 문제이기도 한데, 이란과 이라크의 석유 생산을 억제한 제재와 전쟁 탓에 그들이 석유 매장량의 압력을 유지하는 데 낮은 기술 수단에 기댈 수밖에 없었기 때문이다. 이러한 관리 방식으로 채굴 가능한 석유의 양이 영구적으로 줄어들게 되었는지도 모른다. 셋째, 만약 석유 공급이 전쟁, 인권, 집단의 미래라는 질문을 포함하는 정치적 문제라면, 이는 정확하게 새로운 유형의 자연의 정치가 정치와 자연의 관계가 오직 경제적 계산에 의해서만 지배되던 낡은 자연의 정치를 대체했다는 주장이다.

재래식 석유의 주요 원천인 페르시아만의 매장량 규모가 경제적인 문제가 아니며 단순히 '천연자원'의 문제가 아니라 불확실한 기술-정치적 문제라는 점을 인정하면, 정치적 불확실성에 대한 경제적 관리를 문제시하게 된다. 미래의 에너지 정치, 그리고 탄소 민주주의의 경로는 어떤 형태의 에너지 결정론이 아니라 바로 이러한 종류의 가능성 위에서 펼쳐질 것이다.

이 책은 민주주의의 일반 이론을 제공하지 않는다. 민주주의의 수많은 일반 이론들에는, 예외적인 경우가 아니라면, 석유를 위한 공간이 마련되어 있지 않다. 반면, 이 책의 목적은 한 세기 남짓한 기간에 걸쳐 탄소 연료와 특정한 종류의 민주적 또는 비민주적 정치 사이에 만들어진 일련의 연결점들을 면밀히 추적하는 것이었다.

20세기 중반 산업화된 주요 국가들에서 출현한 민주주의의 형태들은, 세계의 한정된 탄화수소 저장고로부터 획득한 엄청나게 농축된 에너지에 의해, 그리고 그 에너지를 채굴하고 분배하는 데 필요한 사회-기술적 질서에 의해 가능했으며, 그에 따라 형성되었다. 그러나 에너지의 생산이 중동의 석유로 이동했을 때 그러한 변화는 산업 민주주의의 출현을 좌우했던 탄소 기반의 정치적 동원의 형태들을 서구와 중동 모두에서 확대하기보다는 취약하게 만들었다. 석유의 특성, 석유가 흐르는 네트워크, 그리고 에너지와 금융, 다른 대상들의 흐름들 사이에 형성된 연결들에 대한 탐구는 어떻게 이렇게 다양한 요소들과 힘들 사이의 관계들이 구성되었는지 이해할 수 있게 해준다. 이러한 관계들은 에너지와 정치, 물질과 관념, 인간과 비인간, 계산과 계산의 대상, 재현과 폭력의 형태, 현재와 미래를 이어주었다.

석유로 인해 민주주의 정치는 특정한 방향으로 발전했고, 그 미래는 성장의 지평선이 끝없이 펼쳐져 있었다. 이 지평선은 풍요로운 한 시기를 자연스럽게 반영한 것이 아니었다. 그것은 전문 지식과 그 대상을 조직화하는 특정한 방식의 결과였고, 새로운 세계의 용어로는 '경제'로 불렸다. 계산 방식, 화폐 사용, 거래 측정 그리고 국가 통계 작성에서의 혁신은 어떤 형태의 궁극적인 물질적 제약 없이 확장할 수 있는 대상으로서 정치의 중심 대상을 상상할 수 있게 해주었다. 1967~1974년의 위기 속에서 이러한 이질적인 요소들 사이의 관계는 모두 바뀌었고, 현재 한 번 더 바뀌고 있다.

현대 석유 정치를 이해하는 것은 석유 생산의 질서를 지키기 위해 되풀이하여 사용되어온 폭력, 그리고 비민주적 석유 정치에서도 똑같이 필수불가결한 것으로 보이는 스펙터클과 재현의 형태들, 이 두 가지를 결합시키는 어려운 작업이다. 특히 중동에 민주주의를 가져다주겠다는 프로젝트로서 미국이 최근에 펼친 군사주의적 행동의 재현 역시 마찬가지다.[32]

석유 자체를 면밀히 추적함으로써 우리는 스펙터클과 폭력 사이의 관계, 그리고 석유 정치의 외견상 이질적인 또는 조화를 이루지 못하는 다른 특징들 사이의 관계를 더 잘 이해할 수 있다. 이는 석유의 물질적 특성이나 전략적 필요성이 다른 모든 것을 결정하기 때문이 아니다(앞서 보았듯이 그와는 반대로, 중동 석유 통제권에 대한 미국의 '전략적 의존성'을 만들어내기 위해 수많은 노력이 필요했다). 그보다는 송유관과 펌프장, 정유 시설과 해상 운송 노선, 도로 시스템과 자동차 문화, 달러의 흐름과 경제 지식, 무기 전문가와 군사주의 사이에 만들어진 연결들을 추적하면서 어떻게 특정한 관계들의 조합이 석유, 폭력, 금융, 전문 지식과 민주주의 사이에서 만들어졌는지 발견할 수 있기 때문이다.

이러한 관계들은 석탄 시대의 관계들과는 매우 다르다. 20세기 초반의 대중 정치로 인해 복지 민주주의가 특정한 장소와 특정한 시기에 달성되었는데, 그러한 대중 정치의 출현이 석탄과의 관계 속에서 이해되어야 한다면, 현대 민주주의 정치의 한계는 석유와의 관계 속에서 규명될 수 있다. 결국 보다 민주적인 미래의 가능성은 화석연료 시대의 종말에 대응할 정치적 수단에 달려 있다.

이 책의 초판이 출판된 지 18개월이 지나 미국은 에너지가 풍족한 새로운 시대에 접어들었다. 셰일층에서 가스와 석유의 채굴이 가능해지자 미국 역사상 새로운 에너지의 공급이 가장 빠르게 증가했다.[1] 정치인들과 언론은 35년간 계속되었던 미국의 화석연료 생산 감소의 갑작스런 반전을 국가 독립 회복의 신호로 묘사한다.[2] 2008년의 금융 기관 붕괴(주식 시장과 연기금에서 수조 달러가 증발했고, 자산 가치가 폭락했으며, 뒤이은 불황으로 700만 개의 일자리가 사라졌다) 뒤의 에너지 붐은 실질적 부의 회복을 약속하는 듯했다. 금융 투기와 소비 신용이라는 깨지기 쉬운 경제는 물질 자원을 확대하는 견고한 토대 위에 건설된 "미국의 잠재적 재산업화"에 길을 내줄 것이었다.[3]

그러나 다른 이들에게 이 노다지는 새로 찾은 독립이 아니라 종속 심화의 조짐을 의미했다. 새로운 셰일 가스와 석유는 화석연료의 장기간 의존을 강화시켰고 생산 비용은 점점 증가하고 있었다. 역사상 기록적인 수준의 가뭄, 북극 해빙의 융해, 열파와 홍수, 그리고 빈도가 늘어나는 다른 이상 기후는 많은 이들에게 화석연료 의존에 대한 다른 계산 방식을 상기시켰다.[4] 세 숫자가 이 계산 방식에 등장한다. '섭씨 2도'는 2009년 코펜하겐 기후 협정에서 수용된 목표로 인간 활동에 의한 기후 변화의 가장 위험한 영향을 피할 수 있도록 지구 평균 온도 상승을 그 이하로 맞춘 것이다. '886기가톤'은 2000년과 2050년 사이에 인류가 대기에 배출할 수 있는 이산화탄소의 양으로, 여전히 섭씨 2도의 목표 온도 이하로 온도 상승을 억제할 가능성이 있는 양인데, 21세기 첫 10년에 3분의 1 이상을 써버린 탓에 2050년까지 쓸 수 있는 양은 이제 565기가톤만 남아 있다. 그리고 '2795기가톤'은 세계의 사기업과 공기업, 정부들이 소유한 석탄와 석유, 가스의 확인 매장량의 탄소 잠재량이다.[5] 이 마지막 숫자는 남아 있는 탄소 예산carbon budget 규모의 다섯 배이다. 세계 최대 기업 리스트를 지배하고 있는 에너지 기업들은 의존성 심화로 어려움을 겪고 있다. 그들은 화석연료 매장량을 금융 자산으로 집계하는 것에 의존하는데, 우리가 지구를 살 수 있는 곳으로 지켜내기를 진심으로 염려한다면, 그 매장량의 5분의 4는 채굴하지 않고 땅속에 묻어두어야 하므로 금융 자산으로 집계해서는 안 된다.

탄소 민주주의는 이러한 의존의 관계들과 그 관계들이 낳는 취약성을 이해하고 탐구하는 것과 관련되어 있다. 여기서 우리는 에너지의 미래에 대한 신용 시스템의 의존을 탐색해볼 것이다. 어떤 형태의 민주주의 정치가 이러한 점을 고려하겠는가?

미국과 다른 산업화된 나라들의 전후 호황이 지나간 1970~1980년대에 전후 탄소 민주주의가 구축되었던 질서도 끝이 났다. 이 책에서 설명한 것처럼 석유를 원료로 하는 산업 생산의 확대(그리고 생산성 증가는 10년마다 가격은 하락하고 물량은 급등했던 에너지 공급으로 가능했으며 고갈 비용이나 기후 변화를 고려할 필요는 없었다)는 대기업 소유주와 관리자들이 취하는 이익에 위협을 주지 않으면서 산업 노동자들이 경제 번영과 사회복지 향상을 누릴 수 있게 했다. 1970년대부터 에너지 비용은 상승했고 새롭게 산업화되는 나라들에서 더 저렴한 노동력을 활용할 수 있게 되자 기업과 투자자들은 자국의 생산 노동에서 이익을 늘리기 어렵다는 점을 깨달았다. 과거에는 임금을 올려 사람들을 공장에서 일하게 함으로써 이익을 취했던 자본은 자신의 가치를 올리기 위한 대안이 필요했다. 21세기의 전환을 향한 새로운 해결책은 사람들을 채무자로서 일하게 하는 것이었다.[6]

전후 몇 십 년 동안 고탄소 생활 양식을 획책한 프로그램을 통해 소비자 부채는 점진적으로 증가했다. 미국과 다른 나라에서 정부는 교외의 성장에 박차를 가하려고 주택 담보 대출에 보조금을 지급했고, 자동차 제조사들은 교외 생활에 필요한 자동차의 판매를 위해 신용 거래를 발전시켰다. 1980년대 소비자 부채의 팽창은 신용카드의 광범위한 사용으로 시작되었고, 2차 주택 담보 대출 붐으로 연이어 나타났다. 이 부채 유형 모두 1990년대와 2000년대에 소득이 더 낮고 위험 수준이 더 높은 사람들에게 확산되었고, 그 시기에 비우량 주택 담보 대출의 신용 평가와 분양과 수익을 위한 금융 기법들이 개발되었다. 미국의 총 가구 부채는 1950년에는 거의 제로였고 1970년대에는 1조 달러였는데 2001년에는 약 7조 5000억 달러로 급증했고 2008년에는 14조 달러로 거의 두 배가 되었다.[7] 자본을 가진 사람들은 더 이상 노동에서 이익을 얻는 공장을 짓지 않았다. 대신 그들은 소비자 소비의 세계를 준비했는데, 그곳에서 가정의 실질 임금은 정체되고 노동 시간은 증가했으며 안전과 복지 수준은 축소되어 결국 끝없이 돈을 빌려야 하는 상태에 놓이게 되었다.

이러한 부채의 세계는 부채를 조장하고 그에 따른 수수료, 이자와 파생 상품으로 먹고사는 월스트리트의 은행과 다른 기업들에게 매우 높은 수익을 안겼다. 그러나 그 세계는 너무 취약해서 2005년과 2008년 사이에 네 배로 급등한 유가를 견딜 수 없었는데, 그것은 주택 붐을 침체시키고 일반 소비자들의 2차 주택 담보 대출과 다른 부채 상환의 지급 유예를 유발함으로써 붕괴의 한 원인이 되었다. 그러나 주택 거품이 폭발하기 전에 유가는 이미 그 거품을 부풀리는 데 일조했다. 사우디아라비아와 석유수출국기구 다른 국가들의 국부 펀드는 미국 국채의 낮은 수익과 미국 달러의 가치 하락을 피해서, 늘어가는 오일 달러 소득 일부를 모기지 담보부증권을 비롯해 더 높은 수익을 보장하는 투자로 전환했다.[8] 폭락이 발생하기 수년 전의 파생 상품 거래 붐은 유가의 폭등으로 형성된 오일 달러의 가변적인 흐름과 연결되었다.

다른 곳에서 유가의 네 배 인상은 또 다른 효과를 불러왔다. 유가 인상은 탄소 민주주의의 다른 측면들과 상호 작용하며 세계 대부분 지역의 식량 가격에 영향을 미쳤다. 2007~2008년 여러 기초 식료품 가격은 두 배로 뛰었다. 식량 가격의 인상은 가뭄과 여타 이상 기후 조건, 산업적 영농과 화학 비료에서 석유 제품의 대량 사용에 따른 생산 비용 증가, 그리고 옥수수를 식량 작물에서 산업용 에너지 작물로 광범위하게 전용한 것 등의 복합적 결과였다. 당시 미국의 옥수수 생산량(미국에서 가장 많이 생산하는 작물로 세계 공급의 3분의 1을 차지했다)의 약 40퍼센트가 에탄올 생산에 사용되었다. 식량 가격 인상은 에너지 가격 급등이 초래한 곤경에 더해 2011년 아랍 혁명 운동의 기반을 마련하는 데 도움이 되었다.

금융 붕괴를 촉발하는 데 일조했던 유가 인상은 또 다른 결과를 낳았는데, 2009년 이후 미국의 탄화수소 붐이었다. 석유가 배럴당 100달러에 팔리고 천연가스가 1000세제곱피트(약 28세제곱미터)당 8달러로 두 배가 넘는 가격에 팔리자 자원이 매우 분산되어 있는 관계로 채굴하기 어려워 예전에는 생산이 비경제적이었던 미국 일부 지역의 석유와 가스를 채굴하는 것이 가능해졌다. 특히 탄화수소는 이제 셰일층(보통 점토 입자로 빽빽이 채워진 형태로 천연가스조차 쉽게 통과할 수 없을 정도로 불투수성이 강하지만, 가스와 석유 구멍이 모아지는 좁고 길게 갈라진 틈이 있다)에서 채굴할 수 있게 되었다. 이 셰일 가스와 '타이트오일'은 재래식 석유나 가스처럼 바위를 통과하여 흐를 수 없기 때문에 유전은 길게 갈라진 틈을 가능한 한 많이 확보할 수 있도록 만들어야 한다. 굴착자들은 두 가지 기술을 사용하는데, 둘 다 10년 전에 개발되었다. 수평시추법horizontal drilling은 수직 유전과 비교해서 길게 갈라진 틈을 확보할 가능성을 더 높인다. 그리고 수압파쇄법 혹은 파쇄법은 가까이 있는 암석을 잘게 부수어 직접 확보하지 못한 거의 자연적으로 길게 갈라진 틈으로부터 인공적으로 길게 갈라진 틈을 따라 유체가 유전에 도달할 수 있도록 한다.

셰일 가스와 석유의 생산 비용은 이러한 시추 기법과 파쇄에 사용된 물 공급과 잔류 오염 물질의 처리 비용으로 상승한다. 미국에서 채굴 비용은 기하급수적으로 인상되었다. 채굴 비용은 1980~1990년대에 1피트(약 30센티미터)당 평균 50~100달러였는데, 2002년에는 200달러로 두 배가 되었고, 2006년에는 400달러로 다시 두 배가 되었으며, 2012년에는 800달러에 육박했다.[9] 더구나 셰일층의 석유와 가스는 자연적으로 유전으로 모이지 않기 때문에 각 유전의 생산은 매우 가파르게 줄고 있다. 미국에서 가장 큰 타이트오일층인 바켄 지대Bakken Formation의 감소율은 첫 해에는 69퍼센트였고 첫 5년 동안은 94퍼센트였는데, 이는 재래식 석유가 연간 4~4.5퍼센트인 것과 비교된다. 결과적으로 생산자들은 생산을 유지하려면 유전마다 거의 600만 달러의 비용으로 매해 약 6000개의 신규 유전을 채굴해야 한다.[10] 토지 임차 비용이 늘어나고, 가장 유망한 장소들이 시추되고, 신규 유전의 생산성이 떨어지게 됨에 따라 필요한 유전의 수가 늘어나서 셰일 석유와 가스는 새로운 자본 투자가 가속화되는 산업이 된다.

셰일 석유와 가스 생산자들은 산업을 발전시키는 데 더 나은 기술에 의존했는데, 그것은 에너지를 추출하는 기술이 아니라 투자자들로부터 자금을 추출하기 위해 개발된 수단이었다.[11] 2008년의 투기적인 주택 담보 대출 시장의 붕괴를 맞아 셰일 가스와 타이트오일은 월스트리트가 투자해 수수료를 얻는 새로운 장이 되었다. 파쇄법을 통해 이익을 볼 수 있다는 가능성은 채굴 사업권의 구매와 판매 붐을 낳았고, 신규 매장지에서 이익이 예상되는 기업들의 주식 급등으로 이어졌다.

2012년 미국 본토에 있는 48개 주의 토지 중 10퍼센트가 석유와 가스 개발로 임차되었는데, 이것은 미국 내 최대 작물인 옥수수의 재배 면적을 뛰어넘는 것으로, 미국에서 단일 용도로 사용되는 토지로는 최대 규모였다.[12] 채굴 기업과 토지 투기꾼, 채굴을 촉진하는 은행들은 투자자들에게 수평시추파쇄 공정을 석유의 물리적 특징과 근원암의 지질학적 특성에 더 의존하는 재래식 유전의 채굴보다 생산 가능성이 더 높은, 제조업과 유사한 공학기술 공정이라고 선전했다.

탈탄소연구소Post-Carbon Institute는 월스트리트가 투자 유입을 노리고 과장 광고를 했다고 주장한다. 타이트오일 개발에 앞서 진행된 셰일 가스 붐은 가스의 과잉 공급과 가스 가격의 폭락을 낳았다. 그러자 은행들은 그 결과로 발생한 기업들의 인수합병을 맡아 수수료를 챙겼다. 은행가와 투자 분석가들이 점점 그 산업을 이끌어가자 채굴 결정은 반드시 장기적 생산의 극대화에 맞춰지는 것이 아니라 월스트리트 분석가들의 목표치에 도달하는 것을 기준으로 삼았고, 그에 따라 투자 자금은 계속해서 흘러들어왔다.[13]

내가 2013년 4월 마셀러스 셰일Marcellus Shale 지대의 중심인 펜실베이니아 서부를 방문했을 때 호텔에서 파쇄 기술자들이 나눈 대화의 주요 주제는 어디에서 채굴할지 그리고 어떻게 생산물을 판매할지를 결정하는 "대개 스물다섯 살쯤 되는" 은행가들의 새로운 역할이었다. 한 기술자가 최근 파쇄 산업의 동향을 다룬 휴스턴의 회의에 참석했는데, 거기서 그는 자신이 은행가들과 주주들에 둘러싸여 있다는 사실을 깨달았다. 그는 이렇게 말했다. "그 회의에서 커프스단추를 달지 않은 사람은 저 혼자였죠."[14]

이러한 붐이 얼마나 지속될지는 불확실하다. 석유 지질학자이자 1916년부터 출간된 석유 산업 저널인 《세계 석유World Oil》의 칼럼니스트인 아서 버만Arther Berman은 셰일 생산을 부풀린 주장들에 끈질기게 의문을 제기했다. 이후 그 저널에 광고를 싣는 두 석유 기업의 압력으로 그는 칼럼에서 그러한 문제 제기를 하지 말아달라는 요청을 받았다. 그 칼럼을 신속하게 막지 못한 편집장은 해고당했다. 현장 경험과 물리학적 배경이 있었던 그 편집장은 "지난 수십 년을 돌아보면 기술적으로 자격을 갖춘 역대 편집장들이 여럿 있었는데" 그 자신이 "기술적 배경

을 갖춘《세계 석유》의 마지막 편집장"이 될 것 같다고 말했다.[15]

　미국에서 갑작스럽게 풍족해진 석유는 사실상 세계적인 희소성을 드러내준다. 셰일 붐은 석유 생산 정점의 증거를 묵살하는 데 활용되었는데, 실제로 그 붐은 석유 생산 정점을 드러내주는 가장 최근의 징후이다. 20세기의 정치를 형성했던 재래식 석유에 쉽게 접근할 수 있고, 그것을 값싸게 생산하고, 그 공급을 계속 늘릴 수 있던 시대는 저물고 있다. 세계에서 가장 큰 기업인 엑슨모빌이 매해 발행하는《에너지 전망The Outlook for Energy》은 인구가 증가하고, 소비가 확대되고, 자신의 주식 가치가 달려 있는 에너지 수요가 지속적으로 증가하는 연간 시나리오를 제시한다. 그러나 엑슨모빌조차 2013년 말의 보고서에서는 재래식 석유의 공급이 이제 정점에 도달했고 점차 감소할 것이라는 점을 인정했다.[16] 그 정점은 석유 기업들이 이미 세계 재래식 석유의 가채 매장량의 절반가량을 땅속에서 퍼 올렸고, 더 낮은 속도로 그리고 더 어렵게 그 나머지 양을 생산할 것이라는 사실을 반영한다.

　인류는 1860년대에 현대적 석유 산업이 등장한 이래로 약 2조 배럴의 석유를 소비했다. 처음 1조 배럴을 태우는 데 약 130년이 걸렸고, 그다음 1조 배럴을 태우는 데는 겨우 22년이 걸렸다는 점을 반복해서 말하는 것은 중요하다. 비재래식 석유나 다른 화석연료 공급의 정점에 얼마나 빨리 도달할지는 예측마다 다르다. 그러나 어떤 시나리오에서든 고갈률은 믿기 힘들 정도다. 세계 화석연료는 5억 년 동안 땅에 묻힌 햇빛으로 만들어졌다. 우리가 "다른 생물들이 인류에게 물려준 자본"의 대부분을 300~400년 안에 써버린다면, 지질학적 역사로 보든 인간만의 역사로 보든 인류세人類世는 짧고 예외적이다.

엑슨모빌의 시나리오에서는 찾아볼 수 없지만, 인류세라는 용어는 인류가 동물이나 사회적 주체로서뿐 아니라 지구의 화학적, 생물학적, 지질학적 힘으로서 작용하는 데 물질적이고 기술적임 힘을 결합시킨 최근의 시대를 묘사하기 위해 지질학자들과 환경과학자들이 채택한 용어이다. 이 지질학 용어는 화석연료에서 나온 에너지가 그 주체로 하여금 새로운 규모로 활동할 수 있게 한 짧은 시간대가 아니라 이 짧은 시간대의 주체가 영향을 끼쳐 앞으로 감당하게 될 긴 시간대를 표현한다. 지난 100년 동안 대규모로 발생했던, 그리고 1945년 이래로 그 밀도가 가속화되었던 집단적 생활 양식은 다음 1000년 동안의, 어쩌면 다음 5만 년 동안의 지구를 결정짓고 있다.[17]

이러한 관점에서 보면, 셰일 붐 그리고 나아가 아직 발견되지 않은 석탄과 석유, 가스 매장량으로 화석연료를 사용하는 기간이 20년이나 30년 더 늘어날 것이라는 엑슨모빌과 다른 석유 기업들의 (그리고 미국의 언론도 동조하는) 낙관주의는 이상하리만치 부적절해 보인다. 그렇게 예상되는 매장량이면 우리가 화석연료를 태우는 속도를 간단히 두 배나 세 배로 늘릴 수 있을 텐데, 그렇게 되면 잠재적으로 집합 생활에 파국적인 결과를 가져올 것이다. 그러나 엑슨모빌과 세계 거대 에너지 기업들의 주가가 계속해서 상승하려면 그러한 전망이 필요하고, 여기에 더해 신용의 흐름이 더 활발해져야 하는데, 이 기업들의 신용 순환과 확대는 미래에 에너지가 얼마나 풍부하게 남아 있을는지에 대한 계산에 좌우된다. 미국의 셰일 붐을 둘러싼 과장된 주장들은 더 큰 그림을 흐리게 만드는 경향이 있기 때문에 세계의 다른 지역에서 어떤 일이 발생해왔는지 숙고해볼 필요가 있다.

2005년 미국 이외의 나라의 석유 생산은 고원에 접어들어 더 이상 올라갈 수가 없었다.[18] 알다시피 이 고원에라도 머물기 위해서는 현재 존재하는 유전의 생산 감소분을 충당하기 위해 매년 신규 유전이 생산 단계로 들어와야 한다. 세계의 모든 주요 유전에서 생산되는 석유 증감률의 생산 가중 평균치를 고려한 감소율은 측정하기 어렵다. 2012년 6월 BP와 다른 에너지 기업들이 재정을 댄 하버드 대학의 과학과 국제 관계 벨퍼 센터Belfer Center for Science and International Affairs의 에너지 지정학Geopolitics of Energy 프로젝트는 낮은 감소율, 즉 공급 증가를 극도로 낙관하는 예측을 내놨는데, 전 세계 언론 매체는 이를 열광적으로 보도했다. 그러자 곧바로 영국의 학자들은 그 예측이 활용 가능한 데이터에 대한 오독과 기초적이고 당혹스러운 (그러나 잘 보도되지 않았던) 연산 착오로 나온 결과라는 점을 지적했다.[19] 석유 고원에 대한 증거를 진지하게 살펴보려면, 이 책 348쪽에서 설명한 내용을 확인하면 된다. 현재 생산율을 유지하려고만 해도 연간 4~4.5퍼센트의 감소율에 직면한 세계는 4년 혹은 3년마다 새로운 사우디아라비아—또는 셰일 붐 대박이 난 새로운 미국—에 맞먹는 양을 발견해서 생산해야 한다.[20]

감소율은 북해와 알래스카의 노스슬로프North Slope 같은 주요 유전 지대의 고갈, 그리고 한때 인도네시아와 멕시코 같이 세계에서 가장 큰 산유국이었던 나라들의 생산 감소를 반영한다. 그러나 재래식 석유의 미래 공급 증가를 상당량 책임질 것으로 보이는 나라들에서, 특히 페르시아만의 거대 산유국인 사우디아라비아와 이란, 이라크, 이 세 곳에서 생산 증가가 어려울 것이라는 점 또한 반영한다.

사우디아라비아는 더 이상 바로 뽑아낼 수 있는 잉여 석유를 보유한 '생산 조정국'이 아니다. 사우디아라비아의 수출은 지난 5년간 감소했고 얼마 지나지 않아 다시 감소할지 모른다. 2014년 사우디 아람코가 (1957년 발견되었지만 석유의 질이 떨어지고 채굴이 어려웠기 때문에 수십 년 동안 개발이 보류되었던) 사우디아라비아의 마지막 대형 유전으로 알려진 마니파의 개발이 끝날 것이라고 예상했을 때, 국가의 생산량을 증대시켜줄 추가 공급을 예상한 것은 아니었다. 신규 유전에서 기대되는 일산 90만 배럴은 노후 유전의 생산 감소분을 겨우 대체할 것이다.[21] 사우디아라비아는 현재 물을 생산하는 데 필요한 27개의 담수화 시설에 전력을 공급하기 위해 일일 석유 생산량의 5분의 1 정도를 사용하고, 국내 다른 소비에도 거의 그만큼의 석유를 사용한다. 정부가 이러한 석유 사용의 증가를 낮추는 방법을 찾지 못하면 수출할 양을 줄여야 하는데, 사우디아라비아는 수출을 신속하게 줄일 준비가 되어 있다.[22] (2007년 브라질은 지난 30년간 서반구에서 발견된 신규 유전 중 가장 큰 유전을 개발했는데, 세계에서 일곱 번째로 매장량이 클지도 모른다. 그러나 브라질은 국내 소비의 증가 때문에 결코 수출하지 않을 것이다.[23]) 이란도 비슷한 문제를 겪고 있는데 더 심각하다. 이란의 석유 매장량 대부분이 있는 6개의 초대형 유전의 10퍼센트 감소율, 국내 소비 증가, 그리고 석유 회수 증진(1차 혹은 2차 회수 후에도 지하에 남아 있는 석유를 회수하기 위해 화학 약품 등을 주입하는 방법―옮긴이) 기술의 사용을 막는 미국과 유럽연합의 제재 때문에 이란의 석유 생산은 현재 장기간 감소를 겪고 있다.[24]

가장 큰 "새로운 사우디아라비아"는 이라크였다. 2035년까지의 에너지 개발을 예측한, 2012년 발표된 시나리오에서 국제에너지기구는 이라크가 "단연코 국제 석유 공급 증가에 가장 크게 기여"할 것이라고 전망했다.[25] 2008년부터 이라크 석유부가 남부에 현재 존재하는 유전 지대를 개발하는 국제 계약을 내놨을 때 일산 200만 배럴에서 2017년 1200만 배럴로 생산이 증가할 것으로 보았다. 그러나 지금 이라크 남부에서 작업 중인 기업들은 바트당 정권하에서 국제 제재를 받는 동안 채굴을 최적화하려는 시도로 피해를 입은 유전에서 석유를 더 많이 생산하는 것이 어렵다는 점을 알았다. 그들은 수송관이 얼마 없고, 저장 탱크가 충분하지 않고, 유조선에 맞는 정박지가 부족한, 대부분이 내륙에 속한 이 나라에서 석유의 해양 수송을 늘리기 어렵다는 점도 알았다. 정부는 2017년 일산 1200만 배럴의 생산 목표를 950만 배럴로 낮췄다. 국제에너지기구는 훨씬 더 낮은 수치가 적당하다고 생각한다. 일산 610만 배럴이 더 현실적인 목표이지만, 2020년이 아니라 2035년에 830만 배럴로 증가할 것이라고 제시했다. 거의 10년간의 전쟁과 재건이 끝난 2012년, 석유 증산을 방해하려는 개입으로 인해 신규 생산이 어려움을 겪기 전 마침내 이라크는 전쟁 이전 국제 제재로 제한된 일산 250만 배럴 수준을 넘겼고, 이후 300만 배럴에 도달했다.[26]

서구의 주요 석유 기업들은 이라크의 생산권 입찰의 첫 라운드에 참여해 엇갈린 성공을 거둔 다음, 후속 조치에서 한발 떨어져 있었다. 그들은 석유 생산의 대가로 배럴당 요금만 받는다는 계약에 낙담했는데, 석유는 정부의 자산으로 유지되었고 요금은 배럴당 7달러 또는 그 이하로 책정되었다. 그리고 예기치 않았던 석유 증산의 어려움과 중국, 러시아와 다른 석유 기업들의 경쟁으로 낙담했다. 2011년 엑슨모빌은 방향을 틀어 대신 이라크 북부의 유전을 개발하려고 쿠르드 지방정부와 계약을 체결하며 이라크의 모든 선물 계약에서 자격을 박

탈당할 위험을 무릅썼다. 바그다드 정부는 여전히 선물 석유 수익의 분배를 놓고 쿠르드 지방정부와 협정을 맺길 원했고 미 국무부의 지지를 받길 원했는데, 기업들이 북부 유전에서 이와 별도의 관계를 맺지 못하도록 압박했다. 그러자 엑슨모빌은 쿠르드족과의 거래를 워싱턴에 알리면서 이라크에서의 미국 정책 목표를 준수할 어떤 의무보다 주주들의 주식 가치를 보존해야 하는, 주주들에 대한 기업의 의무가 더 중요했다고 설명했다.

그러나 이라크 북부의 유전이 주주들에게 장기적인 성장을 보장해주었는지는 확실하지 않다. 2012년 미국 정부의 보고서는 "생산 지역이 축소되고, 지질 구조가 무너지고, 유전 압력이 떨어지고 있어서 이라크 북부 유전에서 산출물이 낮아지고 있다"라고 보고했다.[27] 국제 에너지기구 시나리오의 미약한 낙관주의조차 비현실적으로 보이기 시작한 것이다. 국제 석유 산업은 3년마다 새로운 사우디아라비아를 찾을 필요가 있었지만, 가장 유망한 후보였던 이라크는 지금 사우디아라비아의 3분의 1밖에 더해주지 못하는데, 그것도 9년이라는 시간뿐이다.

이라크에서 석유에 접근하고 주식 가치를 지키는 것이 어려운 상황에서 주요 석유 기업들의 대안은 심해와 북극 지역에 있는 유전을 포함해 비재래식 자원을 개발하는 것이었다. 그러나 바다나 멀고 조건이 나쁜 장소에서 매우 깊은 곳의 석유를 탐사하고 생산하는 것은 비용과 위험이 증가하는 기술적 어려움이 뒤따른다. 석유 산업이 지출한 연간 비용은 2001~2011년 사이 10년간 세 배가 뛰었지만, 지출 증가에도 더 많은 석유를 생산하는 데는 실패했다. 2011년 유럽의 주요 석유 기업들은 자신들이 고갈시킨 매장량보다 적은 양의 석유를 찾아냈는데, 생산량 대비 신규 확보 매장량 비율reserve replacement ratio 은 92퍼센트였다.[28]

석유 기업의 가치가 자신의 매장량을 보충할 수 있는 능력에 달려 있기 때문에 이는 두 가지 결론으로 이어진다. 첫째, 복합 프로젝트들이 늦게 그리고 예산을 초과해서 완료됨에 따라 기업들은 핵심 주주들과 지분 파트너들의 단기적 이익을 위해 첫 석유를 뽑아냄으로써 유전의 장기적 생산성을 희생시킨다. 컨설팅 업체인 인디펜던트 프로젝트 어낼리시스Independent Project Analysis의 조사에 따르면 "첫 석유를 뽑아내는 데에 따라잡을 수 없는 속도를 다그쳐서 산업이 제 기능을 못 하게 만들고 있다."[29] 그래서 에너지 생산에 비용이 더 들어갈 때 단기 자본에 대한 의존도가 높으면 에너지 공급의 장기적 문제들이 악화된다.

둘째, 단기 투자자들의 이익과 생산의 어려움이라는 압력은 장치 고장, 인명 손실과 환경 피해의 악화를 낳아서 더 큰 위험에 처하도록 몰고 간다. 심해 굴착이라는 도전은 2010년 석유가 루이지애나 해안을 휩쓸었던 딥워터 호라이즌Deepwater Horizon 재앙을 낳았다. 그로 인해 BP가 운영한 굴착 장치에서 노동자 7명이 사망했고, 석유가 새는 틈을 막기까지 3개월 동안 500만 배럴의 석유가 멕시코만으로 흘러들 정도로 구멍을 막기가 어렵다는 점이 증명되었다. BP는 민간 소송 해결에 약 78억 달러, 그리고 기업 벌금으로는 사상 최고액이 부과된 정부 소송 해결에 45억 달러를 지급하기로 합의했다.

북극에서의 굴착은 훨씬 어렵고 위험하다는 사실이 입증되었다. 2012년 셸 오일은 일련의 사고, 장비 고장과 환경법적 논란이 발생한 뒤로 알래스카 북부 해안의 채굴 작업을 연기할 수밖에 없었다. 폭풍우 속에서 조업하는 데 수반되는 상당한 위험, 빙산이 산재해 있는 바다, 어둠이 길어지고 추위가 극심해진 날씨가 고려되었다. 셸은 단 하나의 유전도 준공하지 못했는데도 석유 탐사에만 50억 달러를 지출했다.[30] 셸의 결정에 이어 스타토일Statoil과 코노코필립스ConocoPhillips를 비롯한 다른 대형 기업들도 작업을 연기했다.

주요 국제 기업들 대부분은 캐나다 타르샌드에도 투자했다. 앨버타의 역청이 스며든 토양의 노천 채굴은 비용이 많이 들지만 합성 석유로 전환할 수 있는 형태로, 기술적으로는 탄소의 새로운 원천에 접근하는 더 간단한 방법이다. 노천 채굴과 역청 공정에서 배출되는 탄소의 증가 그리고 수천 에이커의 한대성 삼림과 머스케그muskeg(풀이나 이끼로 된 이탄지—옮긴이)를 불도저로 밀어 발생하는 환경 비용, 모래에서 타르를 분리하는 데 사용되는 강물의 오염을 처리하는 환경 비용의 증가는 잠시 내버려두자. 그렇더라도 석유 기업들은 역청을 운반하는 문제에 봉착하는데, 역청을 희석시켜 송유관을 따라 흐르게 해 중유 정제 장비가 있는 텍사스의 정유소로 보내는 과정에서 문제가 발생한다. 희석된 역청은 원유보다 부식성이 강한데, 이는 미국 평균의 네 배나 되는 송유관 결함률과 연관이 있다.[31]

2013년 4월 엑슨모빌이 앨버타에서 텍사스로 보내던 타르샌드에서 나온 희석된 역청이 아칸소 리틀록Little Rock 인근의 구형 21인치 송유관을 파열시켰다. 그러나 이 유출 사건은 2010년에 있었던 유출에 비하면 소규모였는데, 세계 최대 송유관 네트워크 운영사인 엔브리지Enbridge가 소유한 송유관이 터져서 타르샌드 오일이 미시간의 캘러머

주강Kalamazoo River에 쏟아진 사건이었다. 경영자들은 단지 송유관 안의 기포가 문제이고, 경보가 발령된 뒤 몇 시간이 지나면 펌프가 계속 작동할 것이라고 예상했다. 하지만 3년이 지나서도 계속되는 정화 비용은 10억 달러에 다다르고 있다.[32]

재래식 석유의 이용 가능성이 낮아지고 비재래식 자원 개발의 위험과 비용이 늘어가면서 주요 석유 기업들은 어려운 미래를 맞고 있다. 그러나 단기적으로 생산 고원의 긍정적 측면이 그들이 처한 곤경을 가려왔다. 새로운 재래식 석유의 공급 부족은 비재래식 석유 생산의 높은 한계 비용, 그리고 매장지와 석유 종류의 변화에 맞게 송유관의 경로를 조정하고 정유소의 구조를 변경하는 물류 문제와 결합되어 유가를 대폭 인상하는 데 일조했다. 배럴당 20~25달러를 유지했던 유가는 30년이 지난 뒤 생산 고원에 도달한 2005년에는 50달러로 두 배가 뛰었고, 2008년에는 다시 두 배가 인상되어 100달러가 넘었다.[33] 갑작스럽게 늘어난 수익은 늘어나는 탐사 비용을 해결하는 데 도움이 되기도 했지만, 많은 대형 석유 기업들은 자신의 주식을 매입하는 데 그 수익을 사용했다. 주식의 재구매는 새로운 대규모 석유 매장지를 개발하는 어려움으로 인해 발생한 주식 가치의 압박을 줄이면서 주가를 지탱했다.

유가의 네 배 인상은 대공황 이후 최대 금융 붕괴인 2008년의 국제 금융 위기가 발생하는 데 기여했다. 거대 은행과 보험사들의 실패, 주식 시장의 붕괴, 그리고 주택 대출에 묶인 파생 상품으로 인한 금융 거품의 폭발은 유가라는 당면 문제와 연결될 수 있을 뿐 아니라 우리가 이 책에서 살펴봤던 탄소 민주주의라는 더욱 긴 이야기와 연결될 수 있다.

투기 자본의 과잉으로 생긴 금융 붕괴와 국제 불황에서 미국을 구
원해낸 것처럼 보인 2009년 이후의 에너지 붐은 그러한 과잉과 투기
의 세상에 대한 해독제가 아니다. 셰일 혁명이 "미국의 잠재적인 재
산업화"로 가는 길을 나타낸다는 주장은 시티그룹의 국제 상품 조사
수장이 《월스트리트저널*Wall Street Journal*》에 실은 내용이다. 폭발적으
로 늘어나는 소비자 부채와 그 부채 위에 세워져 과대평가된 파생 상
품의 시스템을 체계화하는 데 도움을 주고 거기서 이익을 본 같은 은
행들과 신문들이 이제는 탄소를 동력으로 하는 미래라는 지속 불가능
한 기대를 창조하고 있다. 에너지 독립을 알리는 새 시대의 신호로 여
겼던 미국의 석유 수입 감소가 석유 생산의 증가가 아니라 가솔린 수
요의 감소 때문에 가능했다고 보는 사람들은 거의 없는 듯하다. 실업
자 등 경제적으로 곤궁한 사람들의 숫자가 두 배가 되자 사람들은 자
동차를 타고 다니는 거리를 수 킬로미터 줄이는 방법을 찾을 수밖에
없었던 것이다.

위험할 만큼 느린 속도이긴 하지만, 탄소 연소가 필요 없기에 대기
에 탄소가 누적되지 않는 재생 가능 에너지원의 사용이 증가하는 상
황으로 나아가면서 우리는 탈탄소 세계가 필연적으로 더 민주적일 것
이라는 가정을 하곤 한다. 더 설득력 있는 주장도 있는데, 모든 가정
과 산업이 에너지의 생산자와 소규모 잉여 전력의 생산자로 전환하는
방식에 토대를 두는 유럽의 분산 네트워크 재생 가능 에너지 생산 모
델이, 대형 발전소에서 생산되는 재생 가능 에너지가 전통적인 장거
리 전력망을 통해 송전되는 미국의 계획보다 더 민주적인 잠재력을

갖는다는 주장이다. 인터넷의 민주적 잠재력은 지역화, 분산화, 지능적 네트워크화의 정치적 이점을 보여주는 모델로 제시된다.[34] 이 책의 교훈은 누구도 사회-기술적 시스템의 구상으로부터 직접적으로 민주주의의 가능성을 예측할 수 없다는 것이다. (인터넷 그 자체가 증명하듯이, 인터넷의 개방적 소통 능력은 항상 거대 소프트웨어, 컴퓨터, 인터넷 기업들의 독점적인 상업적 권력에 위협받는다.) 오히려 요점은 민주주의를 위한 가능성의 성패가 미래 에너지 시스템의 형성을 둘러싼 전투에 달려 있다는 것이다.

그럼에도 우리가 탈탄소 세계에 도달하기에 앞서, 특히 미국에서 펼칠 만한 캠페인이 있다.《탄소 민주주의》의 더 큰 교훈은 그러한 민주주의 투쟁은 미래를 구상하는 것이 아니라 현재의 사회-기술적 시스템에서 그 취약성의 지점을 밝히는 데 달려 있다는 것이다. 이 후기는 석유 생산 비용이 급속하게 늘어나는 만큼 따라서 늘어나야 하는 자본 투자의 흐름에 의존적인 석유 기업들 특유의 취약성을 추적했다. 그렇게 늘어나는 비용은 값싸고 저렴한 재래식 석유가 더욱더 귀해지고, 석유를 생산하는 기술 비용과 환경 비용이 증가하고 있는 세상을 반영하고 있다. 이러한 위험과 비용은 가속화되는 자본의 흐름에 의존하는 낙관적 시나리오들과 상충하는 세상을 드러내준다. 그러는 사이에 오래전 대규모 생산 노동을 조직화하는 것에 관심을 잃기 시작했던(그리하여 그것에 취약해졌던) 자본은 부채를 생산하고 제공하는 일을 중심으로 생활을 조직하는 더 쉬운 길을 시도했다. 석유 생산 정점의 문제는 부채 기구의 붕괴를 앞당겼다. 최근 미국의 에너지 붐은 그저 일시적이고 똑같이 취약한 우회로일 뿐이다.

'탄소'라는 행위자의 관점에서 민주주의 바라보기

탄소로 구성된 석탄과 석유의 화석 에너지는 오늘날 국제정치 협상의 주요 대상이 되고 있다. 1995년 베를린에서 시작한 유엔기후변화협약 당사국 총회에는 매년 190여 개국 대표들이 모여 이산화탄소를 비롯한 온실가스를 감축하기 위한 국제적 노력을 협상하고 있다. 1997년 교토 의정서 채택으로 구속력 있는 협정 체결에 성공한 이후 2015년 12월 파리에서는 무려 196개국 대표단이 만장일치로 파리 협정을 체결했다. 역사상 처음으로 196개국에서 화석 에너지 사용을 줄여 지구 평균 기온 상승을 섭씨 1.5도 이하로 제한하는 노력에 동참하기로 약속한 것이다. 국지적 분쟁과 경제 전쟁으로 반목하던 국가들을 화합시킨 요인이 온실 효과를 일으키는 탄소화합물이었던 셈이다. 세계의 그 어떤 위대한 정치가도 못 한 일을 탄소화합물이 해낸 게 아닌가?

《탄소 민주주의》는 석탄과 석유라는 탄소 연료가 민주주의 정치와 어떤 연관을 맺고 있는지를 상세히 보여준다. 사실《탄소 민주주의》

이전에도 석유의 정치학을 다룬 책은 많다. 미국이 중동 지역의 석유 매장지를 확보하고자 어떻게 독재 정부를 지원했는지, 영국 기업가들이 멕시코 독재자와 긴밀한 유대 관계를 맺으며 어떻게 석유 사업의 이권을 확보해왔는지 등 석유를 둘러싼 국제정치적 갈등과 정치적 연합에 대한 내용은 기존의 책들을 통해 잘 알 수 있다. 《탄소 민주주의》는 이런 인간의 정치 영역에서 석유의 역할을 서술한 기존 저서들과는 다른 관점에서 석유와 정치의 연관성을 살핀다. 즉 "탄소 연료와 특정한 종류의 민주적 또는 비민주적 정치 사이에 만들어진 일련의 연결점을 면밀히 추적"하여 석유와 민주 정치 사이의 관계를 탐구한다. 이를 위해 저자는 자연과 사회, 인간 행위자와 비인간 행위자를 구분하지 않는 브뤼노 라투르의 관점을 빌려와서 우리가 속한 사회-기술적 세계가 석유의 등장으로 어떻게 재조직되고, 이 과정에서 어떻게 특정 종류의 민주주의 혹은 비민주주의가 발현되는지를 보여준다.

《탄소 민주주의》가 설명하는 석유의 정치학이 다른 책들과 어떤 차이를 보이는지는 저자가 차용한 라투르의 행위자 개념을 이해하면 좀 더 명확해진다. 과학사회학자 라투르는 미셸 칼롱Michel Callon과 행위자-연결망 이론actor-network theory을 정초하면서 행위소라는 개념을 정의한다. 행위소란 인간 행위자와 비인간 행위자를 모두 아우르는 것으로 '역할을 담당하는 모든 존재'를 의미한다. 행위소의 효과는 행위소들이 연결되어 있는 이종적인 연결망에 의해서 만들어진다. 인간 행위자와 비인간 행위자를 구분할 필요가 없음은 과속방지턱이라는 사물의 역할이 녹색어머니회 회원들이 깃발을 올리고 내리는 것과 같은 인간 행위자의 역할과 동일하다는 점에서도 드러난다. 즉 과속방지턱 앞에서 운전자가 속도를 줄이는 효과가 결과하는 바는 녹색어머니회 회원들이 깃발을 내려 자동차를 세우는 효과를 내는 것과 동일하다는 말이다. 이런 점에서 인간 행위자와 비인간 행위자의 구분은 무의미하다. 그런데 이와 같은 사물의 효과는 단일한 사물에서 나오지 않는다. 과속방지턱의 효과는 학교 앞 어린이 보호 구역에 설치되어 있고, 이들 보호 구역에서 제한 속도를 넘기면 벌금을 부과하는 제도가 존재하는 가운데, 즉 이들 행위소들의 이종 연결망하에서 제대로 발휘될 수 있는 것이다. 연결망들이 달라지면 행위소들의 효과도 달라진다. 라투르는 인간과 비인간의 구분이 모호하듯이 자연과 사회에도 분명한 경계가 없다고 본다. 이 책에서 저자도 서술했듯이 세상은 "기술적, 자연적, 인간적 요소들이 복잡하게 얽혀 있"으며 "어떠한 기술적 장치나 사회적 과정도 다른 종류의 물질, 힘과 결합하게 되는데, 여기에는 인간의 인지, 기계적인 힘, 기회, 저장된 기억, 자동 기계, 유기물질 등과의 다양한 결합이 포함"되기 때문이다. 결합 요소들이 바뀌면, 요소들의 효과도 변할 수 있다.

이러한 라투르의 개념으로 석유의 정치학을 보면 무엇이 달리 보일까? 저자는 "송유관과 펌프장, 정유 시설과 해상 운송 노선, 도로 시스템과 자동차 문화, 달러의 흐름과 경제 지식, 무기 전문가와 군사주의 사이에 만들어진 연결들을 추적하면서 어떻게 특정한 관계들의 조합이 석유, 폭력, 금융, 전문 지식과 민주주의 사이에서 만들어졌는지" 발견할 수 있다고 본다. 석유가 생산을 통제하는 국제 기업들의 통화로 자리 잡게 되고, 국제 금융의 기반으로서 달러 가치가 석유 흐름에 의존하는 연결망이 만들어지면서 달러가 풍부해졌으며, 이는 미국 민주주의의 대중화를 가져왔다. 즉 석유와 달러의 연계가 미국 내

민주주의의 발전을 낳았다는 것이다. 한편 저자는 석유 산업의 특성이 중동 지역에 대한 미국의 군사적 지원을 가능케 했다고 주장한다. 석탄 산업과 달리 석유 산업은 탐사 규모가 크고 자본 집약적이 되면서 기업의 수익이 높아지고, 이 수익은 다시 탐사, 석유 이용과 관련된 공정, 연구 개발에 투입되며 전문 지식 영역의 확장을 가져왔다. 이는 확장된 전문 지식 생산 네트워크의 발전을 초래했고, 시장 규모의 확대, 석유의 대규모 확산으로 이어졌다. 석유 산업을 주도한 미국은 석유 산업 이익을 확보하고자 석유 희소성 체제를 유지했고, 이를 위해 중동 전역에서의 폭력 사용에 폭넓게 관여하는 한편 막대한 재정을 지원했다. 이 과정에서 중동의 비민주적 정부 권력이 유지될 수 있었다. 석탄에 비해 이동이 자유로운 석유의 물질적 특성이 금융 체제, 전문 지식과 연결되면서 석탄의 사회-기술적 체제와는 전혀 다른 세계가 만들어졌다. 그리고 이 다른 세계에서는 민주 정치가 제한적으로 이루어질 수밖에 없다. "석유 산업의 여러 사회-기술적 특성들이 석유의 생산으로부터 더 민주적인 정치 체제를 만드는 것을 더욱 어렵게 만들었"기 때문이다. 이처럼 저자는 민주주의의 문제가 정치 제도나 정치 질서의 변화로만 도출될 수 없음을 보여준다.

또한 저자는 석유 생산 정점에 도달하면서 새로운 시기가 도래하고 있음을 보여준다. 즉 자연이 인공적인 영역이 되어버리고 자연과 정치가 뒤섞이는 상황에 직면하게 된다는 것이다. 유정이 고갈되면서 석유는 이제 샌드 오일의 형태로 추출하든가 심해 지층부에서만 발견할 수 있게 되었다. "케로젠을 함유하는 암석층과 역청을 함유한 모래를 유전으로 전환"하려면 거대한 기계 장치와 에너지가 필요한데, 이는 곧 석유라는 '자연'이 기계화되고 인공적인 영역이 되어버렸음을 의미한다. 석유는 이제 더 이상 '순수 자연'으로 추출되는 것이 아니라 기계를 통해 만들어지는 인공물이 되었고, 과거와 같이 자유롭게 이동할 수 있는 것이 아니어서 금융과의 관계도 달라졌다. 유정이나 심해에서 채굴이 이루어지는 동안에는 자연과 정치가 분리되었지만 셰일가스 시추가 광범위해진 현재에는 그러한 분리가 어려워졌다. 셰일가스는 인구가 많이 거주하는 지역에 분포되어 있는데, 이는 식수 공급원과 가깝다는 뜻이다. 따라서 식수원 오염의 위험도가 높기에 반대 운동이 빈번해지면서 셰일가스는 정치적 쟁점이 된다. 동시에 경제학자들의 독립적 계산 영역이라고 생각해온 매장량 추정이 기술 수준의 문제나 정치적으로 불안한 상황과도 연결되어 있는 것임이 밝혀지면서 다시 한 번 자연과 정치의 분리가 불가능함을 인식하게 된다. 이런 석유 고갈의 상황으로부터 과거와는 다른 탄소 민주주의가 펼쳐질 것임을 예상할 수 있다.

20세기 중반 산업화된 주요 국가에서 출현한 민주주의의 형태는 석탄 에너지, 그 에너지를 채굴하고 분배하는 데 필요한 사회-기술적 질서에 의해 가능했다. 석탄 에너지의 특성상 석탄을 채굴하는 노동자들은 탄광 파업 등으로 자본의 힘에 대항할 수 있었다. 그러나 에너지의 생산이 중동의 석유로 이동하면서 민주주의의 형태가 변화되었다. 석유의 특성, 석유가 흐르는 네트워크, 그리고 에너지와 금융 간의 연계 특성으로 노동자들이 석탄 시대처럼 에너지 시스템을 마비시키고 보다 민주적인 질서를 건설할 수 있는 권력을 지닐 수 없게 되었다. 중동 지역의 민주주의는 제한될 수밖에 없었고, 경제가 정치의 중심이 되었다. 석유 자체를 면밀하게 추적해나가면, 석유의 정치학에서 이질적으로 보이는 다른 특징들 사이의 관계를 더 잘 이해할 수 있다.

석유가 형성한 사회-기술적 질서의 특성이 제한적인 민주주의만을 가능하게 했다면, 또 다른 에너지원으로 부상하고 있는 재생 에너지원이 만들어낼 사회-기술적 질서는 민주주의의 새로운 가능성을 보여줄 수 있을까? 재생 에너지 기술의 분산적 특성, 소형 발전의 가능성 덕에 일반 시민도 에너지원을 소유할 수 있다는 점, 에너지원이 분산되어 존재하기 때문에 지정학적 지배를 필요로 하지 않는다는 점에서 재생 에너지원은 민주적 에너지원으로 평가받는다. 그러나 이런 기술이나 에너지원의 특성이 곧 민주주의의 확장을 의미하지는 않는다. 미국의 석유가 미국 사회에 민주주의의 대중화를 가져다주었지만 중동 지역에서는 그렇지 못했던 것처럼 에너지원, 물질의 특성이 민주주의를 결정짓지는 않는다. 재생 에너지원과 다른 여러 행위소가 어떤 연결망을 형성하는가에 따라 민주주의의 유형과 내용은 달라질 것이다. 이 책《탄소 민주주의》는 에너지원의 미래와 우리 사회의 민주주의 형태와의 관계에 대한 새로운 통찰을 제시해준다.

박진희(에너지기후정책연구소 소장, 동국대학교 교수)

2013년 에너지기후정책연구소에서 《에너지 안보》라는 책을 번역하면서 그 책에 인용된 티머시 미첼의 《탄소 민주주의》에 관심을 갖게 되었다. 이 책의 결론에 나오는 한 대목이 특히 눈길을 끌었다. "송유관과 펌프장, 정유 시설과 해상 운송 노선, 도로 시스템과 자동차 문화, 달러의 흐름과 경제 지식, 무기 전문가와 군사주의 사이에 만들어진 연결들을 추적하면서 어떻게 특정 관계들의 조합이 석유, 폭력, 금융, 전문 지식과 민주주의 사이에서 만들어졌는지 발견할 수 있기 때문이다." 하지만 이때만 하더라도 이 의미를 제대로 깨닫지 못했다.

《에너지 안보》 번역을 마치고 《탄소 민주주의》를 잊고 있었다. 언젠가 기회가 있겠지 생각하며 게으름에 차일피일 미루기만 하고 책을 들지 못했다. 그러던 중에 생각비행 출판사에서 번역을 제안해 기회를 잡았다. 하지만 출판사와 약속한 날짜를 어길 수밖에 없을 만큼 좀처럼 진도가 나가지 않았다. 역자들이 지식의 한계를 느낄 정도로 내용이 방대했다. 세계 근현대사를 아우르면서 이 나라에서 저 나라로 건너뛰는 신공에 놀라움을 감출 수 없었다. 역사적으로 보더라도 석탄과 석유는 산업혁명의 동력이었고, 이 에너지원의 변환은 특정 장소를 초월해 국가적, 지역적, 국제적으로 그리고 일상생활은 물론 경제적, 사회적, 환경적으로 거대한 전환과 함께했다. 그만큼 굵직한 사건도 많고, 작업 도중에 우리가 충분히 이해하지 못했거나 잘못 알고 있던 사실도 새로 접했다.

에너지의 '기술-사회적 접근'이라는 익숙하지 않은 이론적 틀에 대한 '친절한' 설명을 생략한 채 바로 본론으로 들어가는 책의 구성 때문에 어려움은 배가되었다. 장치, 기구, 메커니즘, 네트워크, 연결, 지점, 조합, 재현 등의 개념과 용어는 석탄, 석유, 국가, 제도에 비해서 낯설고 이해하기 쉽지 않은 표현들이다. 그렇다고 자연, 사회, 과학, 정치, 경제, 민주주의 등 제법 익숙한 언어들이라고 만만한 것은 아니었다. 상식이 되어 무비판적으로 쓰는 일상어들을 뒤집어보면 다른 방식으로 해석·번역되기 때문이다. 이런 사정으로 역자들은 생각보다 더 많이 공부하는 행운을 누릴 수 있었지만, 부족한 부분을 다 해결했다고 볼 수는 없을 것이다. 꼼꼼하게 챙기지 못한 부분도 있을 것이며, 저자의 문체에 실린 의도와 뉘앙스를 제대로 살리지 못한 부분도 있을 것이다. 아무쪼록 독서에 방해가 되지 않길 바랄 뿐이다.

이 지점에서 한 가지 밝히자면, 이 책의 부제는 원래 '석유 시대의 정치권력'이다. 비록 석탄보다 석유를 다루는 분량이 많긴 하지만, 엄연히 각 시대의 정치권력이 통시적으로나 공시적으로 차이가 있다는 판단에서 이 둘을 포괄하는 '화석연료 시대의 정치권력'으로 번역본의 부제를 수정했다. 하나의 에너지원만으로 돌아가는 사회는 없다고 볼 수 있으며, 석탄, 석유, 천연가스, 핵 그리고 다양한 형태의 재생 가능 에너지들이 서로 경쟁하거나 협력하는 과정을 거치면서 에너지 시스템이 형성되고 변화하기 때문에 새로운 부제가 오히려 이 책의 주장과 범위를 더 효과적으로 나타낼 수 있을 것이라고 판단했다.

사실 에너지, 특히 석유를 다룬 좋은 책들이 시중에 많이 나와 있다. 주로 번역서이긴 하지만 석유에 대해 역사적, 지정학적, 정치경제학적으로 심도 있게 다루는 책들이다. 최근에는 에너지와 기후 변화 위기를 배경으로 재생 가능 에너지까지 포함해 '에너지 전환'이나 '에너지 민주주의'를 화두로 삼는 책들이 제법 인기가 있다. 그러나 한편으로는 늘 아쉬움이 있었는데, 이 책이 일정 정도 그 아쉬움을 해소해주는 듯하다. 특히 석탄으로서의 민주주의, 석유로서의 민주주의, 재생 에너지로서의 민주주의라는 문제 제기는 우리에게 자연과 사회, 정치와 경제, 지상과 지하의 관계에 대한 새로운 프레임을 제공해준다. 이를 통해 독자들은 "에너지와 정치, 물질과 관념, 인간과 비인간, 계산과 계산의 대상, 재현과 폭력의 형태, 현재와 미래를 이어주"는 관점을 발전시킬 수 있을 것이다. 나아가 에너지를 민주주의와 연결하는 작업은 드문데, 특히 에너지와 노동이라는 측면에서 이 책은 새로운 시도라고 평가할 수 있다. 에너지 전환에서 에너지와 노동의 관계는 빠뜨리면 안 될 핵심 주제이지만 큰 관심을 받지 못하고 있기에 이 점은 이 책의 또 다른 공헌이라고 뽐내고 싶다.

책을 덮고 나면 이런 생각이 들지 모른다. 석탄의 시대는 그 에너지원의 특징과 작업 방식, 석탄이 흐르는 네트워크가 상호 작용해서 민주화에 도움이 되었지만, 석유의 시대는 민주화에 부정적인 영향을 미쳤다. 그렇다면 화석연료와 핵발전의 대안으로 이야기되는 재생 가능 에너지원은, 나아가 재생 가능 에너지 시대는 어떤 모습일까? 저자의 말을 빌리자면, 그런 구상에서 민주적 가능성을 섣불리 예측하기는 어려운 일이다. 그렇다면 질문을 바꿔야 한다. 각각의 에너지 사회-기술적 시스템 내에는 누군가에게 기회의 지점이 되기도 하고 취약성의 지점이 되기도 하는 네트워크와 연결점이 존재한다. 여기에 주목하는 것이 먼저다. 저자는 서론에서 이렇게 요약한다.

"그러한 전환에는 연결을 만들고 동맹을 형성하는 것이 포함되는데, 이 연결과 동맹은 물질적인 것과 관념적인 것, 경제적인 것과 정치적인 것, 자연적인 것과 사회적인 것, 인간적인 것과 비인간적인 것, 혹은 폭력과 재현 사이에 어떤 구분도 허용하지 않는다. 이 연결은 어떤 권력의 형태를 다른 권력의 형태로 바꿀 수 있다. 화석연료의 사용과 민주적 요구 사이의 상호 연결을 이해하려면 이러한 연결들이 만들어지는 방식, 이 연결들이 낳는 취약성과 기회, 그리고 통제에 특히 효과적인 좁은 통과 지점을 추적해야 한다. 정치적 가능성은 에너지의 흐름과 집중을 조직하는 여러 방식에 의해 열리기도 하고 닫히기도 했는데, 그 가능성은 에너지의 분배 및 통제와 관련해 조합되는 사람, 금융, 전문가, 폭력의 배열에 의해 촉발되기도 했고 제한되기도 했다."

따라서 재생 가능 에너지 민주주의가 반드시 더 민주적일 것이라고 가정할 근거는 없다. 에너지가 정치 형태를 결정한다는 또 하나의 '결정론'은 '관념론'만큼이나 경계 대상이다. 중요한 점은 "민주주의를 위한 가능성의 성패가 미래 에너지 시스템의 형성을 둘러싼 전투에 달려 있다는 것이다." 그렇다면 우리가 해야 할 다음 질문은 이런 게 아닐까? '탈핵 에너지 전환' 투쟁에서 사보타주는 어떻게 나타나고 있으며, 우리는 에너지 민주주의를 쟁취하기 위해서 어떤 기회와 취약성의 지점으로 흘러들어가야 할까? 저자나 역자가 이에 대한 해답을 줄 수는 없다. 온전히 독자들의 몫이다. 어쩌면 우리는 이미 부지불식간에 어느 지점에서 자리 잡고 다른 지점으로 움직이고 있는지도 모른다. 그 끝이 어디인지 모를 뿐.

이 책이 나오기까지 도움 주신 분들이 많다. 먼저 생각비행 출판사와 손성실 편집자의 격려와 수고를 빼놓을 수 없다. 수차례 원고 마감일 연기 요청을 흔쾌히 받아주시고 마음 편히 번역 작업에 집중할 수 있게 해주셨다. 특히 에너지기후정책연구소의 활동에서 번역 작업이 갖는 의미를 잘 이해해주셔서 더욱 감사할 따름이다. 다음으로《기후정의》에 이어 두 번째로 '돈 안 되는 번역 출판'을 지원해준 '서울대학교 이공대 신문사 펀드 모임'에 깊은 감사를 드린다. 좋은 돈을 좋은 곳에 쓸 수 있게 하는 것도 에너지기후정책연구소가 할 일이라고 생각한다. 마지막으로 연구소 식구와 회원들의 관심과 후원이 없었다면 애초에《탄소 민주주의》의 번역은 우리 몫이 아니었을 테니 역자들에게 이 책의 일등공신은 바로 그들이다.

한국의 탄소 민주주의는 어떤 상태일까? 물리적 에너지도 중요하지만, 우리가 더 관심을 두어야 하는 에너지는 사회적 에너지와 정치적 에너지일지 모른다. 이 운동 에너지야말로 전환의 네트워크를 움직이는 동력이기 때문이다.

2017년 4월 말 에너지기후정책연구소에서

역자들과 함께 이정필 씀

서론

1   2010년 튀니지, 이집트, 예멘, 바레인, 시리아의 일일 석유 생산량은 66만 8000배럴(이집트)에서 4만 4000배럴(바레인) 사이였다. 반면 알제리, 이란, 이라크, 쿠웨이트, 리비아, 사우디아라비아, 아랍에미리트, 카타르 등 8개 주요 산유국은 일일 석유 생산량이 1051만 배럴(사우디아라비아)에서 179만 배럴(리비아) 사이였다. 카타르의 일일 석유 생산량은 143만 배럴에 불과했지만 일인당 생산량은 가장 높았으며, 천연가스 생산량은 중동에서 두 번째로 많았다. 일일 석유 생산량이 86만 9000배럴이며 2011년 봄에 온건한 정치적 저항을 겪은 오만은 이 두 그룹 사이에 위치한다. 중동에서 석유 생산량이 매우 적거나 없는 다섯 나라 중 네 나라(이스라엘/팔레스타인, 요르단, 레바논)는 석유보다는 팔레스타인 분쟁에 정치적 이해관계가 얽혀 있으며, 모로코는 인산염 산업 붐을 타고 인산염 수출에 의존하고 있다. (석유 생산량은 원유 기준. 출처 www.eia.gov.)

2   지대국가rentier state 논의에서 석유의 물질성을 무시하는 이러한 경향의 중요한 예외는 다음에서 찾을 수 있다. Fernando Coronil, *The Magical State: Nature, Money and Modernity in Venezuela*, Chicago: University of Chicago Press, 1997. 이 책에 따르면 석유의 저주는 부의 형성을 이해하는 데 있어서 자연을 소거시키는 것과 연관이 있다. '석유 복합체oil complex'와 석유 복합체가 건설한 '통치 공간governable spaces'에 대한 마이클 와츠의 논의(Michael Watts, 'Resource Curse? Governmentality, Oil and Power in the Niger Delta, Nigeria', *Geopolitics* 9, 2004: 50-80)와 사우디아라비아에서 석유 생산을 조직화한 노동 체제와 이미지 메이킹에 대한 로버트 비탈리스의 연구(Robert Vitalis, *America's Kingdom: Mythmaking on the Saudi Oil Frontier*, 2nd edn, London: Verso, 2009)도 참조.

3   Rory Stewart, *Occupational Hazards: My Time Governing in Iraq*,

London: Picador, 2006: 280.

4   Mark Tessler and Amaney Jamal, 'Political Attitude Research in the
Arab World: Emerging Opportunities', *PS: Political Science and Politics*
39: 3, 2006: 433-7.

5   Ghassan Salamé, ed., *Democracy Without Democrats*, London: I. B.
Tauris, 1994.

6   Tessler and Jamal, 'Political Attitude Research'.

7   Bruno Latour, *Politics of Nature: How to Bring the Sciences into
Democracy*, Cambridge, MA: Harvard University Press, 2004; Lisa Disch,
'Representation as "Spokespersonship": Bruno Latour's Political Theory',
Parallax 14: 3, 2008: 88-100.

8   Coronil, *Magical State*: 107.

9   결론 참조.

10   Vaclav Smil, *Energy in Nature and Society: General Energetics of
Complex Systems*, Cambridge, MA: MIT Press, 2008: 204. 매장량을 채굴하기
더 어려워질 때 화석 에너지를 생산하는 데 필요한 에너지 양이 증가하는 문제,
즉 에너지 투입 대비 산출(EROI, energy return on energy invested)에 대해서
는 275~280쪽 참조.

11   Jean-Paul Sartre, *Critique of Dialectical Reason*, vol. 1, *Theory of
Practical Ensembles*, London: Verso, 1977: 154.

12   최근까지 석탄은 수백 년 동안 충분히 공급할 수 있을 만큼 매장되어 있어
서 석유보다 오래갈 것이라고 추정되었다. 그러나 최신 연구들은 석탄 매장량의
예측이 석유 매장량보다 더 믿을 수 없다고 주장한다. 세계에서 석탄 매장량이 가
장 많은 미국의 생산량은 이미 정점을 찍고 줄어들기 시작했으며, 전 세계 생산
량은 2025년에 정점에 도달한다는 것이다. Werner Zittel and Jorg Schindler,
'Coal: Resources and Future Production', EWG Paper no. 1/01, 10 July
2007, www.energywatchgroup.org.

13   R. Revelle, W. Broecker, H. Craig, C. D. Keeling and J. Smagorinsky,
'Atmospheric Carbon Dioxide', in *Restoring the Quality of Our Environment:
Report of the Environmental Pollution Panel*, Washington: White House,
President's Science Advisory Committee, November 1965: 126-7.

14 Intergovernmental Panel on Climate Change, *Fourth Assessment Report*, 2007, www.ipcc.ch. 고기후paleoclimate 데이터에 관한 제임스 핸슨James Hansen과 그의 동료들의 연구는 얼음이 녹는 피드백 루프feedback loop로 얼음 면적의 손실이 급격하게 가속화되어 더 극단적인 기후 변화를 초래해 대변동의 결과로 이어질 수 있다고 주장한다. 이러한 발견은 기후 변화에 관한 정부 간 패널IPCC의 심각한 경고조차 대단히 낙관적으로 보이게 한다. James Hansen, Makiko Sato, Pushker Kharecha, Gary Russell, David W. Lea and Mark Siddall, 'Climate Change and Trace Gases', *Philosophical Transactions of the Royal Society A*, vol. 365, 2007: 1,925-54.

15 엘마 알트파터Elmar Altvater는 이러한 이중의 위기에 대해 명쾌하게 설명하며, 이것이 자본주의의 논리와 화석 에너지의 물리적 특성 사이의 '조화로운' 시절이 끝나고 있음을 드러낸다고 주장한다('The Social and Natural Environment of Fossil Capitalism,' *Socialist Register* 43, 2007: 37-59). 이 책에서 나는 그러한 특성에 대해 다르게 설명하는데(예컨대 석유를 수송하는 것과 석탄을 수송하는 것은 매우 다르다) 이는 자본주의가 변하지 않는 일련의 '논리'를 갖는 역사적 과정이라는 개념과 다른 생각이다.

16 개빈 브리지Gavin Bridge는 산유국과 자원의 저주에 배타적으로 초점을 맞추는 태도에서 벗어나 석유 관련 기업들의 다양한 네트워크를 보도록 했다. 이는 석유의 생산과 정제, 유통뿐 아니라 탄소 포집과 저장, 탄소 배출권 거래와 관련된 기업들까지 아우르는데, 각각의 기업은 서로 다른 정치 체계에 속해 있을 수 있다. 'Global Production Networks and the Extractive Sector: Governing Resource-Based Development', *Journal of Economic Geography* 8, 2008: 389-419. 전환의 사회학sociology of transition과 의무 통과 지점obligatory passage points에 대해서는 다음을 참조. Michel Callon, 'Some Elements of a Sociology of Translation: Domestication of the Scallops and the Fishermen of St Brieuc Bay', in John Law, ed., *Power, Action and Belief: A New Sociology of Knowledge?*, London: Routledge, 1986.

17 Jacques Ranciére, *Hatred of Democracy*, London: Verso, 2006 참조. 랑시에르는 공적인 사안과 사적인 사안을 지정하는 배분의 논리에 대항하는 전투로서의 민주화 투쟁을 논한다.

1   E. A. Wrigley, 'Two Kinds of Capitalism, Two Kinds of Growth', in *Poverty, Progress, and Population*, Cambridge, UK: CUP, 2004: 68-86. 석탄은 일찍이 1880년대에 세계 상업 에너지의 주요 원천으로 나무와 여타 바이오매스 물질을 대체했지만, 20세기까지 이 화석 에너지의 상당량은 일부 국가들에서만 소비되었다. Bruce Podobnik, *Global Energy Shifts: Fostering Sustainability in a Turbulent Age*, Philadelphia: Temple University Press, 2006: 5.

2   Rolf Peter Sieferle, *The Subterranean Forest: Energy Systems and the Industrial Revolution*, Cambridge, UK: White Horse Press, 2001: 78-89; 'Why Did Industrialization Start in Europe (and not in China)?' in Rolf Peter Sieferle and Helga Breuninger, eds, *Agriculture, Population and Economic Development in China and Europe*, Stuttgart: Breuninger-Stiftung, 2003. Smil, *Energy in Nature and Society*도 참조.

3   Alessandro Nuvolari and Bart Verspagen, 'Technical Choice, Innovation and British Steam Engineering, 1800-1850', *Economic History Review* 62, 2009: 685-710; Alessandro Nuvolari, Bart Verspagen and Nick von Tunzelmann, 'The Early Diffusion of the Steam Engine in Britain, 1700-800: A Reappraisal', *Cliometrica*, 5 March 2011, 1-31; Alessandro Nuvolari, 'Collective Invention During the British Industrial Revolution: The Case of the Cornish Pumping Engine', *Cambridge Journal of Economics* 28, 2004: 347-63.

4   Sieferle, 'Why Did Industrialization Start?': 17-18.

5   John W. Kanefsky, 'Motive Power in British Industry and the Accuracy of the 1870 Factory Return', *Economic History Review* 32: 3, August 1979: 374. 영국의 석탄 사용 증가율은 1973년 이후 둔화되기 시작해 2009년에는 8만 5000메가와트에 그쳤다(www.decc.gov.uk 자료 참조). 영국에서 석탄은 이제 소수의 탄광에서만 소량 생산되지만, 누적 생산량은 약 290억 톤으로 추산된다. David Rutledge, 'Estimating Long-Term World Coal Production with Logit and Probit Transforms', *International Journal of Coal Geology* 85: 1, 2011: 23-33. 석탄의 명목 에너지 가치가 톤당 27기가줄GJ이라면, 영국의 누적 석탄 생

산량은 석유의 명목 에너지 가치를 배럴당 6.1기가줄로 환산할 경우 사우디아라비아에서 1936년부터 2008년까지 생산된 누적 석유 생산량, 약 1280억 배럴에 해당하는 양이라 할 수 있다.

6   Wrigley, 'Two Kinds of Capitalism': 75.

7   Jeffrey S. Dukes, 'Burning Buried Sunshine: Human Consumption of Ancient Solar Energy', *Climatic Change* 61: 1-2, November 2003: 33-41(1997년 기준); Helmut Haberl, The Global Socioeconomic Energetic Metabolism as a Sustainability Problem', *Energy* 31: 1, 2006: 87-99.

8   Sieferle, Subterranean Forest Kenneth Pomeranz, *The Great Divergence: China, Europe, and the Making of the Modern World Economy*, Princeton: Princeton University Press, 2000; Haberl, 'Global Socioeconomic Energetic Metabolism'.

9   Pomeranz, *Great Divergence*; Wrigley, 'Two Kinds of Capitalism'; Terje Tvedt, 'Why England and Not China and India? Water Systems and the History of the Industrial Revolution', *Journal of Global History* 5: 1, 2010: 29-50.

10   Pomeranz, *Great Divergence*.

11   Jacques Rancière, *Hatred of Democracy*, London and New York: Verso, 2009; Bernard Manin, 'The Metamorphoses of Representative Government', *Economy and Society* 23: 2, 1994: 133-71; Mark Knights, *Representation and Misrepresentation in Later Stuart Britain: Partisanship and Political Culture*, Oxford: OUP, 2006. 영국에서 투표 제한의 변화는 Neal Blewett, 'The Franchise in the United Kingdom 1885-1918', *Past and Present* 32, December 1965 참조.

12   Geoff Eley, *Forging Democracy: The History of the Left in Europe 1850-2000*, Oxford: OUP, 2002(제프 일리, 《The Left 1848-2000: 미완의 기획, 유럽 좌파의 역사》, 유강은 옮김, 뿌리와이파리, 2008). 제프 일리는 1860년대 유럽의 입헌제 전환이 이후의 민주주의 형성 과정에서 좌파가 역할을 할 수 있었던 토대가 되었다고 강조한다.

13   Eric Hobsbawm, *The Age of Empire, 1875-1914*, New York: Vintage, 1989: 88(에릭 홉스봄, 《제국의 시대》, 김동택 옮김, 한길사, 1998).

14 Sidney Pollard, *Peaceful Conquest: The Industrialization of Europe, 1760-1970*, Oxford: OUP, 1981: 120-1. 또한 유럽 자본은 멀리 떨어진 영국 식민지―나탈과 트란스발, 퀸즐랜드와 뉴사우스웨일스 일부, 서벵골―와 러시아의 도네츠 분지에서도 석탄 자원을 개발했다.

15 석탄 광산과 전체 산업에서의 1000명당 파업률은 각각 134와 72(1881~1886년), 241과 73.3(1887~1899년), 215와 66.4(1894~1900년), 208과 86.9 (1901~1905년)였다. P. K. Edwards, *Strikes in the United States, 1881-1974*, New York: St Martin's Press, 1981: 106.

16 Podobnik, *Global Energy Shifts*.

17 Clark Kerr and Abraham Siegel, 'The Interindustry Propensity to Strike: An International Comparison', in Arthur Kornhauser, Robert Dubin and Arthur M. Ross, eds, *Industrial Conflict*, New York: McGraw-Hill, 1934: 192. 보다 최근의 설명은 광산 공동체의 다양성 그리고 광부 노동자들이 다른 집단, 광산 소유주, 국가 당국과 맺는 정치적 관계의 복잡성을 강조한다. Roy A. Church, Quentin Outram and David N. Smith, 'The Militancy of British Miners, 1893-1986: Interdisciplinary Problems and Perspectives', *Journal of Interdisciplinary History* 22: 1, 1991: 49-66; Royden Harrison, ed., *Independent Collier: The Coal Miner as Archetypal Proletarian Reconsidered*, New York: St Martin's Press, 1978; Roger Fagge, *Power, Culture, and Conflict in the Coalfields: West Virginia and South Wales, 1900-1922*, Manchester: Manchester University Press, 1996; John H. M. Laslett, *Colliers Across the Sea: A Comparative Study of Class Formation in Scotland and the American Midwest, 1830-1924*, Champaign, IL: University of Illinois Press, 2000.

18 Carter Goodrich, *The Miner's Freedom: A Study of the Working Life in a Changing Industry*, Boston: Marshall Jones Co., 1925: 19.

19 Goodrich, *Miner's Freedom*: 14; Podobnik, *Global Energy Shifts*: 82-5. 석탄 광부들의 상대적 자율성과 기계화로 인한 자율성의 상실에 대해서는 다음을 참조. Keith Dix, *What's a Coal Miner to Do? The Mechanization of Coal Mining*, Pittsburgh: University of Pittsburgh Press, 1988; Chris Tilly and Charles Tilly, *Work Under Capitalism*, Boulder, CO: Westview Press,

1998: 43-51.

20   영국만 놓고 말하자면, 에드워드 파머 톰슨E. P. Tompson의 고전 *The Making of the English Working Class*, New York: Pantheon Books, 1964(《영국 노동계급의 형성》, 나종일 옮김, 창작과비평사, 2000)이 충분한 근거가 된다. 생활의 불안정성에 대해서는 Karl Polanyi, *The Great Transformation: The Political and Economic Origins of Our Time*, New York: Farrar & Rhinehart, 1944(칼 폴라니, 《거대한 전환: 우리 시대의 정치·경제적 기원》, 홍기빈 옮김, 길, 2009)와 Judith Butler, *Precarious Life: The Powers of Mourning and Violence*, New York: Verso, 2004(주디스 버틀러, 《불확실한 삶: 애도와 폭력의 권력들》, 양효실 옮김, 경성대학교출판부, 2008) 참조.

21   Donald Quataert, *Miners and the State in the Ottoman Empire: The Zonguldak Coalfield, 1822-1920*, New York: Berghahn Books, 2006; Joel Beinin and Zachary Lockman, *Workers on the Nile: Nationalism, Communism, Islam, and the Egyptian Working Class, 1882-1954*, Princeton: Princeton University Press, 1987: 23, 27-31.

22   Kathleen Canning, *Languages of Labor and Gender: Female Factory Work in Germany, 1850-1914*, Ithaca, NY: Cornell University Press, 1996: 130-3; G. V. Rimlinger, 'Labour and the State on the Continent, 1800-1939', The Cambridge Economic History of Europe, vol. 8, *The Industrial Economies: The Development of Economic and Social Policies*, ed. Peter Mathias and Sidney Pollard, Cambridge, UK: CUP, 1989: 576-8.

23   'Labor's Cause in Europe: The Kaiser's Conference and the English Strike', *New York Times*, 16 March 1890: 1.

24   Geoff Brown, *Sabotage: A Study in Industrial Conflict*, Nottingham: Bertrand Russell Peace Foundation for Spokesman Books, 1977.

25   Émile Pouget, *Le Sabotage*, Paris: M. Riviere, 1911[1909], English translation, *Sabotage*, transl. Arturo M. Giovannitti, Chicago: C. H. Kerr & Co., 1913.

26   옥스퍼드 영어사전에 따르면 1910년 "프랑스 철도 파업 노동자들의 사보타주"를 개탄한 영국의 《처치 타임스Church Times》 기사에서 그 용어가 처음 사용되었다. 제1차 세계대전 동안 그 말은 계획된 폭력이라는 의미를 부여받아 적군

자원의 불능이나 파괴와 관련한 군사 작전에서 사용되었다. 그러나 1921년 소스타인 베블런은 그 말의 일반적 의미를 "태업, 비능률, 서투름, 방해" 또는 세계산업노동자조합Industrial Workers of the World이 "능률에 대한 양심적인 철회"라고 지칭한 것으로 기술했다. Thorstein Veblen, *The Engineers and the Price System*, New York: B. W. Huebsch, 1921: 1.

27   Pouget, *Le Sabotage*에서 인용, raforum.apinc.org 참조.

28   Smil, *Energy in Nature and Society*: 228-30.

29   세계 최악의 탄광 재앙 중 하나였던 1906년 3월 10일의 가스 폭발로 쿠리에르 광산이 파괴되고 1100명이 사망했다. Robert G. Neville, 'The Courrieres Colliery Disaster, 1906', *Journal of Contemporary History* 13: 1, January 1978: 33-52.

30   Beverly J. Silver, *Forces of Labor: Workers' Movements and Globalization Since 1870*, Cambridge, UK: CUP, 2003: 98(비버리 실버, 《노동의 힘: 1870년 이후의 노동자운동과 세계화》, 백승욱 외 옮김, 그린비, 2005). 실버는 파업이 제조업보다 이러한 산업에 집중되었다는 점을 보여준다.

31   John H. M. Laslett, 'State Policy Towards Labour and Labour Organizations, 1830-1939: Anglo-American Union Movements', *Cambridge Economic History of Europe*, vol. 8: 522.

32   Randolph S. Churchill, *Winston S. Churchill: Young Statesman 1901-1914*, London: Heinemann, 1967: 365.

33   Friedrich Engels, 'The Bakunists at Work', in Karl Marx and Friedrich Engels, *Revolution in Spain*, London: Lawrence & Wishart, 1939, first published in Der Volksstaat, 31 October, and 2 and 5 November 1873. Adrian Shubert, *The Road to Revolution in Spain: The Coal Miners of Asturias 1860-1934*, Urbana: University of Illinois Press, 1987도 참조. 총파업에 대한 마르크스와 엥겔스의 반대는 바쿠닌Bakunin을 비롯한 무정부주의자들과의 논쟁을 낳았다. 이들의 갈등은 제1인터내셔널의 해산으로 이어졌다. 무정부주의자들은 총파업의 전형으로 지역에 기반을 둔 광범위한 반란을 옹호했다. 반면 마르크스와 엥겔스는 정치적 개혁을 통해 전국 단위에서 국가의 권력을 장악할 수 있도록 노동 계급의 꾸준한 조직화를 주장했다. 그들이 생각한 노동조합의 역할은 작업장 내 경제적 개선의 문제를 넘어서 노동 계급의 정치적 평등을 촉

진하고 노동 계급이 점차 그들 자신의 집단적 이해에 따라 행동하는 것이었다. Paul Thomas, *Karl Marx and the Anarchists*, London: Routledge & Kegan Paul, 1980: 249-340 참조.

34   Ernest Mahaim and Harald Westergaard, 'The General Strike in Belgium, April 1902', *Economic Journal* 12: 47, 1902; Janet L. Polasky, 'A Revolution for Socialist Reforms: The Belgian General Strike for Universal Suffrage', *Journal of Contemporary History* 27, 1992, 449-6; Carl E. Schorske, *German Social Democracy, 1905-1917: The Development of the Great Schism*, Cambridge, MA: Harvard University Press, 1983: 28-58.

35   Rosa Luxemburg, *The Mass Strike, the Political Party, and the Trade Unions*(a translation of Massenstreik, Partei und Gewerkschaften 1906), Detroit: Marxist Educational Society, 1925: 44(로자 룩셈부르크, 《대중 파업론》, 최규진 옮김, 풀무질, 1995). 조르주 소렐Georges Sorel은 *Reflections on Violence*, transl. Thomas Ernest Hulme, New York: B. W. Huebsch, 1914[1908]에서 총파업의 새로운 힘에 대한 당대의 또 다른 생각을 제공했다.

36   David Corbin, *Life, Work, and Rebellion in the Coal Fields: The Southern West Virginia Miners, 1880-1922*, Champaign, IL: University of Illinois Press, 1981; Thomas E. Reifer, 'Labor, Race and Empire: Transport Workers and Transnational Empires of Trade, Production, and Finance', in Gilbert G. Gonzalez, Raul A. Fernandez, Vivian Price, David Smith, and Linda Trinh Vo, eds, *Labor Versus Empire: Race, Gender, and Migration*, London: Routledge, 2004: 17-36; Rimlinger, 'Labour and the State': 582, 587.

37   William Lyon Mackenzie King, *Industry and Humanity: A Study in The Principles Underlying Industrial Reconstruction*, Boston: Houghton Mifflin, 1918: 494-5.

38   Thomas G. Andrews, *Killing for Coal: America's Deadliest Labor War*, Cambridge, MA: Harvard University Press, 2008; Ron Chernow, *Titan: The Life of John D. Rockefeller, Sr.*, New York: Random House, 1998: 571-90.

39   Jonathan Rees, *Representation and Rebellion: The Rockefeller Plan at* *the Colorado Fuel and Iron Company, 1914-1942*, Boulder, CO: University Press of Colorado, 2010.

40 이 책의 3장에서 살펴볼 내용과 비교해볼 것. 3장에서는 영국이 아랍의 석유 지역을 통치하는 방식으로 '민족 자결' 정책을 채택했다고 설명한다.

41 Lizabeth Cohen, *Making a New Deal: Industrial Workers in Chicago, 1919-1939*, Cambridge, UK: CUP, 1990: 171-2에서 인용.

42 'William Lyon Mackenzie King', *Dictionary of Canadian Biography Online*, www.biographi.ca 참조.

43 19세기 부의 막대한 증가에도 불구하고 산업화된 국가에서도 복지 정책은 20세기까지 개선되지 않았다. John Coatsworth, 'Welfare', *American Historical Review* 101: 1, 1996.

44 Susan Pedersen, 'The Failure of Feminism in the Making of the British Welfare State', *Radical History Review* 43, 1989: 86-110.

45 'The Last Traffic Jam', *Time*, 15 December 1947; Myron L. Hoch, 'The Oil Strike of 1945', *Southern Economic Journal* 15, 1948: 117-33.

46 Anthony Carew, *Labour Under the Marshall Plan: The Politics of Productivity and the Marketing of Management Science*, Detroit: Wayne State University Press, 1987; Victoria de Grazia, *Irresistible Empire: America's Advance through Twentieth-Century Europe*, Cambridge, MA: Harvard University Press, 2005: 336-75.

47 Darryl Holter, *The Battle For Coal: Miners and the Politics of Nationalization in France, 1940-1950*, DeKalb: Northern Illinois University Press, 1992; Adam Steinhouse, *Worker's Participation in Post-Liberation France*, Lanham: Lexington Books, 2001. Gabrielle Hecht, *The Radiance of France: Nuclear Power and National Identity after World War II*, Cambridge, MA: MIT Press, 1998. 이 책은 노동조합이 전후 노동자들의 정치적 역할을 형성하기 위해 핵발전이라는 새로운 형태의 에너지 생산에서 자신들의 정체성을 찾는 과정을 살펴본다.

48 Alexander Werth, *France, 1940-1955*, New York: Henry Holt, 1956: 351.

49 Carew, *Labour Under the Marshall Plan*: 136.

50 Raymond G. Stokes, *Opting for Oil: The Political Economy of Technical Change in the West German Industry, 1945-1961*, Cambridge, UK: CUP, 1994: 96. 유럽부흥계획의 운영을 책임지는 기구인 유럽협력국 European Cooperation Administration(ECA)은 정유 시설 추가 건설에 2400만 달러를 지출했고, 석유 구매 같은 다른 비용으로 책정된 유럽협력국 기금의 달러도 유럽협력국 대충자금counterpart funds과 함께 정유 시설 건설에 전용했다. David S. Painter, 'The Marshall Plan and Oil', *Cold War History* 9: 2, May 2009: 168. 유럽협력국의 책임자 폴 호프먼Paul Hoffman이 의회에 보고한 것처럼, 정유 시설 건설은 유럽 국가들의 극심한 달러 부족을 완화하기 위한 중요한 수단이었는데, 그로 인해 더 비싼 정제 제품이 아니라 원유를 수입할 수 있기 때문이었다. 유럽부흥계획의 표면적인 목적이 달러 부족을 해결하는 것이었음에도 미국 석유 기업들은 정유 시설 건설에 유럽부흥계획 기금을 사용하는 것을 제한하도록 하는 요구를 관철했다. US Congress, House of Representatives, Committee on Interstate and Foreign Commerce, Petroleum Study, Progress Report, 15 May 1950, 81st Congress, 2nd Session.

51 David Painter, 'Oil and the Marshall Plan', *Business History Review* 58: 3, 1984: 362; Painter, 'Oil and the Marshall Plan': 164-5; Nathan Citino, 'Defending the "Postwar Petroleum Order": The US, Britain, and the 1954 Saudi-Onassis Tanker Deal', *Diplomacy & Statecraft* 11: 2, 2000: 137-60; Fred Block, *The Origins of International Economic Disorder: A Study of United States International Monetary Policy from World War II to the Present*, Berkeley: University of California Press, 1977.

52 James Forrestal, 'Diaries of James V. Forrestal, 1944-1949', vols 9-10, 6 January 1948, in 'James V. Forrestal Papers, 1941-1949', Princeton: Seeley G. Mudd Manuscript Library. 또한 Ibid., vols 7-8, 2 May 1947; Painter, 'Oil and the Marshall Plan': 361-2 참조.

53 *Kern County Union Labor Journal*, 10 November 1917 and 18 May 1918. Nancy Quam-Wickham, 'Petroleocrats and Proletarians: Work, Class and Politics in the California Oil Industry 1917-1925', PhD dissertation, Department of History, University of California, Berkeley, 1994: 13-4에서 재인용.

54   Quam-Wickham, 'Petroleocrats and Proletarians'.

55   Alison Fleig Frank, *Oil Empire: Visions of Prosperity in Austrian Galicia*, Cambridge, MA: Harvard University Press, 2007: 140-72.

56   디젤 엔진을 갖추고 처음으로 대양을 항해한 배는 유조선 불카누스 Vulcanus였는데, 로열 더치사가 제작해 1910년 10월 진수했다. Frederik Carel Gerretson, *History of the Royal Dutch*, 4 vols, Leiden: E. J. Brill, 1953-57, vol. 4: 54-5.

57   Ronald Grigor Suny, *The Making of the Georgian Nation*, 2nd edn, Bloomington: Indiana University Press, 1994: 162-4; Robert Service, *Stalin: A Biography*, Cambridge, MA: Belknap Press of Harvard University Press, 2005: 48-50.

58   Robert W. Tolf, *The Russian Rockefellers: The Saga of the Nobel Family and the Russian Oil Industry*, Stanford, CA: Hoover Institution Press, Stanford University, 1976: 156.

59   Luxemburg, *Mass Strike*: 44.

60   바쿠의 어커트Urquhart 부영사가 스티븐스Stevens 영사에게 첨부한 보고서. 'Report for the Year 1905 on the Trade and Commerce of Batoum and District', 26 March 1906: 13, in United Kingdom Parliamentary Papers, House of Commons, vol. cxxvii, Command Paper 2682, no. 3566 Annual Series, Diplomatic and Consular Reports, Russia, 1906.

61   철도 노동자들을 상대로 한 스탈린의 1926년 연설. Ronald Grigor Suny, 'A Journeyman for the Revolution: Stalin and the Labour Movement in Baku, June 1907-May 1908', *Soviet Studies* 23: 3, 1972: 373에서 인용.

62   Solomon M. Schwarz, *The Russian Revolution of 1905: The Workers' Movement and the Formation of Bolshevism and Menshevism*, transl. Gertrude Vakar, Chicago: University of Chicago Press, 1967, Appendix 6: 'The Baku Strike of December, 1904: Myth and Reality': 303; Beryl Williams, '1905: The View from the Provinces', in Jonathan Smele and Anthony Haywood, eds, *The Russian Revolution of 1905*, London: Routledge, 2005: 47-8.

63   Tolf, *Russian Rockefellers*: 145-7. 이 단락과 다음 단락에 대한 나의 분

석은 다음을 참고했다. Richard Ryan Weber, 'Power to the Petrol: How the Baku Oil Industry Made Labor Strikes and Mass Politics Possible in the Russian Empire (and beyond)', MA thesis, Program in Liberal Studies, Columbia University, May 2010.

64 Tolf, *Russian Rockefellers*: 70-1; N. L. Madureira, 'Oil in the Age of Steam', *Journal of Global History* 5: 1, 2010: 79.

65 James Dodds Henry, *Baku: An Eventful History*, New York: Arno Press, 1977[1905]: 12; Arthur Beeby-Thompson, *The Oil Fields of Russia*, London: Crosby Lockwood & Son, 1904: 125-6; Hassan Hakimian, 'Wage Labor and Migration: Persian Workers in Southern Russia, 1880-1914', *International Journal of Middle East Studies* 17: 4, 1985: 443-62.

66 Report from Mr Vice-Consul Urquhart: 13; Tolf, *Russian Rockefellers*: 156-60; Henry, *Baku*, 149-218.

67 Robert Vitalis, *America's Kingdom: Mythmaking on the Saudi Oil Frontier*, 2nd edn, London: Verso, 2009 참조.

68 석유가 채굴되면 매장지의 압력은 떨어진다. 이때 펌프는 지표면으로 더 많은 석유를 옮기는 데 사용되기도 하고, 2차 유전에 물과 가스를 주입함으로써 매장지의 압력을 높이는 데 사용되기도 한다.

69 Daniel Yergin, *The Prize: The Epic Quest for Oil, Money, and Power*, New York: Simon & Schuster, 1991: 33(《황금의 샘》, 김태유 옮김, 고려원, 1993).

70 Mr Consul Stevens, 'Report for the Year 1905': 8.

71 Lewis Mumford, *Technics and Civilization*, New York: Harcourt, Brace, 1934: 235(《기술과 문명》, 문종만 옮김, 책세상, 2013).

72 주된 예외는 해군과 고속 여객선에 필수였던 사우스웨일스의 고품질 증기 석탄이었는데, 이 증기 석탄은 영국의 해외 석탄 공급소로 해상 운송되었다(H. Stanley Jevons, *The British Coal Trade*, London: E. P. Dutton, 1915: 684). 실제로 1903~1913년 영국이 유럽 밖으로 해상 운송한 석탄의 절반은 남아메리카의 리오데라플라타Rio de la Plata와 수에즈 운하, 딱 두 곳으로 운송되었다(Rainer Fremdling, 'Anglo-German Rivalry in Coal Markets in France, the Netherlands and Germany, 1850-1913', *Journal of European Economic*

History 25: 3, 1996: Table 2). 역사적으로 볼 때 영국에서 장거리로 해상 운송된 석탄의 경우 배의 중심을 잡기 위해 바닥에 놓는 물건ballast이나 보충물makeweight로 사용되기도 했고, 화물칸 뒤쪽에 싣는 낮은 요금의 혜택을 보기도 했다(William Stanley Jevons, *The Coal Question*, London: 1865: 227).

73 H. S. Jevons, British Coal Trade: 676-84. 1942~1944년에 전략사무국Office of Strategic Services(OSS)에서 군수품 부서를 이끈, 마셜 플랜의 설계자 중 한 명이었던 경제사학자 찰스 킨들버거Charles Kindleberger는 다음과 같이 제2차 세계대전 발발 당시를 회고했다.

> 석탄은 큰 수역을 횡단하지 못한다고 여겼다. 석탄이 영국의 석탄 공급소로 해상 운송되긴 했지만, 누구도 일반적인 물건처럼 대양을 횡단하는 방식의 국제 무역을 기대하지는 않았다. 마침 전쟁이 터져 유럽으로 석탄을 보내려고 석탄을 옮기기 시작했을 때조차도 … 유럽으로 보내려고 퓨젓 사운드Puget Sound만의 바지선 위에 클램 셸 버킷clam shell buckets(와이어로 매달아 밑으로 떨어뜨려 움켜쥐는 굴착기―옮긴이)으로 석탄을 실었지만, 결국에는 텍사스, 포틀랜드, 메인 등으로 갔다.

Richard D. McKinzie, 'Oral History Interview with Charles P. Kindleberger', Independence, MO: Harry S. Truman Library: 108-9, www.trumanlibrary.org/oralhist/kindbrgr.htm.

74 2005년 세계 석탄 생산량의 86퍼센트가 생산국에서 소비되었다. International Energy Agency, 'Coal in World in 2005', www.iea.org. 석유에 대해서는 Podobnik, *Global Energy Shifts*: 79 참조. (원유와 석유 제품의 톤-마일ton-miles과 관련한) 1970년 수치에 대해서는 United Nations Commission on Trade and Development, *Review of Maritime Transport 2007*, Geneva: UNCTAD, 2007 참조. 1970년에 석탄은 해상 무역에서 5퍼센트도 차지하지 않았다.

75 선박에 기인하는 소득에 대한 저율 과세, 외국인 선원의 자유로운 승무, 낮은 선박 구조 기준 등을 이유로 선박 소유자의 소재국이 아닌 외국에 등록한 선박을 뜻하며, 이러한 선박을 편의치적선이라고 한다―옮긴이.

76 토리 캐니언은 캘리포니아 유니언 오일 컴퍼니Union Oil Company of California의 버뮤다 기반 자회사가 소유한 유조선이었다. 라이베리아에 등록된 이 유조선은 BP와 용선 계약을 맺었으며, 1959년에 건조되었는데 1966년 일본의 조선

소에서 재화중량톤을 6만 6000톤에서 11만 9000톤으로 늘려 적재 화물의 중량이 늘어났다. 그리고 1967년 3월 영국 콘월 연안에서 좌초했다. 이 유조선은 최종 정착지가 어딘지 모르는 상태로 운항했고 영국 서남 해안 항로에 대한 구체적인 정보도 부족했다. 엄청난 규모의 석유 유출을 해결할 방법이 부족했던 탓에 해안선과 야생 동물의 피해가 극심했다. 영국 정부는 공군에 지시하여 네이팜탄을 쏴 석유를 태우려고 했지만 더 큰 피해가 발생했다. 이 과정에서 논란이 많은 무기의 보유와 폭격기의 부정확성(폭탄의 4분의 1 이상이 목표 지점에서 벗어났다)에 관한 문제까지 드러나게 되었다. John Sheail, 'Torrey Canyon: The Political Dimension', *Journal of Contemporary History* 42: 3, 2007: 485-504; Cabinet Office, *The Torrey Canyon*, London: HMSO, 1967.

77 Thorstein Veblen, *An Inquiry Into the Nature of Peace and the Terms of Its Perpetuation*, New York: Macmillan, 1917, rev. edn 1919: 167-4; *On the Nature and Uses of Sabotage*, New York: Oriole, 1919; *The Industrial System and the Captains of Industry*, New York: Oriole, 1919. 베블런의 주장은 Shimshon Bichler and Jonathan Nitzan, *The Global Political Economy of Israel*, London: Pluto Press, 2002에서 한층 발전되었다.

78 Thorstein Veblen, 'On the Nature of Capital', *Quarterly Journal of Economics* 23: 1, 1908: 104-36.

79 Andrew Barry, 'Technological Zones', *European Journal of Social Theory* 9: 2, 2006: 239-53. 다른 원자재들도 경쟁을 방지하기 위해 전 세계적으로 생산을 규제하는 유사한 문제를 드러냈다. 그러나 그 어떤 원자재도 석유만큼 생산·수송비가 저렴하지 않았고 석유만큼 막대한 양을 사용할 수 없었기 때문에 다른 원자재들은 희소성을 만들어내는 기술이 석유만큼 긴요하지 않았다. 정치적 기구의 구축에 관해서는 Andrew Barry, *Political Machines: Governing a Technological Society*, London: Athlone Press, 2001 참조.

80 미국의 국제 석유 정책에 대한 설명은 석유의 역사를 틀 짓는 개념으로 '국가 안보'를 받아들이는 경향이 있는데, 불가피한 자원의 희소성에 직면한 자본주의적 팽창의 논리라는 측면에서[Michael Klare, *Resource Wars: The New Landscape of Global Conflict*, New York: Henry Holt, 2001(《자원의 지배》, 김태유 옮김, 세종연구원, 2002) 및 Rising Powers, *Shrinking Planet: The New Geopolitics of Energy*, New York: Metropolitan Books, 2008(《21세

기 국제자원 쟁탈전》, 이춘근 옮김, 한국해양전략연구소, 2008)) 또는 자본주의
적 팽창의 조건을 지키려는 제국 권력의 필요성의 측면에서(Simon Bromley,
American Hegemony and World Oil, University Park, PA: Pennsylvania
State University Press, 1991 및 'The United States and the Control of World
Oil', *Government and Opposition* 40: 2, 2005: 225-55) 국가 안보의 진정한
의미를 드러낸다. 자본주의적 팽창 논리라는 측면에서 석유를 설명하는 것은 사
회-기술적 작업을 간과하여 석유를 둘러싼 다양한 투쟁을 자본의 논리를 전개하
고 안정시키는 단일한 내러티브로 바꿔버린다. 미국의 주요 석유 기업들이 '국가
안보'라는 측면에서 자신들의 프로그램을 프레임화하고 학계에서 이러한 관점을
재생산하는 것에 대해서는 Vitalis, *America's Kingdom* 참조.

81   Forrestal, 'Diaries', vols 9-10. 그는 1948년 1월 16일의 내각 회의에서
같은 주장을 했다(ibid., 2,026).

82   Tom McCarthy, *Auto Mania: Cars, Consumers, and the Environment*,
New Haven: Yale University Press, 2007: 107-8. 캘리포니아 석유 산업에 관
한 폴 세이번Paul Sabin의 연구는 석유의 희소성을 생산한 '소비의 인프라' 구축을
추적한다(Paul Sabin, *Crude Politics: The California Oil Market, 1900-1940*,
Berkeley: University of California Press, 2004). 에너지에 대한 미국인의 태도
에 관해서는 David E. Nye, *Consuming Power: A Social History of American
Energies*, Cambridge, MA: MIT Press, 1999 참조.

2장 | 요정 나라의 선물

1   Ronald W. Ferrier, *The History of the British Petroleum Company*,
vol. 1: *The Developing Years: 1901-1932*, Cambridge, UK: CUP, 1982: 92-
133.

2   Daniel Yergin, *The Prize: The Epic Quest for Oil, Money, and Power*,
New York: Simon & Schuster, 1991: 12.

3   Michel Serres, *The Parasite*, Minneapolis: University of Minnesota
Press, 2007(《기식자》, 김웅권 옮김, 동문선, 2002).

4   Gregory Nowell, *Mercantile States and the World Oil Cartel, 1900-
1939*, Ithaca, NY: Cornell University Press, 1994: 56-61; Robert W. Tolf,
The Russian Rockefellers: The Saga of the Nobel Family and the Russian

Oil Industry, Stanford, CA: Hoover Institution Press, 1976: 183-90; Yergin, *The Prize*: 121-33.

5   Stephen Hemsley Longrigg, *Oil in the Middle East*, London: OUP, 1968, 13-14.

6   Ralph Hewins, *Mr Five Per Cent: The Story of Calouste Gulbenkian*, New York: Rinehart, 1958: 30.

7   F. R. Maunsell, 'The Mesopotamian Petroleum Field', *Geographical Journal* 9: 5, May 1897: 530, 532.

8   Edward Mead Earle, *Turkey, the Great Powers, and the Bagdad Railway: A Study in Imperialism*, New York: Macmillan, 1923: 15; Dietrich Eichholtz, *Die Bagdadbahn: Mesopotamien und die deutsche Ölpolitik bis 1918*, Leipzig: Leipziger Universitätsverlag, 2007: 32.

9   Frederik Carel Gerretson, *The History of Royal Dutch*, vol. 3, Leiden: E. J. Brill, 1953-57: 240-1; Colonel John Ardagh, 'The Red Sea Petroleum Deposits', *Proceedings of the Royal Geographical Society and Monthly Record of Geography* 8: 8, 1886, 502-7.

10   Gerretson, *History*: 242

11   1912년 12월 에드워드 세실이 웨일 코언Waley Cohen에게 쓴 편지. Geoffrey Jones, *The State and the Emergence of the British Oil Industry*, London: Macmillan, 1981: 118에서 인용.

12   Jones, *Emergence*: 120-1.

13   A. A. Fursenko, *The Battle For Oil*, Greenwich, CT: Jai Press, 1990: 130-3; Ferrier, *History*, vol. 1: 43-4; Nowell, *Mercantile States*.

14   마스지드 이 술레이만은 석유 산업의 영웅적 역사에서 주장하듯 먼 곳에 있지 않았다. 이란 남부에서 가장 큰 강이자 배가 다닐 수 있는 유일한 수로인 카룬강 계곡에 있었다. 영국 기업 린치 브라더스Lynch Brothers는 페르시아만에서 이스파한까지 먼 거리를 독점하면서 카룬강에서 증기선을 운항했다. 그러나 바다까지 가는 육로는 240킬로미터인 데 비해 구불구불한 카룬강의 길이는 800킬로미터나 된다는 점이 전도유망한 석유 산업에는 문제가 되었다. 게다가 증기선은 아와즈 아래의 급류를 지날 수 없어서 급류에서는 (앵글로-페르시안 송유관 완공 이전의 석유를 포함한) 화물을 내리고 (1891년에 놓인) 작은 철로로 옮긴 다음에

다시 배에 실어야만 했다. Houtsma, A. J. Wensinck and T. W. Arnold, eds, *The Encyclopaedia of Islam*, 1st edn, vol. 2, Leiden: E.J. Brill, 1913-36: 779-80.

15 David Gilmour, *Curzon: Imperial Statesman*, New York: Farrar, Straus, & Giroux, 2003: 76.

16 William Strunk, 'The Reign of Shaykh Khaz'al Ibn Jabir and the Suppression of the Principality of Arabistan', PhD thesis, Department of History, Indiana University, 1977: 152.

17 M. E. Yapp, 'The Legend of the Great Game', *Proceedings of the British Academy*, 2001, vol 111.

18 Briton Cooper Busch, *Britain and the Persian Gulf, 1894-1913*, Berkeley: University of California Press, 1967.

19 Jones, *Emergence*, 56.

20 D. W. Spring, 'The Trans-Persian Railway Project', *Slavonic and East European Review* 54: 1, 1976: 60-82.

21 Mike Davis, *Late Victorian Holocausts: El Nino Famines and the Making of the Third World*, London: Verso, 2001: 158-8(마이크 데이비스, 《엘리뇨와 제국주의로 본 빈곤의 역사》, 정병선 옮김, 이후, 2008).

22 Ferrier, *History*: 43-4.

23 Ferrier, *History*: 69에서 인용. 페리어는 "인도에 투자한 것을 보호하기 위함"을 버마에서의 탐사 실패에 대한 보험으로 해석했다. 노웰Nowell이 《상업 국가와 세계 석유 카르텔*Mercantile States and the World Oil Cartel*》에서 지적한 것처럼 페리어는 과거 그에 대해 구체적으로 논의했음에도 불구하고 바쿠 송유관은 거론하지 않았다.

24 Ferrier, *History*: 92.

25 Marian Kent, 'The Purchase of the British Government's Shares in the British Petroleum Company, 1912-1914', in, *Moguls and Mandarins: Oil, Imperialism, and the Middle East in British Foreign Policy, 1900-1940*, London: Frank Cass, 1993: 36.

26 Donald Quataert, 'Limited Revolution: The Impact of the Anatolian Railway on Turkish Transportation and the Provisioning of Istanbul, 1890-

1908', *Business History Review* 51: 2, 1977: 139-60; *Workers, Peasants and Economic Change in the Ottoman Empire: 1730-1914*, Istanbul: Isis Press, 1993. 송유관 대용 철도와 훗날 모술의 석유 채굴 시도에 대해서는 Firat Bozçali, 'The Oil Pipeline on Wheels', MA thesis, Center for Near Eastern Studies, New York University, 2009 참조. 바그다드 철도에 대한 나의 설명은 Sam Rubin, 'Iron and Steel, Oil and Grain: The Baghdad Railway and the Worlds it Built', MA thesis, Department of Middle Eastern, South Asian and African Studies, Columbia University, 2011에 의존했다.

27　Eichholtz, *Die Bagdadbahn*: 32. 매리언 켄트Marian Kent는 유전에 대한 도이체방크의 취약한 권리 때문에 석유 개발이 지연되었다고 주장한다. 그러나 그 취약성은 청년터키당 혁명 이후에만 해당되는 것이기에 그것으로는 1904년에서 1908년까지의 석유 개발 지연을 설명하지 못한다. Marian Kent, *Oil and Empire: British Policy and Mesopotamian Oil, 1900-1920*, London: Macmillan, 1976: 24.

28　'Consul General at Berlin (Coffin) to Secretary of State', 4 August 1920, US Department of State, *Papers Relating to the Foreign Relations of the United States 1920*, Washington, DC: US Gevernment Printing Office, 1948-, 2: 660. 이하 FRUS 1920으로 표기.

29　Nowell, *Mercantile States*: 61-76은 램프용 석유 독점 그리고 이것과 메소포타미아 석유 채굴권과의 관계에 대한 내용을 상세하게 폭로한다.

30　John A. DeNovo, 'A Railroad for Turkey: The Chester Project, 1908-1913', *Business History Review* 33: 3, 1959: 313.

31　DeNovo, 'Railroad for Turkey': 318. 존 워싱턴에 대해서는 Edgar Wesley Owen, *Trek of the Oil Finders: A History of Exploration for Petroleum*, Tulsa, OK: American Association of Petroleum Geologists, 1975: 1,282 참조.

32　Gerretson, *History*: 243-48; Marian Kent, 'Agent of Empire? The National Bank of Turkey and British Foreign Policy', *Historical Journal* 18: 2, 1975: 367-89; *Oil and Empire*. 오스만 정부가 최초의 석유 개발권을 취소하길 원했을 수도 있지만, 새로운 개발권 협상으로 인해 스탠더드 오일이나 러시아의 석유 집단은 석유와 철도 거래에 대한 그들의 요구 사항을 밀어붙일 수 있게

되었다. 또한 조건을 협상하기 전 새로운 개발권의 가치를 결정하기 위해 시험 채굴을 해야 한다는 터키의 광업법 조항이 적용되었다. 이 역시 오스만 정부가 피하려고 애썼던 개발 지연으로 이어졌다. 'Consul General at Berlin (Coffin) to Secretary of State', 4 August 1920, FRUS 1920, 2: 661.

33 Marian Jack, 'The Purchase of British Government's Shares in the British Petroleum Company, 1912-1914,' *Past and Present* 39: 1, 1968: 142, 147.

34 Earle, *Turkey, the Great Powers, and the Bagdad Railway*: 255-63; Stuart A. Cohen, *British Policy in Mesopotamia, 1903-1914*, Reading: Ithaca Press, 2008: 198.

35 'Turkish Grand Vizier(Said Halim) to German Ambassador in Turkey(Wangheim), Constantinople', June 28, 1914, FRUS 1920, 2: 662.

36 터키석유회사에 관한 합의문서는 Edward Mead Earle, 'The Turkish Petroleum Company: A Study in Oleaginous Diplomacy', *Political Science Quarterly* 39: 2, 1924: 277-9의 부록에 수록되어 있다.

37 Jones, *Emergence*: 68, 85.

38 Winston Churchill, *The World Crisis, 1911-1918*, abridged and revised, ed. Martin Gilbert, London: Penguin, 2007: 75-6.

39 Jack, 'Purchase of British Government's Shares'; Ferrier, *History*: 105-6.

40 Randolph S. Churchill, *Winston S. Churchill: Young Statesman 1901-1914*, London: Heinemann, 1967: 365.

41 Anthony Mór-O'Brien, 'Churchill and the Tonypandy Riots', *Welsh History Review* 17: 1, 1994: 67-99.

42 'Employment of Military', Hansard, HC Deb, vol. 29, 22 August 1911, cc. 2,282-378.

43 Edmund Burke, *Prelude to Protectorate in Morocco: Precolonial Protest and Resistance, 1860-1912*, Chicago: University of Chicago Press, 1976. 영국과 프랑스의 침략성에 대한 현대적 관점은 E. D. Morel, *Morocco in Diplomacy*, London: Smith, Elder, 1912 참조.

44 Churchill, *World Crisis*: 41.

45 Jack, 'Purchase of British Government's Shares': 154. 10년 전 다른 석탄 광부 집단이 일으킨 유사한 파업으로 해군성 계획이 만들어졌다. 1903년에 석유 연료에 관한 왕립위원회Commission on Fuel Oil는 석탄에서 석유로의 부분적 전환을 권고했는데, 미국 노동 투쟁의 전환점이 되었던 1902년의 펜실베이니아 석탄 총파업이 미국의 석탄에서 석유로의 전환과 석유 수출 감소를 초래했다는 점을 일부 고려했기 때문이었다. 이를 계기로 해군성은 공급 안정성을 우려하게 됐다. Geoffrey Miller, *Straits: British Policy Towards the Ottoman Empire and the Origins of the Dardanelles Campaign*, Hull: University of Hull Press, 1997: Chapter 27.

46 Merrill Rippy, *Oil and the Mexican Revolution*, Leiden: Brill, 1972: 153; Jones, *Emergence*: 76.

47 Kenneth Grieb, 'Standard Oil and the Financing of the Mexican Revolution', *California Historical Quarterly* 50: 1, 1971.

48 Janet Afary, 'Social Democracy and the Iranian Constitutional Revolution of 1906-11', in John Foran, ed., *A Century of Revolution: Social Movements in Iran*, Minneapolis: University of Minnesota Press, 1994.

49 Mansour Bonakdarian, 'The Persia Committee and the Constitutional Revolution in Iran', *British Journal of Middle Eastern Studies* 18: 2, 1991: 190.

3장 | 피통치자의 동의

1 Robert W. Tolf, *The Russian Rockefellers: The Saga of the Nobel Family and the Russian Oil Industry*, Stanford: Hoover Institution Press, 1976: 196-212; Merrill Rippy, *Oil and the Mexican Revolution*, Leiden: E. J. Brill, 1972: 160-2; N. Stephen Kane, 'Corporate Power and Foreign Policy: Efforts of American Oil Companies to Influence United States Relations With Mexico, 1921-1928', *Diplomatic History* 1: 2, 1977: 170-98; Daniel Yergin, *The Prize: The Epic Quest for Oil, Money, and Power*, New York: Simon & Schuster, 1991: 232-3, 238-43.

2 Yergin, *The Prize*: 188.

3 Erez Manela, *The Wilsonian Moment: Self-Determination and the*

International Origins of Anticolonial Nationalism, Oxford: OUP, 2007.

4   V. I. Lenin, 'Second All-Russia Congress of Soviets of Workers' and Soldiers' Deputies: Report on Peace', in *Collected Works*, vol. 26: *October 1917–January 1918*, Moscow: Progress Publishers, 1960, Marxists Internet Archive, www.marxists.org/archive 참조. 또한 A. J. Mayer, *Wilson vs. Lenin: Political Origins of the New Diplomacy, 1917–1918*, Cleveland: World Publishing Company, 1969; Antonio Cassese, *Self-Determination of Peoples: A Legal Reappraisal*, Cambridge, UK: CUP, 1995: 14–18 참조.

5   V. I. Lenin, 'Plan of the Book Imperialism', *Collected Works*, vol. 39: *Notebooks on Imperialism*, Moscow: Progress Publishers, 1974: 230–9. 전집 39권에는 레닌의 '홉슨 노트Notebook on Hobson'와 '브레일스퍼드 노트Notebook on Brailsford'가 수록되어 있다.

6   Marcello de Cecco, *The International Gold Standard: Money and Empire*, 2nd edn, New York: St Martin's Press, 1984: 22–38.

7   Shula Marks and Stanley Trapido, 'Lord Milner and the South African State', *History Workshop* 8, 1979: 50–80 참조. 슐라 마크스와 스탠리 트라피도는 넓은 의미에서 *The War in South Africa: Its Causes and Effects*, London: J. Nisbet, 1900에서의 홉슨의 분석을 지지한다.

8   Y. G.-M. Lulat, *United States Relations with South Africa: A Critical Overview from the Colonial Period to the Present*, New York: Peter Lang, 2008: 31–47. 석유에 대해서는 Robert Vitalis, *America's Kingdom: Mythmaking on the Saudi Oil Frontier*, 2nd edn, London: Verso, 2009 참조.

9   W. T Stead, *Methods of Barbarism: The Case for Intervention*, London: Mowbray House, 1901.

10   J. A. Hobson, *Imperialism: A Study*, London: James Nisbet & Co., 1902; P. J. Cain, *Hobson and Imperialism: Radicalism, New Liberalism, and Finance 1887–1938*, Oxford: OUP, 2002.

11   Alfred Milner, *England in Egypt*, 11th edn, London: Edward Arnold, 1904: 358.

12   Lionel Curtis, *The Problem of the Commonwealth*, London: Macmillan, 1915: 60, 198.

13 Jan Christiaan Smuts, *Selections from the Smuts Papers*, ed. W. K. Hancock and Jean Van Der Poel, vol. 2, Cambridge, UK: CUP, 1966-73: 50-5, 304, 440-4, 530-2.

14 Jonathan Hyslop, 'Martial Law and Military Power in the Construction of the South African State: Jan Smuts and the "Solid Guarantee of Force" 1899-1924', *Journal of Historical Sociology* 22: 2, 2009: 234-68. 5년 전에 스무츠는 콘월의 광부들을 네덜란드계 백인들로 대체하자고 제안했다. 케이프 식민지Cape Colony의 지도자 존 메리먼John X. Merriman은 "나는 콘월 광부들에 관한 당신의 제안에 동의합니다" 그리고 "그들이 남아프리카공화국을 빨리 떠날수록 우리 모두에게 좋은 일이 될 것입니다. 보수를 더 많이 받고 무례한 그들이 자기 가족들을 데리고 1만 킬로미터 바닷길을 건넌다면 말입니다"라고 썼다. Smuts, *Selections*, vol. 2: 344.

15 Smuts, *Selections*, vol. 3: 464. 스무츠는 제국 전시 내각의 영국 해외 영토British dependencies 지도자 회의에 참여하려고 런던에 갔지만, 더 머물면서 웨스트민스터 정부가 전쟁을 지휘하려고 구성한 소위원회에 전시 내각의 구성원으로 참여했다. 스무츠에 대해서는 Mark Mazower, *No Enchanted Palace: The End of Empire and the Ideological Origins of the United Nations*, Princeton: Princeton University Press, 2009: 28-65 참조.

16 Shula Marks, 'Class, Ideology, and the Bambatha Rebellion', in Donald Crummey, ed., *Banditry, Rebellion, and Social Protest in Africa*, Oxford: James Currey, 1986: 351-72.

17 영국 장교 다섯 명이 오락을 위해 딘샤와이 마을의 비둘기를 사냥하다 마을 주민들과 충돌하는 과정에서 장교 한 명이 도망치다 일사병으로 사망했는데, 이에 영국 당국은 주민 52명을 군사법정에 세웠다. 네 명이 사형 선고를 받고 마을 주민들이 보는 앞에서 교수형을 당했다.

18 Henry Noel Brailsford, *The War of Steel and Gold: A Study of the Armed Peace*, 10th edn, London: G. Bell & Sons, 1918.

19 Siba N. Grovogui, *Sovereigns, Quasi Sovereigns, and Africans: Race and Self-Determination in International Law*, Minneapolis: University of Minnesota Press, 1996; William Roger Louis, 'The First World War and the Origins of the Mandates System', in *Ends of British Imperialism:*

The Scramble for Empire, Suez and Decolonization: Collected Essays, London: I. B. Tauris, 2006: 225-6; Antony Anghie, 'Finding the Peripheries: Sovereignty and Colonialism in Nineteenth-Century International Law', *Harvard International Law Journal* 40: 1, 1999: 51-7.

20　E. D. Morel, *King Leopold's Rule in Africa*, London: Heinemann, 1904; Red Rubber, London: T. Fisher Unwin, 1906. 1904년에 모렐은 로저 케이스먼트Roger Casement와 함께 콩고개혁협회Congo Reform Association를 세웠다. Adam Hochschild, *King Leopold's Ghost: A Story of Greed, Terror, and Heroism in Colonial Africa*, Boston: Houghton Mifflin, 1998(아담 호크쉴드, 《레오폴드 왕의 유령》, 이종인 옮김, 무우수, 2003) 참조.

21　Brailsford, *War of Steel and Gold*: 71.

22　Ibid.: 37. 충돌이 발생할 것이라고 예측한 사람이 거의 없었지만 전쟁이 발발하기 직전인 1914년 5월 출간된 브레일스퍼드의 책에서 비평가들은 "비관적이고 냉소적인" 점을 찾아냈다(Brailsford, *War of Steel and Gold*: 8). 전쟁과 그 원인에 대한 최근 연구는 Annika Mombauer, 'The First World War: Inevitable, Avoidable, Improbable or Desirable? Recent Interpretations on War Guilt and the War's Origins', *German History* 25: 1, 2007: 78-95 참조. 모로코에서의 독일 광업의 이해관계는 Joanne Stafford Mortimer, 'Commercial Interests and German Diplomacy in the Agadir Crisis', *Historical Journal* 10: 4, 1967: 440-56 참조. 바그다드 철도에 대한 프랑스 자본 참여의 봉쇄(그리고 알제리와 튀니지에 대한 프랑스의 지배를 오스만이 인정하지 않도록 막은 것)에 대해서는 Marian Kent, 'Agent of Empire? The National Bank of Turkey and British Foreign Policy', *Historical Journal* 18: 2, 1975 참조.

23　Brailsford, *War of Steel and Gold*: 249. 유럽 채무자들이 협력해 터키의 국제 투자를 관리하던 오스만 공공부채위원회는 또 다른 모델을 제공했다. 1904년 영국과 프랑스 협정의 비밀 조항들로 이뤄진 모로코에 관한 합의는 1911년 11월에 프랑스 신문에 의해 그리고 이듬해 봄 모렐의 저서(*Morocco in Diplomacy*, London: Smith, Elder & Co., 1912)를 통해 밝혀졌다. 모렐의 책은 전쟁 발발 이후 전국노동신문National Labour Press에 의해 《비밀 외교 10년: 무시된 경고*Ten Years of Secret Diplomacy: An Unheeded Warning*》라는 제목으로 재출간되었고, 1918년까지 다섯 차례 개정되었다. F. Seymour Cocks, *E. D. Morel: The Man* *and His Work*, London: Allen & Unwin, 1920: 199 참조.

24 'The League to Enforce Peace', *Advocate of Peace* 77: 7, July 1915: 168-70; 'Peace with a Punch', *New York Times*, 1 July 1915: 3; Thomas J. Knock, *To End All Wars: Woodrow Wilson and the Quest for a New World Order*, New York: OUP, 1992: 57(이 책은 당시 윌슨이 전시 연설에서 민족 자결에 대해 말했다는 주장을 반복한다).

25 캐슬에 대해서는 2장 참조. 멕시코에 대해서는 Kenneth J. Grieb, 'Standard Oil and the Financing of the Mexican Revolution', *California Historical Quarterly* 50: 1, March 1971: 59-71 참조.

26 Brailsford, *War of Steel and Gold*.

27 H. Hanak, 'The Union of Democratic Control during the First World War', *Historical Research* 36: 94, November 1963: 168-80.

28 Carl F. Brand, *British Labour's Rise to Power*, Stanford: Stanford University Press, 1941: 63, 72.

29 'British Labor's War Aims: Text of a Statement Adopted at the Special National Labor Conference at Central Hall, Westminster, on December 28, 1917', *International Conciliation* 4: 123, February 1918: 45-56(이 문서의 요약본은 *The Times*, 28 December 1917: 7에 실렸는데, 노동 조건의 국제 규제에 대한 요구 사항은 생략되었다). 'Labour War Aims: Views of Inter-Allied Conference', *The Times*, 25 February 1918: 3. 1917년 12월 노동 회의Labour Conference에서 승인된 제안서와 1918년 2월 연합국 사회주의자 회의Inter-Allied Socialist Conference와 노동 회의가 함께 승인한 판본 간의 유일하게 중요한 차이는 아프리카 영토의 운영 방식에 관한 것이었다. Henry R. Winkler, 'British Labor and the Origins of the Idea of Colonial Trusteeship, 1914-919', *Historian* 13: 2, 1951: 161-2.

30 베르사유 조약(26조로 이뤄진 1장은 국제연맹 규약을 구성한다)은 13장에서 노동에 관한 세부 사항을 명시했다(387~399조). 이 부분의 전문은 "근무일 수의 규제 … 실업 방지, 적절한 생활임금 제공, 질병·질환·부상으로부터의 노동자 보호 … 결사의 자유 인정 … 그리고 다른 조처들"과 같은 노동 조건의 시급한 개선을 요청했다. 'The Versailles Treaty June 28, 1918: Part XIII', Avalon Law Project: Documents in Law, History, and Diplomacy, avalon.law.yale.

edu/imt/partxiii.asp 참조. 국제노동기구에 대해서는 Markku Ruotsila, '"The Great Charter for the Liberty of the Workingman": Labour, Liberals, and the Creation of the ILO', *Labour History Review* 67: 1, April 2002: 29–47 참조.

31   George H. Cassar, *Lloyd George at War, 1916–1918*, London: Anthem Press, 2009: 42–3.

32   'Man-Power: Ministers' Conference with Labour, More Men from Munitions', *The Times*, 4 January 1918: 6; David R. Woodward, 'The Origins and Intent of David Lloyd George's War Aims Speech', *Historian* 34: 1, November 1971: 38. 알프레드 밀너는 8인의 전시 내각의 또 다른 구성원이었다. 커는 1910년에서 1916년까지 남아프리카공화국에서 밀너 밑에서 복무한 뒤 밀너 그룹의 저널인 《라운드 테이블*Round Table*》을 편집했다.

33   Grovogui, *Sovereigns*: 80.

34   'British War Aims: Mr Lloyd George's Statement, Justice For Small Nations, Alsace Lorraine, Reparations Vital', *The Times*, 7 January 1918: 7. 식민 지배의 새로운 방식인 "분산된 폭정decentralised despotism"은 Mahmood Mamdani, *Citizen and Subject: Contemporary Africa and the Legacy of Late Colonialism*, Princeton: Princeton University Press, 1996 참조.

35   윌슨은 1918년 2월 11일 연설에서 자신의 14개조 평화 원칙에 대한 독일과 오스트리아의 반응을 살피면서 처음으로 '민족 자결'이라는 표현을 사용했다. 하지만 그는 지나가는 말로만 그 문구를 사용했고, 평화 협상을 이끄는 4원칙의 요약에도 민족 자결은 포함되지 않았다. 민족 자결과 윌슨의 자기 통치 원칙 간의 차이에 대해서는 Trygve rontveit, 'The Fable of the Fourteen Points: Woodrow Wilson and National Self-Determination', *Diplomatic History* 35: 3, 2011: 445–81 참조.

36   미 국무부의 로버트 랜싱Robert Lansing은 민족 자결이 영국에 미칠 영향을 걱정했다. "(민족 자결 원칙이) 이란에, 인도에, 이집트에 그리고 보어인 민족주의자들에게 어떤 영향을 줄 것인가? 불만, 무질서와 반란을 확산시키지는 않을까?" 'Self-determination and the Dangers', memo by Lansing, 30 December, cited in William Stivers, 'International Politics and Iraqi Oil, 1918–1928: A Study in Anglo-American Diplomacy', *Business History Review* 55: 4, 1981:

536.

37   Stivers, 'International Politics and Iraqi Oil': 536.

38   Jan Smuts, 'The League of Nations: A Practical Suggestion', in John Dugard, ed., *The South West Africa/Namibia Dispute: Documents and Scholarly Writings on the Controversy Between South Africa and The United Nations*, Berkeley: University of California Press, 1973: 30.

39   David Olusoga and Casper W. Erichsen, *The Kaiser's Holocaust: Germany's Forgotten Genocide and the Colonial Roots of Nazism*, London: Faber & Faber, 2010.

40   John X. Merriman, letter to Smuts, 19 July 1908, in Smuts, *Selections*, vol. 2: 446-7.

41   Smuts, *Selections*, vol. 2: 239.

42   Letter from Secretary of State Elihu Root to Baron Speck von Sternberg, German ambassador in Washington, 17 March 1906, Pitman B. Potter, 'Origin of the System of Mandates Under the League of Nations', *American Political Science Review* 16: 4, November 1922: 580에서 인용.

43   Brailsford, *War of Steel and Gold*: 249.

44   J. A. Hobson, *Towards International Government*, New York: Macmillan, 1915: 141; Potter, 'Origin of the System of Mandates': 577-81.

45   George Louis Beer, 'The Future of Mesopotamia', in Louis Herbert Gray, ed., *African Questions at the Paris Peace Conference, with Papers on Egypt, Mesopotamia, and the Colonial Settlement*, New York: Macmillan, 1923: 424-5.

46   Carl F. Brand, 'The Attitude of British Labor Toward President Wilson during the Peace Conference', *American Historical Review* 42: 2, 1937: 246.

47   Henry Noel Brailsford, *After the Peace*, London: L. Parsons, 1920: 110, 119.

48   David Long, *Towards a New Liberal Internationalism: The International Theory of J. A. Hobson*, Cambridge, UK: CUP, 1996: 158에서 인용.

49   *Labour Leader*, 22 May 1919, Brand, 'Attitude of British Labor': 252에

서 인용.

4장 | 호의의 메커니즘

1　Frederick Lugard, *The Dual Mandate in British Tropical Africa*, 5th edn, Hamden, CT: Archon Books, 1965.

2　Ibid.: 61, 194.

3　James L. Gelvin, *Divided Loyalties: Nationalism and Mass Politics in Syria at the Close of Empire*, Berkeley: University of California Press, 1998: 87–137. 러시아가 전쟁에서 철수한 이후 영국과 프랑스는 양국의 전시 협정인 사이크스-피코 협정을 폐기하고 새로운 이익을 두고 협상했다. 프랑스는 모술을 영국에 양보했고, 영국은 프랑스의 시리아 침공과 점령에 합의하고 모술의 석유를 공유하기로 했다.

4　'Notes of a Meeting Held at Mr Lloyd George's Residence', in US Department of State, *Papers Relating to the Foreign Relations of the United States: The Paris Peace Conference, 1919* 5: 807.

5　다음을 참조. Abd al-Rahman al-Rafi'i, *Thawrat sanat 1919: Tarikh misr al-qawmi min sanat 1914 ila sanat 1921*, 2 vols, Cairo: Maktabat al-Nahda al-Misriya, 1946; Reinhard Schulze, *Die Rebellion der ägyptischen Fallahin 1919*, Bonn: Ballbek Verlag, 1981. 농촌의 빈곤과 철도에 대해서는 Ellis Goldberg, 'Peasants in Revolt: Egypt 1919', *International Journal of Middle Eastern Studies* 24: 2, May 1992: 261–80; and Nathan Brown, *Peasant Politics in Modern Egypt: The Struggle Against the State*, New Haven: Yale University Press, 1990. 도시의 파업 물결에 대해서는 Joel Beinin and Zachary Lockman, *Workers on the Nile: Nationalism, Communism, Islam, and the Egyptian Working Class, 1882–1954*, Princeton: Princeton University Press, 1987: 84–120.

6 •　Al-Rafi'i, *Thawrat sanat 1919*, vol. 2: 106–8.

7　Alfred Milner, 'Report of the Special Mission to Egypt', December 9, 1920, National Archives of the UK: Public Record Office (referred to hereafter as PRO), Cabinet Office Records, CAB/24/117: 13, 23–6.

8　Ali al-Wardi, *Lamahat ijtima'iya min tarikh al-'iraq al-hadith*, vol. 5,

Hawla thawrat al-'ishrin, 2nd edn, London: Kufan, 1991: 45-54.

9   'Minutes of Inter-Departmental Conference on Middle Eastern Affairs', 16 June 1920, PRO, Foreign Office Records, FO 371/5227-0002: 5.

10   Arnold Wilson, *SW. Persia: A Political Officer's Diary, 1907-1914*, London: Oxford University Press, 1941.

11   Edwin Montagu, Secretary of State for India, 'Mesopotamian Administration', 23 July 1920, PRO, CAB 24/109.

12   'Minutes of Inter-Departmental Conference on Middle Eastern Affairs': 5, 3.

13   Nicholas Dirks, *The Hollow Crown: Ethnohistory of an Indian Kingdom*, 2nd edn, Ann Arbor: University of Michigan Press, 1993; Mahmood Mamdani, *Citizen and Subject: Contemporary Africa and the Legacy of Late Colonialism*, Princeton: Princeton University Press, 1996; Karuna Mantena, *Alibis of Empire: Henry Maine and the Ends of Liberal Imperialism*, Princeton: Princeton University Press, 2010.

14   에미르는 사령관이라는 의미의 군대 호칭으로 사용되었으나 현재는 이슬람의 왕자나 통치자의 칭호로 사용된다—옮긴이.

15   Anthony Anghie, 'Finding the Peripheries: Sovereignty and Colonialism in Nineteenth-Century International Law', *Harvard International Law Journal* 40: 1, 1999: 48-1.

16   Lassa Oppenheim, *A Treatise on International Law*, vol. 1, Peace, 3rd edn, ed., Ronald F. Roxburgh, London: Longmans, Green, 1920: 168. 유사-주권과 보호령에 대해서는 다음을 참조. Siba N. Grovogui, *Sovereigns, Quasi-Sovereigns, and Africans: Race and Self-Determination in International Law*, Minneapolis: University of Minnesota Press, 1996.

17   1882년에 이집트를 점령했을 때 정부 재정에 대한 영국-프랑스의 통제에 반대하는 민중 반란을 억누르기 위해 영국은 명목상 오스만 술탄과 그의 지방 총독의 통치하에 이집트를 남겨 두고 이집트를 떠났다. 당시 정부 서한에서 장관들은 "영국-프랑스 보호"로서 이중의 통제를 언급하고 있다. Sir E. Malet to Earl Granville, Cairo, telegram, 7 May 1882, PRO, FO 407/20 참조.

18   Milner, 'Report': 7.

19 Stuart A. Cohen, *British Policy in Mesopotamia, 1903-1914*, Reading: Ithaca Press, 2008: 221-9.

20 Peter Sluglett, *Britain in Iraq: Contriving King and Country, 1914-1932*, New York: Columbia University Press, 2007: 15에서 인용.

21 Reidar Visser, *Basra, the Failed Gulf State: Separatism and Nationalism in Southern Iraq*, Münster: Lit Verlag, 2005: 59.

22 Cited in Sluglett, *Britain in Iraq*: 31.

23 Montagu, 'Mesopotamian Administration'.

24 Sir Percy Cox, 'Note on the Mesopotamia-Persia Situation', 30 July 1920, PRO, CAB 24/110; Visser, Basra.

25 Cox, 'Note on the Mesopotamia-Persia Situation'.

26 'Minutes of Inter-Departmental Conference on Middle Eastern Affairs': 8.

27 Memorandum by Churchill, 4 August 1921, PRO, CAB 24/126, and Memorandum by secretary of state for war, 17 August 1921, PRO, CAB 24/127, cited in William Stivers, *Supremacy and Oil: Iraq, Turkey, and the Anglo-American World Order, 1918-1930*, Ithaca: Cornell University Press, 1982: 78. 세금 납부를 보장하기 위해 마을을 폭격한 것이나 영국이 공군력을 이용한 다른 사례들은 다음을 참조. Sluglett, *Britain in Iraq*: 264-70.

28 'Persia and Mesopotamia', *The Times*, 10 June 1920: 17.

29 'Public Anger At Waste: Mesopotamia Debate To-Day, Urgent Coalition "Whip"', *The Times*, 23 June 1920: 16; 'Mesopotamia and Economy: Lord Curzon on Arab Rule, A Cabinet Committee', *The Times*, 26 June 1920: 16.

30 역사적 설명에서 종종 누락되곤 하는 산레모 석유 협정은 미 국무성 문서에서 찾을 수 있다. US Department of State, *Papers Relating to the Foreign Relations of the United States, 1920*, Washington, DC: US Government Printing Office, 2, 1935: 655-8. 프랑스의 지분에 대한 셸의 통제에 대해서는 다음을 참조. Gregory Nowell, *Mercantile States and the World Oil Cartel, 1900-1939*, Ithaca, NY: Cornell University Press, 1994: 80-160.

31 1911년에 미국 대법원은 스탠더드 오일 트러스트를 해체하고 여러 개의 회사로 나누었다. 가장 큰 두 개, 즉 뉴저지 스탠더드 오일(이후 엑손이 됨)과 뉴

욕 스탠더드 오일(이후 모빌이 되고, 1999년 엑손과 합병하여 엑손모빌을 형성)
은 록펠러 가문의 통제하에 남았는데, 이 책에서는 '스탠더드 오일'로 통칭한다.
록펠러의 기업들은 북부 이란에서 경쟁 관계에 있는 석유 채굴권에 조인하겠다
고 앵글로-페르시안 오일을 위협했고, 셸에 대해서는 프랑스에서 정부가 승인한
석유 독점 계획(2장에서 언급된 전쟁 전 프랑스-독일 등유 독점 프로젝트의 재등
장)을 약화시켰다. 이라크 석유에 대한 지분을 확보하기 위해 프랑스의 새로운
석유 컨소시엄인 프랑스석유회사Compagnie Française des Pétroles가 만들어졌는데, 스
탠더드 오일과 그 프랑스 동맹자들이 가장 많은 지분을 가졌고, 프랑스 독립 석유
기업들이 적은 지분을 나눠 가졌으며, 앵글로-페르시안 오일과 셸은 더 적은 지
분을 가졌다. 의회 내 좌파의 압력으로 이후 프랑스 정부는 이 컨소시엄의 지분
35퍼센트를 획득했다. Nowell, *Mercantile States*: 135-44, 160-222.

32 'Foreign Influences Behind Arab Uprising', 12 August 1920, PRO,
FO 371/5228-0002. 봉기에 대한 주장은 처칠의 글에서 반복해서 나타난다.
Winston S. Churchill, 'Foreign Incitement of the Turks to Attack Iraq', 13
December 1921, PRO, CAB 24/131.

33 Stivers, 'International Politics and Iraqi Oil, 1918-1928: A Study in
Anglo-American Diplomacy', *Business History Review* 55: 4, 1981: 536;
Supremacy and Oil: 109.

34 Churchill, 'Foreign Incitement of the Turks', CAB 24/131.

35 John A. DeNovo, *American Interests and Policies in the Middle East,
1900-1939*, Minneapolis: University of Minnesota Press, 1963: 210-28. 2장
에서 언급했듯이 이 미국 회사는 스탠더드 오일을 위해 전면에 나섰다고 비난받
은 체스터 그룹의 오스만-아메리칸 개발회사이다. 이 회사는 전쟁 후에 스탠더드
오일의 지지를 얻으려 했지만, 스탠더드 오일보다는 영국에 도전하는 터키의 도
구였던 것으로 보인다.

36 Toby Dodge, *Inventing Iraq: The Failure of Nation-Building and a
History Denied*, New York: Columbia University Press, 2003: 22-6.

37 Ronald W. Ferrier, *The History of the British Petroleum Company*,
vol. 1: *The Developing Years: 1901-1932*, Cambridge, UK: CUP, 1982: 583-
5. 이 협정하에서 앵글로-페르시안 오일, 셸 그룹, 프랑스 석유 자본으로 조직된
(스탠더드 오일, 앵글로-페르시안 오일, 셸 역시 부분적으로 소유권을 가졌던) 프

랑스석유회사, 그리고 스탠더드 오일을 필두로 하는 미국의 이익집단이 주도한 근동개발회사Near East Development Corporation가 각각 이라크석유회사의 지분을 23.75퍼센트씩 나눠 가졌고, 나머지 5퍼센트는 터키석유회사를 세운 오스만-아르메니안 기업가 캘루스트 굴벵키언이 가졌다. 레드라인은 이미 앵글로-페르시안 오일의 통제하에 있는 지역을 제외한 중동 전역(북아프리카 제외)을 포괄하도록 그어졌다.

38　Alzada Comstock, 'Russia's Oil Offensive', *Barron's*, 30 January 1928: 17.

39　Nowell, *Mercantile States*: 223-79.

40　Sarah Shields, 'Mosul Questions: Economy, Identity and Annexation', in Reeva Simon and Eleanor Tejirian, eds, *The Creation of Iraq, 1914-1921*, New York: Columbia University Press, 2004; Quincy Wright, 'The Mosul Dispute', *American Journal of International Law* 20: 3, July 1926: 453-64.

41　Dodge, *Inventing Iraq*: 32-7.

42　Milner, 'Report': 23, 35.

43　Lugard, *Dual Mandate*: 193.

44　Rashid Khalidi, *The Iron Cage: The Story of the Palestinian Struggle for Statehood*, Boston: Beacon Press, 2006: 31-48.

45　George Antonius, 'Syria and the French Mandate', *International Affairs* 13: 4, July-August 1934: 523-39.

46　Tsolin Nalbantian, 'Fashioning Armenians in Lebanon, 1946-1958', PhD thesis, Department of Middle Eastern, South Asian, and African Studies, Columbia University, 2010: 33.

47　Lugard, *Dual Mandate*: 58-9, 606.

48　Ibid.: 608. 위임 통치와 개발에 대해서는 다음을 참조. Antony Anghie, 'Colonialism and the Birth of International Institutions: Sovereignty, Economy, and the Mandate System of the League of Nations', *New York University Journal of International Law and Politics* 34: 3, 2002,: 513-633. 또한 다음을 참조. Priya Satia, 'Developing Iraq: Britain, India and the Redemption of Empire and Technology in the First World War', *Past and Present* 197: 1, 2007: 211-55. (T. E. 로런스는 점령을 비판하기 위해 '개발'이라는 주장을 사용했다. "우리는 세계의 이익을 위해 메소포타미아를 개발하려고

여기에 있습니다. 모든 전문가들이 노동력 공급이 메소포타미아 개발에 중요한 요인이라고 말합니다. 이번 여름 수만 명의 마을 주민, 도시민들의 죽음이 밀과 면화와 석유의 생산을 얼마나 가로막게 될까요?' 'A Report on Mesopotamia', *Sunday Times*, 22 August 1920).

49 Lugard, *Dual Mandate*: 61.

50 Francisco Parra, *Oil Politics: A Modern History of Petroleum*, London: I. B. Tauris, 2004: 12-13. 1931년 합의는 이라크석유회사에 북동부 지역에 대한 통제력을 부여했다. 그 후 10년간 북서부와 남부의 채굴권이 나왔을 때 이라크석유회사가 채굴권을 사들였고, 이로써 이라크 석유를 거의 전부 통제할 수 있게 되었다.

51 Stephen Longrigg, *Oil in the Middle East: Its Discovery and Development*, 3rd edn, London: OUP, 1968: 70-83, 174-82; DeGolyer & McNaughton, *Twentieth Century Petroleum Statistics*, Dallas: DeGolyer & MacNaughton, 2009.

52 1948년 2월 초 파드Fahd 동지로부터 온 옥중서신에서 인용. Hanna Batatu, *The Old Social Classes and the Revolutionary Movements of Iraq*, London: Saqi Books, 2004: 564.

53 Ibid.: 616.

54 Ibid.: 617.

55 Ibid.: 622.

56 Ibid.: 624.

57 Ibid.: 625.

58 Zachary Lockman, *Comrades and Enemies: Arab and Jewish Workers in Palestine, 1906-1948*, Berkeley: University of California Press, 1996: 243.

59 Ghassan Kanafani, 'The 1936-39 Revolt in Palestine', New York: Committee for a Democratic Palestine, 1972: 109, www.newjerseysolidarity. org. 카나파니는 이 장소의 이름을 바샨이라고 두 차례 언급하고 있으나 아마도 번역자의 오류로 보이며 따라서 베이산으로 정정했다. 또한 아인두르Ain Dur는 인두르로 정정했다. 아르드 알마르즈는 마르즈 이븐 아미르를 지칭한다.

60 Kanafani, 'The 1936-39 Revolt'. 송유관의 방어에서 영국과 시온주의자의 협력에 대해서는 다음을 참조. David Ben-Gurion, 'Our Friend:

What Wingate Did for Us', *Jewish Observer and Middle East Review*, 27 September 1963: 15-16.

61 178~179쪽의 지도 참조. 캘리포니아 스탠더드 오일(지금의 셰브론Chevron)은 1933년에 사우디아라비아 석유에 대한 권리를 획득했으며, 3년 후 텍사스 컴퍼니The Texas Company(텍사코Texaco)와 함께 합작투자 회사를 설립하고, 1947년에 이 합작회사를 뉴저지 스탠더드 오일(엑손)과 소코니 버큠Socony-Vacuum(모빌)까지 포함하는 것으로 확대하였다. 중동 송유관의 역사에 대해서는 다음을 참조. Rafael Kandiyoti, *Pipelines: Flowing Oil and Crude Politics*, London: I. B. Tauris, 2008: 49-83.

62 Lockman, *Comrades and Enemies*: 327, 331

63 Testimony of Samuel Mikunis to the UN Special Committee on Palestine, 13 July 1947, UN General Assembly, A/364/Add.2 PV, domino. un.org. 이전에는 팔레스타인의 아랍인들과 유대인 정착민들 모두의 운동이었던 팔레스타인 공산당은 1943년 아랍과 유대인 운동으로 분리되었지만, 미쿠니스가 이끄는 분파를 포함하는 유대인 분파들은 1947년 후반까지 아랍과 유대인의 협력에 찬성하며 유대인 국가를 세우려는 시온주의자들의 계획에 반대했다. Lockman, *Comrades and Enemies*: 303-51.

64 Douglas Little, 'Cold War and Covert Action: The United States and Syria, 1945-1958', *Middle East Journal* 44: 1, Winter 1990: 55-6; Irene Gendzier, *Notes from the Minefield: United States Intervention in Lebanon, 1945-1958*, 2nd edn, New York: Columbia University Press, 2006: 97-8.

65 Gendzier, *Notes from the Minefield*: 111-14, 131-2.

66 Irene C. Soltau, 'Social Responsibility in the Lebanon', *International Affairs* 25: 3, July 1949: 307-17; Elizabeth Thompson, *Colonial Citizens: Republican Rights, Paternal Privilege, and Gender in French Syria and Lebanon*, New York: Columbia University Press, 2000: 277-1; Malek Abisaab, '"Unruly" Factory Women in Lebanon: Contesting French Colonialism and the National State, 1940-1946', *Journal of Women's History* 16: 3, 2004: 55-82.

67 Na'im Amiouni(Amyuni), 'A Short History of our Pre-War and Post-War Economic Problems', 3 July 1946, cited in Gendzier, *Notes from the*

Minefield: 48.

68   Gendzier, *Notes from the Minefield*: 47-8, 145.

69   Ibid.: 112, 117.

70   Robert Vitalis, *America's Kingdom: Mythmaking on the Saudi Oil Frontier*, 2nd edn, London: Verso, 2009. 비탈리스는 석유 생산 조직에서 인종의 중요성, 사우디아라비아의 노동자들 및 다른 노동자들이 보다 평등한 노동 체제를 쟁취하기 위해 행한 지속적 노력들, 그리고 미국 기업들이 인종 차별을 유지하기 위해 고집스레 벌인 전투를 조명한다.

71   Vitalis, *America's Kingdom*: 92-5, 119, 171-84(강조는 비탈리스). 다음도 참조. William Eddy, Letter to Children, 23 November 1953, William A. Eddy Papers, Box 8, Folder 7, Public Policy Papers, Department of Rare Books and Special Collections, Princeton University Library; and Alexei Vassiliev, *The History of Saudi Arabia*, New York: New York University Press, 2000.

72   Ervand Abrahamian, *Iran Between Two Revolutions*, Princeton: Princeton University Press, 1982: 164-5.

73   Katayoun Shaee, 'Cracking Petroleum with Politics: Anglo-Persian Oil and The Socio-Technical Transformation of Iran, 1901-54', PhD thesis, Department of Middle Eastern and Islamic Studies, New York University, 2010; Fred Halliday, 'Trade Unions and the Working Class Opposition', *MERIP Reports* 71, October 1978: 7-3; Habib Ladjevardi, *Labor Unions and Autocracy in Iran*, Syracuse: Syracuse University Press, 1985: 61-9, 123-47; Ervand Abrahamian, *Iran Between Two Revolutions*.

74   Ervand Abrahamian, 'The 1953 Coup in Iran', *Science and Society* 65: 2, Summer 2001: 185-215.

5장 | 연료 경제

1   Karl Polanyi, *The Great Transformation: The Political and Economic Origin of Our Time*, New York: Farrar & Reinhart, 1944: 20(칼 폴라니, 《거대한 전환: 우리 시대의 정치·경제적 기원》, 홍기빈 옮김, 길, 2009).

2   'Address by the Honorable Henry Morgenthau, Jr., at the Closing

Plenary Session' (22 July 1944), in Department of State, ed., *United Nations Monetary and Financial Conference: Bretton Woods, Final Act and Related Documents, New Hampshire, July 1 to July 22, 1944*, Washington DC: US Government Printing Office, 1944: 7-10, www.ena.lu.

3   Donald A. Mackenzie, *An Engine, Not a Camera: How Financial Models Shape Markets*, Cambridge, MA: MIT Press, 2006.

4   Barry Eichengreen, *Global Imbalances and the Lessons of Bretton Woods*, Cambridge, MA: MIT Press, 2007: 40-1.

5   Degolyer & MacNaughton, *Twentieth Century Petroleum Statistics*, Dallas: DeGolyer & MacNaughton, 2009.

6   예를 들어 다음을 참조. Cornelius J. Dwyer, 'Trade and Currency Barriers in the International Oil Trade', Walter J. Levy Papers, Box 22, Folder 4, Laramie, Wyoming: American Heritage Center, University of Wyoming, 1949. 드와이어는 경제협력부(마셜 플랜을 담당했던 미국 정부 부서) 석유국의 참모였다. 국제 금융 체제의 공식 역사에서 석유를 소홀히 다룬 것은 다음의 예에서도 볼 수 있다. Barry Eichengreen, 'The British Economy Between the Wars', in Rodrick Floud and Paul Johnson, eds, *The Cambridge Economic History of Modern Britain*, Cambridge, UK: CUP, 2004; *Globalizing Capital: A History of the International Monetary System*, 2nd edn, Princeton: Princeton University Press, 1996; Francis J. Gavin, *Gold, Dollars, and Power: The Politics of International Monetary Relations, 1958-1971*, Chapel Hill: University of North Carolina Press, 2004.

7   해리 덱스터 화이트는 "국제 필수 원자재 개발 회사"를 주창했는데, 그 기능은 "필수 원자재의 공급을 늘리고 회원국에 적절한 가격으로 적당한 공급량을 보장하는 것"이었다. Harry Dexter White, 'United Nations Stabilization Fund and a Bank for Reconstruction and Development of the United and Associated Nations', preliminary draft, March 1942, Chapter III: 30. Harry Dexter White Papers, 1920-55, Box 6, Folder 6, Public Policy Papers, Princeton: Seeley G. Mudd Munuscript Library.

8   원래 비축 창고란 가격 안정과 흉작에 대비해 정부가 사들여 비축해놓는 농산물을 의미했다―옮긴이.

9 F. A. Hayek, 'A Commodity Reserve Currency', *Economic Journal* 53: 210/211, 1943: 176-84; Benjamin Graham, *Storage and Stability: A Modern Ever-Normal Granary*, New York: McGraw-Hill Book Company, Inc., 1937.

10 Minutes of National Oil Policy Committee, 18-19 April 1945, cited in Stephen J. Randall, *United States Foreign Oil Policy, 1919-1948: For Profits and Security*, Montreal and Kinston: McGill-Queen's University Press, 1985, 206.

11 Herbert Feis, 'The Anglo-American Oil Agreement', *Yale Law Journal* 55:5, 1946: 1, 174-5; Michael B. Stoff, 'The Anglo-American Oil Agreement and the Wartime Search for Foreign Oil Policy', *Business History Review* 55: 1, Spring 1981: 59-74.

12 DeGolyer & MacNoughton, *Twentieth Century Petroleum Statistics*.

13 OSS, Research and Analysis Branch, 'Comments on a Foreign Petroleum Policy of the United States', cited in Randall, *United Foreign Oil Policy*: 147.

14 Robert Vitalis, *America's Kingdom: Mythmaking on the Saudi Oil Frontier*, 2nd edn, Lodon: Verso, 2009: 62-125.

15 Arthur Millspaugh, *Americans in Persia*, Washington, DC: Brookings Institution Press, 1946: 8, cited in Simon Davis, '"A Projected New Trusteeship"? American Internationalism, British Imperialism, and the Reconstruction of Iran, 1938-1947', *Diplomacy & Statecraft* 17: 1, 2006: 31-72.

16 Feis, 'Anglo-American Oil Agreement': 1, 174.

17 Randall, *United State Foreign Oil Policy*: 138.

18 Feis, 'Anglo-American Oil Agreement': 1, 187.

19 통화 메커니즘에 대한 설명은 다음을 참조. Elliot Zupnick, 'The Sterling Area's Central Pooling System Re-Examined', *Quarterly Journal of Economics* 69: 1, February 1955: 71-84. 이집트는 1947년에 스털링 지역을 떠나는 데 합의했고, 제2차 세계대전 중에 런던에 축적된 파운드 잔고를 달러로 바꾸기를 희망했다. 그러나 얼마 지나지 않아 영국은 이집트의 파운드 잔고 태환을

유예함으로써 합의를 깼다. Fredrick Leith-Ross, 'Financial and Economic Development in Egypt', *International Affairs* 28: 1, 1952: 29-37.

20   Stephen Longrigg, *Oil in the Middle East: Its Discovery and Development*, 3rd edn, London: OUP, 1968: 79-80.

21   Steven Gary Galpern, *Money, Oil, and Empire in the Middle East: Sterling and Postwar Imperialism, 1944-1971*, Cambridge, UK: CUP, 2009: 15.

22   'Letter to Eddy from Paul H. Alling, Legation of the United States of America, Tangier, Morocco, August 9, 1945', William A. Eddy Papers, Box 8, Folder 6, Public Policy Papers, Department of Rare Books and Special Collections, Princeton University Library.

23   Vitalis, *America's Kingdom*: 79-86; Simon Davis, '"Projected New Trusteeship"' 참조.

24   포인트 포 프로그램은 1949년 1월 20일 트루먼 대통령이 저개발국의 발전을 위해 제창한 원조 계획으로, 그가 취임 연설에서 밝힌 평화와 자유를 위한 네 가지 정책 방침 중 네 번째 것을 의미한다. 미국의 자본과 기술 원조로 후진국의 경제를 개발하여 생활수준을 향상시키고 무역을 확대하려는 취지를 담고 있었는데, 이는 민간 자본에 투자 기회를 열어주는 것이기도 했다―옮긴이.

25   Harry S. Truman, 'Inaugural Address', 20 January 1949, available at the American Presidency Project, www.presidency.ucsb.edu. 린다 윌스 카임마카미Linda Wills Qaimmaqami는 트루먼의 기업 주도 발전 모델이 이란에서 석유 민족주의를 촉발하는 데 도움을 주었다고 주장했다. 'The Catalyst of Nationalization: Max Thornburg and the Failure of Private Sector Developmentalism in Iran, 1947-51', *Diplomatic History* 19: 1, 1995: 1-31.

26   Vitalis, *America's Kingdom*: 82.

27   1930~1940년대에 소련 주재 외교관으로 활동했고, 1950년대에는 모스크바 주재 미국 대사를 지낸 미국 내 대표적 소련 전문가―옮긴이.

28   George Kennan, 'The Chargé in the Soviet Union to the Secretary of State', 22 February 1946, US Department of State, *Papers Relating to the Foreign Relations of the United States, 1946*, Washington DC: US Government Printing Office, 1946, 6: 696-709, and (revised and published under the pseudonym 'X'), 'The Sources of Soviet Conduct', *Foreign Affairs* 25: 4, 1947: 566-82, at 575, 576.

29   George Orwell, 'You and the Atomic Bomb' (1945), in Sonia Orwell and Ian Angus, eds, *The Collected Essays, Journalism and Letters of George Orwell*, New York: Harcourt, Brace & World, 1968; Walter Lippmann, *The Cold War: A Study in US Foreign Policy*, New York: Harper, 1947.

30   John Maynard Keynes, *The General Theory of Employment, Interest, and Money*, London: Macmillan, 1936: 129(《고용 이자 및 화폐의 일반 이론》, 조순 옮김, 비봉출판사, 2007).

31   William Stanley Jevons, *The Coal Question: An Inquiry Concerning the Progress of the Nation and the Probable Exhaustion of Our Coal-Mines*, London: Macmillan, 1865. *The British Coal Trade*, London: E. P. Dutton, 1915에서 제번스의 아들인 H. 스탠리 제번스는 석유 매장량의 고갈 문제를 다시 다루었다. 그는 아버지가 예측한 영국 탄광 고갈 시점을 100년에서 '200년 이하'로 수정했다(756-7). John Maynard Keynes, 'William Stanley Jevons 1835-1882: A Centenary Allocation on his Life and Work as Economist and Statistician', *Journal of the Royal Statistical Society* 99: 3, 1936: 516-55. 강의는 1936년 4월 21일에 있었다. *The Coal Question*은 517쪽에 인용되었다.

32   이 부분을 비롯한 이 장의 몇몇 부분은 다음에서 가져온 것이다. Timothy Mitchell, 'Economists and the Economy in the Twentieth Century', in George Steinmetz, ed., *The Politics of Method in the Human Sciences: Positivism and Its Epistemological Others*, Durham, NC: Duke University Press, 2005: 126-41.

33   《거대한 전환》(1944)에서 폴라니는 19세기 '사회'의 출현을 시장 관계의 확산을 제한하고자 하는 규제와 통제의 체계로 설명했다. 이후 저작들에서 그는 시장 관계들을 '경제'의 출현으로 설명했다. Karl Polanyi, Conrad M. Arensberg and Harry W. Pearson, *Trade and Market in the Early Empires: Economies in History and Theory*, Glencoe: Free Press, 1957.

34   Adam Smith, *An Inquiry into the Nature and Causes of the Wealth of Nations*, London: Methuen, 1950[1776]: 327-8(애덤 스미스, 《국부론 (상) (하)》, 김수행 옮김, 비봉출판사, 2007).

35 Keith Tribe, *Land, Labour, and Economic Discourse*, London: Routledge & Kegan Paul, 1978: 80-109; Michel Foucault, *Security, Territory, Population: Lectures at the College de France 1977-1978*, London: Palgrave Macmillan, 2007(미셸 푸코,《안전, 영토, 인구: 콜레주드프랑스 강의 1977~1978》, 심세광 외 옮김, 난장, 2011).

36 Friedrich List, *Das Nationale System der Politischen Oekonomie*, Stuttgart and Tübingen: J. G. Cotta'scher Verlag, 1841. English translation, *National System of Political Economy*, transl. G. A. Matile, Philadelphia: J. B. Lippincott & Co., 1856: 281.

37 Jevons, *Coal Question*: 122, 125; 강조는 원문.

38 Great Britain, Committee on the Royal Mint, Report from the Select Committee on the Royal Mint, London: HMSO, 1849: 74; Angela Redish, 'The Evolution of the Gold Standard in England', *Journal of Economic History* 50: 4: 789-805.

39 Sandra J. Peart, '"Facts Carefully Marshalled" in the Empirical Studies of William Stanley Jevons', *History of Political Economy* 33, 2001, annual supplement: 252-76 참조.

40 List, 'Deutschlands Eisenbahnsystem in militarischen Beziehung' (1836), cited in Keith Tribe, *Strategies of Economic Order: German Economic Discourse, 1750-950*, Cambridge, UK: CUP, 1995: 63; translation of the term netzartig ('net-like') modied.

41 Peart, '"Facts Carefully Marshalled"'; Margaret Schabas, 'The "Worldly Philosophy" of William Stanley Jevons', *Victorian Studies* 28: 1, 1984.

42 Edward Hull, *The Coal-Fields of Great Britain*, 2nd edn, London: Edward Stanford, 1861: 236, 238-9, 243.

43 Jevons, *Coal Question*: 4, 170, 236-40.

44 Ibid.: v, xxiii-xxvi.

45 G. R. Searle, *A New England? Peace and War 1886-1918*, Oxford: Clarendon Press, 2004: 375-6.

46 Theodore M. Porter, *The Rise of Statistical Thinking, 1820-1900*, Princeton: Princeton University Press, 1986: 130.

47 Donald Mackenzie, *Statistics in Britain, 1865-1930: The Social Construction of Scientific Knowledge*, Edinburgh: Edinburgh University Press, 1981; Porter, *The Rise of Statistical Thinking*: 129-46, 270-314; Alain Desrosieres, 'Managing the Economy: The State, the Market, and Statistics', in Theodore Porter and Dorothy Ross, eds, *The Cambridge History of Science*, vol. 7: *Modern Social Sciences*, Cambridge, UK: CUP, 2003.

48 Porter, *Rise of Statistical Thinking*: 314.

49 Jacob Viner, 'The Present Status and Future Prospects of Quantitative Economics', *American Economic Review*, March 1928 (supplement), reprinted in J. Viner, *The Long View and the Short*, Glencoe: Free Press, 1958: 451, cited in Thomas M. Humphrey 'Empirical Tests of the Quantity Theory of Money in the United States, 1900-1930', *History of Political Economy* 5: 2, 1973: 307.

50 베블런은 사업이 사업가보다는 기술자에 의해 운영되어야 한다고 주장했는데, 기술자는 물질적 과정을 이해하고 자원의 보다 효율적인 이용에 관심을 갖는 데 반해 사업가는 이윤만을 생각하기 때문이다. 1902년 무연탄 광산의 대규모 파업에 대한 반응으로 미국 내 기술자들 사이에서 일어난 한 운동은 사업의 '기술적' 효율성만이 아니라 '경제적' 효율성도 통제하기를 원하며, 기술자와 조직된 노동자들 사이의 동맹을 요청했다. Donald R. Stabile, 'Veblen and the Political Economy of the Engineer: The Radical Thinker and Engineering Leaders Came to Technocratic Ideas at the Same Time', *American Journal of Economics and Sociology* 45: 1, 1986: 41-52.

51 James Tobin, 'Irving Fisher (1867-1947)', in J. Eatwell, M. Milgate and P. Newman, eds, *The New Palgrave: A Dictionary of Economics*, vol. 2, London: Macmillan, 1987: 369-76.

52 Mark Aldrich, 'Capital Theory and Racism: From Laissez-Faire to the Eugenics Movement in the Career of Irving Fisher', *Review of Radical Political Economics* 7: 3, 1975: 33-42.

53 국립보전위원회의 활동 이후 피셔는 예일 대학에서 '국민적 효율성'에 대한 새 강의를 열었고, 이를 "천연자원, 인종적 활력 그리고 사회 제도에 대한 연

구"로 설명했다. William J Barber, 'Irving Fisher of Yale', *American Journal of Economics and Sociology* 64: 1, 2005: 49.

54 Michael Bernstein, *A Perilous Progress: Economics and Public Purpose in Twentieth-Century America*, Princeton: Princeton University Press, 2001; Philip Mirowski, *Machine Dreams: Economics Becomes a Cyborg Science*, Cambridge, UK: CUP, 2002.

55 Mary S. Morgan, *The History of Econometric Ideas*, Cambridge, UK: CUP, 1990: 102.

56 John Maynard Keynes, *Indian Currency and Finance*, London: Macmillan, 1913.

57 Viviana A. Zelizer, *The Social Meaning of Money: Pin Money, Paychecks, Poor Relief and Other Currencies*, Princeton: Princeton University Press, 1997.

58 Perry Mehrling, 'Retrospectives: Economists and the Fed: Beginnings', *Journal of Economic Perspectives* 16: 4, Autumn 2002: 207–18.

59 John Maynard Keynes, *The Collected Writings of John Maynard Keynes*, ed. Donald Moggridge, London: Macmillan, 1971–9, vol. 13: 396–412, 420–1; vol. 29: 54–5; Robert Skidelsky, *John Maynard Keynes*, vol. 2: *The Economist as Saviour, 1920–1937*, London: Macmillan, 1992.

60 Alfred Marshall, *Principles of Economics*, 8th edn, London: Macmillan, 1920: 523.

61 J. Adam Tooze, 'Imagining National Economies: National and International Economic Statistics, 1900–1950', in Geoffrey Cubitt, ed., *Imagining Nations*, Manchester: Manchester University Press, 1998: 212–28. 다음도 참조. J. Adam Tooze, *Statistics and the German State, 1900–1945: The Making of Modern Economic Knowledge*, Cambridge, UK: CUP, 2001.

62 Daniel Bell, *The Coming of Post-Industrial Society: A Venture in Social Forecasting*, New York: Basic Books, 1976: 331–2(대니얼 벨, 《탈산업 사회의 도래》, 김동원 외 옮김, 아카넷, 2006).

63 Simon Kuznets, *National Income and Its Composition, 1919–1939*, Vol. 1, New York: National Bureau of Economic Research, 1941: xxvi.

64　Theodore J. Lowi, 'The State in Political Science: How We Become What We Study', *American Political Science Review* 86: 1, 1992: 1-7.

65　Hugo Radice, 'The National Economy: A Keynesian Myth?', *Capital and Class* 8: 1, 1984: 121.

66　Ibid.

67　Joseph Schumpeter, 'The Common Sense of Econometrics', *Econometrica* 1: 1, January 1933: 5.

68　Michel Callon, *The Laws of the Markets*, Oxford: Blackwell, 1998.

69　유가는 1920년 배럴당 31달러에서 1970년대에 9달러로 떨어졌다(2006년 달러화 가치 기준). 또한 10년간 평균 가격도 하락했는데, 1920년 배럴당 18달러에서 1930년대와 1940년대 15달러, 1950년대 14달러, 1960년대 12달러로 하락했다. *BP Statistical Review of World Energy 2007*, www.bp.com.

70　Dale W. Jorgenson, ed., *The Economics of Productivity*, Cheltenham: Edward Elgar, 2009. 로버트 에이레스Robert U. Ayres와 벤저민 워Benjamin Warr는 에너지 또는 엑서지exergy(유용한 활동으로 변환된 에너지)를 측정에 포함하는 것이 1900년 이래 미국의 모든 성장을 더 잘 설명할 수 있음을 보여준다. Ayres and Warr, 'Accounting for Growth: The Role Of Physical Work', *Structural Change and Economic Dynamics* 16: 2, 2005: 181-209.

71　Keynes, *General Theory*; John Hicks, *Value and Capital*, Oxford: OUP, 1939; Paul A. Samuelson, *Foundations of Economic Analysis*, Cambridge, MA: Harvard University Press, 1947; Kenneth J. Arrow and Gerard Debreu, 'Existence of an Equilibrium for a Competitive Economy', *Econometrica* 22: 3, 1954: 265-90.

72　Geoffrey M. Heal and Partha S. Dasgupta, *Economic Theory and Exhaustible Resources*, Cambridge, UK: CUP, 1979: 1.

73　Herman E. Daly, *Steady-State Economics: The Economics of Biophysical Equilibrium and Moral Growth*, San Francisco: W. H. Freeman, 1977.

74　Henry M. Wriston, 'Institute of Politics', *American Political Science Review* 20: 4, 1926: 853-4.

75　Stephen J. Randall, *United States Foreign Oil Policy 1914-1948*, 2nd edn, Montreal and Kingston: McGill-Queen's University Press, 2005: 199-

200.

76 Henry Hazlitt, *Will Dollars Save the World?*, New York: Appleton-Century, 1947. 그의 유럽 분석은 질서자유주의자ordoliberal 빌헬름 뢰프케Wilhelm Röpke의 주장에 근거하여 독일 경제에 대한 연합국의 통제를 공격하면서 시작한다.

6장 | 사보타주

1 중동과 북아프리카의 석유 생산은 1953년 라틴아메리카와 카리브해 국가들을 넘어섰고, 10년 뒤에는 미국도 넘어섰다. DeGoyer & MacNoughton, *Twentieth Century Petroleum Statistics*, Dallas: DeGolyer & MacNaughton, 2009.

2 Hanna Batatu, *The Old Social Classes and the Revolutionary Movements of Iraq: A Study of Iraq's Old Landed and Commercial Classes and of its Communists, Ba'thists, and Free Officers*, Princeton: Princeton University Press, 1978: 764-865; Joe Stork, 'Oil and the Penetration of Capitalism in Iraq', in Petter Nore and Terisa Turner, eds, *Oil and Class Struggle*, London: Zed Press, 1980: 172-98.

3 Edith Penrose and E. F. Penrose, *Iraq: International Relations and National Development*, London: Ernest Benn, 1978: 240-8.

4 석유가 민주주의에 끼친 영향에 관한 연구들은 이 문제를 고려하지 못하고 있다. Michael L. Ross, 'Does Oil Hinder Democracy?', *World Politics* 53: 3, April 2001: 325-61. 예를 들어 이 연구는 국내 총생산에서 석유 수출이 차지하는 비율과 정치 체제 데이터Polity data set를 근거로 측정한 민주주의의 정도 사이에 부정적 상관관계가 있음을 보여주었다. 이 데이터는 최고책임자 후보들이 선택되고, 선출되고, 책임을 지게 되는 제도적 과정의 평가로부터 도출된다. 이 데이터가 나타내는 여러 문제 중에는 민주주의에 대한 협소한 개념화, 측정의 낮은 신뢰성, 그리고 다양한 제도적 질서들이 민주주의의 보편적 원칙의 수준 차이를 나타내는 것으로 비교되고 서열이 매겨질 수 있다는 전제 등이 있다. 로스는 석유 수출과 정치 체제 데이터의 순위 사이의 통계적 관계의 근거를 제대로 제시하지 못하고, 석유 개발과 보다 민주적인 통치 형태의 출현 사이에서 상이한 관계를 경험한 베네수엘라와 인도네시아 같은 사례를 설명하지 못한다.

5 독립 기업들은 이란의 컨소시엄에서 명목적 지분을 가졌지만, 이라크에서

는 프랑스석유회사·굴벵키언의 지분이 27.5퍼센트로 훨씬 컸다. 쿠웨이트와 사우디아라비아에서 사업을 하는 기업들은 엄밀히 말해서 컨소시엄이 아니라 모기업들의 공동 소유 자회사들이었다.

6   *Twentieth Century Petroleum Statistics*; John Blair, *The Control of Oil*, New York: Pantheon Books, 1976: 81–5; Gregory Nowell, *Mercantile States and the World Oil Cartel, 1900–1939*, Ithaca: Cornell University Press, 1994: 270–5.

7   United Kingdom, Foreign Office, 'Searight's Account of His Interview with the Prime Minister', 9 April 1959, FO 371/141062, and 'IPC Believes Rumaila Oileld Has Huge Potential', 14 June 1961, FO 371/157725, National Archives of the UK: Public Record Office: Foreign Office: Political Departments: General Correspondence from 1906 to 1966, referred to in subsequent notes as FO 371, followed by the piece number. 이라크석유회사와 이라크 정부와의 협상에 대한 구체적인 역사는 다음을 참조. Samir Saul, 'Masterly Inactivity as Brinkmanship: The Iraq Petroleum Company's Route to Nationalization, 1958–1972', *International History Review* 29: 4, 2007: 746–92.

8   James Bamberg, *History of the British Petroleum Company*, vol. 3: *British Petroleum and Global Oil, 1950–1975: The Challenge of Nationalism*, Cambridge, UK: CUP, 2000: 131, 135.

9   'IPC Negotiations with Iraqi Government', 30 July 1959, FO 371/141068.

10   'Nationalization of IPC', 1 April 1959, FO 371/141061.

11   'IPC: Points Causing Breakdown in IPC Meeting', 2 October 1959, FO 371/141069.

12   'IPC Relinquishment', June 1959, FO 371/141066.

13   Bamberg, *History of British Petroleum*, vol. 3: 167.

14   Penrose and Penrose, *Iraq*: 288; Thomas Powers, 'Inside the Department of Dirty Tricks: Part One, An Isolated Man', *Atlantic Monthly*, August 1979; Roger Morris, 'A Tyrant 40 Years in the Making', *New York Times*, 14 March 2003: A29; Malik Mufti, *Sovereign Creations: Pan-Arabism and Political Order in Syria and Iraq*, Ithaca: Cornell University Press,

1996: 143-4. 브랜든 울프-허니컷Brandon Wolfe-Hunnicutt은 이 자료들의 증거를 평가하면서 미국 정부 내에서 카심과의 협력에 열려 있는 이들과 그의 제거를 주장하는 이들 사이의 전선 이동을 설명한다. 'The End of the Concessionary Regime: Oil and American Power in Iraq, 1958-1972', PhD thesis, Department of History, Stanford University, 2011: 26-90.

15 'Assessment of Iraqi Regime', 14 February 1963, FO 371/170502. On the list of names, see Wolfe-Hunnicutt, 'The End of the Concessionary Regime': 84-6.

16 Frontline, 'The Survival of Saddam', Interviews: James Akins, www. pbs.org/ wgbh/pages/frontline/shows/saddam/interviews/akins.html. 다음도 참조. Douglas Little, 'Mission Impossible: The CIA and the Cult of Covert Action in the Middle East', *Diplomatic History* 28: 5, 2004: 663-701.

17 'IPC Considers Options', 12 September 1963, FO 371/170505.

18 'Assessment of the Iraqi Regime', 14 February 1963, FO 371/170502.

19 'US Government Concerned About the Non-Cooperative Position Seemingly Adopted by IPC', 15 May 1963, FO 371/170504; 다음도 참조. FO 371/175777 그리고 FO 371/17578. 이라크가 이탈리아 회사 ENI에 국유화 시 기술 지원을 요청한 후에 로마의 영국 대사관은 이탈리아 정부에 ENI의 협력을 막도록 압력을 가하려 했다(FO 371/157725). 1964년 2월 미국과 영국은 다시 한번 이탈리아 정부에 ENI가 이라크에서 어떤 석유 계약도 하지 않도록 해줄 것을 요구했다. Wolfe-Hunnicutt, 'End of the Concessionary Regime': 144-74 참조.

20 George Ward Stocking, *Middle East Oil: A Study in Political and Economic Controversy*, Nashville: Vanderbilt University Press, 1970: 270-99; Marion Farouk-Sluglett and Peter Sluglett, *Iraq Since 1958: From Revolution to Dictatorship*, 3rd edn, London: I. B. Tauris, 2001: 99-100.

21 이러한 전개의 자세한 내용은 다음을 참조. Wolfe-Hunnicutt, 'End of the Concessionary Regime': 209-62.

22 Bamberg, *History of British Petroleum*, vol. 3: 171, 469-70.

23 Thorstein Veblen, 'On the Nature of Capital', *Quarterly Journal of Economics* 23: 1, 1908: 106.

24 Serge Mallet, *The New Working Class, translation of La nouvelle*

classe ouvrière(1969), transl. Andrée Shepherd and Bob Shepherd, Nottingham: Bertrand Russell Peace Foundation for Spokesman Books, 1975: 85-118.

25 Serge Mallet, *Essays on the New Working Class*, ed. and transl. Dick Howard and Dean Savage, St Louis: Telos Press, 1975: 41.

26 Ibid., 43.

27 Beverly Silver, *Forces of Labor: Workers' Movements and Globalization Since 1870*, Cambridge, UK: CUP, 2003: 98-100.

28 "공간적 해결책spatial fix"은 다음을 참고. David Harvey, *Spaces of Capital: Towards a Critical Geography*, Edinburgh: Edinburgh University Press, 2001.

29 Marc Levinson, *The Box: How the Shipping Container Made the World Smaller and the World Economy Bigger*, Princeton: Princeton University Press, 2006: 4.

30 Levinson, *The Box*: 11, 184-8.

31 'Roger Allen, Ambassador in Baghdad, to Foreign Office', 8 February 1964, FO 371/175780: cover note added 12 March 1964.

32 닛잔과 비클러는 이러한 관계에 대하여 중요한 연구를 제공한다. 그들은 주요 미국 기업들 사이에서 무기 생산이 큰 비중을 차지한다는 점과 미국 정부에 무기를 조달하는 것보다 해외에 수출하여 얻는 수익성이 압도적으로 높다는 점을 통해 이 동학을 설명한다. 그러나 그들은 달러 리사이클링의 역할과 무기 판매의 의도적 낭비성의 측면을 과소평가하는데, 특히 정부 지출의 다른 선택지가 제한된 산유국들의 사례에서 그런 점이 나타난다. Jonathan Nitzan and Shimshon Bichler, 'The Weapondollar-Petrodollar Coalition', in *The Global Political Economy of Israel*, London: Pluto Press, 2002: 198-273.

33 미국이 대규모 경상수지 적자를 통해서 해외로 달러를 유출하고 해외 국가나 기관이 미국 자산을 매입하는 과정에서 달러가 다시 미국으로 유입되는 과정을 말한다―옮긴이.

34 소스타인 베블런은 《유한계급론》(김성균 옮김, 우물이있는집, 2005)에서 '과시적 낭비conspicuous waste'의 역할을 지적하지만, 이를 군비 지출과 연결시키지는 않았고, 이후 《제국주의 독일과 산업혁명》에서의 논의에서도 마찬가지였

다. Thorstein Veblen, *The Theory of the Leisure Class: An Economic Study of Institutions*, New York: Macmillan, 1899: 36-42; *Imperial Germany and the Industrial Revolution*, New York: Macmillan, 1915.

35   Nitzan and Bichler, 'Weapondollar-Petrodollar Coalition': 206-10. 이 글을 보면 핵심 군수 기업들을 확인할 수 있다. 1950년대에는 미국 무기 수출의 약 95퍼센트가 정부의 재정 지원을 받았고, 1990년대에는 30퍼센트 정도의 지원을 받았다. Ibid.: 216.

36   Arms Transfers Database, Stockholm International Peace Research Institute, www.sipri.org/databases/armstransfers.

37   이 기종을 해군용으로 더 작게 개조한 F-111B는 너무 결함이 많아서 생산된 지 얼마 지나지 않아 그러먼Grumman의 F-14로 대체되었고, 이 비행기는 결국 그러먼을 파산에서 구해낸 거래를 통해 이란에 인도되었다. Marcelle Size Knaack, *Encyclopedia of US Air Force Aircraft and Missile Systems*, vol. 1, Washington, DC: Office of Air Force History, 1978: 222-63; Anthony Sampson, *The Arms Bazaar*, London: Hodder & Stoughton, 1977: 249-56.

38   Nitzan and Bichler, 'Weapondollar-Petrodollar Coalition': 198-273; James A. Bill, *The Eagle and the Lion: The Tragedy of American-Iranian Relations*, New Haven: Yale University Press, 1988.

39   Steven G. Galpern, *Money Oil and Empire in the Middle East: Sterling and Postwar Imperialism, 1944-1971*, Cambridge, UK: CUP, 2009: 268-82.

40   Foreign Office Minute, May 1971, FCO 8/1311, cited in William Roger Louis, 'The Withdrawal from the Gulf', in *Ends of British Imperialism: The Scramble for Empire, Suez and Decolonization: Collected Essays*, London: I. B. Tauris, 2006: 877-903, at 888. 이와 유사한 미국의 평가는 다음을 참조. Central Intelligence Agency, 'National Intelligence Estimate 34-69-IRAN', 10 January 1969, in US Department of State, *Papers Relating to the Foreign Relations of the United States, 1969-76*, vol. E-4: *Documents on Iran and Iraq, 1969-1972*, ed. Monica Belmonte and Edward C. Keefer, Washington DC: US Government Printing Office, Document 1, history.state.gov. 다음 주석에는 FRUS로 표기.

41   William D. Brewer, 'Memorandum from the Country Director for Saudi Arabia, Kuwait, Yemen and Aden to the Country Director for Iran', 27 February 1970, FRUS, Document 51; Douglas Little, 'The United States and the Kurds: A Cold War Story', *Journal of Cold War Studies* 12: 4, 2010: 71.

42   Douglas MacArthur, 'Embassy in Iran to the Department of State', 19 March 1970, FRUS, Document 55.

43   Sampson, *Arms Bazaar*: 248에서 인용.

44   다음 글은 미국의 반란 진압 전략의 연속성을 추적한다. Jeffrey Kimball, 'The Nixon Doctrine: A Saga of Misunderstanding', *Presidential Studies Quarterly* 36: 1, 2006: 59-74. Mahmood Mamdani, *Good Muslim, Bad Muslim: America, the Cold War, and the Roots of Terror*, New York: Pantheon, 2004: 63-118.

45   MacArthur, 'Telegram 1019'.

46   Harold Saunders, 'Memorandum for Dr Kissinger', 14 July 1972, FRUS, Document 212. 다음도 참조. Wolfe-Hunnicutt, 'End of the Concessionary Regime': 273.

47   Bill, *The Eagle and the Lion*: 200

48   뉴욕 은행들에 대해서는 MacArthur, 'Telegram 1019' 참조.

49   Bill, *The Eagle and the Lion*: 205; Little, 'The United States and the Kurds': 74-85.

50   Wolfe-Hunnicutt, 'End of the Concessionary Regime': 242-3.

51   Nitzan and Bichler, 'Weapondollar-Petrodollar Coalition'.

52   스웨덴은 이 금수 조치에서 예외였다. 스웨덴은 북대서양조약기구 회원국이 아니었으며, 다국적 석유 기업들과 독립적으로 활동하고 러시아와 거래할 만큼 강력했던 석탄, 철강, 정유 복합 기업(A. Johnson and Co.)이 있었다. Hans de Geer, 'Trading Companies in Twentieth-Century Sweden', in Geoffrey Jones, ed., *The Multinational Traders*, New York: Routledge, 1998: 141-4; and Peter R. Odell, *Oil and World Power*, Harmondsworth: Penguin, 1979: 48-71.

53   Stocking, *Middle East Oil*, 416-33.

54 John Wright, *Libya: A Modern History*, Baltimore: Johns Hopkins University Press, 1982: 105; M. S. Daoudi and M. S. Dajani, 'The 1967 Oil Embargo Revisited', *Journal of Palestine Studies* 13: 2, 1984: 71-2, 80. 사우디아라비아는 이미 아람코―이 미국 기업은 사우디아라비아 유전에서 지중해로 석유를 나르는 트랜스아라비안 파이프라인을 통제하고 있었다―가 석유를 다시 송유관으로 보내도록 허용했다. 그 경로 중 몇 마일이 남부 시리아의 일부이자 이제는 이스라엘의 점령하에 있는 골란 고원의 북동부 끄트머리를 지나고 있음에도 말이다.

55 트랜스아라비안 파이프라인 컴퍼니는 송유관 보수와 청소 그리고 보호 비용의 부담에 합의했다. James Feron, 'Israel in Accord with Aramco on Repair of Damaged Tapline', *New York Times*, 11 July 1969: 7; 'Israeli Jets Strike Military Targets in Egypt and Jordan', *Washington Post*, 17 September 1969: A26.

56 Uri Bialer, 'Fuel Bridge across the Middle East: Israel, Iran, and the Eilat-Ashkelon Oil Pipeline', *Israel Studies* 12: 3, 2007: 29-67. 이 송유관은 1956년 이스라엘의 시나이반도 침공 동안 이집트로부터 빼앗은 펌프 등의 설비를 합쳐서 200킬로미터의 파이프를 이용하여 건설되었다. 이후 더 작은 규모로 교체되어 이란의 더 적은 석유를 하이파의 정유 시설로 보내는 데 이용되었다. 1967년 이후의 송유관은 이스라엘로의 공급을 보장했지만, 아랍 석유에 대한 유럽의 의존을 줄이고자 하는 의도도 있었다.

57 1970년대에 이스라엘의 송유관을 운영하던 거래상 마크 리치Marc Rich는 이를 석유 판매 계약 체계를 무너뜨리고 현물 시장을 창출하는 데 활용했는데, 이는 거대 석유 기업들 내부와 그들 사이의 합의를 통해 유가를 결정하는 방법을 종식하고 석유 선물 투기 시장의 발전을 허용하게 되었다. 과거에는 금융 투기꾼의 전 지구적 위협을 제한하는 브레턴우즈 메커니즘의 일부였던 석유 자체가 금융 투기의 매개체가 된 것이다. Daniel Amman, *Thee King of Oil: The Secret Lives of Marc Rich*, New York: St Martin's Press, 2009: 64-86.

58 Elie Podeh, 'Making a Short Story Long: The Construction of the Suez-Mediterranean Oil Pipeline in Egypt, 1967-7', *Business History Review* 78: 1, 2004, 61-88.

59 Marshall I. Goldman, 'The Soviet Union', in Raymond Vernon, ed.,

The Oil Crisis, New York: Norton, 1976: 130. 엔리코 마테이는 탄화수소가 풍부한 알제리에서 프랑스에 대항해 독립 투쟁을 하던 알제리민족해방전선FNL과 맺은 계약 또한 유지했다(P. H. Frankel, *Mattei: Oil and Power Politics*, London: Faber & Faber, 1966: 120).

60 Joe Stork, *Middle East Oil and the Energy Crisis*, New York: Monthly Review Press, 1975: 153-7.

61 Francisco Parra, *Oil Politics: A Modern History of Petroleum*, London: I. B. Tauris, 2004: 122.

62 'Hopes Rise for Tapline Repair', *Washington Post*, 6 December 1970: 25; 'Pipeline in Syria is Reopened After Nine Months', *New York Times*, 30 January 1971: 3; Paul Stevens, 'Pipelines or Pipe Dreams? Lessons From the History of Arab Transit Pipelines', *Middle East Journal* 54: 2, 2000: 224-41.

63 'Chronology: May 16, 1970-August 15, 1970', *Middle East Journal* 24: 4, 1970: 500.

64 Alzada Comstock, 'Russia's Oil Offensive', *Barron's*, 30 January 1928: 17. 4장도 참조.

65 텍사스 쿼터 시스템은 1935년의 이른바 "핫 오일Hot Oil" 법안으로 불린 연방 코널리 법Connally Act으로 강제되었다. Harold F. Williamson, *The American Petroleum Industry*, 2 vols, Evanston: Northwestern University Press, 1959-63, vol 2: 543-4. 30년 후 석유수출국기구는 텍사스 쿼터 시스템을 자신의 국제 쿼터 시스템의 모델로 삼았다. Anthony Sampson, *The Seven Sisters: The Great Oil Companies and the World They Made*, London: Hodder & Stoughton, 1975: 92.

66 Williamson, *American Petroleum Industry*: 543-4. 다른 대안적 시장을 가질 수 없는 캐나다의 송유관 공급자들을 보호하기 위해 '육로' 수입은 수입 쿼터에서 면제되었다. 멕시코의 공급자들은 미국으로 석유를 보낼 수 있는 송유관이 없었지만, 동일한 면제 조항으로 이득을 봤다. 이전까지 배에 실어 뉴저지로 보내던 멕시코의 석유는 텍사스 브라운스빌Brownsville로 행로를 바꾸어 여기서 유조 트럭에 실은 다음 멕시코 국경을 지나 남쪽으로 12킬로미터를 이동한 다음 육로로 재수입되었다. Richard H. K. Vietor, *Energy Policy in America Since*

1945: A Study of Business-Government Relations, Cambridge, UK: CUP, 1984: 130.

67 Parra, *Oil Politics*: 89-109.

68 Morris Adelman, 'My Education in Mineral (Especially Oil) Economics', *Annual Review of Energy and the Environment* 22, 1997: 21; and *The Genie Out of the Bottle: World Oil Since 1970*, Cambridge, MA: MIT Press, 1995: 41-68.

69 Cited in Tore T. Petersen, *Richard Nixon, Great Britain and the Anglo-American Alignment in the Persian Gulf: Making Allies out of Clients*, Brighton: Sussex Academic Press, 2009: 38.

70 Parra, *Oil Politics*: 110-4; V. H. Oppenheim, 'Why Oil Prices Go Up (1): The Past: We Pushed Them', *Foreign Policy* 25, Winter 1976-7: 24-57; Morris Adelman, 'Is the Oil Shortage Real? Oil Companies As OPEC Tax-Collectors', *Foreign Policy* 9, Winter 1972-73: 86.

71 'Telegram 7307 From the Embassy in Tehran to the Department of State, December 23, 1971, 1300Z', Documents on Iran and Iraq 1969-1971, Document 155, history.state.gov.

72 주요 석유 기업들은 대개 소규모 사업자에게 유리한, 점증하는 수백 개의 면제 조항을 없애고 수입 쿼터를 합리화하기를 원했다. Vietor, *Energy Policy in America*: 135-44.

73 Eugene Birnbaum, *Changing the United States Commitment to Gold*, Princeton: Department of Economics, Princeton University, 1967.

74 페그제란 다른 화폐에 자국 화폐의 교환 비율을 고정시킨 것으로 일종의 고정 환율제에 해당한다—옮긴이.

75 Fred Block, *The Origins of International Economic Disorder: A Study of United States International Monetary Policy from World War II to the Present*, Berkeley: University of California Press, 1977: 164-202; William Engdahl, *A Century of War: Anglo-American Oil Politics and the New World Order*, 2nd edn, London: Pluto Press, 2004(윌리엄 엥달, 《석유 지정학이 파헤친 20세기 세계사의 진실: 영국과 미국의 세계 지배체제와 그 메커니즘》, 서미석 옮김, 길, 2007): 127-9. 엥달과 대조적으로 블록은 그 위기에 대한 석유

의 측면은 언급하지 않는다.

7장 | 결코 일어나지 않은 위기

1   Bernard Guerrien, 'Is There Anything Worth Keeping in Standard Microeconomics?', *Post-Autistic Economics Review* 12, 15 March 2002; Deirdre McCloskey, 'Yes, There is Something Worth Keeping in Microeconomics', *Post-Autistics Economics Review* 15, 2 September 2002.

2   Michel Callon, *The Laws of Markets*, Oxford: balsckwell, 1998; Donald Mackenxie, Fabian Miniesa and Lucia Siu, eds, *Do Economists Make Market? On the Performativity of Economics*, Princeton: Princeton University Press, 2007 참조.

3   *Middle East Economic Survey* 3, 1973: 14-16.

4   Francisco Parra, *Oil Politics: A Modern History of Petroleum*, London: I.B. Tauris, 2004: 183; Joe Stork, *Middle East Oil and the Energy Crisis*, New York: Monthly Review Press, 1975: 230; Christopher Rand, *Making Democracy Safe for Oil: Oilmen and the Islamic East*, Boston: Little, Brown, 1975: 317-18, 328-30.

5   Morris Adelman, 'The Real Oil Problem', *Regulation* 27:1, 2004: 16-21.

6   Dan Morgan, 'Legislation Proposed by Jackson to Offset Possible Oil Losses', *Washington Post*, 18 October 1973: A6.

7   Daniel Yergin, *The Prize: The Epic Quest for Oil, Money, and Power*, New York: Simon & Schuster, 1991: 617.

8   Robert Mabro, 'OPEC and the Price of Oil', *Energy Journal* 13: 2, 1992.

9   Ali Bulent Cambel, 'Energy', *Science Journal* 3: 10, 1967.

10   1945년부터 이후 25년 동안 주요 미국 신문에서 '에너지 위기'는 전후 유럽을 논하는 경우에서만 찾아볼 수 있는 말이었고('연료 위기fuel crisis'라는 단어로 더 많이 쓰였다), 《뉴욕타임스》의 경우에는 이 용어를 1954년 해리슨 브라운Harrison Brown의 《인류 미래의 도전The Challenge of Man's Future》 서평에서 사용했다(Orville Prescott, 'Books of the times', *New York Times*, 9 March 1954: 21). 1950년대와 1960년대 석유 및 여타 연료에 대한 우려는 전후 상황에서의 공포

에 의한 일반적인 '천연자원'의 문제 중 하나였고, 이 문제는 팔레이 위원회Paley Commission로 알려진 대통령 직속 천연자원위원회Commission on Natural Resource의 보고서로 잠잠해졌다.

11 대니얼 예긴의 설명에 따르면, 1969년 3월 산타 바바라 해협의 대규모 석유 유출로 인한 환경 캠페인의 동원이 석유 생산에 영향을 주는 요소이긴 했다. 하지만 핵심 문제는 특히 미국에서 빠르게 증가하는 석유 수요로 국내 석유 생산율이 정점에 달해 공급량이 부족했다는 점과 석유수출국기구가 처음으로 높은 유가를 밀어붙이기 시작했기 때문에 석유 공급이 빠듯해졌고, 그 후 1973년 10월에 아랍-이스라엘 전쟁에서 미국이 이스라엘 편에 섰기 때문에 공급량을 줄어들었다는 것이었다.

12 Richard Halloran, 'FPC's Head Warns Power Shortages are Possible Next Winter', *New York Times*, 11 August 1970: 20; Richard Harwood, 'Fuel-short US May Face Plant Closings, Rationing', *Washington Post*, 17 August 1970: A1.

13 Saul Alinsky, *Rule for Radicals: A Practical Primer for Realistic Radicals*, New York: Random House, 1971(솔 앨린스키, 《급진주의자를 위한 규칙》, 박순성 옮김, 아르케, 2008). William Cleaver, 'Wildcats in the Appalachian Coal Fields', In Midnight Note Collective, eds, *Midnight Notes, Midnight Oil: Work, Energy, War, 1972-1992*, Brooklyn: Autonomedia, 1992: 169-83 도 참조.

14 Stork, *Middle East Oil*: 121-5.

15 James Ridgeway, 'Who Owns America?', *New York Times Book Review*, 24 October 1971: 7. 다음도 참조. US Congress, Office of Technology Assessment, 'Assessment of Oil Shale Technologies, Vol. II: A History and Analysis of the Federal Prototype Oil Shale Leasing Program', July 1980(www.princeton.edu/~ota). 1975년 석유 기업들이 보유한 석탄, 우라늄, 태양광에 대한 지분 처분을 요구하는 법안이 미국 상원을 통과했으나 이후 석유 기업의 로비로 폐기되었다(Andrew S. McFarland, 'Energy Lobbies', *Annual Review of Energy* 9, 1984: 504). 1966년 미국 정부는 높은 국내 우라늄 가격을 지원하기 위한 수단으로 미국 원자로에 수입 우라늄 사용을 금지했다. 걸프 오일과 여타 미국 석유 기업들은 미국의 우라늄 수입 금지 조치에 대응하기

위해 캐나다 정부가 설립한 국제 우라늄 카르텔에 합류했고, 이는 우라늄 가격을 더욱 상승하게 만들었다(William Greider, 'Gulf: Uranium Cartel Raised US Prices', *Washington Post*, 17 June 1977: A1).

16 Stork, *Middle East Oil*:128.

17 Robert Sherill, 'Nassikas Sets Your Gas Bill', *Nation*, 17 Jan 1972: 73-9.

18 Jack Anderson, 'FPC Chief and Natural-Gas Rate Rise', *Washington Post*, 14 June 1971: B11; Jack Anderson, 'FPC Staff Disputed Industry Plan', *Washington Post*, 15 June 1971: B13; 'General Accounting Office, Report to the FPC', in 'Fattening Gas Prices', *Time*, September 1974; Sherill, 'Nassikas Sets Your Gas Bill'; Stork, *Middle East Oil*: 125-31.

19 Henry R. Linden 'The Evolution of an Energy Contrarian', *Annual Review of Energy and the Environment* 21, 1996: 32, 34, 38.

20 1974년 백악관 국가에너지국은 연방에너지청Federation Energy Administration으로 변경되었다. 결국 에너지부Department of Energy는 1977년 카터 행정부에서 신설되었다.

21 Richard H. K. Vietor, *Energy Policy in America since 1945: A Study of Business-Government Relations*, Cambridge, UK: CUP, 1984: 1-2.

22 James E. Atkins, 'International Cooperative Efforts in Energy Supply', *Annals of the American Academy of Political and Social Science* 410, 1973: 75-85.

23 Morris Adelman, 'Is the Oil Shortage Real? Oil Companies as OPEC Tax-Collectors', *Foreign Policy* 9, Winter 1972-73: 73.

24 몇 년 뒤 오펜하임V. H. Oppenheim은 같은 저널에 어떻게 이 공모가 전개되었는지 자세하게 설명했다. 'Why Oil Prices Go Up: The Past: We Pushed Them', *Foreign Policy* 25, 1976-7.

25 Richard B. Parker ed., *The October War: A Retrospective*, Gainesville: University Press of Florida, 2001. 이 책은 여러 주요 참여자들의 외교사에 관한 논의를 담고 있다. 사다트의 강화 제의에 대한 이스라엘의 반응을 "매우 융통성 없고, 반응도 하지 않았으며, 상상력이 부족"(58쪽)했다고 언급했지만, 여기서는 미국의 입장 또한 똑같았다는 점을 지적하지는 않았다.

26 Memorandum of Conversation between Muhammad Hafez

Ismail and Henry A. Kissinger, 20 May 1973, National Archives, RG 59, Department of State, Records of Henry Kissinger, Box 25, Cat C Arab-Israeli War, www.gwu.edu/~nsarchiv. 키신저는 샤와의 대화에서 미국의 입장을 설명했다. White House, 'Memorandum of Conversation', 24 July 1973, www.gwu.edu/~nsarchiv.

27   브레즈네프가 제안한 네 가지 원칙은 다음과 같았다. ①이스라엘 및 다른 국가들의 참여 보장 ②점령한 영토에서 충돌 금지 ③아랍 영토에서 이스라엘의 철수 ④모든 해협의 통과를 방해 없이 보장. Henry Kissinger, 'Memorandum for the President's Files, President's Meeting with General Secretary Leonid Brezhnev on Saturday, June 23, 1973 at 10:30 p.m. at the Western White House', San Clemente, California, HAKO, Box 75, Brezhnev Visit 18–25 June 1973, Memcons, www.gwu.edu/~nsarchiv.

28   1973년 10월 전쟁 전날 사우디아라비아는 미국에 서안 지구, 가자 지구, 그리고 1967년의 전쟁으로 점령한 영토에서 이스라엘이 철수하는 것을 바탕으로 한 1967년의 유엔 안전보장이사회 결의안 242호를 받아들이도록 이스라엘에 요청할 것을 촉구했다(Alexei Vassiliev, *The History of Saudi Arabia*, New York: New York University Press, 2000: 391). Donald Neff, 'Nixon Administration Ignores Saudi Warnings, Bringing On Oil Boycott', *Washington Report on Middle East Affairs*, October–November 1997: 70–2 도 참조.

29   United Nations Security Council, draft resolution S/10974, 24 July 1973, unispal.un.org.

30   White House, 'Henry Kissinger is provided with a report on the situation in Vietnam and other world development', memo., 20 August 1971, CK3100551156, Declassified Documents Reference System, Famington Hills, MI: Gale, 2011.

31   David Hirst, 'Arabs Acclaim Sadat Peace Plan as a Major Breakthrough', *Guardian*, 18 October 1973; William B. Quandt to Kissinger, 'Memoranda of Conversations with Arab Foreign Ministers', 17 October 1973, *National Security Archive*, 'The October War and US Policy', www.gwu.edu/~nsarchiv, 이하 NSA, 'October War'로 표기.

32   Edward Cowan, 'A Saudi Threat on Oil Reported', *New York Times*, 16 October 1973:1; Minutes, 'Washington Special Action Group Meeting', 17 October 1973, NSA, 'October War.'

33   Minutes, 'Washington Special Action Group Meeting', NSA, 'Octorber War'.

34   'C-5 History', www.globalsecurity.org; James Schlesinger, 'The Airlift', in Richard B. Parker, ed., *The October War: A Retrospective*, Gainesville: University Press of Florida, 2001: 153-60.

35   Parra. *Oil Politics*: 177-9.

36   US Embassy Kuwait to State Department, 'Atiqi Comment on OAPEC Meeting', 19 Octorber 1973, NSA, 'October war'.

37   Minutes, 'Washington Special Action Group Meeting', NSA, 'October War'

38   Anthony Sampson, *The Seven Sisters: The Great Oil Companies and the World They Made*, London: Hodder & Stoughton, 1975: 265. 1975년 2월 진행한 아랍석유수출국기구Organization of Arab Petroleum Exporting Countries(OAPEC. OPEC이 아니라 샘슨이 적었듯이 OAPEC으로 표기)의 사무총장 아티가와의 인터뷰를 인용. 이스라엘의 협상 거부를 지원하는 나라들을 대상으로 한 이 금수 조치는 미국에 처음으로 내려졌고, 이후 네덜란드, 남아프리카공화국, 로디지아로 확대되었다. 포르투갈은 미국이 이스라엘에 무기를 공수하기 위해 요청했던 포르투갈 영토 아조레스 지역의 사용을 허가한 뒤 금수 조치 대상에 포함되었다(Ian Seymour, *OPEC: Instrument of Change*, New York: St Martin's Press, 1981: 119).

39   Yergin, *The Prize*: 607.

40   Parra, *Oil Poltics*: 183-4.

41   키신저가 높은 가격을 지지한 것에 대해서는 다음을 참조. Tore T. Petersen, *Richard Nixon, Great Britain, and the Anglo-American Alignment in the Persian Gulf and Arabian Peninsula: Making Allies Out of Clients*, Eastbourne: Sussex Academic Press, 2009: 8-14. 또한 Parra, *Oil Politics*: 197-205.

42   Minutes, 'Washington Special Action Group Meeting', NSA, 'Otober

War'. 알래스카는 1988년 최대 일산 200만 배럴의 석유를 생산했다. 같은 해 아랍 국가들은 일산 1500만 배럴을 초과했다. www.eia.gov과 DeGoyer & MacNaughton, *Twentieth Century Petroleum Statistics*, Dallas: DeGoyer & MacNaughton, 2009 참조.

43 Saul Bronfeld, 'Fighting Outnumbered: The Impact of the Yom Kippur War on the US Army', *Journal of Military History* 71: 2, 2007.

44 Jonathan Nizan and Shimshon Bicher, 'The Weapondollar-Petrodollar Coalition', in *The Global Political Economy of Israel*, London: Pluto Press, 2002: 198-273.

45 스톡홀름국제평화연구소SIPRI의 무기 수송 관련 데이터는 armstrade.sipri. org에서 확인할 수 있다.

46 Morris Adelman, *The World Petroleum, Market*, Baltimore: Johns Hopkins University Press, 1972; Adelman, 'Is the Oil Shortage Real?'.

47 1930~1940년대에 허버트는 5장에서 언급한 소스타인 베블런의 작업과 연결되는 기술자들의 조직인 테크노크라시 운동technocracy movement에 참여했다. 이 운동은 경제학자들의 가격 시스템과 대기업의 권력을 기술자들의 사회와 자원에 대한 기술관료적 관리 시스템으로 대체하고자 하는 운동이었다.

48 Gary Bowden, 'The Social Construction of Validity in Estimates of US Crude Oil Reserves', *Social Studies of Science* 15: 2, May 1985: 207-40.

49 결론에서 살펴보겠지만, 이는 크게 벗어난 예측이 아니었다. James Bamberg, *History of the British Petroleum Company*, vol. 3: *British Petroleum and Global Oil, 1950-1975: The Challenge of Nationalism*, Cambridge, UK: CUP, 2000: 209.

50 Donella H. Meadows, Dennis L. Meadows, Jorgen Randers and William W. Behrens, *The Limits to Growth: A Report for the Club of Rome's Project on the Predicament of Mankind*, New York: Universe Books, 1972(30주년 개정판의 번역본은 《성장의 한계》, 김병순 옮김, 갈라파고스, 2012 참조); E. F. Schumacher, *Small is Beautiful: Economics as if People Mattered*, New York: Harper & Row, 1973(《작은 것이 아름답다: 인간 중심의 경제를 위하여》, 문예출판사, 2002) 참조.

51 Gary Bowden, 'The Social Construction of Validity in Estimate of US

Crude Oil Reserves', *Social Study of Science* 15: 2. 1985: 207-40.

52   Schumacher, *Small is Beautiful*.

53   Meadows, Meadows, Randers and Behrens, *The Limits to Growth* 29, 75, 85-6.

54   Akins, 'International Cooperative Efforts': 78.

55   Ibid.: 79.

56   Nixon, 'Special Message to the Congress on Energy Resources'.

57   Keith C. Clarke and Jeffrey J. Hemphill, 'The Santa Barbara Oil Spill: A Retrospective', in Darrick Danta, ed., *Yearbook of the Association of Pacific Coast Geographers*, vol 64, Honolulu: University of Hawaii Press, 2002.

58   Daniel Coyle, 'The High Cost of Being David Brower', *Outside Magazine*, December 1995.

59   Robert M. Solow, 'The Economics of Resources or the Resources of Economics', *American Economic Review* 64: 2. 1974: 1-14.

60   John von Neumann, 'John von Neumann on Technological Prospects and Global Limits'(1955), *Population and Development Review* 12: 1, March 1986: 120.

61   Gavin Bridge, 'Global Production Networks and the Extractive Sector: Governing Resource-Based Development', *Journal of Economic Geography* 8: 3, 2008: 414.

62   Bruce Podobnik, *Global Energy Shifts: Fostering Sustainability in a Turbulent Age*, Philadelphia: Temple University Press, 2005 참조.

63   Gregory P. Nowell. *Mercantile States and the World Oil Cartel, 1900-1930*, Ithaca: Cornell University Press, 1994.

64   Samuel P. Huntington, 'The United States', in Michel Crozier, Samuel P. Huntington and Joji Watanuki, eds, *The Crisis of Democracy: Report on the Governability of Democracies to the Trilateral Commission*, New York: New York University Press, 1975: 59-118, 113.

65   Joan Robinson, 'The Second Crisis of Economic Theory', *American Economic Review* 62: 1/2, 1972: 9-10. 다음도 참조. Michael A. Berstein,

A Perilous Progess: Economists and Public Purpose in Twentieth-Century America, Princeton: Princeton University Press, 2001: 148-4.

66   Solow, 'Economics of Resources': 1-2.

67   Harold Hotelling, 'The Economics of Exhaustible Resources', *Journal of Political Economy* 39: 2, 1931: 137-75; 'Military Rule in Texas May Boost Oil', *Wall Street Journal*, 18 August 1931: 1.

68   Robert Mabro, 'OPEC and the Price of Oil', *Energy Journal* 13: 2, 1992: 1-17.

69   Solow, 'Economics of Resources': 13.

70   Ibid.: 12.

71   Ibid.: 13.

72   Larry Lohmann, *Carbon Trading: A Critical Conversation on Climate Change, Privatisation and Power*, Development Dialogue, no. 48, September 2006.

73   Robert G. Kaiser and Ira Chinoy, 'How Scaife's Money Powered a Movement', *Washington Post*, 2 May 1999: A1, A25; James Allen Smith, *The Idea Brokers: Think Tanks and the Rise of the New Policy Elite*, New York: Free Press, 1991: 200-1.

74   David Harvey, *A Brief History of Neoliberalism*, Oxford: OUP, 2005 (데이비드 하비, 《신자유주의: 간략한 역사》, 최병두 옮김, 한울아카데미, 2014) 및 Timothy Mitchell, 'The Work of Economics: How a Discipline Makes its World', *European Journal of Sociology* 46: 2, 2005: 297-320 참조.

8장 | 맥지하드

1   Ahmed Rashid, *Taliban: Militant Islam, Oil, And Fundamentalism in Central Asia*, New Haven: Yale University Press, 2000: 179.

2   이 관료는 아마도 "내적 긴장으로 분열된"이라고 쓰려 했을 것이다. US Embassy(Islamabad), 'Official Informal for SA Assistant Secretary Robin Raphel and SA/PAB', 10 March 1997, in National Security Archive, 'Pakistan: "The Taliban's Godfather"?' www.gwu.edu/~nsarchiv.

3   US Embassy(Islamabad), 'Searching for the Taliban's Hidden

Message', 19 September 2000, National Security Archive, The Taliban File Part IV, www.gwu.edu/~nsarchiv.

4   Fernando Coronil, *The Magical State: Nature, Money and Modernity in Venezuela*, Chicago: University of Chicago Press, 1997; Michael Watts, 'Resource Curse? Governmentality, Oil, and Power in the Niger Delta', *Geopolitics* 9: 1, 2004: 50–80; Thad Dunning, *Crude Democracy: Natural Resource Wealth and Political Regimes*, Cambridge, UK: CUP, 2008; Terry Lynn Karl, *The Paradox of Plenty: Oil Booms and Petro-States*, Berkeley: University of California Press, 1997. 지대국가의 문제는 Hussein Mahdavy, 'The Patterns and Problems of Economic Development in Rentier States: The Case of Iran', in M. A. Cook, ed., *Studies in the Economic History of the Middle East*, London: OUP, 1970에서 처음으로 공식화되었다. 이후 중동에 대한 내용은 다음을 참조. Hazem Beblawi and Giacomo Luciani, eds, *The Rentier State*, New York: Croom Helm, 1987; Ghassan Salame, ed., *Democracy Without Democrats: The Renewal of Politics in the Muslim World*, London: I. B. Tauris, 1994; and Isam al-Khafaji, *Tormented Births: Passages to Modernity in Europe and the Middle East*, London: I. B. Tauris, 2004, 309–25.

5   US Embassy (Islamabad), 'Official Informal for SA Assistant Secretary Robin Raphel'.

6   Benjamin R. Barber, *Jihad vs. McWorld: How Globalism and Tribalism are Reshaping the World*, New York: Ballantine Books, 1995: 4(《지하드 대 맥월드》, 박의경 옮김, 문화디자인, 2003). 여기서 바버는 지하드와 맥월드의 '변증법'에 대해 논하고 있지만, 그가 지하드라고 이름 붙인 그 세력은 과거의 유물이 아니라 현대성에 대한 반응으로 이해되어야만 한다(157쪽).

7   H. St. John B. Philby, 'Why I Turned Wahhabi', *Egyptian Gazette*, 26 September 1930, cited in Elizabeth Monroe, *Philby of Arabia*, Reading: Ithaca Press, 1998 [1973]: 157–8.

8   Monroe, *Philby of Arabia*: 152, 200.

9   Christopher T. Rand, *Making Democracy Safe for Oil: Oilmen and the Islamic East*, Boston: Little, Brown, 1975, 16–18.

10 생산량 수치는 미국 에너지정보국www.eia.doe.gov 참고. 2000년 이후 북해에서의 생산량이 감소해 12개 최대 산유국에서 노르웨이와 영국이 빠지고 브라질과 이라크가 그 자리를 대신했다.

11 미국 에너지정보국www.eia.doe.gov 참고. 잉여 생산 능력은 30일 안에 생산할 수 있고, 최소 90일 동안 지속할 수 있는 석유 생산량으로 정의된다.

12 Robert Vitalis, *America's Kingdom: Mythmaking on the Saudi Oil Frontier*, 2nd edn, London: Verso, 2009.

13 H. R. P. Dickson, 'Notes on the "Akhwan" Movement', June 1920, National Archives of the UK: Public Record Office: Cabinet Office Records, PRO CAB 24/107.

14 Alexei Vassiliev, *The History of Saudi Arabia*, New York: New York University Press, 2000: 270-1.

15 1933년에 캘리포니아 스탠더드 오일socal은 캘리포니아 아라비안 스탠더드 오일 컴퍼니California Arabian Standard Oil Company를 설립하고, 1936년에 텍사코와 공동 소유자가 되었다. 1943년 소칼은 미국 정부에 사우디아라비아 정부에 대한 회사와 영국의 자금 지원을 인계할 것을 요청했다. 그때 미국 정부는 이 회사의 국유화를 선택했다. 소칼은 사우디아라비아 정부의 소유권을 3분의 1로 제한하려고 애썼으나 엑손과 모빌에 의해 실패하고 말았다. 이 위협에 대응하기 위해 1944년 소칼은 회사의 이름을 아라비안-아메리칸 오일 컴퍼니(아람코)로 바꾸고, 1946년에는 엑손과 모빌이 공동 소유자가 되는 데 동의했다. Irvine H. Anderson, *Aramco, the United States, and Saudi Arabia: A Study of the Dynamics of Foreign Oil Policy, 1933-1950*, Princeton: Princeton University Press, 1981.

16 Saïd K. Aburish, *The Rise, Corruption, and Coming Fall of the House of Saud*, 2nd edn, New York: St Martin's Griffin, 1996: 7. 아부리시는 국가 석유 수익의 약 15퍼센트를 왕족이 개인 소득으로 착복했다고 추정한다. 대부분이 국가 석유 수익이 국가 회계로 잡히기 전에 공제되었기 때문에 그 금액을 정확하게 알 수는 없다. 이 금액은 무기 구매와 비석유 상품의 거래에서 얻은 왕족의 소득은 제외한 것이다(294~295쪽).

17 Vitalis, *America's Kingdom*: 92-8.

18 Vitalis, *America's Kingdom*: 176-83; Vassiliev, *History of Saudi*

Arabia: 337.

19   William A. Eddy Papers, letter from Myron B. Smith, 19 December 1950, and reply from Eddy, 29 December 1950, Box 8, General Correspondence, Folder 7, 1948–54, Public Policy Papers, Department of Rare Books and Special Collections, Princeton University Library.

20   'Diary Entry by the President', 28 March 1956, FRUS, 1955–57, XV, cited Matthew F. Jacobs, 'The Perils and Promise of Islam: The United States and the Muslim Middle East in the Early Cold War', *Diplomatic History* 30: 4, 2006: 734와 Salim Yaqub, *Containing Arab Nationalism: The Eisenhower Doctrine and the Middle East*, Chapel Hill: University of North Carolina Press, 2004: 44도 참조.

21   Vitalis, *America's Kingdom*: 188–264; Nathan J. Citino, *From Arab Nationalism to OPEC: Eisenhower, King Sa'ud, and the Making of US-Saudi Relations*, Bloomington: Indiana University Press, 2002: 95–6, 125–33.

22   Canadian Embassy (British Interests Section), Cairo, to Foreign Office, 8 July 1966, National Archives of the UK: PRO, FO 371/185483-0001.

23   나세르 암살 계획에서 중앙정보국이 맡았음직한 역할에 대해서는 Aburish, *House of Saud*: 128 참조. 중앙정보국의 1960년 2월 이라크 카심 대통령 암살 시도에 대해서는 Thomas Powers, 'Inside the Department of Dirty Tricks: Part One, An Isolated Man', *Atlantic Monthly*, August 1979 참조. 중앙정보국의 1963년 쿠데타 지원과 관련한 내용은 www.pbs.org에서 PBS/Frontline, 'The Survival of Saddam: An Interview with James Akins' 참조.

24   이러한 이스라엘과의 동맹의 결과에 대해서는 1973~1974년 석유 위기에 대한 논의에서 살펴보았다.

25   자본의 'homoficience'는 지역의 다양성과 무관하게 자본주의는 일정한 단계에서 항상 똑같은 것을 행하거나 똑같은 영향을 갖는다는 시각을 지칭한다. Timothy Mitchell, *Rule of Experts: Egypt, Techno-Politics, Modernity*, Berkeley: University of California Press, 2002: 245 참조.

26   Ibid.: 209–303.

27   Yahya M. Sadowski, *Political Vegetables? Businessman and*

Bureaucrat in the Development of Egyptian Agriculture, Washington, DC: Brookings Institution, 1991: 156.

28 샤트알아랍 수로와 인접 지역을 쟁취하기 위해 이라크는 1967년 이스라엘의 6일 전쟁과 같은 짧은 전쟁을 도모했다. 이라크는 9월 28일, 전쟁 닷새 만에 원하는 것을 얻을 수 있었다. 이라크는 확전을 멈추고, 분쟁을 종식하기 위한 협상에 임할 용의가 있음을 통보했다. 미국은 그때까지 안전보장이사회에서의 행동을 미루었고, 곧 휴전에 대한 결의안을 통과시켰다. 그러나 이라크의 침략이나 국경에서의 군대 퇴각과 관련한 언급은 없었다. Efraim Karsh, 'Military Power and Foreign Policy Goals: The Iran-Iraq War Revisited', *International AM affairs* 64: 1, Winter 1987-88: 92; Saïd K. Aburish, *Saddam Hussein: The Politics of Revenge*, New York: Bloomsbury, 1999: 186-9. 이 책은 미국과 이라크가 이 전쟁 전야에 훨씬 친밀한 관계였다는 증거를 제시한다.

29 M. S. EL Azhary, 'The Attitudes of the Superpowers Toward the Gulf War', *International Affairs* 59: 4, Autumn 1983: 614, 616.

30 럼스펠드는 후세인과의 논의 전에 미국 외교관으로부터 "이라크는 필사적으로 전쟁을 끝내기 위해, 아마도 치명적인 화학 무기를 다시 사용할지 모른다"라는 경고를 받았다. 럼스펠드는 사담 후세인에게 "분쟁이 지역을 불안정하게 하거나 그 결과로 이라크의 역할이 약화되거나 이란의 이익과 야망을 키우는 결과를 가져오는 것은 이 지역의 이익도 서구의 이익도 아니다"라고 말했다. US Department of State, Office of the Assistant Secretary for Near Eastern and South Asian Affairs, Action Memerandum from Jonathan T. Howe to Lawrence S. Eagleburger, 'Iraqi Use of Chemical Weapons', 21 November 1983; and United States Embassy in United Kingdom Cable from Charles H. Price II to the Department of State, 'Rumsfeld Mission: December 20 Meeting with Iraqi President Saddam Hussein', 21 December 1983. 두 문서 모두 웹페이지www.gwu.edu/~nsarchiv에서 국가안보 아카이브National Security Archive의 '사담 후세인과의 악수Shaking Hands with Sadam Hussein'라는 문서를 통해 확인할 수 있다.

31 2003년 전쟁 이전에 입수 가능했던 증거와 이후 확인된 증거들은 이라크가 1991년 걸프 전쟁 직후 핵무기 계획과 화학 무기 재고 및 생산 시설을 유엔 감시하에서 파괴했음을 보여준다. 또한 이라크는 생물학 무기 재고도 파괴

했으나 이를 유엔에 통보하지는 않았다. 1991년 이전의 생물학 무기 계획의 존재는 1995년 두 명의 이라크 고위 공무원이 발설하기 전까지는 공개되지 않았다. 그리고 생물학 무기 시설은 1996년 유엔 특별위원회UNSCOM에 의해 파괴되었다. 누설자들은 무기 계획이 해체되었음을 밝혔지만 제재를 유지하고자 했던 워싱턴은 이 정보를 비밀에 부쳤다. 미국과 영국은 이라크가 1991년 이후 공표하고 해체한 양보다 1980년대에 기술적으로 더 많은 화학 무기를 만들었을 수 있다고 주장하기도 했다. 유엔의 철저한 사찰에도 불구하고 그들의 가설을 입증해 줄 증거는 없었다. 제재(그리고 이후에는 전쟁)를 위한 근거로서 그 가설을 입증할 어떤 증거도 없었지만, 사실 이라크 또한 이것이 틀렸음을 입증할 수도 없었다. 자신의 혐의를 반증하지 못하자 미국 정부와 매체는 이를 이라크의 이중성으로 표현했다. 유엔 사찰단에 참여한 미국 고위 관계자는 훗날 "우리는 사담 후세인이 부정과 기만의 달인이라고 말했다"라고 회고했다. "우리가 어떤 것도 찾을 수 없을 때 우리는 우리의 가정에 의문을 던지는 것이 아니라 그것이 증명되었다고 말했다." Bob Drogin, 'US Suspects It Received False Iraq Arms Tips', *Los Angeles Times*, 28 August 2003에서 인용. Sarah Graham-Brown, *Sanctioning Saddam: The Politics of Intervention in Iraq*, London: I. B. Tauris in association with MERIP, 1999; and Glen Rangwala, 'Claims and Evaluations of Iraq's Proscribed Weapons', 18 March 2003, www. grassrootspeace.org/iraqweapons.html에서 확인 가능. 2003년 이후 이라크의 금지 무기들 혹은 무기 계획들에 대한 증거를 찾는 데 실패한 중앙정보국 사찰단에 대해서는 'Statement on the Interim Progress Report on the Activities of the Iraq Survey Group', 2 October 2003, www.cia.gov/news-information/speeches-testimony/2003/david_kay_10022003.html 참조.

32 "우리는 이라크가 대량 살상 무기와 관련한 의무를 준수하는 경우 제재 조치를 풀어야 한다는 국가들의 주장에 동의할 수 없다"라고 말했다. Speech at George Washington University, 26 March 1997, www.globalsecurity.org/wmd/library/news/iraq/1997/bmd970327b.htm. 이라크 해방법Iraq Liberation Act에 대한 내용은 thomas.loc.gov/home/bills_res.html에서 확인 가능.

33 Robert Michael Gates, *From the Shadows: The Ultimate Insider's Story of Five Presidents and How They Won the Cold War*, New York: Touchstone, 1997: 145-6. 토지 개혁을 통해 낡은 사회 질서를 붕괴시키고

자 했던 시도에 대한 반응으로 정치적 불안이 확산되었다. 이에 대한 내용은 Barnett R. Rubin, *The Fragmentation of Afghanistan: State Formation and Collapse in the International System*, 2nd edn, New Haven: Yale University Press, 2002: 111-21 참조.

34 John K. Cooley, *Unholy Wars: Afghanistan, America and International Terrorism*, 2nd edn, London: Pluto Press, 2000; Rubin, *Fragmentation of Afghanistan*: 197.

35 'How Jimmy Carter and I Started the Mujahideen: Interview with Zbigniew Brzezinski', *Le Nouvel Observateur*, 15-21 January 1998: 76. 이 인터뷰는 미국에서 판매된 잡지의 요약본에는 실리지 않았다.

36 Diego Cordovez and Selig S. Harrison, *Out of Afghanistan: The Inside Story of the Soviet Withdrawal*, London: OUP, 1995: 102-5를 통해 소련의 철군을 막기 위한 레이건 정부의 노력을 확인할 수 있다. 유엔 특별정무국 사무차장이었던 코르도베스Cordovez는 1988년 소련의 철수를 근간으로 하는 제네바 협정을 위한 협상에 들어갔고 1989년에 완료했다. 미국은 무자헤딘에 대한 원조를 1984년 1억 2000만 달러에서 1985년 2억 5000만 달러로 증액했고, 1980년대 말쯤에는 거의 두 배로 증가시킴으로써 미국과 사우디아라비아의 원조의 총합은 연 10억 달러에 달했다(Rubin, *Fragmentation of Afghanistan*: 180-1).

37 미국은 1971년 사다트의 평화 제안, 1976년 1월 유엔 안전보장이사회의 제안, 1977년 팔레스타인해방기구PLO의 제안, 1980년 베네치아 선언, 1981년 파드 평화 계획, 1982년 라바트 이니셔티브, 1983년 유엔 평화 회담 제안, 그리고 2002년에 제안된 아랍 평화 이니셔티브 등 양국의 해법에 기초하여 점령을 종식시키기 위해 제안된 수많은 노력을 거절했다.

38 7장 참조. 1977년 제네바 회의와 1991~1993년의 마드리드 협상은, 비록 두 사례 모두 이스라엘이 팔레스타인 지도자의 참여를 막을 것을 요청했지만, 미국이 거부권을 행사하지 않은 예외적 사례다. 회의가 지속적으로 이스라엘의 점령 종식에 압박을 가하는 방식으로 진행되자 이스라엘은 비밀 회담의 내용을 회의장 밖으로 누설하는 방식으로 협상을 무력화시켰다. 어느 한 당사국에게 양보안을 제시하는 내용이었는데, 1977년에는 이집트에 시나이반도의 반환을 제의했고, 1993년에는 팔레스타인해방기구에 이스라엘이 점령하고 있는 팔레스타인 거주지의 관리 권한과 그 상황에 대한 추가 논의를 제안했다.

39 2002년 6월 24일 미국은 당시 대통령이었던 조지 부시가 "나는 양국이 평화와 안전 속에서 나란히 공존하길 바란다"라고 언급했을 때 팔레스타인 건국 지원을 거부하는 정책을 끝낸 듯 보였다. 그러나 이스라엘은 워싱턴의 반대 없이 서안 지구 주변에 장벽을 쌓기 시작했고(가자 지구는 이미 10년 전에 장벽이 쳐졌다), 예루살렘 지역의 팔레스타인 주민들을 서안의 다른 지역으로부터 분리했으며, 시온주의자의 정착지와 유대인만 이용할 수 있는 길을 건설함으로써 추가적으로 그들을 분리했다. 이를 통해 팔레스타인 '국가'는 주권을 갖는 정치 영토가 아닌, 알론 계획하에 구상된 이스라엘의 통제를 받는 밀폐된 공간임이 더욱 분명해졌다. 오슬로 협정 이후 미국과 이스라엘의 지도 경계선 제안은 그들이 얼마나 충실하게 알론 계획에 따른 제안을 하고 있는지를 보여준다(www.passia.org).

40 오바마는 팔레스타인 국가는 이스라엘과의 상호 합의에 의해서만 건설될 수 있다는 미국의 입장을 고수했으며, 그 기간도 정해지지 않았고 그것조차 이스라엘의 동의 여부에 달려 있던 와중에 팔레스타인은 "안전 보장의 효과성"을 입증해야만 했다. 이로 인해 이스라엘이 예루살렘과 다른 광활한 점령 지역에 대한 식민화를 공고히 하고 합의를 지연시키기 위해 오슬로 협정을 활용할 수 있는 상황이 조성되었다. The White House, Office of the Press Secretary, 'Remarks by the President on the Middle East', www.whitehouse.gov/brieng-room.

41 Vassiliev, *History of Saudi Arabia*.

42 Gwenn Okruhlik, 'Networks of Dissent: Islamism and Reform in Saudi Arabia', *Current History* 101: 651, January 2002: 22-8.

43 'Letter from Richard Dearlove's Private Secretary to Sir David Manning', 3 December 2001, www.iraqinquiry.org.uk/transcripts/declassied-documents.aspx; Toby Dodge, 'What Accounts for the Evolution of International Policy Towards Iraq 1990-2003?' www.iraqinquiry.org.uk/articles.aspx.

44 'SIS4' -anonymous witness, the head of the Middle East section at MI6, Transcript Part 1, www.iraqinquiry.org.uk/transcripts/private-witnesses.aspx.

45 Alan Goulty to Tom McKane, 'Letter and attachment, "Iraq Future Strategy"', 20 October 2000, and 'Letter ⋯ to Sir David Manning', www.iraqinquiry.org.uk/transcripts/declassied-documents.aspx.

46 "새로운 추축국"이라는 단어는 미 의회 대테러리즘 및 비정규전 특별팀장이었던 요제프 보단스키Yossef Bodansky가 1992년에 처음 소개했다. 다음을 참조. Yossef Bodansky and Vaughn S. Forrest, 'Tehran, Baghdad and Damascus: The New Axis Pact', Task Force on Terrorism and Unconventional Warfare, House Republican Research Committee, US House Of Representatives. 이 문서는 www.fas.org/irp/congress/1992_rpt/index.html에서 볼 수 있다.

47 Philip Mirowski and Dieter Plehwe, eds, *The Road from Mont Pèlerinn: The Making of the Neoliberal Thought Collective*, Cambridge, MA: Harvard University Press, 2009와 7장 참조. '신자유주의', '신보수주의'라는 단어는 서로 바꿔 쓸 수 있는데, 신자유주의는 그 기원이 유럽의 우파 자유주의에 있음을 보여주고(그 경제 프로그램과의 관계 속에서 보다 많이 사용되었다), 신보수주의는 미국 정치에서의 위치를 반영한다(외교 정책과 관련하여 보다 많이 사용되었다).

48 'Letter … to Sir David Manning'.

49 Mathew Rycroft to David Manning, 'Iraq, Prime Minister's meeting, 23 July', 23 July 2002, published in the *Sunday Times*, 1 May 2005, www.timesonline.co.uk. 전쟁 지지자들은 침공을 석유를 위한 전쟁으로 표현하지 않으려 유의했고, 석유 이해관계를 지칭하는 방식으로는 걸프 지역의 '안정성'을 활용했다.

50 Alan Greenspan, *The Age of turbulence: Adventures in a New World*, London: Penguin, 2007: 463.

51 데이비드 하비는 "석유 꼭지"에 대해 보다 명쾌하게 설명한다. *The New Imperialism*, Oxford: OUP, 2008: 1-25.

52 Naomi Klein, *The Shock Doctrine: The Rise of Disaster Capitalism*, London: Allen Lane, 2007: 323-82(나오미 클라인, 《쇼크 독트린: 자본주의 재앙의 도래》, 김소희 옮김, 살림Biz, 2008).

53 Greg Mutti, *Fuel on the Fire: Oil and Politics in Occupied Iraq*, London: Bodley Head, 2011: 95.

54 Greg Palast, 'OPEC on the March', *Harper's Magazine*, April 2005: 75-6; Greg Muttit, *Fuel on the Fire*: 70-6, 107-10.

55 David Bacon, 'Unionbusting, Iraqi-Style', *Nation*, 25 October 2010:

25-6.

56 Muttit, *Fuel on the Fire*.

57 Ibid.

58 'People Power Takes to the World's Streets', *Observer*, 16 February 2003; Amira Howeidy, 'Where Did All the Anger Go?' *Al-Ahram Weekly*, 20-26 February 2003, weekly.ahram.org.eg.

59 Gihan Shahine, 'A Harmonious Protest', *Al-Ahram Weekly*, 6-12 March 2003, weekly.ahram.org.eg.

60 미국의 이라크 침공이 시작됨에 따라 2003년 3월 20일과 21일 좌파는 카이로 중심부에서 더 큰 시위를 조직했다. 1만~2만 명의 시위자들이 모였으며, 일부는 경찰의 저지선을 부수거나 미국과 영국 대사관을 향해 행진을 시도했다. 이 사건 이후 정부는 정치적 반대자들을 더 심하게 탄압했다. Paul Schemm, 'Egypt Struggles to Control Anti-War Protests', *Middle East Report Online*, 31 March 2003, www.merip.org.

61 Joel Beinin, *Justice for All: the Struggle for Worker Rights in Egypt*, Washington, DC: Solidarity Center, 2010; 'Egyptian Workers Rise Up', *Nation*, 7-14 March 2011, www.nation.com.

62 수치는 www.eia.gov과 the Energy Export Data Browser, mazamascience.com.

63 Charles Levinson and Margaret Coker, 'The Secret Rally that Sparked an Uprising', *Wall Street Journal*, 11 February 2011, online.wsj.com.

64 무바라크 정권의 몰락 이후 이집트의 국가안보 부서로부터 회수한 문서에서 치안 부대와 우파 살라피스트 집단 사이의 유착 관계에 대한 증거가 나왔다. 예를 들어 'Wathiqa Musriba min Amn al-Dawla', *Al-Masry al-Yawm*, 7 March 2011, www.almasryalyoum.com/node/342155 참조.

결론 | 더 이상 석유에 의존해서는 안 된다

1 Fredrik Robelius, 'Giant Oil Fields – The Highway to Oil: Giant Oil Fields and Their Importance for Future Oil Production', PhD thesis, Teknisk-naturvetenskapliga vetenskapsomradet, Department of Nuclear and Particle Physics, Uppsala University, March 2007, publications.uu.se.

2 Steve Sorrell et al., *Global Oil Depletion: An Assessment of the Evidence for a Near-Term Peak in Oil Production*, UK Energy Research Centre, 2009: 44-6, 66, www.ukerc.ac.uk; International Energy Agency, *World Energy Outlook 2008*: 221-8; Euan Mearns, Samuel Foucherand Rembrandt Koppelaar, 'The 2008 IEA WEO: Production Decline Rates', 17 November 2008, http://europe.theoildrum.com.

3 Rembrandt Koppelaar, 'USGS WPA 2000', 30 November 2006, europe. theoildrum.com. (리스 콘덴세이트lease condensate를 포함한) 세계 원유 생산은 1985년 일산 5397만 배럴에서 1995년 일산 6228만 배럴, 2005년 일산 7371만 배럴로 증가했다. 이후 5년 동안 석유 생산은 증가하지 않았고, 2010년에는 일산 7368만 배럴을 기록했다. 자료는 www.eia.doe.gov 참고.

4 Sorrell et al., *Global Oil Depletion*: 134-8.

5 Energy Export data browser, mazamascience.com/OilExport.

6 Jeffrey J. Brown and Samuel Foucher, 'Peak Oil Versus Peak Net Exports', ASPO-USA Oil & Energy Conference, 2010, www.aspousa.org.

7 US Energy Information Agency, *Petroleum Supply Annual, 2009*, July 2010, www.eia.gov. 미국은 이미 광범위하게 적용할 수 있는 더 효율적인 자동차 엔진과 여타 수송 기술의 도입에 실패함으로써 수입 석유에 대한 의존을 자초했다. Vaclav Smil, 'America's Oil Imports: A Self-Inflicted Burden', *Annals of the Association of American Geographers*, 104: 4, 2011: 712-6.

8 'The Archive for Peak Oil', British National Party, 2008, bnp.org.uk/category/peak-oil.

9 Robert Booth, 'Mediators Called in as Wildcat Strikes Spread Across UK', *Guardian*, 31 January 2009. 남유럽 국가에서 온 노동자들의 고용은 2008년 유럽재판소의 판결을 따랐는데, 이는 고용주가 유럽에서 온 노동자에게 그들이 일하는 국가의 최저 임금이 아니라 그들이 자국에서 받았을 더 낮은 수준의 임금을 지불할 수 있다는 것이다. 영국국민당은 이들의 파업을 지원하기 위해 사람들을 파견했다.

10 Seumas Milne, *The Enemy Within: The Secret War Against the Miners*, 3rd edn, London: Verso, 2004.

11 Ibid.

12　Christopher Andrew, *The Defence of the Realm: The Authorized History of MI5*, London: Penguin, 2010: 94-109.

13　Greenpeace, *Decentralising Power: An Energy Reserve for the 21st Century*, 2005, www.greenpeace.org.uk/MultimediaFiles/Live/FullReport/7154.pdf; Desertec-UK, 'Electricity Transmission Grids', 2010, www.trec-uk.org.uk/elec_eng/grid.htm; Anni Podimata, 'Energy from the Desert', Desertec Industry Initiative Annual Conference 2010, www.dii-eumena.com.

14　이어지는 주장은 다음을 인용했다. Michel Callon, Pierre Lascoumes, and Yannick Barthe, *Acting in an Uncertain World: An Essay on Technical Democracy*, Cambridge, MA: MIT Press, 2009. 또한 Andrew Barry, *Political Machines: Governing a Technological Society*, London: Athlone Press, 2001 참조.

15　Bruno Latour, *We Have Never Been Modern*, Cambridge, MA: Harvard University Press, 1993(《우리는 결코 근대인이었던 적이 없다》, 홍철기 옮김, 갈무리, 2009).

16　Bruno Latour, *Politics of Nature: How to Bring the Sciences into Democracy*, Cambridge, MA: Harvard University Press, 2004; Michel Callon, 'Some Elements of a Sociology of Translation: Domestication of the Scallops and the Fishermen of St Brieuc Bay', John Law, ed., *Power, Action and Belief: A New Sociology of Knowledge?*, London: Routledge, 1986: 196-223.

17　Callon et al., *Acting in an Uncertain World*.

18　Martha Poon, 'Scorecards as Devices for Consumer Credit', *Sociological Review* 55, supplement S2, 2007: 284-306.

19　Callon et al., *Acting in an Uncertain World*.

20　Charles D. Keeling, 'Rewards and Penalties of Monitoring the Earth', *Annual Review of Energy and the Environment* 23, 1988: 32-42. 킬링의 팀은 이후 이산화탄소 농도의 증가율이 빨라졌다 느려졌다 하는 것이 남방 진동 southern oscillation으로 알려진, 태평양의 적도를 관통하는 대기압의 변화 주기에 기인하는 것임을 발견했다.

21 Keeling, 'Rewards and Penalties': 45-63.

22 P. J. Lee, *Statistical Methods for Estimating Petroleum Resources*, Oxford: OUP, 2008: 140.

23 G. C. Bowker, *Science on the Run: Information Management and Industrial Geophysics at Schlumberger, 1920-1940*, Cambridge, MA: MIT Press, 1994.

24 Ibid.

25 L. B. Magoon and J. W. Schmoker, 'The Total Petroleum System: The Natural Fluid Network that Constrains the Assessment Unit', *US Geological Survey Digital Data Series 60*, 2000, energy.cr.usgs.gov.

26 Latour, *Politics of Nature*: 54.

27 Gary Bowden, 'The Social Construction of Validity in Estimates of US Crude Oil Reserves', *Social Studies of Science* 15: 2, May 1985: 207-40; Michael Aaron Dennis, 'Drilling for Dollars: The Making of US Petroleum Reserve Estimates, 1921-25', *Social Studies of Science* 15: 2, May 1985: 241-65.

28 M. King Hubbert, *Nuclear Energy and the Fossil Fuels*, Houston: Shell Development Company, Publication 95, June 1956; Kenneth S. Deffeyes, *Hubbert's Peak: The Impending World Oil Shortage*, Princeton: Princeton University Press, 2001; Colin J. Campbell and Jean H. Laherrère, 'The End of Cheap Oil', *Scientific American* 278: 3, March 1998; Kjell Aleklett and Colin J. Campbell, 'The Peak and Decline of World Oil and Gas Production', *Minerals and Energy* 18: 1, 2003: 5-20.

29 Anthony Andrews, 'Oil Shale: History, Incentives, and Policy', CRS Report for Congress, Washington, DC: Library of Congress, Congressional Research Service, 2006; Andrew Gulliford, *Boomtown Blues: Colorado Oil Shale, 1885-1985*, Niwot: University Press of Colorado, 1989.

30 Bengt Söderbergh, 'Canada's Oil Sands Resources and Its Future Impact on Global Oil Supply', Uppsala Hydrocarbon Depletion Study Group, MSc degree project, Systems Engineering, Uppsala University, 2005, www.fysast.uu.se/ges/sv. 소더버그Söderbergh는 천연가스에 대한 의존

은 캐나다 역청 산업을 지속 불가능하게 만들 것이며, 교토 의정서를 통해 캐나다가 약속한 탄소 저감이라는 목표에도 맞지 않는다고 주장한다.

31 Joseph H. Frantz Jr. and Valerie Jochen, 'Shale Gas White Paper', Schlumberger, 2005, www.slb.com; Lisa Sumi, *Our Drinking Water at Risk: What EPA and the Oil and Gas Industry Don't Want us to Know About Hydraulic Fracturing*, Washington, DC: Oil and Gas Accountability Project, 2005, www.earthworksaction.org; Sylvia Pfeifer and Elizabeth Rigby, 'Earthquake Fears Halt Shale Gas Fracking', *Financial Times*, 1 June 2011. ·

32 Retort(Iain Boal, T. J. Clark, Joseph Matthews and Michael Watts), *Afficted Powers: Capital and Spectacle in a New Age of War*, London: Verso, 2005.

페이퍼백 개정 후기

1 US Energy Information Administration, 'Monthly Energy Review', March 2013, www.eia.gov. 미국 1차 에너지 생산은 2009년 7경 2600조 BTU에서 2009년 7경 9200조 BTU로 증가했는데, 화석연료는 증가분의 85퍼센트를 차지했다.

2 Clifford Krauss and Eric Lipton, 'US Inches Toward Goal of Energy Independence', *New York Times*, 23 March 2012: A1.

3 Ed Morse, 'Move Over, OPEC – Here We Come', *Wall Street Journal* (online), 19 March 2012, online.wsj.com. 저자는 시티그룹의 국제 상품 조사 수장이었다.

4 인간 활동에 의한 기후 변화와 이상 기후와의 관계에 대해서는 International Panel on Climate Change, *Managing the Risks of Extreme Events and Disasters to Advance Climate Change Adaptation*, edited by C.B. Field et al., Cambridge: Cambridge University Press, for the IPCC, 2012 참조.

5 Bill McKibben, 'Global Warming's Terrifying New Math', *Rolling Stone*, 19 July 2012; 'Unburnable Carbon – Are the World's Financial Markets Carrying a Carbon Bubble?' www.carbontracker.org. 매출 기준 세계 10대 기업 중 7개가 석유 기업이고, 20대 기업 중에서는 11개가 석유 기업이다. 나머지

상위 기업은 전력 배전이나 자동차 제조 기업이기 때문에 화석연료 산업과 밀접한 관련이 있다(Fortune 'Global 500', money.cnn.com 참조). 1기가톤은 10억 톤이다.

6 이러한 전환에 대해서는 Maurizio Lazzarato, *The Making of the Indebted Man*, Los Angeles: Semiotext(e), 2012; David Graeber, *Debt: The First 5,000 Years*, Brooklyn, New York: Melville House, 2011 참조.

7 US Federal Reserve, Consumer Credit-G19, http://www.federalreserve.gov/econresdata/statisticsdata.htm; Flow of Funds, http://www.federalreserve.gov/apps/fof 참조; IMF, 'Dealing with Household Debt', *World Economic Outlook*, April 2012: 89.

8 Kent Moors, *The Vega Factor: Oil Volatility and the Next Global Crisis*, Hoboken, NJ: Wiley, 2011: 73-4.

9 www.eia.gov/dnav/pet/pet_crd_wellcost_s1_a.htm 참조. 비용은 명목 달러이지만 인플레이션 조정 비용도 비슷하다.

10 J. David Hughes, 'Drill, Baby, Drill: Can Unconventional Fuels Usher in a New Era of Energy Abundance?', Post Carbon Institute, February 2013, www.postcarbon.org 참조.

11 셰일층에 대한 다음의 기사 참조. John Dizard, 'Shale Gas Numbers May Not Add Up', *Financial Times*, 1 November 2009. "기술을 따라가다 보면 당신은 또한 투자자들에게서 돈을 뽑아낼 수 있는 미국인의 향상된 능력에 감사하게 될 것이다." 이러한 관점에서 셰일 붐은 150년 전 미국 횡단 철도 붐을 연상시킨다. Richard White, *Railroaded: The Transcontinentals and the Making of Modern America*, New York: W. W. Norton, 2012 참조.

12 Deborah Rogers, 'Shale and Wall Street: Was the Decline in Natural Gas Prices Orchestrated?', Post Carbon Institute, February 2013, www.postcarbon.org.

13 Ibid.

14 2013년 4월 1일 펜실베이니아주 문Moon에서 나눈 개인적 대화.

15 http://petroleumtruthreport.blogspot.ca, 2009년 11월 6일 포스트 참조.

16 ExxonMobil, 'Liquids Supply by Type', *The Outlook for Energy: A View to 2040*, 38, http://www.exxonmobil.com/energyoutlook. 엑손모빌

은 세계 최대 순이익 기업으로 애플보다 약 50퍼센트가 많은데, 2012년에는 주식 가치가 최대에 달했다. http://www.ft.com/intl/companies/ft500 참조.

17 Paul J. Crutzen and Christian Schwagerl, 'Living in the Anthropocene: Toward a New Global Ethos', *Environment 360*, 24 January 2011, http://e360.yale.edu. 인류세라는 용어를 대중화시킨 학자, 폴 크루첸Paul Crutzen 은 1800년경 산업화 초반에 인류세에 진입한 것이 아니라 석유의 사용을 가속화시킨 시기로 정의되는 '대가속great acceleration'이 시작된 1945년에 진입했다고 주장한다. Will Steffen, Paul J. Crutzen and John R. McNeill, 'The Anthropocene: Are Humans Now Overwhelming the Great Forces of Nature?', *Ambio* 36: 8, 2007: 614-21과 Paul Voosen 'Geologists Drive Golden Spike Toward Anthropocene's Base', *Greenwire*, 17 September 2012, http://www.eenews.net/gw 참조. 또한 Dipesh Chakrabarty, 'The Climate of History: Four Theses', *Critical Inquiry* 35, 2009: 197-222 참조.

18 세계 원유와 콘덴세이트(천연가스에서 섞여 나오는 경질 휘발성 액체 탄화수소로 초경질 원유를 말한다—옮긴이) 생산은 2005년부터 증가하지 않았는데, 2009년까지 일산 7250만 배럴로 유지되었다. 2012년에 7550만 배럴까지 미미하게 증가했는데, 증가분의 70퍼센트가 미국에서 이뤄졌다(www.eia.gov).

19 Leonardo Maugeri, 'Oil: The Next Revolution: The Unprecedented Upsurge of Oil Production Capacity and What it Means for the World', Geopolitics of Energy Project, Belfer Center for Science and International AQ airs, Kennedy School of Government, Harvard University, June 2012, http://belfercenter.ksg.harvard.edu; Steve Sorrell and Christophe McGlade, 'Commentary: Maugeri's Decline Rate Assumptions', ODAC Newsletter, 6 July 2012, http://www.odac-info.org; David Strahan, 'Monbiot Peak Oil U-turn Based on DuQ Maths', 30 July 2012, http://www.davidstrahan.com/blog.

20 Steve Sorrell, Jamie Speirs, Roger Bentley, Richard Miller, Erica Thompson, 'Shaping the Global Oil Peak: A Review of the Evidence on Field Sizes, Reserve Growth, Decline Rates and Depletion Rates', *Energy* 37:1, 2012: 709-24.

21 Reuters, 'Aramco: Manifa Field to Pump 500,000 bpd in H1 2013', 16

October 2012, uk.reuters.com.

22   Mamdouh G. Salameh, 'If Current Trends Continue, Saudi Arabia Could Become an Oil Importer by 2025', USAEE/IAEE Working Paper Series, http://ssrn.com/abstract=2187643. 웨스텍사스Westexas라는 이름으로 theoildrum.com에 글을 작성하는 석유 지질학자 제프리 브라운Jeffrey J. Brown의 수출국 모델도 참조.

23   Mamdouh G. Salameh, 'Brazil's Pre-Salt Oil Potential: The Hype and the Reality', USAEE Working Paper No. 2109947, 16 July 2012, http://ssrn.com/abstract=2109947.

24   Oxford Analytica, 'Iranian Oil Production Faces Long-term Decline', cited in UPI, 'Iran's Oil Output Faces Long-term Decline', 28 February 2013, www.upi.com 참조.

25   International Energy Agency, *World Energy Outlook 2012*, Executive Summary, 4.

26   Special Inspector General for Iraq Reconstruction, Quarterly Report to Congress, 2012, Q3, 81, http://www.sigir.mil; IEA, 'Iraq Energy Outlook', 11 October 2012.

27   Special Inspector General for Iraq Reconstruction, Quarterly Report to Congress, 2012, Q3, 81.

28   Sylvia Pfeifer and Guy Chazan, 'More Buck, Less Bang', *Financial Times*, 12 April 2013: 9.

29   Quoted in ibid.

30   Ibid.

31   그 증거는 내셔널아카데미스National Academies(수학, 천문, 물리, 기계, 화학, 지질, 고생물, 식물, 동물, 해부, 생리, 생화학, 병리, 세균, 인류, 심리, 지구물리 등의 분야의 협회와 단체의 통합 기구—옮긴이)가 검토하고 있다. http://www8.nationalacademies.org/cp/projectview.aspx?key=49461 참조.

32   Jennifer Bowman, 'Enbridge: Oil Spill Cleanup Costs Nearing 1 Billion', battlecreekenquirer.com, 21 March 2013, http://www.battlecreekenquirer.com.

33   자료는 www.eia.gov.

34   Jeremy Rifkin, *The Third Industrial Revolution: How Lateral Power is Transforming Energy, the Economy, and the World*, New York: Palgrave Macmillan, 2011(제러미 리프킨, 《3차 산업혁명: 수평적 권력은 에너지, 경제, 그리고 세계를 어떻게 바꾸는가》, 안진환 옮김, 민음사, 2012).

아래 목록에 적힌 논문과 책 이외에도 많은 기록물과 데이터베이스를 활용했다. 석유 생산에 관한 역사적 통계는 *Twentieth Century Petroleum Statistics*(Dallas: DeGolyer & MacNaughton, 2009)에서 가져왔다. 오늘날 석유와 석탄 관련 통계는 US Energy Information Administration(www.eia.gov), International Energy Agency(www.iea.org), Energy Export Data Browser(mazamascience.com)의 자료이다. 국제 무기 거래 데이터는 Stockholm International Peace Research Institute(www.sipri.org)의 Arms Transfers Database 자료이다. 영국 정부 문서의 출처는 National Archives of the UK, Public Record Office이다. 온라인 보관 자료(www.nationalarchives.gov.uk)를 활용한 경우도 있었지만, 대부분은 Kew에 보관된 자료이다. 영국 의회의 심의와 보고서는 Hansard(hansard.millbanksystems.com)의 자료이다. 미국 정부 문서는 *Papers Relating to the Foreign Relations of the United States*(1960년까지는 digital.library.wisc.edu, 보다 최근의 자료는 history.state.gov)와 National Security Archive(www.gwu.edu/~nsarchiv)를 활용했다. 참고한 개인 문서 중 James V. Forrestal Papers, Harry Dexter White Papers, William A. Eddy Papers는 모두 Department of Rare Books and Special Collections, Princeton University Library의 자료이다.

Abisaab, Malek, '"Unruly" Factory Women in Lebanon: Contesting French Colonialism and the National State, 1940-1946', *Journal of Women's History* 16: 3, 2004: 58-82.

Abrahamian, Ervand, *Iran Between Two Revolutions*, Princeton: Princeton University Press, 1982.

_____ 'The 1953 Coup in Iran', *Science and Society* 65: 2, 2001: 185-215.

Aburish, Saïd K., *The Rise, Corruption, and Coming Fall of the House of Saud*, New York: St Martin's Griffin, 1996.

Adelman, M. A., 'Is the Oil Shortage Real? Oil Companies as Opec Tax Collectors', *Foreign Policy* 9, 1972–73: 69–107.

_____ *The World Petroleum Market*, Baltimore: Johns Hopkins University Press, 1972.

_____ *The Genie Out of the Bottle: World Oil Since 1970*, Cambridge, MA: MIT Press, 1995.

_____ 'My Education in Mineral (Especially Oil) Economics', *Annual Review of Energy and the Environment* 22, 1997: 13–46.

_____ 'The Real Oil Problem', *Regulation* 27: 1, 2004: 16–21.

Afary, Janet, 'Social Democracy and the Iranian Constitutional Revolution of 1906–11', in John Foran, ed., *A Century of Revolution*, Minneapolis: University of Minnesota Press, 1994.

Akins, James E, 'International Cooperative Efforts in Energy Supply', *Annals of the American Academy of Political and Social Science* 410, 1973: 75–85.

Aldrich, Mark, 'Capital Theory and Racism: From Laissez-Faire to the Eugenics Movement in the Career of Irving Fisher', *Review of Radical Political Economics* 7: 3, October 1975: 33–42.

Alinsky, Saul, *Rules for Radicals: A Practical Primer for Realistic Radicals*, New York: Random House, 1971.

Altvater, Elmer, 'The Social and Natural Environment of Fossil Capitalism', *Socialist Register* 43, 2007: 37–59.

Amman, Daniel, *The King of Oil: The Secret Lives of Marc Rich*, New York: St Martin's Press, 2009.

Anderson, Irvine H., *Aramco, the United States, and Saudi Arabia: A Study of the Dynamics of Foreign Oil Policy, 1933–1950*, Princeton: Princeton University Press, 1981.

Andrew, Christopher, *The Defence of the Realm: The Authorized History of MI5*, London: Penguin, 2010.

Anghie, Antony, 'Colonialism and the Birth of International Institutions: Sovereignty, Economy, and the Mandate System of the League of Nations', *New York University Journal of International Law and Politics* 34: 3, 2002: 513-633.

_____ 'Finding the Peripheries: Sovereignty and Colonialism in Nineteenth-Century International Law', *Harvard International Law Journal* 40: 1, 1999: 1-71.

Antonius, George, 'Syria and the French Mandate', *International Affairs* 13: 4, July-August 1934: 523-39.

Ardagh, Colonel John, 'The Red Sea Petroleum Deposits', *Proceedings of the Royal Geographical Society and Monthly Record of Geography* 8: 8, August 1886: 502-7.

Arrighi, Giovanni, *Adam Smith in Beijing: Lineages of the Twenty-First Century*, London: Verso, 2007.

Arrow, Kenneth J., and Gerard Debreu, 'Existence of an Equilibrium for a Competitive Economy', *Econometrica* 22: 3, 1954: 265-90.

Ayres, Robert U., and Benjamin Warr, 'Accounting for Growth: The Role of Physical Work', *Structural Change and Economic Dynamics* 16: 2, 2005: 181-209.

Bamberg, James, *History of the British Petroleum Company*, vol. 3: *British Petroleum and Global Oil, 1950-1975: The Challenge of Nationalism*, Cambridge, UK: CUP, 2000.

Barber, Benjamin R., *Jihad vs McWorld: How Globalism and Tribalism Are Reshaping the World*, New York: Ballantine Books, 1995.

Barber, William J., 'Irving Fisher of Yale', *American Journal of Economics and Sociology* 64: 1, 2005: 43-55.

Barry, Andrew, *Political Machines: Governing a Technological Society*, London: Athlone Press, 2001.

_____ 'Technological Zones', *European Journal of Social Theory* 9: 2, 2006: 239-53.

Batatu, Hanna, *The Old Social Classes and the Revolutionary Movements of*

Iraq: A Study of Iraq's Old Landed and Commercial Classes and of Its Communists, Ba'thists, and Free Officers, London: Saqi Books, 2004.

Beblawi, Hazem, and Giacomo Luciani, eds, *The Rentier State*, New York: Croom Helm, 1987.

Beeby-Thompson, Arthur, *The Oil Fields of Russia*, London: Crosby Lockwood & Son, 1904.

Beer, George Louis, 'The Future of Mesopotamia', in *African Questions at the Paris Peace Conference: With Papers on Egypt, Mesopotamia, and the Colonial Settlement*, ed. Louis Herbert Gray, New York: Macmillan, 1923.

Beinin, Joel, *Justice for All: The Struggle for Worker Rights in Egypt*, Washington, DC: Solidarity Center, 2010.

Beinin, Joel, and Zachary Lockman, *Workers on the Nile: Nationalism, Communism, Islam, and the Egyptian Working Class, 1882–1954*, Princeton: Princeton University Press, 1987.

Bell, Daniel, *The Coming of Post-Industrial Society: A Venture in Social Forecasting*, New York: Basic Books, 1976.

Bernstein, Michael A., *A Perilous Progress: Economics and Public Purpose in Twentieth-Century America*, Princeton: Princeton University Press, 2001.

Bialer, Uri, 'Fuel Bridge Across the Middle East: Israel, Iran, and the Eilat-shkelon Oil Pipeline', *Israel Studies* 12: 3, 2007: 29–67.

Bill, James A., *The Eagle and the Lion: The Tragedy of American-ranian Relations*, New Haven: Yale University Press, 1988.

Birnbaum, Eugene A., *Changing the United States Commitment to Gold*, Princeton: International Finance Section, Dept. of Economics, Princeton University, 1967.

Blair, John Malcolm, *The Control of Oil*, New York: Pantheon Books, 1976.

Blewett, Neal, 'The Franchise in the United Kingdom 1885–1918', *Past and Present* 32, December 1965: 27–56.

Block, Fred, *The Origins of International Economic Disorder: A Study of*

United States International Monetary Policy from World War II to the Present, Berkeley: University of California Press, 1977.

Bowden, Gary, 'The Social Construction of Validity in Estimates of US Crude Oil Reserves', *Social Studies of Science* 15: 2, 1985: 207–40.

Brailsford, Henry Noel, *After the Peace*, London: L. Parsons, 1920.

_____ *The War of Steel and Gold: A Study of the Armed Peace*, 10th edn, London: G. Bell & Sons, 1918.

Brand, Carl F., *British Labour's Rise to Power*, Stanford: Stanford University Press, 1941.

_____ 'The Attitude of British Labor toward President Wilson During the Peace Conference', *American Historical Review* 42: 2, 1937: 244–55.

Brandt, Adam, 'Technical Report 6: Methods of Forecasting Future Oil Supply', *UKERC Review of Evidence for Global Oil Depletion*, London: UK Energy Research Centre, 2009, available at www.ukerc.ac.uk.

Bridge, Gavin, 'Global Production Networks and the Extractive Sector: Governing Resource-Based Development', *Journal of Economic Geography* 8: 3, 2008: 389–419.

'British Labor's War Aims: Text of a Statement Adopted at the Special National Labor Conference at Central Hall, Westminster, on December 28, 1917', *International Conciliation* 4: 123, 1918: 45–56.

Bromley, Simon, *American Hegemony and World Oil*, University Park: Pennsylvania State University Press, 1991.

_____ 'The United States and the Control of World Oil', *Government and Opposition* 40: 2, 2005: 225–55.

Brown, Geoff, *Sabotage: A Study in Industrial Conflict*, Nottingham: Bertrand Russell Peace Foundation for Spokesman Books, 1977.

Brown, Nathan, *Peasant Politics in Modern Egypt: The Struggle Against the State*, New Haven: Yale University Press, 1990.

Burke, Edmund, *Prelude to Protectorate in Morocco: Precolonial Protest and Resistance*, 1860–1912, Chicago: University of Chicago Press, 1976.

Busch, Briton Cooper, *Britain and the Persian Gulf, 1894-1914*, Berkeley: University of California Press, 1967.

Butler, Judith, *Precarious Life: The Powers of Mourning and Violence*, New York: Verso, 2004.

Cain, P. J., *Hobson and Imperialism: Radicalism, New Liberalism, and Finance 1887-1938*, Oxford: OUP, 2002.

Callon, Michel, *The Laws of the Markets*, Oxford: Blackwell Publishers/ Sociological Review, 1998.

———— 'Some Elements of a Sociology of Translation: Domestication of the Scallops and the Fishermen of St Brieuc Bay', in John Law, ed., *Power, Action and Belief: A New Sociology of Knowledge?*, London: Routledge, 1986.

Callon, Michel, Pierre Lascoumes and Yannick Barthe, *Acting in an Uncertain World: An Essay on Technical Democracy*, Cambridge, MA: MIT Press, 2009.

Cambel, Ali Bulent, 'Energy', *Science Journal* 3: 10, 1967: 57-62.

Campbell, Colin J., and Jean H. Laherrère, 'The End of Cheap Oil', *Scientific American* 278: 3, March 1998: 78-83.

Canning, Kathleen, *Languages of Labor and Gender: Female Factory Work in Germany, 1850-1914*, Ithaca: Cornell University Press, 1996.

Carew, Anthony, *Labour Under the Marshall Plan: The Politics of Productivity and the Marketing of Management Science*, Detroit: Wayne State University Press, 1987.

de Cecco, Marcello, *The International Gold Standard: Money and Empire*, 2nd edn, New York: St Martin's Press, 1984.

Church, Roy A., Quentin Outram and David N. Smith, 'The Militancy of British Miners, 1893-1986: Interdisciplinary Problems and Perspectives', *Journal of Interdisciplinary History* 22: 1, Summer 1991: 49-66.

Churchill, Randolph S., *Winston S. Churchill: Young Statesman 1901-1914*, London: Heinemann, 1967.

Churchill, Winston, *The World Crisis, 1911-1918*, abridged and revised edn, London: Penguin, 2007.

Citino, Nathan J., 'Defending the "Postwar Petroleum Order": The US, Britain and the 1954 Saudi-nassis Tanker Deal', *Diplomacy & Statecraft* 11: 2, 2000: 137-60.

―――― *From Arab Nationalism to OPEC: Eisenhower, King Sa'ud, and the Making of US-Saudi Relations*, Bloomington: Indiana University Press, 2002.

Clarke, Keith C., and Jeffrey J. Hemphill, 'The Santa Barbara Oil Spill: A Retrospective', in Darrick Danta, ed., *Yearbook of the Association of Pacific Coast Geographers*, Honolulu: University of Hawai'i Press, 2002.

Cleaver, William, 'Wildcats in the Appalachian Coal Fields', in Midnight Notes Collective, eds, *Midnight Notes, Midnight Oil: Work, Energy, War, 1972-1992*, Brooklyn: Autonomedia, 1992.

Coatsworth, John H., 'Welfare', *American Historical Review* 101: 1, February 1996: 1-12.

Cocks, Frederick Seymour, *E. D. Morel: The Man and His Work*, London: G. Allen & Unwin, 1920.

Cohen, Lizabeth, *Making a New Deal: Industrial Workers in Chicago, 1919-1939*, Cambridge, UK: CUP, 1990.

Cohen, Stuart A., *British Policy in Mesopotamia, 1903-1914*, Reading: Ithaca Press, 2008.

Committee on the Royal Mint, Great Britain, *Report from the Select Committee on the Royal Mint*, London: HMSO, 1849.

Cooley, John K., *Unholy Wars: Afghanistan, America and International Terrorism*, 2nd edn, London: Pluto Press, 2000.

Corbin, David, *Life, Work, and Rebellion in the Coal Fields: The Southern West Virginia Miners, 1880-1922*, Champaign: University of Illinois Press, 1981.

Cordovez, Diego, and Selig S. Harrison, *Out of Afghanistan: The Inside*

Story of the Soviet Withdrawal, London: OUP, 1995.

Coronil, Fernando, *The Magical State: Nature, Money and Modernity in Venezuela*, Chicago: University of Chicago Press, 1997.

Crummey, D., *Banditry, Rebellion, and Social Protest in Africa*, Oxford: J. Currey, 1986.

Curtis, Lionel, *The Problem of the Commonwealth*, London: Macmillan, 1915.

Daly, Herman E., *Steady-State Economics: The Economics of Biophysical Equilibrium and Moral Growth*, San Francisco: W. H. Freeman, 1977.

Daoudi, M. S., and M. S. Dajani, 'The 1967 Oil Embargo Revisited', *Journal of Palestine Studies* 13: 2, 1984: 65-90.

Dasgupta, Partha, and Geoffrey Heal, *Economic Theory and Exhaustible Resources*, Cambridge, UK: CUP, 1979.

Davis, Mike, *Late Victorian Holocausts: El Niño Famines and the Making of the Third World*, London: Verso, 2001.

Davis, Simon, *Contested Space: Anglo-American Relations in the Persian Gulf, 1939-1947*, Leiden: Martinus Nijhoff, 2009.

Deffeyes, Kenneth S., *Hubbert's Peak: The Impending World Oil Shortage*, Princeton: Princeton University Press, 2001.

De Geer, Hans, 'Trading Companies in Twentieth-Century Sweden', in Geoffrey Jones, ed., *The Multinational Traders*, New York: Routledge, 1998.

De Grazia, Victoria, *Irresistible Empire: America's Advance through Twentieth-Century Europe*, Cambridge, MA: Harvard University Press, 2005.

Dennis, Michael Aaron, 'Drilling for Dollars: The Making of US Petroleum Reserve Estimates, 1921-25', *Social Studies of Science* 15: 2, May 1985: 241-65.

DeNovo, John A., 'A Railroad for Turkey: The Chester Project, 1908-1913', *The Business History Review* 33: 3, 1959: 300-29.

_____ *American Interests and Policies in the Middle East, 1900-1939*,

Minneapolis: University of Minnesota Press, 1963.

Desrosières, Alain, 'Managing the Economy: The State, the Market, and Statistics', in T. Porter and D. Ross, eds, *The Cambridge History of Science, vol. 7: The Modern Social Sciences*, Cambridge, UK: CUP, 2003: 553–64.

Dirks, Nicholas, *The Hollow Crown: Ethnohistory of an Indian Kingdom*, 2nd edn, Ann Arbor: University of Michigan Press, 1993.

Disch, Lisa, 'Representation as "Spokespersonship": Bruno Latour's Political Theory', *Parallax* 14: 3, August 2008: 88–100.

Dix, Keith, *What's a Coal Miner to Do? The Mechanization of Coal Mining*, Pittsburgh: University of Pittsburgh Press, 1988.

Dodge, Toby, *Inventing Iraq: The Failure of Nation-Building and a History Denied*, New York: Columbia University Press, 2003.

———— 'What Accounts for the Evolution of International Policy Towards Iraq 1990–2003?' Iraq Inquiry, 5 November 2009, available at www.iraqinquiry.org.uk.

Dunning, Thad, *Crude Democracy: Natural Resource Wealth and Political Regimes*, Cambridge, UK: CUP, 2008.

Earle, Edward Mead, 'The Turkish Petroleum Company: A Study in Oleaginous Diplomacy', *Political Science Quarterly* 39: 2, 1924: 269–75.

———— *Turkey, the Great Powers, and the Bagdad Railway: A Study in Imperialism*, New York: Macmillan, 1923.

Edwards, P. K., *Strikes in the United States, 1881–1974*, New York: St Martin's Press, 1981.

Eichengreen, Barry, 'The British Economy Between the Wars', in Rodrick Floud and Paul Johnson, eds, *The Cambridge Economic History of Modern Britain*, Cambridge, UK: CUP, 2004: 314–43.

———— *Global Imbalances and the Lessons of Bretton Woods*, Cambridge, MA: MIT Press, 2007.

Eichholtz, Dietrich, *Die Bagdadbahn, Mesopotamien Und Die Deutsche*

Ölpolitik Bis 1918: Aufhaltsamer Übergang Ins Erdölzeitalter: Mit Dokumenten, Leipzig: Leipziger, Universitätsverlag, 2007.

El Azhary, M. S., 'The Attitudes of the Superpowers Towards the Gulf War', *International Affairs* 59: 4, Autumn 1983: 609–20.

Eley, Geoff, *Forging Democracy: The History of the Left in Europe, 1850–2000*, Oxford: OUP, 2002.

Engdahl, William, *A Century of War: Anglo-American Oil Politics and the New World Order*, 2nd edn, London: Pluto Press, 2004.

Engels, Friedrich, 'The Bakunists at Work', in Karl Marx and Friedrich Engels, eds, *Revolution in Spain*, London: Lawrence & Wishart, 1939 (first published in *Der Volksstaat*, 31 October, 2 and 5 November, 1873).

Fagge, Roger, *Power, Culture, and ConB ict in the Coalfields: West Virginia and South Wales, 1900–1922*, Manchester: Manchester University Press, 1996.

Farouk-Sluglett, Marion, and Peter Sluglett, *Iraq Since 1958: From Revolution to Dictatorship*, 3rd edn, London: I. B. Tauris, 2001.

Feis, Herbert, 'The Anglo-American Oil Agreement', Yale Law Journal 55: 5, 1946: 1,174–90.

Ferrier, Ronald W., *The History of the British Petroleum Company*, vol. 1: *The Developing Years: 1901–1932*, Cambridge, UK: CUP, 1982.

Forrestal, James, *The Forrestal Diaries*, ed. Walter Millis and E. S. Duffield, New York: Viking Press, 1951.

Foucault, Michel, *Security, Territory, Population: Lectures at the Collège de France 1977–1978*, London: Palgrave Macmillan, 2007.

Frank, Alison Fleig, *Oil Empire: Visions of Prosperity in Austrian Galicia*, Cambridge, MA: Harvard University Press, 2007.

Frankel, P. H., *Mattei: Oil and Power Politics*, London: Faber & Faber, 1966.

Frantz, Joseph H., and Valerie Jochen, 'Shale Gas White Paper', Schlumberger, 2005, available at www.slb.com.

Fremdling, Rainer, 'Anglo-German Rivalry in Coal Markets in France, the Netherlands and Germany 1850-1913', *Journal of European Economic History* 25: 3, 1996: 599-646.

Fursenko, A. A., *The Battle for Oil: The Economics and Politics of International Corporate Conflict over Petroleum, 1860-1930*, Greenwich: Jai Press, 1990.

Galpern, Steven G., *Money, Oil, and Empire in the Middle East: Sterling and Postwar Imperialism, 1944-1971*, Cambridge, UK: CUP, 2009.

Gates, Robert Michael, *From the Shadows: The Ultimate Insider's Story of Five Presidents and How They Won the Cold War*, New York: Touchstone, 1997.

Gavin, Francis J., *Gold, Dollars, and Power: The Politics of International Monetary Relations, 1958-1971*, Chapel Hill: University of North Carolina Press, 2004.

Gelvin, James L., *Divided Loyalties: Nationalism and Mass Politics in Syria at the Close of Empire*, Berkeley: University of California Press, 1998.

Gendzier, Irene, *Notes from the Minefield: United States Intervention in Lebanon, 1945-1958*, New York: Columbia University Press, 2nd edn, 2006.

Gerretson, Frederik Carel, *The History of the Royal Dutch*, Leiden: E. J. Brill, 1953-1957.

Gilmour, David, *Curzon: Imperial Statesman*, 1st US edn, New York: Farrar, Straus & Giroux, 2003.

Goldberg, Ellis, 'Peasants in Revolt-Egypt 1919', *International Journal of Middle East Studies* 24: 2, 1992: 261-80.

Goldberg, Ellis, Erik Wibbels and Eric Mvukiyehe, 'Lessons from Strange Cases: Democracy, Development, and the Resource Curse in the US States', *Comparative Political Studies* 41: 4-5, 2008: 477-514.

Goldman, Marshall I., 'The Soviet Union', in Raymond Vernon, ed., *The Oil Crisis*, New York: Norton, 1976.

Goodrich, Carter, *The Miner's Freedom: A Study of the Working Life in a*

Changing Industry, Boston: Marshall Jones Co., 1925.

Graham, Benjamin, *Storage and Stability: A Modern Ever-Normal Granary*, New York: McGraw-Hill Book Company, Inc., 1937.

Graham-Brown, Sarah, *Sanctioning Saddam: The Politics of Intervention in Iraq*, London: I. B. Tauris/MERIP, 1999.

Greenpeace, *Decentralising Power: An Energy Reserve for the 21st Century*, 2005, available at www.greenpeace.org.uk.

Greenspan, Alan, *The Age of Turbulence: Adventures in a New World*, London: Penguin, 2007.

Grieb, Kenneth J., 'Standard Oil and the Financing of the Mexican Revolution', *California Historical Quarterly* 50: 1, 1971: 59–71.

Grovogui, Siba N., *Sovereigns, Quasi Sovereigns, and Africans: Race and Self-Determination in International Law*, Minneapolis: University of Minnesota Press, 1996.

Guerrien, Bernard, 'Is There Anything Worth Keeping in Standard Microeconomics?' *Post-Autistic Economics Review* 12, 2002: Article 1.

Gulliford, Andrew, *Boomtown Blues: Colorado Oil Shale, 1885–1985*, Niwot: University Press of Colorado, 1989.

Haberl, Helmut, 'The Global Socioeconomic Energetic Metabolism as a Sustainability Problem', *Energy* 31: 1, 2006: 87–99.

Hakimian, Hassan, 'Wage Labor and Migration: Persian Workers in Southern Russia, 1880–1914', *International Journal of Middle East Studies* 17: 4, 1985: 443–62.

Halliday, Fred, 'Trade Unions and the Working Class Opposition', *MERIP Reports* 71, October 1978: 7–13.

Hanak, H., 'The Union of Democratic Control During the First World War', *Historical Research* 36: 94, 1963: 168–80.

Hansen, James, Makiko Sato, Pushker Kharecha, Gary Russell, David W. Lea and Mark Siddall, 'Climate Change and Trace Gases', *Philosophical Transactions of the Royal Society A* 365, 2007: 1,925–54.

Harrison, Royden, ed., *Independent Collier: The Coal Miner as Archetypal*

Proletarian Reconsidered, New York: St Martin's, 1978.

Harvey, David, *A Brief History of Neoliberalism*, Oxford: OUP, 2005.

———— *The New Imperialism*, Oxford: OUP, 2003.

———— *Spaces of Capital: Towards a Critical Geography*, Edinburgh: Edinburgh University Press, 2001.

Hayek, F. A., 'A Commodity Reserve Currency', *Economic Journal* 53: 210/211, June–September 1943: 176–84.

Hazlitt, Henry, *Will Dollars Save the World?*, New York: Appleton-Century, 1947.

Hecht, Gabrielle, *The Radiance of France: Nuclear Power and National Identity After World War II*, Cambridge, MA: MIT Press, 1998.

Henry, James Dodds, *Baku: An Eventful History*, New York: Arno Press, 1977 [1905].

Hewins, Ralph, *Mr Five Per Cent: The Story of Calouste Gulbenkian*, New York: Rinehart & Company, 1958.

Hicks, John, *Value and Capital*, Oxford: OUP, 1939.

Hobsbawm, Eric, *The Age of Empire, 1875–1914*, New York: Vintage, 1989.

Hobson, J. A., *Imperialism: A Study*, London: James Nisbet & Co., 1902.

———— *The War in South Africa: Its Causes and Effects*, London: James Nisbet & Co., 1900.

———— *Towards International Government*, New York: Macmillan, 1915.

Hoch, Myron L., 'The Oil Strike of 1945', *Southern Economic Journal* 15: 2, 1948: 117–33.

Holter, Darryl, *The Battle for Coal: Miners and the Politics of Nationalization in France, 1940–1950*, DeKalb: Northern Illinois University Press, 1992.

Hotelling, Harold, 'The Economics of Exhaustible Resources', *Journal of Political Economy* 39: 2, 1931: 137–75.

Houtsma, M. Th., A. J. Wensinck and T. W. Arnold, eds, *The Encyclopaedia of Islam: A Dictionary of the Geography, Ethnography and Biography of the Muhammadan Peoples*, Leiden: E. J. Brill, 1913–1936.

Hubbert, M. King, *Nuclear Energy and the Fossil Fuels*, Houston: Shell Development Company (Publication 95), 1956.

Hull, Edward, *The Coal-Fields of Great Britain: Their History, Structure, and Duration, With Notices of the Coal-Fields of Other Parts of the World*, London: Edward Stanford, 1861.

Huntington, Samuel P., 'The United States', in *The Crisis of Democracy: Report on the Governability of Democracies to the Trilateral Commission*, ed. Michel Crozier, Samuel P. Huntington and Joji Wantanuki, New York: New York University Press, 1975.

Hyslop, Jonathan, 'Martial Law and Military Power in the Construction of the South African State: Jan Smuts and the "Solid Guarantee of Force", 1899–1924', *Journal of Historical Sociology* 22: 2, 2009: 234–68.

Intergovernmental Panel on Climate Change, *Fourth Assessment Report*, 2007, available at www.ipcc.ch.

International Energy Agency, *World Energy Outlook 2008*, New Milford: Turpin Distribution, 2008.

'International Notes', *Journal of International Relations* 11: 1, 1920: 120–54.

Jack (Kent), Marian, 'The Purchase of the British Government's Shares in the British Petroleum Company 1912–1914', *Past and Present* 39: 1, April 1968: 139–68.

Jacobs, Mathew, 'The Perils and Promise of Islam: The United States and the Muslim Middle East in the Early Cold War', *Diplomatic History* 30: 4, 2006: 705–39.

Jaggers, Keith, and Ted Robert Gurr, 'Tracking Democracy's Third Wave with the Polity III Data', *Journal of Peace Research* 32: 4, 1995: 469–82.

Jevons, H. Stanley, *The British Coal Trade*, London: E. P. Dutton, 1915.

Jevons, William Stanley, *The Coal Question: An Inquiry Concerning the Progress of the Nation and the Probable Exhaustion of Our Coal-Mines*, London: Macmillan, 1865.

Jones, Charles O., and Randall Strahan, 'The Effect of Energy Politics on

Congressional and Executive Organization in the 1970s', *Legislative Studies Quarterly* 10: 2, 1985: 151-79.

Jones, Geoffrey, *The State and the Emergence of the British Oil Industry*, London: Macmillan, 1981.

Jorgenson, Dale W., ed., *The Economics of Productivity*, Cheltenham: Edward Elgar, 2009.

Kanafani, Ghassan, *The 1936-39 Revolt in Palestine*, New York: Committee for a Democratic Palestine, 1972.

Kandiyoti, Rafael, *Pipelines: Flowing Oil and Crude Politics*, London: I. B. Tauris, 2008.

Kane, N. Stephen, 'Corporate Power and Foreign Policy: Efforts of American Oil Companies to Influence United States Relations with Mexico, 1921-1928', *Diplomatic History* 1: 2, 1977: 170-98.

Kanefsky, John W., 'Motive Power in British Industry and the Accuracy of the 1870 Factory Return', *Economic History Review* 32: 3, 1979: 360-75.

Karl, Terry Lynn, *The Paradox of Plenty: Oil Booms and Petro-States*, Berkeley: University of California Press, 1997.

Karsh, Efraim, 'Military Power and Foreign Policy Goals: The Iran-Iraq War Revisited', *International Affairs* 64: 1, Winter 1987-88: 83-95.

Keeling, Charles D., 'Rewards and Penalties of Monitoring the Earth', *Annual Review of Energy and the Environment* 23, 1988: 25-82.

Kent, Marian, 'Agent of Empire? The National Bank of Turkey and British Foreign Policy', *Historical Journal* 18: 2, 1975: 367-89.

———— *Moguls and Mandarins: Oil, Imperialism, and the Middle East in British Foreign Policy*, London: Frank Cass, 1993.

———— *Oil and Empire: British Policy and Mesopotamian Oil, 1900-1920*, London: Macmillan, 1976.

Kerr, Clark, and Abraham Siegel, 'The Interindustry Propensity to Strike: An International Comparison', in Arthur Kornhauser, Robert Dubin and Arthur M. Ross, eds, *Industrial Conflict*, New York: McGraw-Hill,

1934: 189–212.

Keynes, John Maynard, *Indian Currency and Finance*, London: Macmillan, 1913.

—— *The Collected Writings of John Maynard Keynes*, ed. Donald Moggridge, London: Macmillan, 1971–1989.

—— *The General Theory of Employment, Interest and Money*, London: Macmillan, 1936.

—— 'William Stanley Jevons, 1835–1882: A Centenary Allocation on His Life and Work as Economist and Statistician', *Journal of the Royal Statistical Society* 99: 3, 1936: 516–55.

al-Khafaji, Isam, *Tormented Births: Passages to Modernity in Europe and the Middle East*, London: I. B. Tauris, 2004.

Khalidi, Rashid, *Resurrecting Empire: Western Footprints and America's Perilous Path in the Middle East*, Boston: Beacon Press, 2004.

—— *The Iron Cage: The Story of the Palestinian Struggle for Statehood*, Boston: Beacon Press, 2006.

Khalidi, Walid, ed., *From Haven to Conquest: Readings in Zionism and the Palestine Problem Until 1948*, Washington, DC: Institute for Palestine Studies, 1971.

Kimball, Jeffrey, 'The Nixon Doctrine: A Saga of Misunderstanding', *Presidential Studies Quarterly* 36: 1, 2006: 59–74.

Klare, Michael, *Resource Wars: The New Landscape of Global Conflict*, New York: Henry Holt, 2001.

—— *Rising Powers, Shrinking Planet: The New Geopolitics of Energy*, New York: Metrolpolitan Books, 2008.

Klein, Naomi, *The Shock Doctrine: The Rise of Disaster Capitalism*, London: Allen Lane, 2007.

Knaack, Marcelle Size, *Encyclopedia of US Air Force Aircraft and Missile Systems*, vol. 1, Washington, DC: Office of Air Force History, 1978.

Knights, Mark, *Representation and Misrepresentation in Later Stuart Britain: Partisanship and Political Culture*, Oxford: OUP, 2006.

Knock, Thomas J., *To End All Wars: Woodrow Wilson and the Quest for a New World Order*, New York: OUP, 1992.

Kuznets, Simon, Lillian Epstein and Elizabeth Jenks, *National Income and Its Composition, 1919-1938*, New York: National Bureau of Economic Research, 1941.

Ladjevardi, Habib, *Labor Unions and Autocracy in Iran*, Syracuse: Syracuse University Press, 1985.

Laslett, John H. M., *Colliers Across the Sea: A Comparative Study of Class Formation in Scotland and the American Midwest, 1830-1924*, Champaign: University of Illinois Press, 2000.

──────── 'State Policy Towards Labour and Labour Organizations, 1830-1939: Anglo-American Union Movements', in Peter Mathias and Sidney Pollard, eds, *The Cambridge Economic History of Europe*, vol. 8: *The Industrial Economies: The Development of Economic and Social Policies*, Cambridge, UK: CUP, 1989: 495-548.

Latour, Bruno, *Politics of Nature: How to Bring the Sciences into Democracy*, Cambridge, MA: Harvard University Press, 2004.

──────── *We Have Never Been Modern*, Cambridge, MA: Harvard University Press, 1993.

Lee, P. J., *Statistical Methods for Estimating Petroleum Resources*, Oxford: OUP, 2008.

Leith-Ross, Frederick, 'Financial and Economic Developments in Egypt', *International Affairs* 28: 1, 1952: 29-37.

Lenin, V. I., *Collected Works*, Moscow: Progress Publishing, 1960.

Levinson, Marc, *The Box: How the Shipping Container Made the World Smaller and the World Economy Bigger*, Princeton: Princeton University Press, 2006.

Linden, H. R., 'The Evolution of an Energy Contrarian', *Annual Review of Energy and the Environment* 21, 1996: 31-67.

Lippmann, Walter, *The Cold War: A Study in US Foreign Policy*, New York: Harper, 1947.

List, Friedrich, *National System of Political Economy*, transl. G. A. Matile, Philadelphia: J. P. Lippincott, 1856 [1841].

Little, Douglas, 'Cold War and Covert Action: The United States and Syria, 1945–1958', *Middle East Journal* 44: 1, 1990: 51–75.

―――― 'Mission Impossible: The CIA and the Cult of Covert Action in the Middle East', *Diplomatic History* 28: 5, 2004: 663–701.

―――― 'The United States and the Kurds: A Cold War Story', *Journal of Cold War Studies* 12: 4, 2010: 63–98.

Lockman, Zachary, *Comrades and Enemies: Arab and Jewish Workers in Palestine*, 1906–1948, Berkeley: University of California Press, 1996.

Lohmann, Larry, *Carbon Trading: A Critical Conversation on Climate Change, Privatisation and Power*, Development Dialogue no. 48, September 2006.

Long, David, *Towards a New Liberal Internationalism: The International Theory of J. A. Hobson*, Cambridge, UK: CUP, 1996.

Longrigg, Stephen Hemsley, *Oil in the Middle East: Its Discovery and Development*, London: OUP, 1968.

Louis, William Roger, *Ends of British Imperialism: The Scramble for Empire, Suez and Decolonization: Collected Essays*, London: I. B. Tauris, 2006.

Lowi, eodore J., 'The State in Political Science: How We Become What We Study', *American Political Science Review* 86: 1, 1992: 1–7.

Lugard, Frederick, *The Dual Mandate in British Tropical Africa*, 5th edn, Hamden, CT: Archon Books, 1965.

Luxemburg, Rosa, *The Mass Strike, the Political Party, and the Trade Unions* (a translation of *Massenstreik, Partei und Gewerkschaften*, 1906), Detroit: Marxist Educational Society, 1925.

Mabro, Robert, 'OPEC and the Price of Oil', *Energy Journal* 13: 2, 1992: 1–17.

MacKenzie, Donald, *An Engine, Not a Camera: How Financial Models Shape Markets*, Cambridge, MA: MIT Press, 2006.

_____ *Statistics in Britain, 1865–1930: The Social Construction of Scientific Knowledge*, Edinburgh: Edinburgh University Press, 1981.

MacKenzie, Donald, Fabian Muniesa and Lucy Siu, eds, *Do Economists Make Markets? On the Performativity of Economics*, Princeton: Princeton University Press, 2007.

Mackenzie King, William Lyon, *Industry and Humanity: A Study in the Principles Underlying Industrial Reconstruction*, Boston: Houghton Mifflin, 1918.

Madureira, N. L., 'Oil in the Age of Steam', *Journal of Global History* 5: 1, 2010: 75–94.

Magoon, L. B., and J. W. Schmoker, 'The Total Petroleum System-the Natural Fluid Network that Constrains the Assessment Unit', in *US Geological Survey Digital Data Series* 60, 2000.

Mahaim, Ernest, and Harald Westergaard, 'The General Strike in Belgium, April 1902', *Economic Journal* 12: 47, 1902: 421–30.

Mahdavy, Hussein, 'The Patterns and Problems of Economic Development in Rentier States: The Case of Iran', in M. A. Cook, ed., *Studies in the Economic History of the Middle East*, London: OUP, 1970.

Mallet, Serge, *Essays on the New Working Class*, St Louis: Telos Press, 1975.

_____ *The New Working Class*, Nottingham: Bertrand Russell Peace Foundation for Spokesman Books, 1975.

Mamdani, Mahmood, *Citizen and Subject: Contemporary Africa and the Legacy of Late Colonialism*, Princeton: Princeton University Press, 1996.

Manela, Erez, *The Wilsonian Moment: Self-Determination and the International Origins of Anticolonial Nationalism*, Oxford: OUP, 2007.

Mantena, Karuna, *Alibis of Empire: Henry Maine and the Ends of Liberal Imperialism*, Princeton: Princeton University Press, 2010.

Marks, Shula, and Stanley Trapido, 'Lord Milner and the South African State', *History Workshop* 8, 1979: 50–80.

Marshall, Alfred, *Principles of Economics*, 8th edn, London: Macmillan, 1920.

Maunsell, F. R., 'The Mesopotamian Petroleum Field', *Geographical Journal* 9: 5, 1897: 528–32.

Mayer, Arno J., *Wilson vs Lenin: Political Origins of the New Diplomacy, 1917–1918*, Cleveland: World Publishing Company, 1969.

McCarthy, Tom, *Auto Mania: Cars, Consumers, and the Environment*, New Haven: Yale University Press, 2007.

McCloskey, Deirdre, 'Yes, There Is Something Worth Keeping in Microeconomics', *Post-Autistic Economics Review* 15: 4, 2002.

McFarland, Andrew S., 'Energy Lobbies', *Annual Review of Energy* 9, 1984: 501–27.

Meadows, Donella H., Dennis L. Meadows, Jorgen Randers and William W. Behrens, *The Limits to Growth: A Report for the Club of Rome's Project on the Predicament of Mankind*, New York: Universe Books, 1972.

Mehrling, Perry, 'Retrospectives: Economists and the Fed: Beginnings', *Journal of Economic Perspectives* 16: 4, 2002: 207–18.

Meredith, Martin, *Diamonds, Gold, and War: The British, the Boers, and the Making of South Africa*, New York: Public Affairs, 2008.

Miller, Geoffrey, *Straits: British Policy Towards the Ottoman Empire and the Origins of the Dardanelles Campaign*, Hull: University of Hull Press, 1997.

Milne, Seumas, *The Enemy Within: The Secret War Against the Miners*, 3rd edn, London: Verso, 2004.

Milner, Alfred, *England in Egypt*, 11th edn, London: Edward Arnold, 1904.

Mirowski, Philip, *Machine Dreams: Economics Becomes a Cyborg Science*, Cambridge, UK: CUP, 2002.

Mirowski, Philip, and Dieter Plehwe, eds, *The Road from Mont Pèlerin: The Making of the Neoliberal Thought Collective*, Cambridge, MA: Harvard University Press, 2009.

Mitchell, Timothy, 'Economists and the Economy in the Twentieth

Century', in George Steinmetz, ed., *The Politics of Method in the Human Sciences: Positivism and Its Epistemological Others*, Durham: Duke University Press, 2005.

_____ *Rule of Experts: Egypt, Techno-Politics, Modernity*, Berkeley: University of California Press, 2002.

_____ 'The Work of Economics: How a Discipline Makes Its World', *European Journal of Sociology* 46: 2, 2005: 297–320.

Monroe, Elizabeth, *Philby of Arabia*, Reading: Ithaca Press, 1998.

Morel, E. D., *King Leopold's Rule in Africa*, London: Heinemann, 1904.

_____ *Morocco in Diplomacy*, London: Smith, Elder & Co., 1912.

_____ *Red Rubber: The Story of the Rubber Slave Trade Flourishing on the Congo in the Year of Grace* 1906, London: T. Fisher Unwin, 1906.

Morgan, Mary S., *The History of Econometric Ideas*, Cambridge, UK: CUP, 1990.

Mortimer, Joanne Stafford, 'Commercial Interests and German Diplomacy in the Agadir Crisis', *Historical Journal* 10: 4, 1967: 440–56.

Mosley, Leonard, *Gideon Goes to War*, London: Arthur Baker, 1955.

Mumford, Lewis, *Technics and Civilization*, New York: Harcourt, Brace, 1934.

Muttit, Greg, *Fuel on the Fire: Oil and Politics in Occupied Iraq*, London: Bodley Head, 2011.

Nalbantian, Tsolin, 'Fashioning Armenians in Lebanon, 1946–1958', PhD thesis, Department of Middle Eastern, South Asian, and African Studies, Columbia University, 2010.

Neatby, H. Blair, 'William Lyon Mackenzie King', in *Dictionary of Canadian Biography Online*, at www.biographi.ca.

von Neumann, John, 'John von Neumann on Technological Prospects and Global Limits', *Population and Development Review* 12: 1, March 1986 [1955]: 117–26.

Neville, Robert G., 'The Courrières Colliery Disaster, 1906', *Journal of Contemporary History* 13: 1, 1978: 33–52.

Nitzan, Jonathan, and Shimshon Bichler, *The Global Political Economy of Israel*, London: Pluto Press, 2002.

Nowell, Gregory, *Mercantile States and the World Oil Cartel, 1900–1939*, Ithaca: Cornell University Press, 1994.

Nuvolari, Alessandro, 'Collective Invention During the British Industrial Revolution: The Case of the Cornish Pumping Engine', *Cambridge Journal of Economics* 28: 3, 2004: 347–63.

Nuvolari, Alessandro, and Bart Verspagen, 'Technical Choice, Innovation and British Steam Engineering, 1800–1850', *Economic History Review* 62, 2009: 685–710.

Nuvolari, Alessandro, Bart Verspagen and Nick von Tunzelmann, 'The Early Diffusion of the Steam Engine in Britain, 1700–1800: A Reappraisal', *Cliometrica*, 2011: 1–31.

Nye, David E., *Consuming Power: A Social History of American Energies*, Cambridge, MA: MIT Press, 1999.

Odell, Peter R., *Oil and World Power*, 5th edn, Harmondsworth: Penguin, 1979.

Okruhlik, Gwenn, 'Networks of Dissent: Islamism and Reform in Saudi Arabia', *Current History* 101: 651, 2002: 22–8.

Olusoga, David, and Casper W. Erichsen, *The Kaiser's Holocaust: Germany's Forgotten Genocide and the Colonial Roots of Nazism*, London: Faber & Faber, 2010.

Oppenheim, Lassa, *A Treatise on International Law*, ed. Ronald F. Roxburgh, London: Longmans, Green, 1920.

Orwell, George, 'You and the Atomic Bomb' (1945), in Sonia Orwell and Ian Angus, eds, *The Collected Essays, Journalism and Letters of George Orwell*, vol. 4: *In Front of Your Nose, 1945–1950*, New York: Harcourt, Brace & World, 1968: 6–10.

Painter, David S., 'Oil and the Marshall Plan', *Business History Review* 58: 3, 1984: 359–83.

———— *Oil and the American Century: The Political Economy of US*

Foreign Oil Policy, 1941–1954, Baltimore: Johns Hopkins University Press, 1986.

_____ 'The Marshall Plan and Oil', *Cold War History* 9: 2, 2009: 159–75.

Parker, Richard B., ed., *The October War: A Retrospective*, Gainesville: University Press of Florida, 2001.

Parra, Francisco, *Oil Politics: A Modern History of Petroleum*, London: I. B. Tauris, 2004.

Peart, Sandra J., '"Facts Carefully Marshalled" in the Empirical Studies of William Stanley Jevons', *History of Political Economy* 33, 2001 (annual supplement): 252–76.

Pedersen, Susan, 'The Failure of Feminism in the Making of the British Welfare State', *Radical History Review* 43, 1989: 86–110.

Penrose, Edith, and E. F. Penrose, *Iraq: International Relations and National Development*, London: Ernest Benn, 1978.

Petersen, Tore T., *Richard Nixon, Great Britain and the Anglo-American Alignment in the Persian Gulf: Making Allies out of Clients*, Brighton: Sussex Academic Press, 2009.

Podeh, Elie, 'Making a Short Story Long: The Construction of the Suez-Mediterranean Oil Pipeline in Egypt, 1967–77', *Business History Review* 78: 1, 2004: 61–88.

Podobnik, Bruce, *Global Energy Shifts: Fostering Sustainability in a Turbulent Age*, Philadelphia: Temple University Press, 2006.

Polanyi, Karl, *The Great Transformation: The Political and Economic Origins of Our Time*, New York: Farrar & Rinehart, 1944.

Polanyi, Karl, Conrad M. Arensberg and Harry W. Pearson, *Trade and Market in the Early Empires: Economies in History and Theory*, Glencoe: Free Press, 1957.

Polasky, Janet L., 'A Revolution for Socialist Reforms: The Belgian General Strike for Universal Suffrage', *Journal of Contemporary History* 27: 3, 1992: 449–66.

Pollard, Sidney, *Peaceful Conquest: The Industrialization of Europe, 1760–*

1970, Oxford: OUP, 1981.

Pomeranz, Kenneth, *The Great Divergence: China, Europe, and the Making of the Modern World Economy*, Princeton: Princeton University Press, 2000.

Porter, Theodore, 'Locating the Domain of Calculation', *Journal of Cultural Economy* 1: 1, 2008: 39–50.

—————— *The Rise of Statistical Thinking, 1820–1900*, Princeton: Princeton University Press, 1986.

Potter, Pitman B., 'Origin of the System of Mandates Under the League of Nations', *American Political Science Review* 16: 4, November 1922: 563–83.

Pouget, Émile, *Le Sabotage*, Paris: M. Rivière, 1911 [1909], English translation: *Sabotage*, Chicago: C. H. Kerr & Co., 1913.

Qaimmaqami, Linda Wills, 'The Catalyst of Nationalization: Max ornburg and the Failure of Private Sector Developmentalism in Iran, 1947–51', *Diplomatic History* 19: 1, 1995: 1–31.

Quam–Wickham, Nancy Lynn, 'Petroleocrats and Proletarians: Work, Class and Politics in the California Oil Industry, 1917–1925', PhD thesis, Department of History, University of California, Berkeley, 1994.

Quataert, Donald, *Miners and the State in the Ottoman Empire: The Zonguldak Coalfield, 1822–1920*, New York: Berghahn Books, 2006.

—————— *Workers, Peasants and Economic Change in the Ottoman Empire: 1730–1914*, Istanbul: Isis Press, 1993.

Radice, Hugo, 'The National Economy: A Keynesian Myth?' *Capital and Class* 8: 1, 1984: 111–140.

al-Rafi'i, Abd al-Rahman, *Thawrat sanat 1919: Tarikh misr al-qawmi min sanat 1914 ila sanat 1921*, 2 vols: Cairo: Maktabat al-Nahda al-Misriya, 1955.

Rancière, Jacques, *Hatred of Democracy*, London: Verso, 2005.

Rand, Christopher T., *Making Democracy Safe for Oil: Oilmen and the Islamic East*, Boston: Little, Brown, 1975.

Randall, Stephen J., *United States Foreign Oil Policy, 1919–1948: For Profits and Security*, Montreal and Kingston: McGill-Queen's University Press, 1985.

Rashid, Ahmed, *Taliban: Militant Islam, Oil, and Fundamentalism in Central Asia*, New Haven: Yale University Press, 2000.

Redish, Angela, 'The Evolution of the Gold Standard in England', *Journal of Economic History* 50: 4, December 1990, 789-805.

Rees, Jonathan, *Representation and Rebellion: The Rockefeller Plan at the Colorado Fuel and Iron Company, 1914-1942*, Boulder, CO: University Press of Colorado, 2010.

Reifer, Thomas E., 'Labor, Race and Empire: Transport Workers and Transnational Empires of Trade, Production, and Finance', in Gilbert G. Gonzalez, Raul Fernandez, Vivian Price, David Smith and Linda Tinh Vo, eds, *Labor Versus Empire: Race, Gender, and Migration*, London: Routledge, 2004: 17-36.

Retort (Iain Boal, T. J. Clark, Joseph Matthews and Michael Watts), *Afflicted Powers: Capital and Spectacle in a New Age of War*, New York: Verso, 2005.

Revelle, R., W. Broecker, H. Craig, C.D. Keeling and J. Smagorinsky, 'Atmospheric Carbon Dioxide', in *Restoring the Quality of our Environment: Report of the Environmental Pollution Panel*, Washington: White House, President's Science Advisory Committtee, November 1965: 111-33.

Rimlinger, G. V., 'Labour and the State on the Continent, 1800-1939', in Peter Mathias and Sidney Pollard, eds, *The Cambridge Economic History of Europe*, vol. 8: *The Industrial Economies: The Development of Economic and Social Policies*, Cambridge, UK: CUP, 1989.

Rippy, Merrill, *Oil and the Mexican Revolution*, Leiden: Brill, 1972.

Robelius, Fredrik, 'Giant Oil Fields-The Highway to Oil: Giant Oil Fields and Their Importance for Future Oil Production', PhD thesis, Department of Nuclear and Particle Physics, Uppsala University, March 2007, available at publications.uu.se.

Ross, Michael L., 'Does Oil Hinder Democracy?' *World Politics* 53: 3, April 2001: 325–61.

Rosser, Andrew, 'Escaping the Resource Curse: The Case of Indonesia', *Journal of Contemporary Asia* 37: 1, 2007: 38–58.

Rubin, Barnett R., *The Fragmentation of Afghanistan: State Formation and Collapse in the International System*, 2nd edn, New Haven: Yale University Press, 2002.

Ruotsila, Markku, 'The Great Charter for the Liberty of the Workingman: Labour, Liberals, and the Creation of the ILO', *Labour History Review* 67: 1, 2002: 29–47.

Rutledge, David, 'Estimating Long Term World Coal Production with Logit and Probit Transforms', *International Journal of Coal Geology* 85: 1, 2011: 23–33.

Sabin, Paul, *Crude Politics: The California Oil Market, 1900–1940*, Berkeley: University of California Press, 2005.

Sachs, Jeffrey D., and Andrew M. Warner, 'Natural Resource Abundance and Economic Growth', Development Discussion Paper no. 517a, Cambridge, MA: Harvard Institute for International Development, 1995.

Sadowski, Yahya M., *Political Vegetables? Businessman and Bureaucrat in the Development of Egyptian Agriculture*, Washington, DC: Brookings Institution, 1991.

Salamé, Ghassan, ed., *Democracy Without Democrats: The Renewal of Politics in the Muslim World*, London: I. B. Tauris, 1994.

Sampson, Anthony, *The Arms Bazaar*, London: Hodder & Stoughton, 1977.

———— *The Seven Sisters: The Great Oil Companies and the World They Made*, London: Hodder & Stoughton, 1975.

Samuelson, Paul A., *Foundations of Economic Analysis*, Cambridge, MA: Harvard University Press, 1947.

Sartre, Jean-Paul, *Critique of Dialectical Reason*, vol. 1: *Theory of Practical Ensembles*, London: Verso 1977.

Satia, Priya, 'Developing Iraq: Britain, India and the Redemption of Empire and Technology in the First World War', *Past and Present* 197: 1, 2007: 211-55.

Saul, Samir, 'Masterly Inactivity as Brinkmanship: The Iraq Petroleum Company's Route to Nationalization, 1958-1972', *International History Review* 29: 4, 2007: 746-92.

Schabas, Margaret, 'The "Worldly Philosophy" Of William Stanley Jevons', *Victorian Studies* 28: 1, 1984: 129-47.

Schlesinger, James, 'The Airlift', in Richard B. Parker, ed., *The October War: A Retrospective*, Gainesville: University Press of Florida, 2001.

Schorske, Carl E., *German Social Democracy, 1905-1917: The Development of the Great Schism*, Cambridge, MA: Harvard University Press, 1983.

Schulze, Reinhard, *Die Rebellion Der Ägyptischen Fallahin 1919*, Bonn: Ballbek Verlag, 1981.

Schumacher, E. F., *Small Is Beautiful: Economics as if People Mattered*, New York: Harper & Row, 1973.

Schumpeter, Joseph, 'The Common Sense of Econometrics', *Econometrica* 1: 1, January 1933: 5-12.

Schwarz, Solomon M., *The Russian Revolution of 1905: The Workers' Movement and the Formation of Bolshevism and Menshevism*, transl. Gertrude Vakar, Chicago: University of Chicago Press, 1967.

Searle, G. R., *A New England? Peace and War, 1886-1918*, Oxford: Clarendon Press, 2004.

Serres, Michel, *The Parasite*, Minneapolis: University of Minnesota Press, 2007.

Service, Robert, *Stalin: A Biography*, Cambridge, MA: Belknap Press of Harvard University Press, 2005.

Seymour, Ian, *OPEC: Instrument of Change*, New York: St Martin's Press, 1981.

Shafiee, Katayoun, 'Cracking Petroleum with Politics: Anglo-Persian Oil and the Socio-Technical Transformation of Iran, 1901-54', PhD thesis, Department of Middle Eastern and Islamic Studies, New York University, 2010.

Sheail, John, 'Torrey Canyon: The Political Dimension', *Journal of Contemporary History* 42: 3, 2007: 485–504.

Shields, Sarah, *Mosul Before Iraq: Like Bees Making a Five-Sided Cell*, Albany: State University of New York Press, 2000.

Shubert, Adrian, *The Road to Revolution in Spain: The Coal Miners of Asturias*, 1860–1934, Urbana: University of Illinois Press, 1987.

Sieferle, Rolf Peter, *The Subterranean Forest: Energy Systems and the Industrial Revolution*, Cambridge, UK: White Horse Press, 2001.

———— 'Why Did Industrialization Start in Europe (and Not in China)?' Rolf Peter Sieferle and Helga Breuninger, eds, *Agriculture, Population, and Economic Development in China and Europe*, Stuttgart: Breuninger Stiftung, 2003: 7–89.

Silver, Beverly J., *Forces of Labor: Workers' Movements and Globalization Since 1870*, Cambridge, UK: CUP, 2003.

Skidelsky, Robert, *John Maynard Keynes*, vol. 2: *The Economist as Saviour, 1920–1937*, London: Macmillan, 1992.

Sluglett, Peter, *Britain in Iraq: Contriving King and Country*, 1914–1932, New York: Columbia University Press, 2007.

Smil, Vaclav, *Energy in Nature and Society: General Energetics of Complex Systems*, Cambridge, MA: MIT Press, 2008.

———— 'America's Oil Imports: A Self-Inflicted Burden', *Annals of the Association of American Geographers*, 104: 4, 2011: 712–16.

Smith, Adam, *An Inquiry into the Nature and Causes of the Wealth of Nations*, London: Methuen, 1950 [1776].

Smith, James Allen, *The Idea Brokers: Think Tanks and the Rise of the New Policy Elite*, New York: Free Press, 1991.

Smuts, Jan Christiaan, 'The League of Nations: A Practical Suggestion', in John Dugard, ed., *The South West Africa/Namibia Dispute; Documents and Scholarly Writings on the Controversy Between South Africa and the United Nations*, Berkeley: University of California Press, 1973.

_____ *Selections from the Smuts Papers*, 7 vols, W. K. Hancock and Jean Van Der Poel, eds, Cambridge, UK: CUP, 2007.

Söderbergh, Bengt, 'Canada's Oil Sands Resources and Its Future Impact on Global Oil Supply', MSc degree project, Systems Engineering, Uppsala University, 2005.

Solow, Robert M., 'The Economics of Resources or the Resources of Economics', *American Economic Review* 64: 2, 1974: 1-14.

Soltau, Irene C., 'Social Responsibility in the Lebanon', *International Affairs* 25: 3, 1949: 307-17.

Sorel, Georges, *Reflections on Violence*, transl. Thomas Ernest Hulme, New York: B. W. Huebsch, 1914.

Sorrell, Steve, *Global Oil Depletion: An Assessment of the Evidence for a Near-Term Peak in Oil Production*, UK Energy Research Centre, 2009, available at www.ukerc.ac.uk.

Spring, D. W., 'The Trans-Persian Railway Project and Anglo-Russian Relations, 1909-14', *Slavonic and East European Review* 54: 1, 1976: 60-82.

Stabile, Donald R., 'Veblen and the Political Economy of the Engineer: The Radical inker and Engineering Leaders Came to Technocratic Ideas at the Same Time', *American Journal of Economics and Sociology* 45: 1, 1986: 41-52.

Stead, W. T., *Methods of Barbarism: The Case for Intervention*, London: Mowbray House, 1901.

Steinhouse, Adam, *Workers' Participation in Post-Liberation France*, Lanham: Lexington Books, 2001.

Stevens, Paul, 'Pipelines or Pipe Dreams? Lessons from the History of Arab Transit Pipelines', *Middle East Journal* 54: 2, 2000: 224-41.

Stewart, Rory, *Occupational Hazards: My Time Governing in Iraq*, London: Picador, 2006.

Stivers, William, *Supermacy and Oil: Iraq, Turkey, and the Anglo-*

American World Order, 1918–1930, Ithaca, Cornell University Press, 1982.

Stocking, George W., *Middle East Oil: A Study in Political and Economic Controversy*, Nashville: Vanderbilt University Press, 1970.

Stoff, Michael B., 'The Anglo-American Oil Agreement and the Wartime Search for Foreign Oil Policy', *Business History Review* 55: 1, 1981: 59–74.

Stokes, Raymond G., *Opting for Oil: The Political Economy of Technical Change in the West German Industry, 1945–1961*, Cambridge: CUP, 1994.

Stork, Joe, *Middle East Oil and the Energy Crisis*, New York: Monthly Review Press, 1975.

———— 'Oil and the Penetration of Capitalism in Iraq', in Petter Nore and Terisa Turner, eds, *Oil and Class Struggle*, London: Zed Press, 1980.

Strunk, William, 'The Reign of Shaykh Khaz'al Ibn Jabir and the Suppression of the Principality of Arabistan', PhD thesis, Department of History, Indiana University, 1977.

Sumi, Lisa, *Our Drinking Water at Risk: What EPA and the Oil and Gas Industry Don't Want Us to Know About Hydraulic Fracturing*, Washington, DC: Oil and Gas Accountability Project, April, 2005, available at www.earthworksaction.org.

Suny, Ronald Grigor, 'A Journeyman for the Revolution: Stalin and the Labour Movement in Baku, June 1907–May 1908', *Soviet Studies* 23: 3, 1972: 373–94.

———— *The Making of the Georgian Nation*, 2nd edn, Bloomington: Indiana University Press, 1994.

Tessler, Mark, and Amaney Jamal, 'Political Attitude Research in the Arab World: Emerging Opportunities', *PS: Political Science and Politics* 39: 3, 2006: 433–7.

Thomas, Paul, *Karl Marx and the Anarchists*, London: Routledge & Kegan Paul, 1980.

Thompson, E. P., *The Making of the English Working Class*, New York: Pantheon Books, 1964.

Thompson, Elizabeth, *Colonial Citizens: Republican Rights, Paternal Privilege, and Gender in French Syria and Lebanon*, New York: Columbia University Press, 2000.

Throntveit, Trygve, 'The Fable of the Fourteen Points: Woodrow Wilson and National Self-Determination', *Diplomatic History* 35: 3, June 2011: 445–81.

Tilly, Chris, and Charles Tilly, *Work Under Capitalism*, Boulder, co: Westview Press, 1998.

Tobin, James, 'Irving Fisher (1867–1947)', in John Eatwell, Murray Milgate and Peter Newman, eds, *The New Palgrave: A Dictionary of Economics*, London: Macmillan, 1987.

Tolf, Robert W., *The Russian Rockefellers: The Saga of the Nobel Family and the Russian Oil Industry*, Stanford: Hoover Institution Press, Stanford University, 1976.

Tooze, J. Adam, 'Imagining National Economies: National and International Economic Statistics 1900–1950', in Geoffrey Cubitt, ed., *Imagining Nations*, Manchester: Manchester University Press, 1998.

———— *Statistics and the German State, 1900–1945: The Making of Modern Economic Knowledge*, Cambridge, UK: CUP, 2001.

Tribe, Keith, *Land, Labour, and Economic Discourse*, London: Routledge & Kegan Paul, 1978.

———— *Strategies of Economic Order: German Economic Discourse, 1750–1950*, Cambridge, UK: CUP, 1995.

Tvedt, T., 'Why England and Not China and India? Water Systems and the History of the Industrial Revolution', *Journal of Global History* 5: 1, 2010: 29–50.

United Nations Conference on Trade and Development (UNCTAD), *Review of Maritime Transport 2007*, Geneva: United Nations Conference on Trade and Development, 2007.

Vassiliev, Alexei, *The History of Saudi Arabia*, New York: New York University Press, 2000.

Veblen, Thorstein, *The Theory of the Leisure Class: An Economic Study of Institutions*, New York: Macmillan, 1899.

_____ 'On the Nature of Capital', *Quarterly Journal of Economics* 23: 1, 1908: 104–36.

_____ *Imperial Germany and the Industrial Revolution*, New York: Macmillan, 1915.

_____ *An Inquiry into the Nature of Peace and the Terms of Its Perpetuation*, New York: MacMillan, 1917.

_____ *On the Nature and Uses of Sabotage*, New York: Oriole Chapbooks, 1919.

_____ *The Industrial System and the Captains of Industry*, New York: Oriole Chapbooks, 1919.

_____ *The Engineers and the Price System*, New York: B. W. Huebsch, 1921.

Vietor, Richard H. K., *Energy Policy in America since 1945: A Study of Business Government Relations*, Cambridge, UK: CUP, 1984.

Visser, Reidar, Basra, *the Failed Gulf State: Separatism and Nationalism in Southern Iraq*, Münster: Lit Verlag, 2005.

Vitalis, Robert, *America's Kingdom: Mythmaking on the Saudi Oil Frontier*, 2nd edn, London: Verso, 2009.

al-Wardi, Ali, *Lamahat ijtima'iya min tarikh al-'iraq al-hadith*, 6 vols, vol. 5: *Hawla thawrat al-'ishrin*, 2nd edn, London: Kufan, 1991.

Watts, Michael, 'Resource Curse? Governmentality, Oil and Power in the Niger Delta, Nigeria', *Geopolitics* 9: 1, 2004: 50–80.

Werth, Alexander, *France, 1940–1955*, New York: Henry Holt, 1956.

Williams, Beryl, '1905: The View from the Provinces', in Jonathan Smele and Anthony Haywood, eds, *The Russian Revolution of 1905*, London: Routledge, 2005.

Williamson, Harold F., *The American Petroleum Industry*, 2 vols,

Evanston: Northwestern University Press, 1959.

Wilson, Arnold Talbot, *SW. Persia: A Political Officer's Diary, 1907-1914*, London: OUP, 1941.

Winkler, Henry J., 'British Labor and the Origins of the Idea of Colonial Trusteeship, 1914-1919', *Historian* 13: 2, 1951: 154-72.

Woodward, David R., 'The Origins and Intent of David Lloyd George's War Aims Speech', *Historian* 34: 1, November 1971, 22-39.

Wright, John, *Libya: A Modern History*, Baltimore: Johns Hopkins University Press, 1982.

Wright, Quincy, 'The Mosul Dispute', *American Journal of International Law* 20: 3, July 1926: 453-64.

Wrigley, E. A., *Poverty, Progress, and Population*, Cambridge, UK: CUP, 2004.

Wriston, Henry M., 'Institute of Politics', *American Political Science Review* 20: 4, 1926: 852-60.

Yaqub, Salim, *Containing Arab Nationalism: The Eisenhower Doctrine and the Middle East*, Chapel Hill: University of North Carolina Press, 2004.

Yates, Douglas A., *The Rentier State in Africa: Oil Rent Dependency and Neocolonialism in the Republic of Gabon*, Trenton: Africa World Press, 1996.

Yergin, Daniel, *The Prize: The Epic Quest for Oil, Money, and Power*, New York: Simon & Schuster, 1991.

Zelizer, Viviana A., *The Social Meaning of Money: Pin Money, Paychecks, Poor Relief and Other Currencies*, Princeton: Princeton University Press, 1997.

Zittel, Werner, and Jörg Schindler, 'Coal: Resources and Future Production', EWG Paper no. 1/01, 10 July 2007, at www.energywatchgroup.org.

Zupnick, Elliot, 'The Sterling Area's Central Pooling System Re-Examined', *Quarterly Journal of Economics* 69: 1, 1955: 71-84.